编委会

全国普通高等院校旅游管理专业类"十三五"规划教材
教育部旅游管理专业本科综合改革试点项目配套规划教材

总主编

马　勇　教育部高等学校旅游管理类专业教学指导委员会副主任
　　　　中国旅游协会教育分会副会长
　　　　中组部国家"万人计划"教学名师
　　　　湖北大学旅游发展研究院院长，教授、博士生导师

编　委（排名不分先后）

田　里　教育部高等学校旅游管理类专业教学指导委员会主任
　　　　云南大学工商管理与旅游管理学院原院长，教授、博士生导师
高　峻　教育部高等学校旅游管理类专业教学指导委员会副主任
　　　　上海师范大学旅游学院副院长，教授、博士生导师
韩玉灵　全国旅游职业教育教学指导委员会秘书长
　　　　北京第二外国语学院旅游管理学院教授
罗兹柏　中国旅游未来研究会副会长，重庆旅游发展研究中心主任，教授
郑耀星　中国旅游协会理事，福建师范大学旅游学院教授、博士生导师
董观志　暨南大学旅游规划设计研究院副院长，教授、博士生导师
王　琳　海南大学旅游学院院长，教授
梁文慧　澳门城市大学副校长，澳门城市大学国际旅游与管理学院院长，教授、博士生导师
薛兵旺　武汉商学院旅游与酒店管理学院院长，教授
舒伯阳　中南财经政法大学工商管理学院教授、博士生导师
朱运海　湖北文理学院管理学院副教授
罗伊玲　昆明学院旅游管理专业副教授
杨振之　四川大学中国休闲与旅游研究中心主任，四川大学旅游学院教授、博士生导师
黄安民　华侨大学城市建设与经济发展研究院常务副院长，教授
张胜男　首都师范大学资源环境与旅游学院教授
魏　卫　华南理工大学经济与贸易学院教授、博士生导师
毕斗斗　华南理工大学经济与贸易学院教授
史万震　常熟理工学院经济与管理学院酒店管理系副教授
黄光文　南昌大学经济与管理学院旅游管理系教研室主任，副教授
窦志萍　昆明学院旅游学院教授，《旅游研究》杂志主编
李　玺　澳门城市大学国际旅游与管理学院副院长，教授、博士生导师
王春雷　上海对外经贸大学中德合作会展专业副教授
朱　伟　河南师范大学旅游学院教授
邓爱民　中南财经政法大学旅游管理系主任，教授、博士生导师
程丛喜　武汉轻工大学旅游管理系主任，教授
周　霄　武汉轻工大学旅游研究中心主任，副教授
黄其新　江汉大学商学院副院长，副教授
何　彪　海南大学旅游学院会展系主任，副教授

全国普通高等院校旅游管理专业类"十三五"规划教材
教育部旅游管理专业本科综合改革试点项目配套规划教材

总主编 ◎ 马 勇

旅游消费者行为
（第二版）

Tourism Consumer Behavior(Second Edition)

主 编 ◎ 李志飞

华中科技大学出版社
http://www.hustp.com
中国·武汉

图书在版编目(CIP)数据

旅游消费者行为/李志飞主编. —2 版. —武汉：华中科技大学出版社，2019.8(2021.12 重印)
全国普通高等院校旅游管理专业类"十三五"规划教材
ISBN 978-7-5680-5612-0

Ⅰ.①旅… Ⅱ.①李… Ⅲ.①旅游-消费者行为论-高等学校-教材 Ⅳ.①F590

中国版本图书馆 CIP 数据核字(2019)第 181217 号

旅游消费者行为(第二版)　　　　　　　　　　　　　　　　　　　　李志飞　主编
Lüyou Xiaofeizhe Xingwei(Di-er Ban)

策划编辑：李　欢	
责任编辑：李家乐	
封面设计：原色设计	
责任校对：阮　敏	
责任监印：周治超	
出版发行：华中科技大学出版社(中国·武汉)	电话：(027)81321913
武汉市东湖新技术开发区华工科技园	邮编：430223

录　　排：华中科技大学惠友文印中心
印　　刷：武汉市籍缘印刷厂
开　　本：787mm×1092mm　1/16
印　　张：17.75　插页：2
字　　数：433 千字
版　　次：2021 年 12 月第 2 版第 9 次印刷
定　　价：59.80 元

本书若有印装质量问题，请向出版社营销中心调换
全国免费服务热线：400-6679-118　竭诚为您服务
版权所有　侵权必究

Abstract

本书分为五个专题共十四章内容,分别为:①旅游消费者行为学的基本问题和基本理论。这部分内容在本书的第一章、第二章进行了讨论,包括旅游产品、旅游消费与旅游消费者、旅游消费者行为等基本概念的理论界定,并对旅游消费者行为学的理论来源和研究方法、旅游消费者行为研究的历史与发展等做了概括性、总体性的介绍。②个体心理因素对旅游消费者行为的影响。这部分内容在本书的第三章、第四章、第五章、第六章和第七章进行了讨论,通过解释动机、感知、学习、态度以及个性等内在心理因素,分析这些因素对旅游消费者行为的影响。③外部环境因素对旅游消费者行为的影响。旅游消费者行为除受到个人心理因素的影响以外,还受到诸多环境因素的影响。这部分内容在本书的第八章、第九章和第十章进行了讨论,主要分析社会群体、社会文化、营销组合因素对旅游消费者行为的影响。④旅游消费者的旅游决策过程。这部分内容包括第十一章旅游决策、第十二章旅游体验以及第十三章旅游消费者的购后行为。⑤旅游消费者行为比较。这部分内容在本书的第十四章进行了讨论,对跨年龄、跨性别和跨文化下的旅游消费者行为进行了比较分析。

This book is divided into 5 special topics, a total of 14 chapters.

(1) The basic problems and basic theories of tourism consumer behavior. This section is discussed in Chapter 1 and Chapter 2 of this book, including the theoretical definition of the basic concepts of tourism products, tourism consumption, tourism consumers and tourism consumer behavior, as well as the general introduction about theoretical sources and research methods of tourism consumer behavior, the development history of tourism consumer behavior research.

(2) The impact of individual psychological factors on tourism consumer behavior. This section is discussed in Chapter 3, Chapter 4, Chapter 5, Chapter 6 and Chapter 7 of this book. By explaining the internal psychological factors such as motivation, perception, learning, attitude and personality, the influence of these factors on tourism consumer behavior is analyzed.

(3) The impact of external environmental factors on tourism consumer behavior. In addition to the impact of individual psychological factors, tourism consumer behavior is also affected by many environmental factors. This section is discussed in Chapter 8, Chapter 9 and Chapter 10 of this book. It mainly analyzes the impact of social group, social culture, and marketing mixed factors on tourism consumer behavior.

(4) Tourism consumer's tourism decision-making process. This section includes travel

decision-making in chapter 11, travel experience in chapter 12 and post-purchase behavior of tourism consumer in chapter 13.

(5) The comparison of tourism consumer behavior. This section is discussed in Chapter 14 of this book, which provides a comparative analysis of consumer behavior across different age, cross-gender and cross-cultural contexts.

总 序

　　旅游业在现代服务业大发展的机遇背景下,对全球经济贡献巨大,成为世界经济发展的亮点。国务院已明确提出,将旅游产业确立为国民经济战略性的支柱产业和人民群众满意的现代服务业。由此可见,旅游产业已发展成为拉动经济发展的重要引擎。中国的旅游产业未来的发展受到国家高度重视,旅游产业强劲的发展势头、巨大的产业带动性必将会对中国经济的转型升级和可持续发展产生良好的推动作用。伴随着中国旅游产业发展规模的不断扩大,未来旅游产业发展对各类中高级旅游人才的需求将十分旺盛,这也将有力地推动中国高等旅游教育的发展步入快车道,以更好地适应旅游产业快速发展对人才需求的大趋势。

　　教育部2012年颁布的《普通高等学校本科专业目录(2012年)》中,将旅游管理专业上升为与工商管理学科平行的一级大类专业,同时下辖旅游管理、酒店管理和会展经济与管理三个二级专业。这意味着,新的专业目录调整为全国高校旅游管理学科与专业的发展提供了良好的发展平台与契机,更为培养21世纪旅游行业优秀旅游人才奠定了良好的发展基础。正是在这种旅游经济繁荣发展和对旅游人才需求急剧增长的背景下,积极把握改革转型发展机遇,整合旅游教育资源,为我国旅游业的发展提供强有力的人才保证和智力支持,让旅游教育发展进入更加系统、全方位发展阶段,出版高品质和高水准的"全国普通高等院校旅游管理专业类'十三五'规划教材"则成为旅游教育发展的迫切需要。

　　基于此,在教育部高等学校旅游管理类专业教学指导委员会的大力支持和指导下,华中科技大学出版社汇聚了国内一大批高水平的旅游院校国家教学名师、资深教授及中青年旅游学科带头人,面向"十三五"规划教材做出积极探索,率先组织编撰出版"全国普通高等院校旅游管理专业类'十三五'规划精品教材"。该套教材着重于优化专业设置和课程体系,致力于提升旅游人才的培养规格和育人质量,并纳入教育部旅游管理本科综合改革项目配套规划教材的编写和出版,以更好地适应教育部新一轮学科专业目录调整后旅游管理大类高等教育发展和学科专业建设的需要。该套教材特邀教育部高等学校旅游管理类专业教学指导委员会副主任、中国旅游协会教育分会副会长、中组部国家"万人计划"教学名师、湖北大学旅游发展研究院院长马勇教授担任总主编。同时邀请了全国近百所开设旅游管理本科专业的高等学校知名教授、学科带头人和一线骨干专业教师,以及旅游行业专家、海外专业师资等加盟编撰。

　　该套教材从选题策划到成稿出版,从编写团队到出版团队,从内容组建到内容创新,均展现出极大的创新和突破。选题方面,首批主要编写旅游管理专业类核心课程教材、旅游管理专业类特色课程教材,产品设计形式灵活,融合互联网高新技术,以多元化、更具趣味性的形式引导学生学习,同时辅以形式多样、内容丰富且极具特色的图片案例、视频案例,为配套数字出版提供技术

支持。编写团队均是旅游学界具有代表性的权威学者,出版团队为华中科技大学出版社专门建立的旅游项目精英团队。在编写内容上,结合大数据时代背景,不断更新旅游理论知识,以知识导读、知识链接和知识活页等板块为读者提供全新的阅读体验。

在旅游教育发展改革发展的新形势、新背景下,旅游本科教材需要匹配旅游本科教育需求。因此,编写一套高质量的旅游教材是一项重要的工程,更是承担着一项重要的责任。我们需要旅游专家学者、旅游企业领袖和出版社的共同支持与合作。在本套教材的组织策划及编写出版过程中,得到了旅游业内专家学者和业界精英的大力支持,在此一并致谢!希望这套教材能够为旅游学界、业界和各位对旅游知识充满渴望的学子们带来真正的养分,为中国旅游教育教材建设贡献力量。

丛书编委会
2015 年 7 月

前言 Preface

钱钟书说过,旅游是让人本相毕现的过程。

宗白华说过,旅游是不断发现自我的过程。

相对于普通消费者行为,旅游消费者行为有何独特之处?人们为什么要外出旅行?旅游者从惯常环境来到异地,他的行为是否会发生变化?动机、感知、学习、态度以及个性等个体心理因素对旅游消费者行为有何影响?社会文化、社会群体、营销组合等外部环境因素对旅游消费者行为有何影响?旅游消费者的旅游决策是怎样产生的?不同年龄、性别和文化下旅游消费者行为有什么不同?为了回答上述问题,本书通过5个专题共14章内容进行了系统阐述。

本书自2017年6月第1版出版以来,得到了广大读者的喜爱,全国100多所旅游院校采用了这本教材。同时也收到了许多院校专业教师的热情反馈。基于此,我们在第1版的基础上进行了进一步优化,引入了"问题导向—理论导引—案例导入"的"三导教学法",即教师在导出每一个理论之前,先提出一个现实问题引起听众兴趣和思考,然后导出理论回答和解释问题,并在教学过程中导入相关案例引发讨论。基于这样的讲授思路,第2版修订和新增了如下内容。

一是问题导向。相较于第1版,第2版在每一章开篇增设了"问题导向"。从问题导向出发,立足于旅游消费者行为的全过程,以此为主线进行章节的编排,使旅游消费者行为的过程更加清晰化。

二是案例导入。第2版相比第1版更加注重案例教学,突破传统的体系,更加突出实用性,在增强教材趣味性的同时,大大调动读者阅读和思考的积极性。

三是理论导引。第2版相比第1版更加关注旅游消费者行为的最新理论和研究成果,关注旅游消费实践中的热点问题,使教材更具前沿性和针对性。

本书由湖北大学李志飞教授担任主编,湖北大学聂心怡、夏诚诚参编。秉持"理论+案例"的原则,博采众家之长编写完成。

本书得到了国家社会科学基金、教育部人文社会科学基金、国家旅游局(现更名文化和旅游部)、旅游业青年专家培养计划和华中科技大学出版社的资助,在整个编写过程中,参

考、引用了许多学者的研究成果,在本书最后列出了主要参考文献,在此向他们表示衷心的感谢!

由于研究水平和经验等方面的原因,本书难免有一些不足和疏漏之处,敬请各位同仁和读者批评指正,以便编者逐步完善。

李志飞

2019 年于湖北大学

目 录
Contents

01 第一章 旅游消费者行为学的基本问题
Chapter 1　The Basic Problems of Tourism Consumer Behavior

　　第一节　旅游消费者行为学的研究对象与内容　　/1
　　❶　The Research Object and Content of Tourism Consumer Behavior

　　第二节　旅游消费者行为学的理论来源与研究方法　　/8
　　❷　The Theoretical Sources and Research Methods of Tourism Consumer Behavior

　　第三节　旅游消费者行为学的发展历史　　/12
　　❸　The History of Tourism Consumer Behavior

20 第二章 旅游消费者行为学的基本理论
Chapter 2　The Basic Theory of Tourism Consumer Behavior

　　第一节　旅游购买行为理论　　/20
　　❶　The Theory of Travel Buying Behavior

　　第二节　旅游消费者行为模式　　/25
　　❷　Tourism Consumer Behavior Model

　　第三节　有限理性理论　　/29
　　❸　The Theory of Bounded Rationality

　　第四节　旅游者二元行为理论　　/31
　　❹　The Theory of Tourist Dualistic Behavior

　　第五节　环城游憩行为理论　　/38
　　❺　The Theory of Recreational Behavior around the City

45 第三章 动机与旅游消费者行为
Chapter 3　Motivation and Tourism Consumer Behavior

　　第一节　需要与动机　　/45
　　❶　Need and Motivation

第二节　旅游需要与旅游动机　　　　　　　　　　　　　　　　　　　　/49
❷　Tourism Need and Tourism Motivation

第三节　旅游消费者动机的经典理论　　　　　　　　　　　　　　　　/55
❸　The Classical Theory of Tourism Consumer Motivation

第四章　感知与旅游消费者行为
Chapter 4　Perception and Tourism Consumer Behavior

第一节　感知过程　　　　　　　　　　　　　　　　　　　　　　　　/62
❶　Perception Process

第二节　旅游感知的影响因素　　　　　　　　　　　　　　　　　　　/67
❷　Influencing Factors of Tourism Perception

第三节　旅游者对旅游条件的感知　　　　　　　　　　　　　　　　　/71
❸　Tourists' Perceptions of Tourism Conditions

第五章　学习与旅游消费者行为
Chapter 5　Learning and Tourism Consumer Behavior

第一节　学习概述　　　　　　　　　　　　　　　　　　　　　　　　/79
❶　An Overview of Learning

第二节　旅游消费者学习的内容与途径　　　　　　　　　　　　　　　/85
❷　Contents and Approaches of Tourism Consumers' Learning

第六章　态度与旅游消费者行为
Chapter 6　Attitude and Tourism Consumer Behavior

第一节　旅游消费者态度概述　　　　　　　　　　　　　　　　　　　/91
❶　A Overview of Tourism Consumers' Attitudes

第二节　旅游消费者态度与旅游行为　　　　　　　　　　　　　　　　/97
❷　Tourism Consumer Attitude and Tourism Behavior

第三节　旅游消费者态度的形成与改变　　　　　　　　　　　　　　　/100
❸　The Formation and Change of Tourist Consumers' Attitude

第七章　个性与旅游消费者行为
Chapter 7　Personality and Tourism Consumer Behavior

第一节　个性的形成 /109
The Formation of Personality

第二节　个性特征与旅游消费者行为 /113
Personality Characteristics and Tourism Consumer Behavior

第三节　个性结构与旅游消费者行为 /119
Personality Structure and Tourism Consumer Behavior

第四节　旅游消费者个性测量和实践运用 /121
Measurement and Practical Application of Tourism Consumes

第八章　社会群体与旅游消费者行为
Chapter 8　Social Group and Tourism Consumer Behavior

第一节　社会群体概述 /128
A Overview of Social Group

第二节　参照群体与旅游消费者行为 /131
Reference Group and Tourism Consumer Behavior

第三节　家庭与旅游消费者行为 /134
Family and Tourism Consumer Behavior

第四节　社会阶层与旅游消费者行为 /140
Social Stratum and Tourism Consumer Behavior

第九章　文化因素与旅游消费者行为
Chapter 9　Culture and Tourism Consumer Behavior

第一节　文化概述 /148
A Overview of Culture

第二节　文化差异与价值观 /151
Cultural Differences and Cultural Values

第三节　中国传统文化与旅游消费者行为 /157
Chinese Traditional Culture and Tourism Consumer Behavior

第十章　营销组合与旅游消费者行为
Chapter 10　Marketing Mix and Tourism Consumer Behavior

第一节　产品与旅游消费者行为　/167
❶　Product and Tourism Consumer Behavior

第二节　价格与旅游消费者行为　/175
❷　Price and Tourism Consumer Behavior

第三节　渠道与旅游消费者行为　/179
❸　Channel and Tourism Consumer Behavior

第四节　促销与旅游消费者行为　/186
❹　Promotion and Tourism Consumer Behavior

第十一章　旅游决策
Chapter 11　Tourism Decision-making

第一节　旅游决策概述　/196
❶　A Overview of Tourism Decision-making

第二节　旅游消费者对目的地的选择　/202
❷　Tourism Consumers' Choice of Destinations

第十二章　旅游体验
Chapter 12　Tourism Experience

第一节　旅游体验概述　/212
❶　A Overview of Tourism Experience

第二节　旅游体验的质量与真实性　/217
❷　The Quality and Authenticity of Tourism Experience

第三节　旅游体验营销　/224
❸　Tourism Experience Marketing

第十三章　旅游消费者的购后行为
Chapter 13　Post-purchase Behavior of Tourism Consumer

第一节　旅游消费者满意度　/254
❶　Tourism Consumer Satisfaction

第二节　旅游消费者忠诚度　/241
❷　Tourism Consumer Loyalty

第三节　旅游消费者的抱怨　　　　　　　　　　　　　　　　　　　　　/246
❸　Tourism Consumer Complaints

第十四章　旅游消费者行为比较
Chapter 14　The Comparison of Tourism Consumer Behavior

第一节　旅游消费者行为跨年龄比较　　　　　　　　　　　　　　　　　/253
❶　A Cross-Age Comparison of Tourism Consumer Behavior

第二节　旅游消费者行为跨性别比较　　　　　　　　　　　　　　　　　/257
❷　A Cross-Gender Comparison of Tourism Consumer Behavior

第三节　旅游消费者行为跨文化比较　　　　　　　　　　　　　　　　　/259
❸　A Cross-Cultural Comparison of Tourism Consumer Behavior

参考文献
References

第一章

旅游消费者行为学的基本问题

学习目标

- 理解旅游产品、旅游消费、旅游消费者和旅游消费者行为的概念。
- 掌握旅游消费者行为学的研究对象与内容。
- 了解旅游消费者行为的理论来源和研究方法。
- 了解旅游消费者行为学的发展历史。

问题导向

- 认识自己:你喜欢什么样的旅行?

第一节 旅游消费者行为学的研究对象与内容

为了理解旅游消费者行为学研究对象与内容的特定含义,便于学习和研究,需对旅游产品、旅游消费、旅游消费者、旅游消费者行为等概念有所了解。

一、旅游产品

旅游产品是一个综合概念,它是人们进行旅游活动所需的多种吸引物、设施和服务的组合。[1]

(一)旅游产品的内涵

要正确地把握旅游产品的基本内涵,还需要从以下两个方面去理解。

1. 整体旅游产品

整体旅游产品首先是从需求方面提出的。在旅游者看来,其外出旅游全过程中的全部

---

[1] 吴必虎,黄潇婷,等.旅游学概论[M].北京:中国人民大学出版社,2013.

必要开支等于该次旅游的价格。反之,旅游者通过这一价格的支付而获得的一次旅游的全程经历也就是他所购买的旅游产品。

2. 单项旅游产品

单项旅游产品就是指旅游企业所经营的设施和服务,或者说是旅游企业借助一定的设施向旅游者提供的项目服务,如酒店提供的住宿、饮食服务,旅游交通部门提供的航空、铁路、游船、观光巴士等,旅游目的地的各景点提供的风景景点、古迹游览、公园娱乐等设施和服务都属于单项旅游产品。

(二) 旅游产品的特性

与传统的物质产品相比,旅游产品提供给消费者的最终价值主要是一种精神体验,具有综合性、无形性、生产与消费的同步性、不可存储性、不可转移性等特性。

1. 综合性

旅游是一种涉及社会、经济、文化等多方面的综合性活动,要满足旅游者物质、精神等多方面的综合性需求。因此,旅游活动以及旅游者在旅游活动中需要的综合性决定了旅游产品是包括吃、住、行、游、购、娱在内的综合性产品。这种综合性既体现在物质产品与服务产品的综合,又体现在旅游资源、基础设施和接待设施的结合,更体现在旅游所涉及的众多相关部门和行业的综合。

2. 无形性

旅游产品主要不是以物质形态表现出来的有形产品,而是以多种服务表现出来的无形产品。这种无形性是旅游产品最明显的特性,只有经过旅游者的亲身体验后,依据所获得的印象、感受才能体现旅游产品的价值,才能评价旅游产品的质量。

3. 生产与消费的同步性

旅游产品的生产(经营)和消费常常发生在同一个时空背景条件下,密不可分,往往是一个过程的两个方面,即旅游产品在生产开始的同时消费也即刻启动,消费结束时生产也不再进行。这个特性使旅游产品与一般消费品表现出巨大的差异,也给旅游产品的开发与管理带来了严峻的考验。

4. 不可存储性

大多数行业的产品可以储存起来以后再销售,而旅游产品则是不可存储的。随着时间的流逝,旅游产品如果没有实现对应时间上的交换价值,那么,此期间为生产该种旅游产品所付出的资源都是一种浪费,并且损失的价值永远也得不到补偿。

5. 不可转移性

旅游产品的不可转移性体现在两个方面:一是空间上的不可转移性。旅游产品的空间位置是相对固定的,旅游产品无法从旅游目的地运输到客源地供游客消费,旅游者需要凭借各种交通工具去到旅游目的地进行消费。这样,旅游产品吸引力的大小就成为旅游企业经营成败的关键,而这种吸引力又往往随着空间距离的延伸而衰减。因此,对于空间上不可移动的旅游产品而言,信息的流通、交通的便利就显得格外重要。二是所有权的不可转移性。旅游产品在生产和消费时,其所有权均不发生转移。旅游者购买的是旅游产品在特定地点、特定时间段内的使用权,所有权并没有发生转移。例如,旅游者在旅游的过程中,目的地的自然景观、人文景观、民俗文化的所有权并不能因为旅游者购买了本次旅游产品而发生转移。

> **知识链接**
>
> 所有权是所有人依法对自己财产所享有的占有、使用、收益和处分的权利。它是一种财产权,所以又称财产所有权。
>
> 使用权是指不改变财产的本质而依法加以利用的权利。使用权是所有权的必要条件,但不是充分条件,即拥有一件物品的所有权就一定拥有其使用权,拥有一件物品的使用权并不表示拥有其所有权。
>
> (资料来源:https://baike.baidu.com/.)

二、旅游消费与旅游消费者

(一)旅游消费

旅游消费是指在整个旅行游览活动中,旅游者为满足其自身发展和享受的需要,而购买的各种物质产品、精神产品和服务的总和。换而言之,旅游者为了旅游而进行的消费,以及在旅途中和在旅游目的地的全部花费,都属于旅游消费的范畴(见图1-1)。

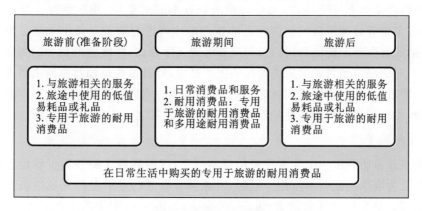

图1-1 旅游消费的范畴

(资料来源:吴清津.旅游消费者行为学[M].北京:旅游教育出版社,2006.)

旅游消费是伴随着旅游活动而发生的,是为了满足人们精神享受的一种高层次的消费活动。作为一种特殊的消费形式,旅游消费具有以下特征。①

1. 旅游消费是综合性消费

旅游活动包含食、住、行、游、购、娱六大要素。旅游活动的综合性,决定了旅游消费是一

---

① 龙江智.中国旅游消费行为模式研究[M].北京:旅游教育出版社,2015.

种融各种物质消费、服务消费和精神消费于一体的综合性消费。旅游消费的对象既包含物质的因素,也包含精神的成分;既有实物产品,又有服务;既有劳动产品,又有非劳动的自然创造物。

2. 旅游消费是体验性消费

旅游是一种体验,无论是一次赏心悦目、陶冶情操的快乐之旅,还是一次感觉糟糕、不愿再提起的厄运之旅,旅游者在此过程中都得到了一种不同于平常的体验。并且,这种体验始终贯穿于整个旅游活动的过程中。

3. 旅游消费是异地性消费

旅游消费的异地性基于这样一个经济现实,即旅游者将自己在目的地之外挣的钱,用于在目的地的消费。对于旅游目的地而言,旅游者应具有"非居民"身份。这个"非居民"身份是针对"个体的经济利益中心"而言的,意味着旅游者离开了他的"个体的经济利益中心"。旅游消费的异地性的经济意义在于旅游消费对目的地的影响将远远超过对旅游者的惯常环境的影响。

4. 旅游消费是波动性消费

旅游消费的季节性明显,对突发事件比较敏感。首先,旅游消费整体上存在很大的季节波动性。这种波动性与人们闲暇时间的分布和气候等因素相关。为了削弱波动,节事营销、活动营销、促销变成旅游营销的经营模式。其次,旅游消费还相对脆弱、敏感,易受到经济局势突变、汇率变化、疫病、战争等许多因素的影响。

5. 旅游消费是生产与消费的同步性消费

由于旅游产品的不可转移性,无形的旅游服务不能运输,不能在空间和时间上发生转移,因而旅游消费者必须亲自到旅游产品的生产地才可进行消费。又由于旅游服务在时间上不能储存,旅游服务的提供必须以旅游消费者的实际存在,即旅游消费者的实际购买为前提。因此,相对于旅游经营者的旅游产品的生产过程,同时也就是相对旅游消费者而言的旅游产品的消费过程,两个动作是同时进行的。因此,旅游消费是旅游产品的生产和消费同步进行的消费,生产和消费的同步性是旅游消费的基本特征之一。

（二）旅游消费者

旅游者是旅游研究中一个非常重要的基本概念,理解其概念能够为正确地进行旅游经济分析提供较为准确的范畴和依据。同时,对旅游者概念的理解是研究旅游消费者行为的一个必要前提。最早的国际旅游者(international visitors)的定义是 1937 年由国际联盟统计委员会提出的,即"离开自己的居住国到另一个国家访问超过 24 小时的人"。按照这个标准,旅游者主要包括出于消遣、家庭事务及身体健康方面的目的而出国旅行的人;为出席会议或作为公务代表而出国旅行的人;为工商业务原因而出国旅游的人;在海上巡游过程中前来访问的人员,即使其停留时间不足 24 小时。同时明确地把到其他国家求职、定居、求学的人,以及边境居民和临时过境人员排除在该定义之外。

1963 年,罗马举行的联合国旅游大会将国际旅游者(international visitors)界定为,在除为获得有报酬的职业以外,基于任何原因到一个不是自己通常居住的国家访问的人。该定义将旅游者分为两类:其一是旅游者,指为了休闲或商务活动,到一个国家逗留至少 24 小时的游客;其二是一日游客,指到一个国家进行短暂访问,逗留不足 24 小时的游客。罗马会议之后,世界旅游组织(WTO)采纳了该定义并向全球旅游界推荐使用。1991 年,世界旅游组织(WTO)在加拿大召开了旅游统计国外大会,对包括旅游、旅游者等在内的旅游基本概念重新进行了定义,使之更加清晰和明确。

目前,世界各国对国际旅游者的界定已基本达成共识。我国对国际旅游者的统计解释也基本是根据世界旅游组织的定义进行的。但是,对于国内旅游者的界定或统计标准尚未实现统一,仍然存在不同程度的认识分歧,具体如表 1-1 所示。

表 1-1 国内旅游者定义举例

国 家	定 义
中国	任何因休闲、娱乐、观光、度假、探亲访友、就医疗养、购物、参加会议或从事经济、文化、体育、宗教活动而离开常住地到我国境内其他地方访问,连续停留时间不超过 6 个月,并且访问的主要目的不是通过所从事的活动获取报酬的人。国内旅游者分为国内旅游者和国内一日游游客两类
加拿大	离开居住地边界至少 50 英里(1 英里≈1.61 千米)以外的地方去旅行的人
美国	为了出差、消遣、个人事务,或者出于工作上下班之外的任何原因而离家外出,单程旅行至少 50 英里的人
英国	基于上下班之外的任何原因,离开居住地外出旅行过夜至少一次的人
法国	以消遣、健康、会议、商务或修学为目的,离开自己的主要居所,外出旅行超过 24 小时但未超过 4 个月的人

关于旅游者概念的界定可以作为界定旅游消费者的基本依据。在现代商品社会,人们外出旅游离不开消费活动,几乎所有的旅游者都是消费者。从这个意义上说,旅游消费者与旅游者在很大程度上指的是同一类群体,只是旅游消费者这一概念的使用强调的是从旅游消费活动的角度观察和研究旅游者。[1] 因此,本书中所提及的旅游消费者即为旅游者,是指为满足自身旅游需要而进行购买、享用旅游产品的人。

三、旅游消费者行为

(一)旅游消费者行为的内涵

一般认为,消费者行为可以看成是由两部分构成的:一是消费者的行为;二是消费者的购买决策过程。购买决策时,消费者在使用和处置所购买的产品和服务之前的心理活动和行为倾向,属于消费态度的形成过程;而消费者的行为更多的是购买决策的实践过程,这两部分相互渗透,互相影响,形成消费者行为的完整过程。从旅游学的范畴来研究消费者行为,也就是旅游消费者行为,或者说旅游消费行为,旅游消费者行为也是由两部分构成的:一是旅游消费者的行为,即购买决策的实践过程;二是旅游消费者的购买决策过程,主要是指旅游消费者的购买实践之前的心理活动和行为倾向。

---

[1] 杜炜.旅游消费行为学[M].天津:南开大学出版社,2009.

综合以上分析，本书将旅游消费者行为的定义概括为，旅游者为满足自身的旅游需要而选择旅游产品，并通过与旅游产品互动体验完成购买和消费活动的决策和实践过程。

（二）旅游消费者行为的特点

1. 旅游消费者行为的复杂性

旅游消费者行为的复杂性主要体现在三个方面。首先，从过程上看，一般产品的消费过程可划分为购买、消费、处置等三个明显分离、依序发生的阶段。但是，这三个阶段在旅游消费过程中并非泾渭分明，在购买阶段和消费阶段并没有明显的分界线。其次，从行为上看，旅游者在消费之前，消费过程中会受到旅游者动机、感知、学习、态度、个性、经历，以及所处的社会、经济、文化环境等因素的影响。另外，旅游消费者往往在购买旅游产品的同时就开始评估旅游经历，并在整个消费过程中以及消费之后继续评估自己的旅游经历，而不是像有形产品消费者那样，在使用产品之后才开始评估产品。而且，旅游消费者对旅游消费的评估往往夹杂着主观性较强的感情因素。此外，与有形商品相比，在大多数旅游消费过程中都不存在处置阶段。因此，旅游消费者行为是一个复杂的过程。

2. 旅游消费者行为的异地性

旅游消费者的消费活动是发生在独立于生活世界的旅游世界中，也就是发生在异地的情境下，而在常居地的日常生活中，人们对旅游产品的消费不能称其为旅游消费。因此，旅游消费者行为具有异地性。如一家三口去家附近的五星级酒店吃饭，并不能称其为旅游消费者。

3. 旅游消费者行为的多样性

随着人们生活需要的多样化和复杂化，旅游消费者进行旅游活动的目的千差万别，驱使旅游消费者行为的旅游动机也各不相同。因此，人们选择旅游的形式和进行旅游购买的形式也是千差万别的。不同形式的旅游活动必定有不同的购买水平、购买范围和购买结构，所购买的旅游产品也大不相同。另外，不同旅游者的旅游动机可能相同，但由于其他主观因素和客观条件的制约，旅游消费行为也不尽相同。

四、旅游消费者行为学的研究对象与内容

（一）旅游消费者行为学的研究对象

旅游消费者行为学是一门融合了旅游学、消费者行为学与心理学等多种学科的新兴学科。旅游消费者行为学的研究对象是旅游消费者个人和群体的消费行为，它的研究内容和研究框架是由影响旅游者行为的因素及其作用的动态过程所决定的。

（二）旅游消费者行为学的研究内容和框架

根据旅游消费者行为学以旅游消费者在旅游活动中的心理与行为现象作为研究对象的特点，旅游消费者行为学的研究内容可以分为以下几个方面。

1. 旅游消费者行为学的基本问题和基本理论

这部分内容在本书的第一章、第二章进行了讨论，包括旅游产品、旅游消费与旅游消费者、旅游消费者行为等基本概念的理论界定，并对旅游消费者行为学的理论来源和研究方

法、旅游消费者行为研究的历史与发展等做了概括性的、总体性的介绍。

2. 个体心理因素对旅游消费者行为的影响

这部分内容在本书的第三章、第四章、第五章、第六章和第七章进行了讨论,通过解释动机、感知、学习、态度以及个性等内在心理因素,分析这些因素对旅游消费者行为的影响。

3. 外部环境因素对旅游消费者行为的影响

旅游消费者行为除了受个人心理因素的影响以外,还受到诸多环境因素的影响。这部分内容在本书的第八章、第九章和第十章进行了讨论,主要分析社会群体、社会文化、营销组合因素对旅游消费者行为的影响。

4. 旅游消费者的旅游决策过程

这部分内容包括第十一章旅游决策、第十二章旅游体验以及第十三章旅游后的心理与行为。

5. 旅游消费者行为的比较

这部分内容在本书的第十四章进行了讨论,对跨年龄、跨性别和跨文化下的旅游消费者行为进行了比较分析。

知识链接　　孔子的远游思想

孔子的山水哲学对后世产生的影响不可小觑,人们具体旅游行为便被他基于伦理层面的儒家远游观深刻地影响着。孔子漂泊半生,他彪炳史册的道德文章大多都源自在旅途中悟出的人生哲理。可以说,孔子的游学经历直接影响了孔子教育、哲学等思想体系的形成与建立,即便后世传承于诸代儒士之间的"壮游"思想也是源自孔子所构建的"远游观"。34岁的时候,孔子曾经游学于周都洛邑,也就是现在的洛阳,分析孔子旅游思想的转变过程中,也可以得出孔子在思想意识层面从"礼"走向"仁"的转变。对于出游,孔子曾经对诸弟子提出了如下要求,那就是非礼不但要"勿视",还要"勿听",而且还要做到"勿言"与"勿动"。对于非礼而游的行为,孔子是深恶痛绝的。例如,季孙曾经去了泰山祭祀,而这一活动的行使者按照礼法通常只有天子以及诸侯,对此孔子大感不满并且深深地叹息"难道泰山的山神还比不上林放"? 游学不但帮助孔子构建了儒家独特的旅游思想,而且这一思想还将自然山水与"仁"的思想有机结合。孔子对远游者的态度是非常认同的,他曾说,"有朋自远方来,不亦乐乎"(《论语·学而》)。

后世中国人由于深受儒家文化影响,交游观同样被孔子这种开放的心态熏陶,无论外来旅游者是来自发达国家还是第三世界国家,目的地的民众都会以开放的心态去接纳、包容他们,给予他们真诚的欢迎,给予他们特有的照顾,让他们感受到像在自己的国家那样舒适。《论语》里对这种"不亦乐乎"的"乐"的心理期待作了很好的解释:以文会友,以友辅仁。对外来旅游者的接纳是基于文化交流以及学术交流的考量,外来者对于目的地的居民来讲,他们带来了异样的文化和思考,带来了

不同的欢快和愉悦。孔子远游观另一方面的重要内容是鼓励主动走出去,认为完成自己的人生理想需要到更广阔的世界去,这与对远方客人的容纳心态相对呼应。

孔子对此借助奔走四乡的多方实践,将道德修养和远游紧密地联系在一起。孔子相信道德高尚的人绝不会认同安土重迁、重根守业的思想。孟子对自己师傅的游学曾经这样感慨:登东山小鲁;登泰山小天下;观海得出其他的都不能称之为水,来到圣人门前感到自己的渺小;看水要看波澜壮阔,看日月要看其荣光。而这一切又和求学的道理融合在一起,在感悟天地之大美,山水之涵养阔大的同时,攀登高山仰止,欣赏流水而感慨行云流水的幽美。历经百川,挂云帆而济沧海,才能感受生命的哲学之美,体会"逝者如斯夫"(《论语·子罕》)的世事沧桑!

(资料来源:谭颖,邹洪伟.论孔子的旅游思想[J].兰台世界,2015(6).)

第二节 旅游消费者行为学的理论来源与研究方法

旅游消费者行为学是在多门学科的基础上建立起来的交叉的边缘学科,至今还未形成自身完善的理论研究体系。心理学、社会学、人类学、经济学和消费者行为学等学科是旅游消费者行为学研究的主要理论来源和基础。

一、旅游消费者行为学研究的理论来源

(一)心理学

心理学是研究人的心理现象及其规律的学科,其经过一百多年的发展,已经形成了很多分支,研究内容主要包括人的动机、知觉、态度、个性、情绪、学习过程等。运用心理学的理论和研究方法可以为我们更好地了解消费者行为提供一定的帮助,有助于我们理解旅游消费者的需要、旅游消费者的个性特点、以往经历对旅游消费者做出各种选择以及各种决策的影响。

1. 普通心理学

普通心理学是心理学的主干分支学科,它的研究对象是一般正常人的心理现象及其规律,具体的研究内容由以下四个方面构成。

1)心理动力

心理动力是个体对现实的认知态度和对活动对象的选择与偏好。它主要包括动机、需要、兴趣和世界观等心理成分。

2)心理过程

心理过程是指人的心理活动发生、发展的过程,即客观事物作用于人脑并在一定的时间内大脑反映客观现实的过程,包括认知过程、情感过程和意志过程,三者合一简称"知情意"。

3）心理状态

心理状态是介于心理过程与个性心理之间的既有暂时性又有稳固性的一种心理现象,是心理过程与个性心理统一的表现。

4）个性心理

个性心理是显示人们个别差异的心理现象。由于每个人的先天因素不同,生活条件不同,所受的教育影响不同,因此,心理过程在每个人身上产生时又总是带有个人特征,这样就形成了每个人的兴趣、能力、气质、性格的不同。

其中,心理过程及其机制、个性心理特征的形成过程及其机制、心理过程和个性心理特征相互关系的规律性是普通心理学研究的核心内容。

2. 社会心理学

社会心理学是心理学的一个分支,其主要研究个体和群体在与社会交互作用中的社会心理现象及其从属的社会行为。具体而言,包括个体的心理及行为(人的社会化、自我与统一性、社会动机、社会感知和认知、态度改变)、社会交往和互动的心理及行为(人际关系、社会影响、社会结构和活动)、群体心理与行为、社会心理学的应用研究。社会心理学家在参与旅游消费者行为学的研究中关注的是,哪些因素影响旅游消费者个体和群体的相互作用、相互影响。例如,典型的社会心理因素,如从众心理、提示心理、暗示心理、循环刺激心理等又是怎样影响旅游消费者行为的。

（二）社会学

社会学是研究社会结构及其内在关系与社会发展规律的学科,它侧重于对社会组织、社会结构、社会功能、社会群体等的研究。社会学在研究社会结构、社会发展的过程时,必然涉及人类的社会需要、社会心态、社会意向等现象,而上述社会现象又反过来影响参与其中的个体或人的行为。所以,社会学的一些理论,对于考察、分析消费者行为是极有价值的。例如,运用社会学的观点分析文化和亚文化是如何影响旅游消费者的;不同社会阶层的旅游消费者差异,以及社会阶层是如何影响旅游消费者的购买偏好的;旅游者与目的地居民的关系等。另外,对社会角度的研究也是社会学研究的一项重要内容。在旅游研究领域中,也需要从分析角色入手,分析旅游者在旅游活动中扮演的不同角色以及社会角色对旅游消费者行为的影响。社会学将旅游消费者行为的研究置于更为广阔的社会文化背景中,更贴近现实空间,有助于更好地开展研究。

（三）人类学

人类学是用历史的眼光研究人类及其文化的学科。它包括对人类起源、种族的区分,以及对物质生活、社会构造、心灵反应等的原始状况的研究。人类学对旅游消费者行为研究的价值主要体现在两个方面:一是研究方法,二是关于神话、宗教、民间传说、民俗等方面的研究。人类学的跨文化比较研究为探究旅游活动这类跨文化现象如何影响旅游者消费行为提供了很好的借鉴。人类学经常通过田野调查法来了解人类真实、自然的事件和活动,这种方法对旅游者的真实体验和民俗、宗教感受等相关研究来说,也是值得借鉴的。人类学关于神话、宗教、民间传说、民俗等方面的研究对于分析旅游消费者行为有直接的运用价值,特别是不同民族的信仰、禁忌在旅游者的消费行为中会直接表现出来,例如,对饮食、旅游纪念品图案、房间号码、出行日期的选择等,都可以发现这些因素对旅游决策的直接影响。因此,要了解影响旅游决策的真正因素,必须有针对性地了解不同群体的核心信仰、价值观念、风俗习惯,乃至其产生的背景和传承的状况。人类在发展过程中不断形成的新的信仰、价值观、理念也是人类学观察的重要内容。例如,环保、绿色理念、可持续发展观等都会对旅游消费行为和购买决策带来直接的影响。

（四）经济学

经济学是一门研究稀缺资源如何配置和利用的社会学科。经济学家们认为,消费者的心理趋同是影响社会资源最终配置的重要因素,而资源的合理配置与否又直接制约着消费者的消费行为。经济学是以数量分析为基本分析方法的,它着眼于经济产物的表面联系,把各种经济关系看成是若干变量之间的数量关系,由此建立的边际效率递减规律、理性预期理论、无差异理论、消费者剩余理论等都是经济学关于消费者行为研究的成果。这些经济学原理常被用来分析影响旅游消费者行为的经济性因素,如可支配收入、旅游产品价格、利息率、汇率等。

（五）消费者行为学[①]

自20世纪七八十年代以来,有关消费者行为的研究不断发展,主要形成信息处理、经验主义、行为主义三种研究范式。

1. 信息处理范式

目前,信息处理范式是消费者行为研究领域的主流。该研究范式将消费者看作合理解决问题的人或合理的购买决策者。研究的前提是,消费者是为了评价产品的特性或技能性的利益而搜寻或利用信息的。它将消费者的购买过程划分为认知问题、搜寻信息、评价方案、购买行为、购后行为五个阶段。这种研究范式以认知心理学、实验心理学和部分经济学原理为理论基础,主要采取实证主义研究方法。

2. 经验主义范式

这一研究范式的焦点在于消费者行为的主观性和象征性,把研究的重点放在产品提供的情感性利益上,认为消费者有时不一定经过合理的购买决策过程而购买产品,而是为了获得情绪或情感上的快乐感、兴奋感来购买产品,包括寻求多样性的购买。消费者为了消除厌恶或者得到新鲜感而改变品牌的时候就会寻求多样性的购买决策。该研究范式认为以休闲产品为代表的购买行为具有浓厚的体验色彩,其购买目的在于获得情感性的快乐。这一研究范式的理论基础来源于动机心理学、社会学以及文化人类学,主要采用阐释主义方法论。

3. 行为主义范式

行为主义范式是一种崭新的研究范式。它的研究前提是,消费者购买产品的时候不仅受到情感或信念方面因素的影响,而且还受到环境方面的影响。消费者在环境影响下购买产品时就不一定经过合理的决策过程或者仅凭情感来购买产品。这时消费者的购买行为直接受文化、社会群体、经济等环境因素的影响。这种研究范式主要采用实证主义研究方法。

---

① 孙九霞,陈钢华.旅游消费者行为学[M].大连:东北财经大学出版社,2015.

二、旅游消费者行为学的研究方法

由于旅游消费者行为学是一门应用性极强的学科,它研究的出发点和归宿是为了运用,以及更好地指导旅游营销实践工作,这个性质决定了它比较重视实证研究和经验的积累。旅游消费者行为学的具体研究方法包括观察法、访谈法、实验法、问卷调查法和个案研究法等。下面就介绍几种主要的研究方法。

(一)观察法

观察法是指通过感官或仪器按消费者的行为发生的顺序进行系统观察、记录并分析的研究方法。观察法的优点是观察所获得的材料客观准确,切合实际。这种方法的局限在于受观察对象选择的制约,有一定的被动性、片面性和局限性,只能发现表面现象,难以揭示现象背后的本质或因果规律。

(二)访谈法

访谈法是指研究者与受访者进行面对面有目的的谈话、询问,以了解调查者对所调查内容的态度、倾向、人格特征等的方法,它包括结构化访谈、半结构化访谈和非结构化访谈。其中,结构化访谈通常采用定量方法,而半结构化访谈和非结构化访谈通常采用定性方法(见表1-2)。

表1-2 结构化访谈、半结构化访谈和非结构访谈比较

描 述	结构化访谈	半结构化访谈	非结构化访谈
方式	问与答有具体协定	类对话方式	对话方式
设计	结构化的	半自然发生	自然发生
研究者立场	客观立场	主观立场	主观立场
研究者角度	局外人(客位)	局内人(主位)	局内人(主位)
研究者立场与角度影响	有限反身性	反身性	反身性
研究过程中的交流问题	有限相互性	相互性	相互性
采用的语言	对象/被试语言	被试者、参与者、辅助研究人员语言	被试者、参与者、辅助研究人员语言
材料/数据收集	数据 表述 选择清单 一些开放式问题	经验材料 生活片段 田野记录 手写记录和录音	经验材料 生活片段 田野记录 手写记录和录音
分析基础	数学和统计分析	文本分析	文本分析
"结果"表现形式	数字表达	深度、详尽描述	深度、详尽描述
研究报告写作风格	科学报告	叙事	叙事

(资料来源:里切,伯恩斯,帕尔默.旅游研究方法[M].吴必虎,于海波,等,译.天津:南开大学出版社,2008.)

(三) 实验法

实验法是指有目的地严格控制或创造一定的条件,人为地引起某种心理现象与行为的产生,从而对它进行分析的研究方法。这种方法的特点是,系统操纵或改变一个变量,观察这种操纵或改变对另一变量造成的影响,在此基础上解释变量之间的因果关系。例如,沈雪瑞、李天元等考察了名人—目的地匹配度和被试的个人卷入度对目的地态度的影响。在这项研究中,研究者们系统地操纵或改变名人—目的地匹配度和个人卷入度,并测量不同的代言匹配情况和个人卷入度水平下旅游者的目的地态度。

(四) 问卷调查法

问卷调查法是通过事先针对研究内容拟定的一系列问题,以问卷形式收集信息并加以分析来研究调查者心理的一种方法。在目前的旅游研究中,问卷调查法是应用最普遍的。

问卷调查法的优点是能同时进行群体调查,快速收集大量资料;灵活,可以根据不同的调查目的来设计不同的问卷调查;问卷调查法结果容易量化,便于统计处理与分析等。但问卷调查法可能存在被调查者没有理解问题或不负责任地回答,造成问卷填写的真实有效性无法完全保证,进而使问卷结果失去意义。

(五) 个案研究法

个案研究法是指对某一个体、群体或组织,广泛系统地收集各方面的资料,从而进行系统分析的方法。个案研究法针对性强,对解决特定环境下的具体问题颇有帮助。但由于它过于具体,普遍性较差,结论不宜随意推广。

以上研究方法各有优缺点,选择哪种研究方法,取决于人力、时间、信息来源等,更取决于研究的目的和性质。

第三节 旅游消费者行为学的发展历史

作为一门新兴学科,与其他一些历史悠久、根基深厚的传统学科相比,旅游消费者行为学起步较晚,研究基础也比较薄弱。

一、旅游消费者行为研究的历史[①]

(一) 20 世纪 70 年代以前

20 世纪 70 年代以前,许多学者对旅游学持怀疑和保留态度,他们认为旅游学科的研究内容过于肤浅,没有必要以严谨的学术作风专门研究旅游消费者行为。同时,营销学家在过去很长一段时间里主要研究有形产品消费者的购买行为,并没有意识到旅游产品消费与其他有形产品的消费存在差别。因此,学者大多认为,在购买前、购买时和购买后三个阶段中,旅游消费者和其他消费者评估、选择产品的方法也基本相同。

---

① 吴清津.旅游消费者行为学[M].北京:旅游教育出版社,2006.

(二) 20 世纪 70 年代——20 世纪末

从 20 世纪 70 年代开始,随着旅游活动在全世界范围内的强劲发展,大量研究者对旅游消费者行为产生了兴趣,人们到底如何消费旅游产品成为旅游研究的热门话题。越来越多的学者意识到传统的营销理论、消费者行为理论并不能完全解释旅游消费者的行为,对传统的消费者购买决策过程在旅游消费者购买决策中的适应性提出了质疑。他们指出,由于旅游产品有一些不同于其他产品的特点,旅游消费者的购买决策过程也必然会有一些不同于其他产品消费者购买决策过程的特点。例如,一般产品的消费过程可划分为购买、消费、处置三个可明显分离、依序发生的阶段,但是,这三个阶段在旅游消费过程中并非泾渭分明。旅游消费者在参加旅游团、购买交通和住宿服务、观赏旅游吸引物时,并未获得有形物质的所有权。因此,在购买阶段和消费阶段并没有明显的分界线。

旅游消费过程是旅游者、旅游企业服务者、旅游目的地居民以及其他旅游者相互接触、相互交往、相互影响的过程。因此,对于旅游消费者来说,旅游产品的销售、服务和消费通常表现为一个完整的过程。旅游消费者往往在购买旅游产品的同时就开始评估旅游经历,并在整个消费过程中以及消费之后继续评估自己的旅游经历,而不是像有形产品消费者那样,在使用产品之后才开始评估产品。而且,旅游消费者对旅游消费的评估往往夹杂着主观性较强的情感因素。此外,与有形商品相比,在大多数旅游消费过程中都不存在处置阶段。

到 20 世纪末,旅游消费者行为研究已经成为一个新兴的、活跃的学术领域,研究者采用心理学、社会学、人类学、经济学等理论和方法探讨旅游者消费行为的全过程,并分析旅游消费者的动机、感知、期望、个性、满意度、忠诚度等心理特征。旅游目的地选择的影响因素、旅游动机、旅游服务质量评价、旅游者的消费情感、旅游者的满意度评价、顾客忠诚感的成因机制、家庭生命周期与旅游决策模式、跨文化的旅游行为等是当时国外学者,尤其是欧美学者研究的主要问题。

(三) 21 世纪以来

21 世纪以来,全球旅游消费者行为研究开始出现了一些新的变化。科思等对 2000 年至 2012 年发表在三本国际顶级旅游刊物(Annals of Tourism Research, Tourism Management, Journal of Travel Research)上的论文进行分析后发现:①从研究的主要概念来看,旅游者满意度、信任度和忠诚度较受关注,随后依次是动机、感知、决策、态度与期望、自我概念与个性、价值等;②从研究语境来看,新兴市场的跨文化议题、较少研究的细分市场、旅游消费者的情绪较受关注,随后依次是消费者的不当行为和群体及其共同决策。[①]

二、旅游消费者行为学的研究现状

目前,国际和国内学术界在旅游消费者行为方面的系统研究成果尚不多见,旅游消费者行为学在理论和实践运用上尚有不少空白有待填补。但学界越来越重视对旅游消费者行为的研究,旅游消费者行为研究呈现出三个方面的发展态势。

---

① 孙九霞,陈钢华. 旅游消费者行为学[M]. 大连:东北财经大学出版社,2015.

(一) 研究范围越来越广

旅游消费行为的生态问题、旅游消费者的信息处理问题、旅游消费心理问题、旅游消费与目的地文化问题、消费信用问题、外部环境对消费行为的影响、旅游消费者权益保护的政策与法律问题等,统统纳入旅游消费者行为分析的视野。

(二) 跨学科发展

现在,研究旅游消费者行为的学者不仅有旅游学、心理学、市场营销学和经济学的学者,也有管理学、社会学、人类文化学、法学等其他学科的理论工作者。研究方法的多样化和各学科成果的交融对促进旅游消费者行为研究起了积极的作用。

(三) 跨国界研究

旅游消费者行为在很大程度上受文化、社会等外部要素的制约。不同文化背景下的消费者在消费心理和行为上会有很大的差异。迄今为止,绝大多数的旅游消费者行为研究都是在美国和欧洲进行的,并以欧美旅游消费者作为分析的样本。这些欧美取得的研究成果是否具有跨文化的普遍适用性,尚需要通过对其他文化背景下的旅游消费者的消费行为进行检验。随着经济和文化的全球化,国际旅游也得到了长足的发展。与此同时,旅游消费者行为研究不再局限于传统意义上产生国际旅游需求的发达国家,各种旅游消费者行为跨文化的比较研究正在逐步增加。

总的来说,尽管在过去几十年间旅游消费者行为研究发展迅速,但是,旅游消费者行为还是一个新兴的研究领域。这一领域现有的研究成果尚未形成一个被普遍接受或被大多数人公认的、系统的理论体系。

三、旅游消费者行为研究的不足

尽管对旅游者消费行为的研究在最近几年有了一定的进步与改善,但是仍然存在一些不足之处,特别是在数据收集与数据分析方面。

(1) 当旅游者并非出境旅游时,旅游活动是很难界定和衡量的。例如,国内旅游,尽管这些旅游活动在国内的旅游目的地占据了重要的部分,但仍然没有此类旅游活动的相关记录。

(2) 在个人离家后多久才可定义为旅游者的问题还存在一些争议。一般的定义认为,至少离家逗留一夜才可以称之为旅游者。换而言之,这个定义排除了一日游的游客。例如,绝大多数的主题公园游览就是由一日游的游客组成的。

(3) 很难找到能够代表整个旅游者的抽样样本。旅游者市场的细化不够,并且对国外已有成果直接引用的现象很严重,缺少对于研究成果在本地的检验。

(4) 对旅游者进行抽样调查得到的信息,一方面可能是由于旅游者故意如此作答;另一方面由于偶然性导致了信息失真。

(5) 最有价值的营销数据可能根本未曾公开。这些数据都是来自商业单位的,是为了自身考虑进行调查研究,并且作为商业机密不对外泄露。

(6) 一些公关部门的研究数据虽然可以利用,但是通常也存在缺陷,因为这些数据的收集是基于"政治"目的,例如,一些调查是为了判断部门预算增长情况而进行的。

（7）市场营销的专业人士在开展调研时往往倾向于尽量闭口不谈调查中出现的失误，要么保留调查中的负面评价。

（8）一份好的营销调查的价格是非常昂贵的，当预算有限时，它往往是被首先裁剪掉的。虽然这对企业短期的影响并不明显，但是对企业长远发展所造成的影响可能是无法进行具体衡量的。

除了数据收集与分析上的不足，还有其他方面的不足。科恩认为目前的旅游消费者行为研究，还存在以下四个方面的问题。

（1）依然有不少研究只是把其他研究领域的理论或模型简单地套用到旅游消费者行为研究领域。

（2）虽然许多研究都探索同样的问题，例如满意度对忠诚度的影响，但由于研究的语境、旅游消费者类型和目的地类型的差异，使得这一研究领域的研究结果并不具备可比性，因而研究的理论进展缓慢。

（3）虽然定量研究占据旅游消费者行为研究的主导，但由于实验研究（能够量化独立的刺激对行为响应的效应）尚处于起步阶段，目前不少因果关系研究的结论错漏百出。

（4）很少有研究采用纵向比较、历时跟踪的研究设计来探究旅游消费者行为的历时变化过程及其原因。

四、旅游消费者行为学的未来研究方向

越来越多的科研机构和旅游从业者致力于旅游消费者行为的研究，希望对其进行定量和定性的分析，这意味着旅游业最终作为一项成熟的产业发展起来。旅游消费者行为学今后将向以下几个方向更有效地发展。

（1）在收集定性资料时，开发出一套更为成熟、精密的方法。

（2）重点关注旅游者购买的决策过程。

（3）关注旅游者的感知并努力发掘他们的感知从何而来。

（4）加强对来自不同国家、有不同文化水平的消费者行为的差异性研究。

（5）研究旅游消费者行为和其他行业间的联系，因为人们购买旅游产品必然是和购买其他产品紧密联系的。

（6）更细致地分析不同类型消费者的旅游动机、目的地选择以及旅游行为，并更重视对旅游消费行为的纵向动态研究，不断完善旅游消费者行为模型。

（7）不断细化目标市场，逐一分析，用这些消费者行为倾向来指导旅游产品的开发与编排，在精化旅游产品的同时保证资源的合理利用，避免造成不必要的浪费。

知识链接 解读"新消费者"

自20世纪90年代以来，全世界范围内出现了一个新的消费群体，刘易斯和布里格在《新消费者理念》中把他们称为"新消费者"。他们发现新消费者与旧消费者之间的差异，比跨越国境生活在不同文化环境下的消费者的差异还要显著。

新消费者的出现,几乎让所有营销决策者不知所措,因为几乎所有决策者都是旧消费者。

旧消费者更多地以职业和社会角色确认自己的身份,比如工人、农民、学生、教授、父母兄长等。新消费者更多地把自己当做消费者。职业和社会角色意识的淡化使他们广受指责,被指为缺乏社会责任。

新消费者不分年龄和职业,而以消费理念区别。当然,还是以新生代年轻人为主。在中央电视台"实话实说"栏目中,一个小学生竟然面对电视镜头,说他的父亲(一个成功的知识分子)"有些事他不懂"。

旧消费者消费行为的背后有一个显著的驱动力,即消费者希望通过获取新车、电视机、冰箱和家具等商品来提高自己的社会地位,消费是象征性的社会行为,商品具有炫耀性的社会功能。对新消费者来说,消费只是一种快乐、满足的经历,他们甚至对不得不购买日用消费品感到厌烦。

对新消费者来说,购买决策越来越具有个人色彩。提议者、影响者、决策者、购买者、使用者相互分离的现象将日趋减少。以前由家庭成员决策的消费行为,现在可能更多地由个人决定。

旧消费者关注消费结果,消费者的满足感来自满意的商品,来自对商品的占有;新消费者关注消费过程,更在乎消费(购买)过程的情感体验,消费过程越有意思,新消费者就越有可能感到满意。星巴克风靡世界,不在于提供了更好的咖啡,而在于提供了更好的消费过程。

由于不再关注商品的象征性,新消费者的品牌意识趋向淡化。几乎在全世界的大卖场中,新消费者都不再寻寻觅觅去找自己钟爱的品牌,一个小小的动情点就足以让新消费者忘记自己曾经喜爱的品牌。

按旧消费理念,现在的手机行业是个不可理喻的行业。一套新外壳、一个新铃声、一张新图片就足以吸引新消费者花大价钱去购买。对新消费者而言,不能创造期待、惊喜的行业。

旧消费者几乎都经历过"仔细盘算""反复比较""家庭讨论""征询意见""讨价还价"等复杂的购买过程。新消费者的购买过程就简单得多,也更加快速。某可乐品牌这几年一直在不断地换包装,旧消费者认为这是新瓶装旧水的把戏,新消费者却认为,包装换了就意味着感觉变了,新的感觉足够让其掏钱包了。

新消费者对商品和商品信息的关注不像旧消费者那样持久而有耐心。手握电视遥控器,见到不满意的节目和广告就换频道,每次换频道的时间甚至只有2秒钟,以致国外已经出现了2秒钟以及比2秒钟还要短的广告片。对于网站上的"闪烁广告",旧消费者讨厌极了,新消费者却能适应。

(资料来源:刘春雄.解读"新消费者"[J].销售与市场,2005(10).)

本章小结

（1）旅游产品是一个综合概念，它是人们进行旅游活动所需的多种吸引物、设施和服务的组合。要正确地把握旅游产品的基本内涵，还需要从两个方面去理解，即整体旅游产品和单项旅游产品。

（2）旅游产品具有综合性、无形性、生产与消费的同步性、差异性、不可存储性、不可转移性等特性。

（3）旅游消费是指在整个旅行游览活动中，旅游者为满足其自身发展和享受的需要，而购买的各种物质产品、精神产品和服务的总和。旅游消费具有综合性、体验性、异地性、波动性、生产与消费的同步性。

（4）旅游消费者是指为满足自身旅游需要而进行购买、享用旅游产品的人。

（5）旅游消费者行为由两个部分构成：一是旅游消费者的行为，即购买决策的实践过程；二是旅游消费者的购买决策过程，主要是指旅游消费者的购买实践之前的心理活动和行为倾向。因此，旅游消费者行为可以定义为，旅游者为满足自身的旅游需要而选择旅游产品，并通过与旅游产品互动体验完成购买和消费活动的决策和实践过程。

（6）旅游消费者行为具有复杂性、异地性和多样性的特点。

（7）心理学、社会学、人类学、经济学和消费者行为学等学科是旅游消费者行为学研究的主要理论来源和基础。

（8）旅游消费者行为学的具体研究方法包括观察法、访谈法、实验法、问卷调查法和个案研究法。

核心关键词

旅游产品　　　　　　（tourism product）
旅游消费　　　　　　（tourism consumption）
旅游消费者　　　　　（tourism consumer）
旅游者　　　　　　　（tourist）
旅游消费者行为　　　（tourism consumer behavior）

思考与练习

1. 旅游消费者行为具有哪些特征？
2. 简述旅游消费者行为学的研究内容。
3. 简述旅游消费者行为学的研究方法。
4. 简述旅游消费者行为研究的发展历程。
5. 阐述旅游消费者行为研究的不足及未来的发展方向。

案例分析

案例一

西班牙媒体：中国游客诉求特别要求"精"与"快"

据西班牙欧浪网报道，在众多受到中国游客关注的西班牙城市当中，塞戈维亚因其靠近马德里的地理优势、含有古建筑的文化优势以及烤乳猪等美食优势，已经成为一个后起之秀，在中国游客市场热度不断上升。

最近，《加斯蒂亚北部日报》就以一个中国旅行团的塞戈维亚之旅为例，对中国游客的主要诉求进行了解析。报道中提到了一位姓李的导游，该导游曾在上海学习西班牙语，随后成为导游，而在这一次中国游客的西班牙之旅中，他的旅行团里有17位中国游客，在李某的带领下，这些中国游客特意前往塞戈维亚体验西班牙的美食。

在塞戈维亚当地的一家餐厅中，李某带领游客们点了一整只烤乳猪，在服务生为大家分餐的时候，李某同时用中文为大家讲解，包括这一美食的历史、其食用方法和习俗等。

该家餐厅的负责人透露，虽然中国游客很乐意在用餐时间享受当地美食并了解各类美食文化，但是这并不意味着他们会花费大量的时间留在一家餐厅中，与其他游客相比，中国游客更讲究效率，他们既要享受全套的用餐服务，又要求速度，在用餐完毕之后通常会立即离开，"因为他们是实践派，当然这也得与旅行社的安排有关，他们通常在用餐之后购物，尤其是某品牌的面霜，在他们中大受欢迎。"

西媒记者在与该导游交谈的过程中了解到，这些中国游客是坐了十几个小时的飞机来到了欧洲，其旅游时间共计11天，在这短暂的时间里，游客们先是从葡萄牙展开旅行，主要在里斯本与一些附近城市旅游，随后进入马德里，并前往塞戈维亚，在快速的旅游体验之后，又将乘坐旅游大巴前往巴塞罗那和塞维利亚几地。

"导游就像是一个牧羊人，拿捏着效率带领中国游客在西班牙游玩，与其他国家的游客相比，其在一个地点停留的时间相对更短，但是在花销上却毫不逊色，甚至多于其他游客。"

仅就塞戈维亚而言,从2015年开始,前往该地旅行的中国游客多达6万人,这一数字从未停止增长,目前,中国游客已经成为塞戈维亚的世界游客接待榜单第二名。

不难看出,中国的游客旅行团有一个显著的特点,即对于效率的追求,在尽可能少的天数中获得尽可能多的旅行体验已经成为一些西班牙旅游城市对于中国游客的解读,而购物环节更是必不可少的,从今年开始,大量吸引具有消费能力的中国游客来到西班牙旅行已经成为旅游部门的重点目标之一。

(资料来源:http://www.chinanews.com/hr/2019/05-10/8833093.shtml.)

问题:
1. 试从心理学、经济学等主要理论来源角度探析上述中国游客的旅游诉求。
2. 谁会从学习旅游消费者行为中受益?

案例二

古代的消费思想

第二章

旅游消费者行为学的基本理论

学习目标

- 了解旅游购买行为理论、旅游消费者行为模式、有限理性理论、旅游者二元行为理论、环城游憩行为理论等旅游消费者行为学的基本理论。

问题导向

- 从常居地到旅游地,你的行为会发生变化吗?

第一节 旅游购买行为理论

购买行为是旅游消费者行为的一种具体表现。学者们对消费者为什么采取某种购买行为的研究已经进行了很多年,并提出了各种理论。解释消费者购买行为的理论很多,这里主要介绍几个有代表性的、能够解读旅游消费者特殊性的理论。

一、习惯建立理论

习惯建立理论认为,旅游消费者的购买行为实际上是一种习惯的建立过程。旅游消费者对购买对象和购买方式的喜好是在重复购买和使用中逐步形成的,这个过程不需要认知过程参与。旅游者在内在需要的激发和外在产品的刺激下,购买了该产品并在消费过程中感觉不错,那么他可能会再次购买并使用,如果多次的购买和使用给旅游消费者带来的是愉快的经历,购买、使用和愉快的多次结合,最终在旅游消费者身上形成了固定化反应模式,即消费习惯建立了。每当产生消费需要时,消费者就会想到这种旅游产品,并随之产生相应的购买行为。

习惯建立理论完全符合斯金纳操作条件学习理论,是行为主义心理学观点在消费行为研究的应用。消费者主动的购买和使用行为在先,愉快和满意这种正强化在后,此过程丝毫不见认知因素的影子。多次的购买和使用与愉快经验的结合就在消费者身上形成了固定的联结,一种新的条件反射便建立了,如图2-1所示。

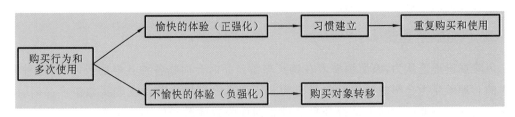

图2-1 消费习惯建立模式

(资料来源:王曼,白玉苓,熊威汉,等.消费者行为学[M].2版.北京:机械工业出版社,2011.)

习惯建立理论能够解释许多现实生活中的消费行为,尤其对那些习惯性消费行为能给出比较满意的解释。在日常生活中,每个人都有许多这样的习惯性购买行为,如对牙膏、香皂、理发服务等人们都有其固定的消费偏好,不会轻易地选择新的消费对象。这样做可以使人最大限度地节省用于选择的精力投入,同时又避免了非必要的消费风险的发生。在旅游领域,习惯建立理论能够解释旅游消费者对旅游方式的偏好,由于某种特殊经历或个人个性因素,旅游者通常会有自己的旅游偏好,而这种偏好能够给其带来愉快的体验。

当然,习惯建立理论并不能解释所有的消费行为,后面将要介绍的理论会对不同类型的旅游消费者购买行为或者对旅游消费者购买行为的不同侧面加以解释。

二、信息加工理论

信息加工理论不是某一种理论的名称,而是一类理论的统称。信息加工理论把人看成一个信息处理器,而人的消费行为就是一个信息处理过程,即信息的输入、编码、加工、储存、提取和使用的过程。旅游消费者在面对各种大量的产品信息时,要对信息进行选择性注意、选择性加工并保持,最后做出购买决定和购买行为,如图2-2所示。这个过程可以用心理学原理解释为产品信息引起了旅游者的有意或无意注意,接着大脑就开始对所获得的信息进行加工处理,这个过程包括感知、记忆、思维和态度,购买决定就产生了。

图2-2 购买决策信息加工模式

(资料来源:王曼,白玉苓,熊威汉,等.消费者行为学[M].2版.北京:机械工业出版社.2011.)

需要注意的是,信息加工理论的理论假设前提是"人是理性的",只有这个前提成立,信息加工理论才能成立。而事实上人是理性和非理性的复合体,其纯粹的理性状态和非理性状态都是非常态,所以在应用信息加工理论时必须注意这个问题。可以这样说,信息加工理论揭示了人的一个侧面,能够解释消费行为的某些种类和某些部分。但是,信息加工理论无法解释旅游消费者的随机性购买和冲动性购买。同时,受教育程度较低和智力较低的旅游消费者的购买行为,其信息加工过程不明显,或者说谈不上什么真正的信息加工。而前面介绍的习惯性购买行为也不存在明显的信息加工过程。对那些受过良好教育的旅游消费者，又面临高卷入的购买行为，同时又有大量的产品信息可以利用时，信息加工理论就能为此时的购买行为提供比较完美的解释。

三、风险规避理论

风险规避理论认为，旅游消费者在购买旅游产品时会面临各种各样的风险，而这种风险和人的心理承受力会影响他们的购买行为。所谓风险是指旅游者在购买旅游产品时，由于无法预测和控制购后的结果是否令自己满意而面临或体验到的不确定性。该理论认为，旅游消费者的购买行为就是想方设法寻求减少和规避风险的途径。旅游消费者对可能存在和发生的风险的心理预期会影响到他的购买行为。旅游消费者对风险的感知程度对其购买行为产生影响，至于现实中风险到底有多大，有还是无并不重要。风险的大小以旅游消费者的主观感受为指标。

（一）风险的类型

风险规避理论认为，旅游消费者在购买旅游产品时承受的风险主要有以下六种类型。

1. 功能风险

功能风险是指因为购买的旅游产品本身而带来的不能使用等功能性问题。功能性问题涉及产品的质量和服务优劣的问题。通常情况下，当购买的产品和享受的服务不能像预期那样满意时，就存在功能风险。例如，正在游玩的主题公园游乐设施突发故障，或正在品尝的特色小吃并不好吃，或想去看樱花却没有看到等。

2. 安全风险

安全风险是指旅游消费者所购买的旅游产品是否会危及人身健康或安全。例如，就餐的食品是否卫生、乘坐的旅游巴士是否安全、旅游过程中人身安全是否有充分的保障等。

3. 资金风险

资金风险是指旅游消费者花费较多的金钱是否能买到较好的旅游产品。这是因为旅游消费者会担心由于自己做出错误的购买决策而损失金钱。比如，花费高价格入住的酒店，其硬件设施和软件服务是否物有所值，或者刚购买了一张机票后，却发现第二天机票大幅度降价打折。

4. 时间风险

时间风险是指旅游消费者对在预计时间内能否完成旅游活动的担心。如果在计划时间内未完成旅游活动，或者全部旅游活动完成了但超出了预计的时间，那么不但会引起旅游者的不满，甚至会引发纠纷，给旅行社造成名誉上或经济上的损失。

5. 社会风险

社会风险是指旅游消费者购买某种旅游产品是否会损坏其自身的形象。比如，选择去欧洲旅游或入住五星级酒店的旅游消费者很可能就因为作为旅游目的地的欧洲或该酒店而具有较高的社会价值；相反，旅游消费者因为入住某家酒店后不被自己周围的社交圈子认可，感到有失身份，于是就出现了社会风险。

6. 心理风险

心理风险是指旅游消费者对于购买某种旅游产品是否能增强个人的幸福感和自尊心。如果旅游消费者购买的旅游产品与自我形象和期望不一致时，就会引起心理不安，导致不满意和感到失望。例如，人们出去旅游的主要原因之一，是提高自我价值，放松自己。所以对于入住酒店的旅游消费者来说，酒店提供的产品或服务能否最大限度地满足他们的心理需要，是十分重要的。

（二）风险的影响因素

风险规避理论认为，旅游消费者所感觉到的风险水平受以下四种因素的影响。

1. 旅游消费者个体付出的成本大小

通常，对具体消费者而言，其付出的成本越大，相应感受到的风险就可能越大，在采取购买行为时就会越谨慎。这里所说的成本包括心理成本、生理成本、时间成本、机会成本、经济成本和社会成本等。

2. 旅游消费者对风险的心理承受力

这是影响风险感知程度的主要因素。个体的心理素质差异和个体对购买结果的心理预期水平的差异是构成旅游消费者心理承受力的两大因素。

3. 服务型产品的购买风险大于实物型产品

其原因在于，实物型产品在购买前可以有实物供消费者进行比较、判断，从而避免了一些风险的发生。服务型产品有两个主要特点，即无形性和生产与消费的同步性。旅游者在购买之前通常无法对其功能和质量等进行判别，而这种判别和鉴定只能在购买行为发生之时进行，这样风险就可能已经发生。由于服务型产品的无形性和生产与消费的同步性，使得旅游者一旦遭遇风险难以拿出实证性证据用于申述，因而自身权利难以得到保障，所以服务型产品的购买风险大于实物型产品。

4. 购买风险与产品销售方有关系

通常情况下，人们似乎更倾向于信赖实力雄厚的大企业，认为它们一般不会欺诈，而与小公司打交道会感知到更多的风险。购买有固定销售场所的产品比购买无固定销售场所的产品感知到的风险要小。

风险规避理论认为，旅游消费者为了控制由购买决策所带来的风险，在做决策时总是使用一些风险规避策略来尽量控制风险的发生，从而达到增强自己决策决心的目的。旅游者常用的控制风险的方法有六种：第一，尽可能多地收集产品的相关信息；第二，尽量购买自己熟悉的或使用效果好的产品，避免购买不熟悉的产品；第三，通过购买名牌产品来减少风险；第四，通过有信誉的销售渠道购买产品；第五，购买高价格的产品，人们信奉"一分价钱一分货"，价高则货好；第六，寻求安全保证，例如，企业提供的退货和售后服务制度、权威机构的检测报告、保险公司的质量保险、免费试用等。

四、边际效用理论

边际效用理论是解释消费者购买行为的一个重要理论。该理论从人的需要和需要满足这个最根本的角度宏观地解释消费者的购买行为，因此，边际效用理论具有很强的说服力。

边际效用理论认为,消费者购买商品的目的就是要用既定的钱最大限度地使个体的需要得到满足。换句话说,就是要以最小的投入换取最大的产出,以一定的钱买来尽可能多的商品,从而达到总效用和边际效用的最大化。

效用是指人们从这种消费选择中获得的愉快或者需要的满足。总效用是指消费者从消费一定量某种商品或服务中所得到的总的满意程度。随着商品或服务消费的增加,总效用也增加,但却是以递减的比例增加,即增长率递减。另外,随着消费量的增加,总效用将达到一个最大值,此后,若继续增加消费量,其总效用非但不会增加反而会下降。而边际效用是指每增加一个单位的商品所增加的总效用,即总效用的变量。边际一词在经济学中通常指一个量的变化率,见下面公式:

$$边际效用 = \frac{总效用增加量}{商品总增加量}$$

在一定的时间内,一个人消费某种商品的边际效用,随着其消费量的增加而减少的现象被称为边际效用递减规律。边际效用递减规律有以下几个特点。

(1) 边际效用的大小与人的需要强弱成正比。对某商品的需要越强,其边际效用越大。反之,则边际效用越小。对某商品没有需要,则边际效用为零。

(2) 边际效用的大小与商品的稀缺性成反比。

(3) 边际效用递减规律只在特定时间内有效。由于需要具有再生性、反复性,因而边际效用也具有时间性。连续地消费某一物品,从某一点以后边际效用才开始递减。

(4) 在正常情况下边际效用永远是正值。虽然在理论上边际效用会出现负值,而实际上如果不是被不可抗拒的外力控制,当一种物品的边际效用趋于零时,个体就会放弃对它的消费,而转向其他物品。

边际效用理论对消费者的购买行为规律进行了深入的剖析,即消费者在钱的数量一定的条件下,努力寻求总效用和边际效用两者的最大化。边际效用理论的思想基础是边沁的功利主义哲学和传统的理性人假设。按照边际效用理论的解释,消费者本质上是一个最大限度地追求享乐和舒适的理性的"机器",随时随地计算如何使自己的收益最大化。然而,边际效用理论对人的冲动性消费、习惯性消费、信念性消费(出于爱国而发生的消费)等现象无法做出令人满意的解释。边际效用理论的最大价值是能够比较圆满地解释人的复杂消费行为。

需要强调的是,在正常情况下边际效用永远是正值,尽管在理论上边际效用会出现负值,但实际上如果当一种旅游产品带给消费者的边际效用趋于零时,旅游者便会放弃对它的消费,而转向购买其他旅游产品。因此,旅游产品的开发必须注意差异化,以使最终带给旅游者的消费效用最大化。

知识链接 游山玩水也无奈?

小王拿到导游证后跃跃欲试,急着想找个机会实习,通过老师的介绍以及自身不错的素质,小王顺利成为 A 旅行社的一名实习员工。目前,A 旅行社的主推线路是昆明—大理—丽江(简称"昆—大—丽"),经过多年的经营,A 旅行社以自身的综合优势在本市的云南游市场上占有相当大的份额。"昆—大—丽"旅游线路的确代表了云南旅游的精华,那绚丽多彩的民俗风情与绮丽的自然风景让第一次带团的小王兴奋不已,他不禁深深沉醉而感叹:彩云之南原来是一个如此美丽的地方!他第一次带团就能以饱满的精神状态投入工作之中,并以此感染着每一个参团的旅游者。

然而,带过三次"昆—大—丽"的旅游团后,小王当初的新鲜感开始消失,并渐渐感到了一丝厌倦。但是,A旅行社近期"昆—大—丽"旅游线却卖得十分火爆,社里的人手也比较紧张。小王去过几趟"昆—大—丽",也算得上是一个熟手了,好钢自然用在刀刃上。于是业务经理通知小王,旅行社准备安排他在本月再带六个"昆—大—丽"旅游线路的旅游团。一想到这个月还要重复去六趟,小王感到有苦说不出。

A旅行社的"昆—大—丽"旅游线路依旧是那么火爆,而小王却再也没有了第一次工作的热情。两个月后,开始厌倦了"昆—大—丽"的小王只得无奈地跳槽去了另一家旅行社。

(资料来源:舒伯阳,廖兆光.旅游心理学[M].2版.大连:东北财经大学出版社,2011.)

第二节　旅游消费者行为模式

旅游消费者行为模式从中观的角度探讨了旅游消费者实际的购买行为,是用于表述旅游消费者购买行为过程中的全部或局部变量之间因果关系的图示的理论描述。

一、刺激—反应模式

刺激—反应模式是建立在行为主义心理学关于人的行为是外部刺激作用的结果这一基本理论的基础上的。该理论认为,行为是刺激的反应。当某行为的结果能满足人们的需要时,在这样的刺激下,行为倾向于重复;反之,行为则趋向于消退。因此,从一定意义上说,本次行为是上次行为得到强化的结果。

下面介绍几种在旅游消费者行为研究中经常应用的、具有代表性的刺激—反应模式。

(一)科特勒的刺激—反应模式

美国著名市场营销学家菲利普·科特勒(Philip Kotler)认为,消费者行为模式一般由三个部分构成,如图2-3所示。第一部分主要包括企业内部的营销刺激因素和企业外部的环境刺激因素两大类,这两类因素共同作用于消费者本人,以期能够引起消费者的注意。第二部分主要包括购买者的特征和购买者决策过程两个中间环节,它们将得到的刺激进行加工处理。而加工处理的结果就是购买者的反应,这就是第三部分,是消费者购买行为的实际外化,包括对产品的选择、品牌的选择、商家的选择、购买时机的选择和购买数量的选择。

科特勒的刺激—反应模式的基本假设为,购买者的购买决策行为来自其对外界刺激的积极心理反应,即由于购买者的心理活动过程是在其内部完成的,既看不见又难为人知,因而被喻为"黑箱"("黑箱"包括购买者的特征和购买者的决策过程)。营销者的工作就是要了解在购买者的"黑箱"中,刺激是如何转化为行为反应的。

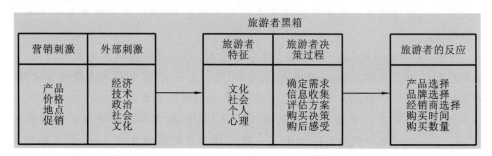

图 2-3　科特勒的刺激—反应模式

(资料来源:王曼,白玉苓,熊威汉,等.消费者行为学[M].2版.北京:机械工业出版社,2011.)

对于旅游企业而言,在未了解旅游者以前,旅游者就是一个"黑箱"。旅游企业对于影响旅游者内在的要素及决策过程的规律一概不知,仅仅知道该"黑箱"在接受来自外部的环境刺激和企业的营销刺激时,所产生相应的反应,表现在旅游者接受外在刺激后所做出的一系列购买决策上。需要关注的是,游客会对外部哪些刺激做出什么样的反应,这些反应当中哪些是企业的营销策略对旅游者刺激后所产生的反应,哪些是环境因素刺激所产生的反应。所谓营销刺激是指企业针对旅游者制定的产品、价格、销售渠道和促销等营销策略。企业总是希望自己做出的营销策略是正确的,是有效率的,但是其衡量的标志只是旅游者能做出的购买决策有利于企业,是企业营销能够收到效果,并提高企业经济效益。这就需要企业研究消费者"黑箱",使其透明,变为"白箱"。

(二)巴甫洛夫的刺激—反应模式

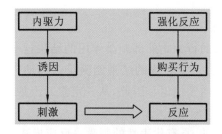

图 2-4　巴甫洛夫的刺激—反应模式

(资料来源:王曼,白玉苓,熊威汉,等.消费者行为学[M].2版.北京:机械工业出版社,2011.)

生物学家巴甫洛夫在研究人的购买行为过程中,提出了刺激—反应的论点。如图 2-4 所示,消费者必须具备很强的内驱力,才能够使他接受刺激。但是,仅有内驱力是远远不够的,还必须在外界诱因的作用下,使消费者产生购买欲望,从而形成完整的刺激环。当消费者对刺激产生积极响应时,就会促成购买行为。对于已经形成购买行为的客户群,企业应当把后期服务做到位,进而强化反应。

巴甫洛夫模式强调了决定消费者购买行为的心理机制和心理过程。在营销过程中,企业应当设计出一个刺激环境,而这种刺激环境必须针对某种客户群。在具有诱发性的基础上,针对存在内驱力的消费者发出刺激,促进消费者的购买行为。巴甫洛夫模式告诉我们,研究消费者心理是非常关键的。该模式是一种揭示"需求驱动力"的传统心理学模式。

巴甫洛夫认为,人类的需求行为实质上是一种"条件反射"过程,所以该模式又称学习模式。根据巴甫洛夫的理论,购买行为则是一种"刺激—反应"过程,这种"刺激—反应"间的关系可细分为内驱力、诱因、反应和强化四个步骤。

(1) 内驱力是一种诱发购买行为的内部力量,如饥饿、恐惧、疲劳、危险、尊严等。

(2) 诱因是能够满足或缓解内驱力的某种产品或劳务,如食品、服装、交通工具、各种服务等。

(3) 反应是需求者对诱因的一种指向行为,即为了满足需求而寻求某种产品的行为。

(4) 强化,加强诱因和反应之间的联系即为强化。如果诱因和反应之间的联系经常得到加强,也就是得到强化,就会变成习惯,导致消费者重复购买。

没有内驱力和诱因,就没有购买行为,也就谈不上强化。按照这种模式,广告是一种重要的诱因,重复广告对消费者的购买行为影响很大,巴甫洛夫的刺激—反应模式强调了决定消费者购买行为的心理机制和心理过程。

(三) 米德尔顿的刺激—反应模式

米德尔顿(Middleton,1988)提出了适用于旅游消费者行为的刺激—反应模型,如图2-5所示。该模型包含四个部分,即刺激输入、沟通渠道、购买者的特征和决策过程、购买和消费后的感觉。其中,"购买者的特征和决策过程"是模型的核心,"旅游产品和服务的刺激"以及"沟通渠道"是影响旅游消费决策的输入部分,"购买和消费后的感觉"是旅游决策的输出部分。

在该模式中,市场上的各种旅游产品通过广告、促销活动、个人推销等手段成为影响旅游者购买的刺激因素。另外,诸如朋友、家庭、参照群体也以自身的看法和评价影响旅游者的购买决策。旅游者通过个体的学习、知觉以及经验对所接受的信息进行过滤。经过过滤的外部刺激通过旅游者个体的态度等心理因素及人口统计、经济和社会等因素共同影响旅游需要及动机,并最终促成购买行为的产生。购买者购买后的满意程度则直接形成购买消费经验,购买经验又在新一轮购买行为中产生影响。

米德尔顿指出,旅游消费者对旅游产品的满意程度是影响他们未来购买行为的最关键的因素。因此,他在模型中增加了一条从旅游者购后感觉回到决策过程的反馈路线,把购后评价与旅游消费决策过程联系起来。

米德尔顿提出的这一刺激—反应模型,不仅有助于人们理解影响旅游消费者购买行为的基本因素以及这些因素的关联关系,而且有助于指导旅游营销者在研究和把握目标市场特点的技术上,通过对旅游产品及营销传播手段的设计,去了解目标市场人群的购买动机。

二、需要—动机—行为模式

需求—动机—行为模式从心理学的角度构建了旅游者的购买行为模式。该模式以旅游者的需要、动机以及行为构成旅游消费行为的周期。当旅游者产生的旅游需要没有得到满足时,就会引起一定程度的心理紧张。当这种需要有满足的可能性并有了一定的具体满足方式指向时,就可以转化为对具体旅游产品的购买动机,具体的购买动机会推动旅游者进行旅游消费购买过程。当旅游者的旅游需要通过旅游活动满足后,这种心理紧张感就会消失。购买及消费结果又会影响到新的需要的产生,于是开始了一个新的循环过程,如图2-6所示。比如,小王长期以来迫于生活和工作的压力,长期紧张工作,不仅造成了心理紧张,也引

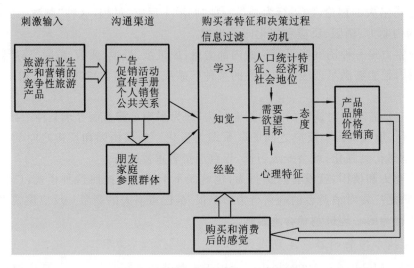

图 2-5 米德尔顿的刺激—反应模型

（资料来源：约翰·斯沃布鲁克，苏珊·霍纳.旅游消费者行为学[M].俞慧君,等,译.北京：电子工业出版社,2004.）

发了一定的亚健康状况，医生建议他休息。小王接受了医生的劝告，仔细一想自己已经有一年没有旅游了，便产生了对旅游的内在需要。于是小王请假休息，在得到领导批准后，确定自己应该有一次两周左右的休假，可进行一次海滨度假旅游，于是这种需要转换为动机。小王有针对性地针对海滨度假旅游信息进行购买决策，并顺利开展了自己的旅游消费活动。小王完成旅游活动后就完成了一个"需要—动机—行为"的周期。今后又会出现新的旅游需要，又开始新的一轮"需要—动机—行为"周期。

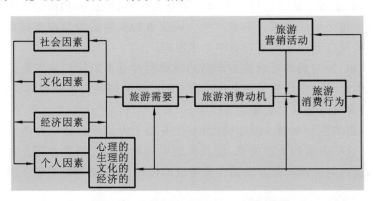

图 2-6 需要—动机—行为模式

该研究认为旅游者的旅游需要受社会因素（社会阶层、相关群体、家庭、地位和角色）、文化因素（文化、亚文化）、经济因素（经济周期、通货膨胀率、利率）等外部宏观因素以及个人因素（年龄、性别、动机、态度等）的影响。在从旅游动机到行为产生的过程中，旅游者会主动搜寻信息，并同时接收来自旅游目的地及企业的信息，以供决策使用。这时，旅游行为的产生受到旅游营销活动的影响。旅游者的心理因素也限制着外界信息的输入与加工，最终影响到旅游购买行为。最后，旅游购买行为会对旅游营销活动以及旅游者产生新的旅游需要发生作用，影响下一次的旅游购买活动。

第三节 有限理性理论

Jon Doyle 把理性的决策定义为,在可能的选择中以一种完全与消费者的偏好与信念吻合的方式所进行的选择。西蒙(Simon,1997)曾谈及总体理性(global rationality)和有限理性(bounded rationality)的区别。他这样描述其区别,新古典理论的"总体理性"假设消费者有一个全面的、一致的效用函数,知道所有的备选方案,能计算备选方案的期望效应,并且选择期望效应最大的方案。"有限理性"则通常与现实的人类选择行为一致,认为消费者必须尽可能搜寻可能的备选方案,对方案的有关知识的了解是不完全和不准确的,并且选择一个"满意"的方案。在很多情形下,这种"有限理性"的假设与"总体理性"的假设对经济运行的认识是完全不同的。而现实的决策过程也就是消费者的选择偏好过程,与人们的认知心理密切相关。行为经济学利用心理学关于人们的认知方式、认知偏差和认知目标的研究成果,对经济学中的相关问题进行了解释,并建立了相应的理论模型。理性经济人假设在认知方式上人们可以获得完全信息并对其进行分析,进而做出自己的决策。实际上,消费者无法获得所有的信息,也不可能对所有的信息进行分析,而且无法处理复杂的判断。

理性决策模式的哲学思想本源于传统的"经济人"理论。"经济人"理论认为,"经济人"知道全部可能的行动,知道哪种行动能取得最好效果。人总是在合理地行动,能从所有可能的行动中选择最好的一种。西蒙认为,在关于理性的论述方面,社会科学深受严重的"精神分裂症"之苦。在一个极端,经济学家们给"经济人"赋予了一种全智全能的荒谬理性。这种"经济人"有一个完整而内在一致的偏好体系,使其总是能够在他所面临的备选方案当中做出抉择;他总是完全了解有哪些备选的替代方案;他为择善而从所进行的计算不受任何复杂的限制;对他来说,概率计算既不可畏,也不神秘。然而事实上"经济人"是不存在的。传统的新古典经济学靠简单假设"完备知识"而将知识问题束之高阁。这样,就完全有可能将经济学简化为简单的运算,即测算如何用已知技术来转化已知资源,以满足"经济人"既有的已知偏好。这幅精致的关于现实的精神地图,一个人就能做出来的新古典模型,删除了经济学的大部分基本问题,使之成为贫乏的、过分抽象的心智构成物。由于完备知识的这种先天缺陷,新古典理论经常与实际的人类对不上号,现实中的人总是想了解得更多并检验旧的知识。建立在"经济人"假设基础上的理性决策模式,在西蒙等人看来理想色彩过浓,20世纪40年代以西蒙为首的一些管理学家对其进行了严厉的批判,西蒙从现实的角度提出了"有限理性说"。

西蒙认为,合理的行为必然发生在给定的条件或约束下。在西蒙看来,这种约束就是"符合生物(包括人在内)和其生存环境中所实际具备的信息存取能力和计算能力"。它们是决策稀缺的心理资源,它们对决策的约束主要通过对进入人脑的决策信息进行识别、选择和过滤的注意力、感知能力、信息加工能力和记忆系统等稀缺心理资源来实现的。

一、注意力有限

有限理性模型认为,在决策过程中,注意力是一种关键性的稀缺资源。注意的中枢能量

理论认为,注意是人能用于执行任务的数量有限的能量或资源,决定注意的关键是资源分配方案。注意的选择在总体上受资源分配决定。西蒙指出,"理性限度,在很大程度上,乃是注意广度的局限性所造成的结果"。

二、感知能力有限

感觉阈限的存在,使人们只能注意到一定范围内的刺激。生理心理学的研究发现,人的感觉器官存在感受野,作用感受野之上的刺激可被人脑识别和加工,感受野之外则是认知和加工系统的盲区。知觉也被看成是一种主动的和富有选择性的构造过程。知觉是现实刺激和已储存的图式(经验)相互作用的结果。西蒙认为,有关决策的理性理论必须考虑人的基本生理限制以及由此而引起的认知限制、动机限制及其相互影响,从而探讨的应当是有限的理性,而不是全知全能的理性;应当是过程理性而非本质理性;所考虑的人类选择机制应当是有限理性的适应机制,而不是完全理性的最优机制。

三、信息加工能力有限

消费者在进行决策时对其决策状况的信息往往掌握并不完备。按照理性的要求,行为主体应具备关于每种抉择的后果的完备知识和预见。而事实上,对后果的了解总是零碎的。正是这种"零碎"的认识,使消费者囿于理性的范围之内。即使是在得到大量有关信息的前提下,消费者充分处理信息的能力仍然有限。

西蒙认为,人是通过搜索来解决问题的(所谓搜索就是提出策略并用其来解决面临的问题),除非人们能够保证对自然界和人类社会的观察、感知、归纳和预测是完美无缺的,才能对各种决策问题无遗憾地给出备选方案。因此,人类在搜索时不可能同时考虑到解决问题的各种可能性,并对多种可能性进行比较权衡。西蒙在研究人工智能时发现,国际象棋的总走法有 10120 种之多。如果对各种算法都执行操作,则不仅人的神经传递能力胜任不了,就是计算机也难以在短时间内完成。西蒙指出,对于具有任何复杂程度的人类真实抉择来说,完全不存在表明人类能进行(或实际上等价于进行)这些计算的任何证据。

因此,当一项决定变得复杂时,一些超负荷的信息就会凝固。一旦发现这种情况,消费者将不得不求助于调节机制,而这一机制与理性过程并不相符。这一机制包括省略(暂时不处理信息)、错误(不正确地处理信息)、排队(来不及对信息做出反应)、遗漏(有些信息未加处理)、一般化(对信息做出大致的反应)、采用多种渠道(同时通过两个以上平行的渠道来处理信息)和逃避任务(采用非常简单的搜寻战略)。

在西蒙看来,知识的不完备性、预见未来的困难性以及备选行为范围的有限性,决定了"客观理性"在实际行动中是不存在的,人类行为所依赖的既不是古典经济学家所谓的"客观理性",也不是弗洛伊德(Freud)所讲的"非理性",而是介于理性与非理性之间的"有限理性",任何组织和个人都只能视为一个具有学习及适应能力的体系,而不应被看成是一个绝对理性的体系。因此,西蒙主张以"有限理性人"取代"经济人",并提出了他关于决策准则的看法,即应该用"令人满意"的准则取代"最优化"的准则。

四、记忆系统有限

认知心理学的研究表明,记忆有三种储存方式,即感觉记忆、短时记忆和长时记忆。在感觉记忆中,图像记忆的容量可达 20 个项目之多。而作为信息通往长时记忆中间环节或过渡阶段的短时记忆,其容量则是有限的。由于短时记忆容量有限,那么从理论上讲,容量无限的长时记忆实际上也将是容量有限。

此外,个人的性格、喜好等能强烈地影响过程和选择的结果。消费者的价值观、看法、目的性等个人特征往往会左右其在决策时的决断和结果。此外,消费者的情感因素、人格等有时也会导致其做出非理性的决定。

第四节 旅游者二元行为理论

钱钟书先生曾说过,旅游是让人原形毕露的过程。我们经常在旅游过程中观察到,许多人的行为和其在家里(或单位里)表现得不太一样,或是购物变得冲动,或是言谈变得夸张,感觉出门旅游就像变了个人似的。旅游者从常居地(惯常环境)来到旅游地(异地环境),他的行为是否会发生变化?发生怎样的变化?为什么?

国内学者李志飞提出了"旅游者二元行为理论"[1]来解释上述问题。他认为旅游最显著的特点是人要在空间上发生短暂移动。与其他学科不同的是,所有旅游现象、旅游行为都是发生在异地而非常居地的,相对于常居地而言,旅游者在异地的行为可能会发生变化。因此如果经济学是围绕稀缺展开研究,管理学是围绕资源配置展开研究,地理学是围绕空间展开研究从而建立自身的基础理论体系的,那么旅游学就应该围绕异地性这个理论原点展开研究来构建自身的基础理论体系。

李志飞的旅游者二元行为理论认为:旅游者的行为(包括经济行为和社会行为)是具有二元性的(二元指的是二元空间情境,即常居地情境和异地情境)。旅游者在异地情境下的行为是不同于常居地情境下的,即同一个旅游者在二元空间情境下(常居地情境和异地情境)的行为可能会产生变化。

二元性的第一个变化是旅游者的行为会具有更强的冲动性。就旅游者的购买行为来说,文化差异、时间压力、重购成本、购买压力四个因素发生了作用。[2]

二元性的第二个变化是旅游者的行为会趋向于真实。这种真实趋向可能会影响到旅游者对旅游要素的选择偏好,在二元情境下旅游者对同一要素的评估和选择偏好可能会呈现不同。[3]

---

[1] 李志飞.生活在别处:旅游者二元行为理论[J].旅游学刊,2014(8).
[2] 李志飞.异地性对冲动性购买行为影响的实证研究[J].南开管理评论,2007(6).
[3] Li Zhi-fei, Deng Shengliang, Luiz Moutinho. The impact of experience activities on tourist impulse buying: an empirical study in China[J]. Asia Pacific Journal of Tourism Research, 2015(2).

一、常居地—旅游地二元情境下旅游者经济行为变化及其影响机制①

(一)二元情境下旅游者经济行为变化的心理特征

旅游者在购买行为上的二元情境变化从心理特征上来看主要集中在以下四个方面。

(1)(在常居地)我主要买些实用的日常用品——(异地)我觉得这里和我的家乡有很大的差异,所以我想买些有地方特色或纪念意义的东西回去。

(2)我住在这里(常居地),所以有的是时间慢慢选购——在这里(异地)我只待几天,所以没有时间慢慢浏览。

(3)我住在这里(常居地),这次不买,以后还有的是机会再来买——(异地)来一趟不容易,这次不买以后怕是机会不多了。

(4)(在常居地)我主要为自己和家里买些要用的东西——出来一趟(异地),感觉应该给家人和朋友们带点东西回去。

(二)二元情境下旅游者经济行为变化的主要原因

人们在旅游情境下会有比在惯常(常居地)情境下有更强的购买冲动性(impulse buying)。这是为什么?李志飞认为,至少有四个因素在其中发挥了作用——文化差异、时间压力、重购成本、购买压力(有别于其他因素,这四个因素都具有显著的异地性特征)。

1. 文化差异

文化差异是指旅游目的地与旅游者原住地之间的文化差异。旅游者对文化差异的感知显著影响旅游者的冲动性购买意愿,旅游者感知的文化差异越大,其冲动性购买意愿越强。第一,文化差异会激发旅游者的好奇心、神秘感、收藏愿望和向家人朋友展示的欲望,这会导致一种积极的情感反应,而情感反应是会直接影响消费者的冲动性购买意愿和行为的(Rook and Hoch,1985)。第二,文化差异使得旅游目的地的商品被赋予了相应的文化附加值,就好像西湖买的龙井茶和武汉买的龙井茶在感觉上是不一样的。消费者感知的文化差异越大,赋予在商品上的文化附加值就越大,就越容易引起消费者的冲动性购买行为。第三,文化差异会导致消费者的鉴别能力下降。由于消费者不熟悉目的地的文化,会产生信息不对称,这种由文化差异所带来的信息不对称会导致消费者的鉴别能力下降,从而导致冲动性购买。这给为什么消费者在异地环境下会有更强的购买冲动性提供了一种解释。瑞恩(Ryan,2002)指出不同文化背景的旅游者在购物行为上具有显著差异,他用文化环境的变化来解释这种差异。旅游者离开常居地前往异地旅游,一旦旅游者到达旅游目的地,其所具有的原住地文化(original culture)就会在新的文化环境(destination culture)中融合成一种旅游者文化(tourist culture),其结果就是旅游者会变得更加宽容和乐于接受。

这给了旅游企业很多启示,旅游产品应展示当地特色,包括促销员的服饰等都要突出当地文化。不仅如此,旅游企业还要充分挖掘可能被忽视的当地文化,在产品的研发上开发文化特征,从而加大和展示文化差异。促销员在对旅游消费者进行旅游产品促销时不能仅谈产品本身,而要谈产品的文化背景、传说故事,赋予旅游产品更多的文化内涵。商家可以通

---

① 李志飞.旅游购买行为——异地情境、体验营销与购后效应[M].武汉:华中科技大学出版社,2009.

过表演、解说、展示等方式从文化传播入手,让游客对文化产生兴趣,继而对旅游产品产生兴趣,从而引发冲动性购买。

2. 时间压力

时间压力是指旅游者在旅游目的地的停留时间有限而产生的压力,旅游者在旅游目的地停留的时间越短,其冲动购买意愿越强。旅游者对时间压力的感知对冲动性购买意愿没有显著的影响,也就是说延长旅游者在异地的停留时间,并不会导致更多的冲动性购买行为。这与消费者在商店内的停留时间与其冲动性购买之间的关系是不一致的。有人认为,由于在异地的停留时间有限会促使许多犹豫不决的人匆忙下决心购买;但有的研究者(Lombart,2004)认为可利用的时间会对浏览(browsing behavior)产生影响,延长购物时间,会让消费者在长时间的浏览过程中,增加被很多新型商品吸引的机会,反而比较容易产生冲动性购买行为。因此,也许对于旅游者而言,时间压力与冲动性购买之间并不是一种简单的线形关系,而是呈现 U 形关系,即在一定区间内,停留时间短可能会引发消费者更多的冲动性购买行为;而超出这个区间,延长消费者在异地的停留时间,可能会导致更多的冲动性购买行为。

3. 重购成本

重购成本是指消费者再次购买同一商品时所需要额外付出的成本。距离、时间、便利程度和交通费用等都会对重购成本产生影响。一般而言,旅游者对重购成本的感知显著影响旅游者的冲动性购买意愿,旅游者感知的重购成本越高,其冲动性购买意愿越强。旅游者认为来一趟不容易,是因为相对于同城购买而言,异地购买在交通、时间和精力上都要投入更多的成本。重购成本不仅仅表现在消费者再次购买同一商品时所需要支付的交通、时间、精力成本,还包括随之产生的机会成本。重购成本在某种程度上附加到所购商品上,重购成本的增加会抵减消费者的购买效用。在效用不变的情况下,消费者会选择降低重购成本,而在重购成本不变的情况下,消费者将选择提高购买效用。重购成本越高,消费者提高购买效用的意愿越强,从而导致冲动性购买意愿和行为越强。但是,随着交通便利程度的不断加强(比如廉价航空和火车提速),人们外出所需支付的交通成本和时间成本不断下降,重购成本对旅游者冲动性购买行为的影响也会随之减小。同时,不同的人对同一重购成本的感知也是不一样的,这受到消费者支付能力、闲暇时间等其他因素的影响。

对于旅游企业而言,应该明白并不是所有的旅游产品都要在全国布店销售,有些旅游产品需要保持当地性和原产地特征,把旅游产品和原产地捆绑在一起,通过稀缺性提高消费者对重购成本的感知,从而引发其冲动性购买。

4. 购买压力

购买压力主要是指旅游者往往会在旅行中惦记着为家人和朋友购买一些东西,虽然他们没有明确的购买计划,也不一定明确在哪个商店购买,但是这种心理会对他们的购买行为产生压力。购买压力显著影响旅游者的冲动性购买意愿,旅游者的购买压力越大,其冲动性购买意愿越强。在这四个维度中,购买压力对形成旅游者冲动性购买意愿和导致冲动性购买行为的影响最大。中国有注重礼仪和人情往来的消费文化,出门在外有为家人和朋友带点东西回去的习惯,除了对家人和朋友有个交代以外,这也是人们向家人和朋友展示当地文化和民俗的一种方式。所以,也许有些消费者自己在异地并没有购买欲望,可能他们觉得自己并不需要购买什么,但是当他们在考虑为家人和朋友带些东西回去的心理压力下,也会产生冲动性购买行为,而且这种冲动性购买行为可能会由于群体间的攀比心理而得到加强。研究表明,这种购买压力是消费者在异地产生冲动性购买行为的最重要的因素。

因此,旅游企业的促销重点可能不仅仅要放在引导和满足旅游消费者自身的需求上,而是要更多地放在挖掘和满足旅游消费者家人和朋友的可能需求上,通过刺激旅游消费者的这种购买压力的心理需求,使其产生冲动性购买行为。旅游企业可以营造一种群体购买的氛围,刺激异地旅游消费者为家人和朋友购买东西的攀比心理,强化他们的购买压力,从而最大限度地激发他们的冲动性购买行为。

上述四个因素是人们在旅游情境下才会感知到的,而在家里(惯常情境)是没有这种感知的。

二、常居地—旅游地二元情境下旅游者社会行为变化及其影响机制

(一) 二元情境下社会行为变化特征[①]

旅游者在社交行为上的二元情境变化从行为表征上来看主要集中在以下七个方面。

1. 服饰异化

服饰异化即旅游者在服饰表现上呈现出随意化和夸张化的变化。旅游者认为旅游是一个放松的过程,不必拘束太多,随意搭配自身的服饰,而不像是在日常生活中穿正装;同时,旅游者还认为旅游是一个享受的过程,远离日常的工作和生活环境,没有拘束,不必扮演家庭或工作中的应有的角色,应该尽情地放松自己,释放自己的情感。

2. 语言宽化

语言宽化即旅游者在语言表达上呈现出尺度宽化的变化。其具体表现在两个方面,第一是言语频次的变化。旅游者会认为在与同伴一起旅游的过程中说话比在常居地时变多,更容易交流和沟通。第二是话题的变化。在旅游过程中,特别是团队旅游,团队成员之间的聊天话题倾向于更敏感、更喜剧性的话题。相比较常居地,旅游过程中的话题是凝聚团队成员情感的一个很重要的方面。

3. 性格转向

性格转向即旅游者在性格上呈现出反向的变化。旅游者旅游过程中的性格转向是其社会行为变化的一个显著特点,大多数旅游者会变得跟在常居地不一样,特别是性格方面会出现一定的反差。旅游者性格转向大致可分为两类,第一类是内向转为外向,旅游者在常居地的社会行为表现较为内向,但在旅游的过程中会倾向于外向。第二类是外向转为内向,旅游者在旅游的过程中相比较于常居地更显得内敛。

4. 宽容倾向

宽容倾向即旅游者在主客交往和客客交往上呈现出更加宽容的变化。这种宽容倾向主要指的是旅游者在旅游过程中所表现出来的对于人或事的宽容性。旅游者对于旅伴、其他旅游者、当地居民和旅游工作人员以及某些行为所表现出来的一种宽容的态度。

---

① 夏磊.基于二元行为理论的旅游者社会行为变化研究[D].武汉:湖北大学,2014.

5. 互助倾向

互助倾向即旅游者在结伴旅行中呈现出乐于互助的变化。这里的互助倾向主要指的是在旅游的过程中,旅游者所表现出来的与同伴的合作性行为。这种互助倾向行为表现主要集中在旅游者为了适应团队所做出的一些行为改变,而这些行为在常居地是极少出现的。

6. 兴趣转移

兴趣转移即旅游者在兴趣取向上呈现出转移的变化。旅游过程中的兴趣转移主要指的是旅游者在旅游过程中所表现出来的对某种事物的兴趣与常居地有差别。这种行为可分为两种,第一种是由感兴趣变为不感兴趣,旅游者在常居地对某种事物感兴趣的情况在旅游过程中表现不明显。第二种是由不感兴趣变为感兴趣,旅游者在旅游过程中对常居地不在意的事物表现出异常的关注。

7. 冒险倾向

冒险倾向即旅游者在未知探索上呈现出富于冒险的变化。冒险行为是指旅游者在旅游过程中所表现出来的有别于常居地的具有冒险性的行为。这类行为表现通常伴有探索、猎奇心理。

(二)二元情境下旅游者社会行为变化的主要原因

文化环境差异、旅游认同、心理因素驱动、角色适应、个人价值观导向、自我需求导向,这六个方面即是引起旅游者社会行为变化的主要原因。

1. 文化环境差异

文化环境差异是旅游者社会行为变化的主要载体,是行为变化的前提条件。文化环境的差异性是导致旅游者社会行为变化的一个最主要的原因。旅游本身就是一个异地性活动,是不同背景下的人们之间的文化交流活动。而异地与常居地的最主要的区别是文化氛围的差异性。一般来说,旅游者出游的目的就是寻求与常居地环境相区别的文化氛围来获得放松与体验。旅游是一个体验的过程,在旅行中追求社区环境与文化的差异和满足求异的心理是旅游者出游的主要目的,旅游者异地行为是对旅游地差异性环境的反应,是旅游体验的途径之一。可以说,文化环境的差异性是其产生异地社会行为的主要原因。多数旅游者认为,旅游地作为一个相对陌生的环境,给予自身较大的放松空间,可以不去理会常居地所需扮演的各种角色,自身受到的约束力相较于常居地来说小一些,因而其异地行为会较常居地有较大的差异性。而这些差异性基本包括了服饰异化、语言宽化、性格转向、宽容倾向、互助倾向、兴趣转移和冒险倾向等各个方面。

2. 旅游认同

旅游认同是旅游者社会行为变化的直接原因。认同直接涉及人们对于"我是谁"或"我们是谁"、"我在哪里"或"我们在哪里"的反思性理解,它是个体对于自己在社会中的地位、形象、所扮演的角色以及与他人关系性质的接受程度。旅游是一个离开牵绊的日常生活圈,前往与之相差异化的异地寻求体验的过程。在这个过程中,旅游者离开了日常生活的环境,置身于一个对于旅游者来说陌生的环境中,旅游者对其身边的一切都会有认知,并寻求着旅游中的被认同。旅游认同不仅包含了心理学意义上的"我是谁?",而且还包含了社会学意义上的"我该怎样做?我该如何行动?"等。而异地环境的差异性正好为旅游者寻求认同提供了载体,旅游者需在这样一个异化的环境中去思考自己是谁,在哪里,需要做什么。

3. 心理因素驱动

心理因素驱动、角色适应和个人价值观导向是旅游者为适应异地文化环境所做出行为改变的具体原因。

心理因素驱动一方面直接导致旅游者适应环境做出行为变化,另一方面,异地环境的差异性也直接导致旅游者心理因素的变化。这种心理因素通常表现为激动、兴奋、兴趣、好奇心等。心理因素是旅游者旅游过程中最直接的心理反应,同时也促使旅游者在异地环境中做出相应的行为变化。心理学认为人的行为是受其复杂心理过程的支配和影响的,心理学的模式常常被描述为一种"复杂行为模式",它考虑了人复杂的心理过程和人格特点,认为个体是具有包括认知、情感和意志行为的心理过程和人格特点,是"有血有肉"的人,所以在行为选择机制上具备更多的不确定性。对于旅游中的个体来说,尽管不同年龄、不同性别和不同社会背景的旅游者,在旅游中所表现出的具体需求各不相同,但人们旅游的主要目的却惊人相似,这就是在寻求心理平衡中体验愉悦。

4. 角色适应

旅游者离开常居地去异地寻求文化环境差异性的体验过程,使得旅游者可以暂时摆脱常居地所需扮演的家庭、工作中的角色,但这并不意味着旅游者完全处于一种无角色的状态。通过分析发现,旅游者在旅游的过程中不仅扮演着游客的身份,还扮演着旅游者给自身定位的角色。比如,资料分析有旅游者在言行方面十分讲究,因为他认为自身在异地代表着家乡的形象,应该时刻约束着自己的一些行为。同时,角色适应在很大的程度上是基于旅游者团队意识而言的。结伴的旅游者在旅游的过程中不仅扮演着普通的游客身份,同时扮演着团队中团员的身份,这种身份会促使旅游者在旅游过程中表现出具有团队意识的行为。而这种行为变化一般来说是源于团队压力或自身压力的。比如,在收集的资料中发现,有一位旅游者在日常生活中从不会与别人分享自己的食物,若一起分享会有厌恶的情绪。但在旅游的过程中,他却不介意与同伴分享自己的食物,并且十分主动。他认为在异地环境下,作为同伴,理应相互帮助,若一味讲究自身的某些习惯,可能会引起大家的反感。可以说,旅游者在体验的过程中只是暂时摆脱了日常生活中经常扮演的家庭或工作角色,但仍被赋予了另外的角色,这种角色可以是旅游者自身赋予的也可以是外界给旅游者赋予的,但无论是哪一种,都会促使旅游者为了适应环境而做出改变社会行为的反应。

5. 个人价值观导向

个人的行为是具有价值观导向的,旅游者的价值观是推动旅游者异地行为变化的一个很重要的因素。旅游是一个体验异地文化环境的过程,这种与常居地环境的差异性会促使旅游者的约束能力降低,然而具有较强的正价值观导向的人会时刻约束自身的行为,做到遵守秩序、礼貌待人、保护环境等有利于创造良好旅游环境的行为,因为他们认为这些合理的行为是道德的基准,因而会以此来约束自身的行为。具有负价值观导向的人更多强调的是异地社会的陌生性,认为自己可以避开常居地世俗的眼光,不受或少受社会舆论的监督,因而在行为上更多地追求自身喜欢的生活方式,即使是有违道德基准的,仍然以此来满足自我的释放。

6. 自我需求导向

自我需求导向是持有不同价值观的旅游个体寻求旅游认同的主要驱动力。在这个旅游认同的过程中，旅游者的自我需求导向是旅游者在旅游中寻求旅游认同的主要驱动力。马斯洛需求层次理论认为人的需求可分为五个层次，即生理需求、安全需求、社交需求、受尊重需求和自我实现需求。社会中的个体都有一种希望能被社会认同和融入社会的需求，当其表现未能达到社会的期望值时，其内心需求将得不到满足。因而，社会个体会通过改变自身的社会行为来寻求社会认同以更好地融入社会，旅游中的个体也不例外。从调查结果来分析，旅游者在旅游的过程中所表现出来的宽容倾向其实是一种希望受到尊重的需求，旅游者在异地讲究卫生、礼貌待人、遵守秩序等是一种自我实现的需求，旅游过程中旅游者的性格转向、语言宽化、互助倾向等是一种异地环境下的社交需求，而所有这些行为的变化都是旅游者的一种自我需求导向，是为了寻求旅游认同。

总之，旅游认同是旅游者在旅游过程中所寻求的，并最终导致了社会行为的变化，而差异的文化环境为旅游者寻求旅游认同提供了载体，是旅游者社会行为变化的最主要的推动因素。另外，旅游者旅游过程中的自我需求导向直接推动了旅游者在旅游过程中寻求旅游认同。

（三）旅游者社会行为研究的管理启示

旅游者社会行为的研究开创了新的研究框架，也为后续旅游者行为的研究提供了新的研究思路和方向，同时对旅游者行为研究有着深刻的管理启示。

（1）基于旅游者的社会行为有服饰异化、语言宽化、性格转向、宽容倾向、互助倾向、兴趣转移和冒险倾向等七个方面的变化。

总体来说，旅游者在异地情境下，不仅有着穿着、语言等外在的行为变化，更有着深层次的互助、宽容、性格和兴趣等方面的变化。互助和宽容是组织中员工和谐相处的基础，因而对于企业来说，员工的兴趣和性格亦可以通过旅游来进行培养，特别是组织中的团队意识。企业多组织团体旅游能够更好地发现员工真实的一面，激发员工之间的互助友爱行为，有助于员工之间建立融洽的人际交往关系，从而有助于营造一种和谐的工作氛围。组织中的团体旅游要充分利用旅游中自然和人文环境的交互作用来促使成员产生愉悦、舒畅之感，并激发参与员工的内心自觉，培养员工的集体意识和互助互携的良好社会责任感。

（2）旅游者社会行为是一种个体脱离日常环境、适应新环境的追求旅游认同的行为，这种适应环境的行为是一个延续的过程。

在这个适应环境的过程中，旅游者的心理因素、角色适应、个人价值观等因素较为重要，是直接导致旅游者社会行为变化的因素，因而要积极引导旅游者在旅游过程中树立正确的价值观导向，扮演合理的角色。可通过政府、非政府组织等各个管理层面来培育旅游者的社会行为。各管理层面主体要明确旅游者是其社会行为产生的主体，旅游者的认知是关键。所以，政府和非政府组织要积极引导旅游者社会行为往合理的方向发展，发挥舆论监督功能，发挥制度的导向功能，培养旅游者的认知，在旅游者充分享受异地环境所带来的愉悦的同时，适时控制和约束旅游者的不合理行为。

（3）旅游者的社会行为表现多样，引起的影响也因各主体的利益不同而呈现出不同程度的表现。

因而，旅游者的社会行为变化在一定程度上关联着旅游中各利益相关者的不同利益需求。在这个利益相关者中，旅游目的地期望旅游者的社会行为变化是以不损坏地区环境为基础的；旅游过程中的其他旅游者则希望自己的旅途可以按照期望顺利进行。可以说，在这个利益交叉的过程和环节中，旅游者自身的个体社会行为变化起着重要的作用。正确引导旅游者的社会行为变化，不损害旅游目的地、旅游者等各利益相关者的利益，是十分必要的。这就需要与旅游者直接相关的旅游目的地、旅游公司、旅游者等主体各自扮演自身的合理角色，明确各自的责任与义务，从而形成良好的旅游氛围。

三、旅游者在旅游地情境中的行为比在常居地情境下更趋向于真实

旅游者二元行为理论认为，旅游者在旅游地情境中的行为比在常居地情境下更趋向于真实。这种真实趋向可能会影响到旅游者对旅游要素的选择偏好，在二元情境下，旅游者对同一要素的评估和选择偏好可能会呈现不同。著名美学家宗白华先生曾说过，"旅游是对外发现自然，对内发现自我的过程"。人们在惯常（常居地）情境下好比是生活在舞台上，扮演着各式各样的角色。作为一名社会人，你受各种社会规范的约束，你很想但也很难做回自己。而在旅游情境下，你可以生活在自己的世界里，可以暂时离开一种社会规范，暂时卸下一些角色或面具，去感受不同，从而找回自己。这种本我的宣泄有助于突破理性思维的障碍，引导人们还原自我的真实性。

第五节　环城游憩行为理论

从古代旅行到现代旅游、从属于极少数人能享受的活动到属于大众消费的生活方式，旅游随着城市文明进程及城市建制沿革而发展。古代环城市周边旅游就已出现，殷商时期都市周围出现了专供统治者游乐的苑、囿、圃，西汉以后开始实行的"五日休"、"十日休"的固定休假制度和各种节日、庙会促成了民间游憩的形成和发展，都市周围广布的山林寺庙和市内的构栏瓦舍一样，成为人们游憩活动的重要场所。从农业经济到工业经济，从服务经济到体验经济，每一种经济形态变化都导致人类社会生活的变革。最近几十年来，随着社会经济的发展，居民的闲暇时间逐渐增加，双休日、黄金周、小长假制度的实施，环城游憩从20世纪90年代末开始迅速发展，现在已成为人们重要的生活方式之一。

环城游憩是指在环城市周边区域（范围远近不受行政辖域所限，以城市居民出游能力和城市对周边地区的辐射力而定），以自然生态环境与资源、农业文明、地方文化积淀以及部分现代文明景观为载体而开展的休闲、观光、度假、娱乐等活动。[①] 环城游憩作为一种发展迅速

---

① 李江敏，严良.环城游憩行为[M].北京：光明日报出版社，2012.

的新型旅游形式和人们逐渐重要的生活组成部分,从动机、时间及成本而言,人们出游的频率比异地观光旅游要高,重游的可能性也大。在环城游憩地大量被开发,但又经营粗放、投资收益低的背景下,从消费者视角出发,研究环城游憩行为,探索提升环城游憩体验价值,进而提高游客满意度、增强游后行为意向很有价值。因此,学者李江敏对环城游憩行为的研究,构建了环城游憩体验价值结构体系,这些体验价值内部具有层次作用关系。该研究还揭示了环城游憩体验价值对游客满意度及行为意向的作用机制,并指出悠闲舒适的休闲度假方式是高体验价值的体现。

一、环城游憩体验价值的结构体系

(一)环城游憩游客消费心理特征

1. 远离喧嚣、放松心情

与进行远距离观光的目的不同,人们选择环城游憩的初衷不是为了饱览名山大川,而是为了短暂地改变环境,远离城市的喧嚣,给心灵片刻的宁静。城市的快速发展使得人们的工作节奏更快,竞争压力也日益增大,人口不断向城市集聚使得城市建筑密度也更大,人的本性呼唤回归自然、放松心情。游憩作为城市的重要功能之一,虽然城市里也有很多公园和街心广场,但是人们更希望能离开常住地,在空气清新、景色优美的地方享受田园野趣。环城游憩地宛如城市的后花园,承载着人们忙里偷闲、出游放松的作用,喝喝茶、钓钓鱼、看看山、发发呆也是一种享受方式,游憩地的清净氛围是实现这种意境的基础。

2. 倾向互动性、参与性项目

没有奇山异水和旷世珍宝的震撼,在资源条件相对比较平淡的环城游憩地待着会令很多人感觉有些缺乏兴致,这也是目前游客满意度不高的缘由之一。这种心理也是人之常情,环城游憩中的互动性、参与性项目很受游客青睐,如瓜果采摘、挖红薯、磨豆腐等农家乐项目,以及拓展训练、滑草、水上游乐等项目。在参与活动的体验中,人们会全身心投入、享受孩提时代单纯的快乐,对于孩子,还可以增长见识、认识生活。在体验经济的背景下,环城游憩中多样化的互动性、参与性项目的打造会更受游客欢迎。

3. 追求高品质的情感体验

游客旅游阅历的增长使他们不仅注重旅游产品的功能,而且开始追求高品质的情感体验。工作人员的服务态度、配套设施的人性化设计、旅游项目的个性化选择等都会影响游客体验的舒适感和满足感。环城游憩游客希望有自在、悠闲、惬意的休闲氛围,希望能与家人、朋友等同行人在忘我的体验活动中融洽感情,希望有难以忘怀的旅游体验,在旅游中身心都得到享受。这种消费需求在马斯洛的需求层次理论中属于高层次的归属与爱的需求、尊重的需求及自我实现的需求,也是旅游发展中的必然阶段。

4. 寻求经济便捷的心理

虽然人们的出游意识增加,但目前休假制度中周末双休(2天)和小长假(3天)制约了人们经常的长距离旅游。时间、精力及经济成本是环城游憩相对于远距离观光度假旅游的优势所在,特别是随着家用轿车的数量增长,环城游憩自驾游的比例日益提高,同时,很多城市也大力发展周边一日游旅游集散中心,散客出游也更加便捷。人们在有限的休假时间里能以经济便捷的方式感受到旅游的快乐,环城游憩的发展在此背景中也得到很大促进。

(二)环城游憩体验价值结构体系的构建

奥弗比和李(Overby and Lee)认为功利性价值与效率及任务类型有关,主要指产品功能和服务以及经济价值;情绪性价值与个体主观感受相关,主要指产品的独特性、象征性及感受到的乐趣、享受等。[①] 借鉴上述相关理论,李江敏在多维度提取的基础上进一步把环城游憩体验价值分为两类,即功利类体验价值和情绪类体验价值。功利类体验价值(utilitarian experiential value)指旅游产品基本功能的客观价值体现,经济价值往往又被认为是功能价值的延伸,因此将功能价值和经济价值归为此类;情绪类体验价值(hedonic experiential value)指被游客感受后产生一定积极情绪反应的价值,是一种主观价值体现,个体差异性较大,包括对氛围的感受、情感的触动、知识的获得等,因此,将情境价值、情感价值及认知价值归为此类。基于此,李江敏构建了环城游憩体验价值的结构体系,如图2-7所示。

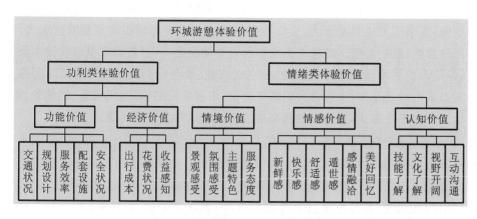

图2-7　环城游憩体验价值的结构体系

环城游憩体验价值的结构体系由两大类体验价值、五个维度构成。体验价值分为功利类体验价值和情绪类体验价值两大类,其中,功利类体验价值包含功能价值与经济价值两个维度,情绪类体验价值包含情境价值、情感价值及认知价值三个维度。功能价值维度的测量指标有交通状况、规划设计、服务效率、配套设施及安全状况五个;经济价值的测量指标有出行成本、花费状况及收益感知三个;情境价值的测量指标有景观感受、氛围感受、主题特色及服务态度四个;情感价值的测量指标有新鲜感、快乐感、舒适感、遁世感、感情融洽及美好回忆六个;认知价值的测量指标有技能了解、文化了解、视野开阔及互动沟通四个。上述两大类五个维度22个指标共同构成了环城游憩体验价值的结构体系。此结论为进一步的关系研究或环城游憩体验价值的评价提供了理论依据。

---

① Overby,Lee. The effects of utilitarian and hedonic online shopping value on consumer preference and intentions[J]. Journal of Business Research,2006(59).

二、体验价值内部具有层次作用关系

基于需求层次理论和认知评价理论,以环城游憩体验价值的结构体系构建为基础,李江敏在研究中发现,体验价值内部具有层次作用关系,这种层次作用在游客满意度和行为意向的形成过程中体现得非常充分。这一观点的论证突出了情绪类体验价值的重要地位,情绪类体验价值不仅自身强烈影响着游客满意度和行为意向,而且传递着功利类体验价值对游客满意度及行为意向的影响。

体验价值的层次作用关系理论为管理实践带来了新的启示,旅游企业不能仅注重功利类体验价值的提升,更要创造情绪类体验价值,也就是目前开发管理中浓墨重彩的功能价值和经济价值固然重要,决策者更要把重心转移到情境价值、情感价值和认知价值的打造上,这是影响游客满意度和行为意向的更加重要的因素。目前很多环城游憩地的开发设计重点还只是停留在功能建设这一步,没有更人性化地考虑游客情绪的需求,并且在经营上多注重价格竞争,体验营销的设计不到位,还需在发展中大力提升情绪类体验价值。

三、体验价值与游客满意度及行为意向之间具有嵌套作用机制

李江敏通过构建"体验价值—游客满意度—行为意向"模型(TEVSB)[①],揭示了环城游憩体验价值对游客满意度及行为意向的作用机制。整个作用过程包含三个相互嵌套的作用机制,即体验价值内部的层次作用、游客满意度的重要中介作用及认知价值的直接作用。体验价值对游客满意度及行为意向的具体作用机制简要归纳如下。

(1)功利类体验价值直接正向影响情绪类体验价值,情绪类体验价值承担着功利类体验价值对游客满意度和行为意向影响的中介作用。

(2)体验价值各维度与游客满意度的作用关系为:情感价值、情境价值对游客满意度具有直接正向影响;经济价值对游客满意度既有直接影响又有间接影响;功能价值通过情境价值和情感价值对游客满意度产生间接影响;认知价值对游客满意度没有影响。五个维度中情感价值对游客满意度的影响最强烈。

(3)游客满意度与行为意向的作用关系为:游客满意度直接正向影响行为意向。

(4)体验价值各维度与行为意向的作用关系为:认知价值直接正向影响行为意向;功能价值、经济价值、情境价值、情感价值在前述对游客满意度影响的基础上必须经过游客满意度对行为意向产生间接影响。

四、悠闲舒适的休闲度假方式是提高体验价值的体现

李江敏对情绪类体验价值进行了分析,发现游客感知水平具有"高感知型"、"平淡型"及"低感知型"三种类型,并深入分析了这三种感知水平在出游时间、停留时间及人均消费三项消费类型上的分布特征。研究发现,在停留时间上,高感知型主要体现在停留2~3天的群体,低感知型主要体现在停留1天的群体,呈现出在一定时间范围内停留时间越长感知价值

---

① 李江敏,严良.环城游憩行为[M].北京:光明日报出版社,2012.

越高的趋势;在个人消费上,高感知型主要体现在人均消费301～500元的群体,低感知型主要体现在人均消费200元以下的群体,呈现出在一定费用范围内花费越高感知价值越高的趋势;在出游时间上,黄金周高感知型比例较低,寒暑假和年休假高感知型相对较高。

将高感知体验价值的消费类型与目前环城游憩行为特征进行对比,游客偏爱悠闲、参与性强的体验活动,如农渔家乐、参与工艺过程等,但对这些项目目前的开发形式内容印象不深;在出游原因方面,调查显示,人们进行环城游憩的初衷以休闲度假为主,但在停留时间上却主要是1天左右的短时间,现实总体情况与高感知类型还有一定的差距。

研究结论显示,悠闲舒适的休闲度假比走马观花式的游览方式更能够让游客感受到较高的体验价值。这一结论回答了"为什么环城游憩游客满意度不高?"因为目前的发展与游客需求存在一定距离,休闲度假还没有完全实现,旅游地的吸引力、可令人停留的度假项目可能还很缺乏,草草地到此一游不能满足环城游憩的消费心理。如何打造令游客满意的休闲度假产品应是环城游憩进一步开发的重要方向。

五、环城游憩行为发展的影响因素

环城游憩行为发展的五个影响因素分别是资源赋存、人口集聚、经济发展、消费观念的改变及营销推介宣传。这些影响因素成为环城游憩行为发展的条件和推动力,在不同的主客观条件下,环城游憩行为呈现不同的特征。掌握不同阶段这些影响因素的状况是更好地把握和引导环城游憩发展方向的基础。

本章小结

(1)旅游购买行为理论包括习惯建立理论、信息加工理论、风险规避理论和边际效用理论等。

(2)旅游消费者行为模式有刺激—反应模式和需要—动机—行为模式。

(3)有限性理论的主要内容包括注意力有限、感知能力有限、信息加工能力有限和记忆系统有限。

(4)旅游者二元行为理论认为,旅游者的行为(包括经济行为和社会行为)是具有二元性的(二元指的是二元空间情境,即常居地情境和异地情境)。旅游者在异地情境下的行为是不同于常居地情境下的,即同一个旅游者在二元空间情境下(常居地情境和异地情境)的行为可能会产生变化,第一个变化是旅游者的行为会具有更强的冲动性;第二个变化是旅游者的行为会趋向于真实。

(5)环城游憩行为理论的主要内容有:第一,环城游憩体验价值结构体系由两大类体验价值五个维度构成;第二,体验价值内部具有层次作用关系;第三,揭示环城游憩体验价值对游客满意度及行为意向的作用机制;第四,悠闲舒适的休闲度假方式是高体验价值体现;第五,环城游憩行为发展存在五个影响因素。

核心关键词

有限理性理论	(finiteness theory)
习惯建立理论	(habit building theory)
信息加工理论	(information processing theory)
风险规避理论	(risk avoidance theory)
边际效用理论	(marginal utility theory)
刺激—反应模式	(the stimulus-response model)
需要—动机—行为模式	(the need-motivation-behavior model)
旅游者二元行为理论	(theory of tourist dualistic behavior,TDB)
环城游憩行为理论	(the theory of recreational behavior around the city)

思考与练习

1. 阐述有限理性理论的核心内容。
2. 简述有关旅游消费者购买行为的主要理论。
3. 阐述刺激—反应模式对分析旅游消费者行为的启发意义。
4. 阐述需要—动机—行为模式的基本内容。
5. 阐述对旅游者二元行为理论的理解和应用。

案例分析

案例一

在线评论如何影响餐馆选择?

随着互联网与电子商务在旅游消费各个领域的渗透,在线评论已经成为众多消费者购买决策的主要信息来源和参考。尤其是在选择餐馆方面,在线评论的影响越来越大。那么,在线评论如何影响消费者的餐馆选择呢?朴尚元和尼古拉(Park and Nicolau,2015)对伦敦和纽约的45家餐厅的590条在线评论的研究表明,人们认为,在帮助决策方面,极端的评论(正面的或负面的)比起中等的评论更有用。因此,人们对评论有效性的感知与实际的在线评论之间形成了一个倒U形的结构。再具体点说,负面的评价比正面的评价更有用。

(资料来源:孙九霞,陈钢华.旅游消费者行为学[M].大连:东北财经大学出版社,2015.)

问题：
依据本章有关旅游消费者购买决策的影响因素的知识，结合案例内容，分析为什么会出现案例所述现象。

案例二

海外"疯购"为何愈演愈烈

第三章

动机与旅游消费者行为

- 了解需要的概念与分类,以及动机的概念、功能和种类。
- 理解需要与动机的关系。
- 掌握旅游需要的概念,理解旅游需要的单一性与复杂性之间的关系。
- 掌握旅游动机的内涵、特征和产生条件。
- 学会在实践中激发旅游动机。
- 了解旅游动机的经典理论。

- 人们为什么外出旅游?

第一节 需要与动机

需要决定动机,动机支配行为,这是一个不间断的循环过程。

一、需要概述

(一)需要的概念

人类在发展过程中,为了维持生命和种族的延续,必定需要一定的事物,如食物、水、空气等。同样,在社会生活中,人也需要从事社会性劳动和人际交往,以维持社会的存在和发展。

需要是指个体在生活中感到某种缺乏而力求获得心理满足的一种心理状态。它表现在有机体对内部环境或外部生活条件的一种稳定的要求,并且成为有机体活动的源泉。这种不平衡状态包括生理和心理两个方面的不平衡。例如,血液中缺乏水分,人就会产生喝水的需要;血糖成分下降,人就自然产生饿的感觉进而去寻找食物;失去亲人,人们就会产生爱的需要;社会秩序不好,人们就会产生安全的需要等。在需要得到满足后,这种不平衡状态会暂时得到消除。但是当新的不平衡出现时,新的需要就又会产生。正是这些需要的产生推动着个体去从事某种活动满足自身需要,从而弥补个体生理和心理上的某种缺乏或不平衡状态,进而推动人类社会不断向前发展。

美国心理学家马斯洛提出的需要层次理论是比较有影响、有代表性的关于需求研究的理论。他将人的需要归纳为五个层次,由高到低依次是生理的需要、安全的需要、社会的需要、尊重的需要和自我实现的需要,如图 3-1 所示。

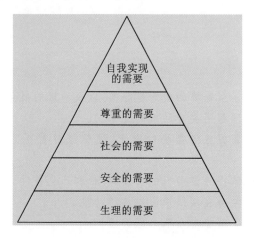

图 3-1 马斯洛需要层次理论示意图

生理的需要是指维持人们体内生理平衡的需要,这类需要的级别最低,人们在转向较高层次的需要之前,总是尽力满足这类需要;安全的需要是对安全感、稳定感、次序等的需要;社会的需要是希望被人关心和爱护、找到归属感,包括对友谊、爱情以及隶属关系的需要,当生理的需要和安全的需要得到满足后,社会的需要就会突显出来,进而产生激励作用;尊重的需要就是对自尊、威信、地位等的需要,既包括对成就或自我价值的个人感觉,也包括他人对自己的认可与尊重;自我实现的需要是指实现个人理想、抱负,实现自身价值、发挥个人潜能的需要。这五种需要按上述顺序依次满足并归纳为两大层次,即基本需要和发展需要,其中,生理的需要和安全的需要属于低层次的基本需要,社会的需要、尊重的需要和自我实现的需要属于高层次的发展需要。

马斯洛认为,需要产生的过程是动态的、逐步的、有因果关系的,需要的实现有一定的层序演化关系,当低层次的需要得到基本满足后,人才会去追求更高层次的需要。低层次的需要基本得到满足以后,它的激励作用就会降低,其优势地位将不再保持下去,高层次的需要会取代它成为推动行为的主要动力,高层次的需要比低层次的需要具有更大的价值。

(二)需要的分类

1. 根据需要的起源划分

根据需要的起源划分,可分为生理需要和社会需要。

1）生理需要

生理需要又称为自然需要，指与保存和维持有机体生存和繁衍后代相关的需要。例如，对饮食、睡眠、御寒、避暑、阳光、空气等的需要。人的生理需要具有社会性和主观能动性，并随着社会生产力的发展，具有不断提高质量的倾向。

2）社会需要

社会需要是指由社会生活引起并受社会制约的高级需要，例如，对劳动、交往、娱乐、尊重等多方面的需要。社会的需要表现为这样或那样的社会要求，当个人认识到这些社会要求的必要性时，社会的需要就可能转化为个人的社会需要。社会需要是后天习得的，源于人类的社会生活，属于人类社会历史的范畴，并随着社会生活条件的不同而有所不同。社会的需要也是个人生活所必需的，如果这类需要得不到满足，就会使个人产生焦虑、痛苦等情绪。

2. 根据需要的内容划分

根据需要的内容划分，可分为物质需要和精神需要。

1）物质需要

物质需要是指个体对物质和物质产品的需要。在物质需要中，既包括自然需要，例如，空气、水、休息等，也包括社会需要，例如，工作环境、文化娱乐用品、交通工具等。随着社会的进步和生产力的发展，人的物质需要会不断发展和提高。

2）精神需要

精神需要是指个体对精神生活和精神产品的需要，包括对知识、审美、艺术、宗教信仰、道德、交往、成就等方面的需要。

二、动机概述

（一）动机的含义

人的各种活动都是由动机引起的，它支配着人的行为。因此，动机（motivation）就是引发和维持个体行为，并导向一定目标的内部动力。换句话说，动机就是激励一个人做出某种行为的内在驱动力量，例如，人们为了证明自己的价值（动机），会努力工作（行为）。

（二）动机的功能

动机是在需要的基础上产生的，它对人的行为活动具有如下三种功能。

1. 激发功能

动机能激发有机体产生某种活动。带着某种动机的有机体对某些刺激，特别对那些与动机有关的刺激反应特别敏感，从而激发有机体去从事某种活动。例如，饥饿者对食物、干渴者对水特别敏感，因此也容易激起寻觅活动。

2. 指向功能

动机是针对一定目标（或诱因）的，是受目标引导的。也就是说，需要一旦受到目标引导就成了动机。由于动机的种类不同，人们行为活动的方向和它所追求的目标也不同。例如，一个学生确立了为从事未来的实践活动的学习动机，在其头脑中所具有的这种表象可以使之力求注意他所学的东西，为完成他所确立的志向而不懈努力。

3. 维持和调整功能

当个体的某种活动产生以后,动机使这种活动针对一定目标,并调节着活动的强度和持续时间。如果达到了目标,动机就会促使有机体终止这种活动;如果尚未达到目标,动机将驱使有机体维持和加强这种活动,以达到目标。

(三) 动机的种类

与需要一样,人的动机也是多种多样的,可从不同的角度对动机进行不同的分类。

1. 根据动机的性质划分

根据动机的性质,可以划分为生理动机和社会动机。

1) 生理动机

生理动机是为了满足个体的生理需要而促使人们产生行为的内在驱动力,是一种较低层次的动机。例如,人为了维持生命和发展自己,就需要食品,就需要吃饱肚子,这种生理需要就会使人产生寻找食物的动机。

2) 社会动机

社会动机又称为心理动机或习得动机,是指人在一定的社会、文化背景中成长和生活,会产生各种各样的需要,于是就相应地产生了各种各样的动机,如工作动机、学习动机、交往动机、成就动机等。

2. 根据动机在行为中所起的作用大小划分

根据动机在行为中所起的作用大小,可以划分为主导动机和辅助动机。主导动机是指在活动中所起作用较为强烈、稳定,处于支配地位的动机。辅助动机是指在活动中所起作用较弱、较不稳定、处于从属地位的动机。例如,某个人工作的动机可能有很多种,如满足基本生活,获得社会的认可,体现自我的价值等。其中,满足基本生活是主导动机,其余则是辅助动机。

3. 根据动机的引发原因划分

根据动机的引发原因,可以划分为内在动机和外在动机。内在动机是指活动本身引发的推动行为的动力。外在动机是指由外在因素引起的,是追求活动之外的某种目标。例如,有的学生的学习动机是由学习者以外的父母或教师提出的,或学习只是为了获得一张奖状。两者同时推动人的行为,并在一定条件下,外在动机可以转化为内在动机。例如,教师和父母的表扬或批评、肯定或否定态度激起学生的学习活动,逐渐地,学生为了获得社会的承认和赞赏也能够专心致志地学习,并把学习看成一种乐趣。

4. 根据动机行为与目标远近的关系划分

根据动机行为与目标远近的关系,可以划分为近景动机和远景动机。近景动机是指与近期目标相联系的动机。远景动机是指与长远目标相联系的动机,如有的学生努力学习是为了期末考试取得好成绩,而有的学生努力学习则是为了今后有一份好的工作。前者为近景动机,后者为远景动机。远景动机和近景动机具有相对性,在一定条件下,两者可以相互转化。

三、动机与需要的关系

动机与需要之间存在着密切联系,又有一定的区别。需要是人积极性的基础和根源,动机是推动人们活动的直接原因。一个人的行为动机总是为了满足自己的需要而产生的,动机是需要的表现形式,有什么样的需要就会产生与之相呼应的行为动机。但不是所有的需要都能转化为动机,需要转化为动机必须满足两个条件。

第一,需要必须有一定的强度。也就是说,某种需要必须成为个体的强烈愿望,迫切要求得到满足。如果需要不迫切,则不足以促使人去行动以满足这个需要。

第二,诱因的刺激是需要转为动机的重要条件,它既包括物质的刺激也包括社会性的刺激。有了客观的诱因才能促使人去追求它、得到它,以满足某种需要;相反,就无法转化为动机。例如,人处荒岛,很想与人交往,但荒岛缺乏交往的对象(诱因),这种需要就无法转化为动机。

因此,人的行为动力是由主观需要和客观事物共同决定的。心理学学者们认为,需要引起动机,动机支配着人们的行为。当人们产生某种需要时,心理上就会产生不安与紧张的情绪,成为一种内在的驱动力,即动机,它驱使人选择目标,并进行实现目标的活动,以满足需要。需要满足后,人的心理紧张消除,然后又有新的需要产生,再引起新的行为,这样周而复始,循环往复。

第二节 旅游需要与旅游动机

人们为什么要旅游?这涉及旅游消费行为的动因。随着社会的发展和人们生活水平的日益提高,人们对高层次的生活水准和生活方式的需要越来越强烈,需要已经成为人们旅游最基本、最核心的内在动因。要了解旅游消费者行为,就必须首先了解旅游消费者的需要。旅游动机产生于旅游需要与旅游目标相遇之时,是旅游消费者行为的动力源泉。因此,研究旅游消费者的需要,可以揭示人们进行旅游活动的内在动力,有助于更深刻地理解旅游消费者行为。

一、旅游需要

(一)旅游需要的概念

人的需要是多种多样的,旅游需要是人的一般需要在旅游过程中的反映。旅游者是旅游活动的主体,旅游者之所以要进行旅游活动,首先就是为了满足自身对旅游活动的需要。因此,旅游需要是指旅游者或潜在旅游者感到某种缺乏而力求获得心理满足而产生的一种心理状态,即对旅游的愿望和要求。也就是说,旅游需要是个体的一种主观上的愿望和要求,这种主观态度是人们对客观条件(包括个体内在的生理条件和外部的社会条件)需求的反映,会受到社会经济条件的限制。例如,某个人想在冬天去海南旅游,这个需要是他个人的一种主观愿望,但这个愿望并不是凭空产生的,可能是因为冬季的寒冷促使他想找一个温暖的地方度假,寒假的闲暇时间和经济条件更进一步促使他产生这一需要。内在生理条件和外在社会条件对人共同刺激,最终产生了旅游需要。

(二)旅游需要的单一性与复杂性

人的需要是一个复杂的现象,人们既希望需要保持单一性,又追求复杂多样性。因此,旅游需要包含着一对矛盾的需要,即单一性需要和复杂性需要。

1. 旅游需要的单一性

单一性需要是指人们在各种活动中总是寻求平衡、和谐、相同、可预见性和没有冲突的需要满足。任何非单一性都会使人产生心理紧张。因此,个体为减轻心理紧张,便会寻求单一性需要。由于需要的单一性,旅游者一般会选择非常著名的旅游景点去旅游,选择那些知名度高并能提供标准化服务的宾馆饭店、交通设施,参加自己熟悉的或传统的娱乐活动等。因为这些知名景点、饭店、娱乐活动会让旅游者能够预见自己所接受的服务,会避免不愉快的事件和风险。

按照旅游需要的单一性规律,在旅游活动的过程中,旅游者不希望遇到意料之外的事情。旅游行为的基本目的是减少由非单一性所造成的心理紧张。如果旅游者面临非单一性的威胁,则会设法防止这种威胁成为事实;如果旅游者遇到了某种意想不到的事情,则会很不舒服。而需要的单一性没有实现,个体就会更加谨慎,防止再出现非单一性。

2. 旅游需要的复杂性

复杂性需要是指人们对新奇、出乎意料、变化和不可预见性事物的追求和向往。人的生活是复杂多样的,过于单一刻板的生活并不能给人带来满足,会使人感到厌倦,使人在心理上感到紧张和不安。因此,人们既追求需要的单一性,又渴望需要的复杂性,希望自己的生活更加丰富多彩,期待通过生活中的复杂事物给自己带来心理上的更多满足和愉悦。

根据需要复杂性理论,旅游者愿意去以前从未去过的地方,选择与众不同的旅游方式,去接触他从未接触过的人和事情,做一些他过去未曾有过的举动,而著名的饭店、众所周知的旅游景点所提供的单一性和可预见性太多了,令旅游者感到厌倦。这类旅游者希望得到与他过去不同的经历,要获得全新的刺激和与众不同的感觉,从而获得心理上的满足。

3. 单一性需要和复杂性需要的平衡

单一性需要和复杂性需要都能解释旅游环境中出现的许多现象。虽然这两种观点看似矛盾,但把两者结合起来,就可以对一些旅游行为现象做出更加全面的解释。

在现实生活中,人们并不仅仅需要单一性或复杂性,人们需要的是单一性和复杂性的有机结合。单一性的需要在一定程度上要用复杂性来平衡,复杂性的需要在一定程度上要用单一性来平衡。例如,旅游消费者选择度假旅游产品,就是通过旅游调整日常生活来达到单一性与复杂性的平衡。

总之,人们总是力求使单一性需要和复杂性需要保持最佳的平衡状态,使心理维持在一个可以承受的紧张程度上。否则,单一性过多,会使人产生厌倦;复杂性太多,又会使人产生过分紧张以至于恐惧。旅游动机正是在需要的单一性和复杂性共同作用下产生的。

二、旅游动机的内涵

旅游动机是指引发、维持旅游者的旅游活动,并使该活动朝向特定目标的心理过程或内部动力。旅游作为人的一种实践活动,是一种外在行为,总是需要某种力量的激发才会产生。人的旅游行为就是在旅游动机这一内部力量的推动下产生的。一个人一旦产生旅游需要之后,动机就推动其为满足旅游需要而进行种种努力,把行为指向特定的方面,即做出旅游决策,开始旅游活动,维持旅游活动的进行并达到目的,满足需要,最终消除心理紧张。不管旅游动机如何复杂,其实质都是为了满足人们的多种旅游需要(见图3-2)。

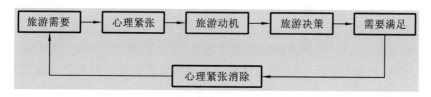

图 3-2 旅游动机的过程

任何动机的产生都受到主观和客观两方面因素的影响,旅游动机的产生也同样受主观和客观因素的影响。

(一)旅游消费者动机产生的主观条件

1. 旅游者的旅游需要

所谓旅游需要,是指人们可以通过旅游活动而获得满足的一些基本需要,尤其是精神性和社会性的需要。许多人生活和工作压力大,通过周末或假期寄情山水,来满足释放压力、愉悦身心的需要,或者到风俗文化相异的地方游览采风,满足了其增长见识的需要,或者和不同的朋友通过旅游而增加交流和理解来满足感情的需要等,这些都属于旅游需要。需要是动机产生的原动力,同样,旅游动机也是在旅游需要的基础上产生的,人们有了旅游需要,才会产生相应的旅游动机。

旅游消费者的旅游需要,主要从两个方面影响旅游动机。一是旅游需要影响旅游强度。旅游者的需要越迫切,旅游动机的强度越大,对旅游行为的推动力就越大;反之,旅游动机的强度越小,对旅游行为的推动力也越小。二是旅游消费者的旅游需要影响旅游动机的指向性。旅游需要总是要求一定旅游对象来满足,旅游动机推动旅游消费者把行为指向能满足旅游需要的目标对象(旅游目的地)。

2. 旅游者对旅游对象的感知

在潜在旅游消费者的感知下,符合旅游需要的旅游对象,提供了旅游动机产生的可能性,而把这种可能性转化为现实性,人们还必须对旅游对象有一定水平的认知。只有在人们认知到旅游对象的存在,认识和了解到它的内容、方式及其特点和功能,判断它符合并能满足自己的旅游需要时,才能增强旅游动机,并把行为指向这一目标。此外,旅游感知是在人的主观因素和事物的客观因素的共同影响下形成的。

(二)旅游消费者动机产生的客观条件

1. 符合旅游需要的对象

符合旅游需要的对象,是指能使旅游消费者需要得到满足的对象。只有符合旅游需要的对象才可能产生旅游动机。旅游对象既可以是自然资源,如秀美的风光、险峻奇异的山峰、多种类型的气候及特殊的生物等,也可以是人文资源,如历史文物古迹,民族传统习俗,异族、异国人民的不同生活方式。利用自然条件和社会条件展开的各种旅游活动,也是旅游对象的重要内容。

2. 经济条件

旅游是一种消费行为,需要一定的经济基础,用于支付各种费用。一个人的经济收入或是家庭经济收入、富裕程度决定了他是否能实现旅游动机。所以，旅游者具有一定的经济水平是实现旅游的前提，也是实现旅游的物质基础。当旅游者个人或家庭经济收入仅能维持基本生活必需时，该家庭就没有更多财力支付旅游开销，也很少外出旅游。经济越发达、国民收入越高的国家或地区，外出旅游的人数就越多，反之就越少。可见，经济收入制约着支付能力，不仅影响着人们能否出游，而且也影响着旅游者消费水平和消费构成以及对旅游目的地和旅行方式的选择。因此，经济收入水平影响和制约了旅游动机的产生和形成。

3. 时间条件

旅游者拥有足够的闲暇时间，也是产生旅游动机的前提条件。人们拥有的闲暇时间是指在日常工作、学习、生活及其他必需时间外可以自由支配、从事娱乐消遣或自己乐于从事的任何其他事情的时间。一个人没有闲暇时间和属于自己的带薪假期，就不可能参与旅游活动实现旅游行为。目前，许多国家实现了带薪假期制，为人们外出旅游创造了时间条件。

4. 社会条件

旅游作为现代人的一种生活方式，不可能脱离社会环境和社会背景的影响而独立存在。社会条件是指一个国家或地区的经济状况、文化因素以及社会风气等。

一般而言，一个国家或地区的旅游发达程度同这个国家或地区的经济发展水平成正比。只有当整个国家或地区的经济繁荣时，才有足够的经济实力开发旅游资源，改善和建设旅游设施，促进交通运输业的发展，从而提高旅游综合吸引力，激发人们的旅游动机。此外，在一个旅游风气浓郁的社会环境中，人们的旅游动机也将会十分强烈。

三、旅游动机的特征

（一）内隐性

旅游动机的内隐性体现在两个方面，一是旅游消费者不愿披露其旅游动机。例如，一些出境旅游者真正的旅游动机是想借出国旅游炫耀自己的身份和地位，但是当他人询问时则说是为了开阔视野，领略异国风情。二是旅游者本身没有意识到或不能准确地表达出自己真正的动机。例如，旅游消费者的冲动性购买行为和一些不理智的消费行为，这些由消费者本人都无法完全解释清楚的行为，往往是消费者潜意识的一种外在表现。因此，对于这类旅游动机，旅游企业仅仅通过观察旅游消费者行为和询问旅游消费者是不可能真正了解的，需要对旅游消费者深层的心理需要进行深入分析。

（二）多重性[①]

旅游者参加某项旅游活动不仅仅出于一种动机，而是受到多重动机共同驱动，想满足多种需要。例如，城市旅游者参加乡村旅游是为了欣赏乡村的自然风景，品尝农家饭，或是参加农事活动，体验在城市无法获得的经历。这一旅游活动的动机就不止一种，有逃避城市喧嚣环境的动机、感受乡村宁静的动机，有逃避日常工作的烦琐和压力的动机，也有和家人一起感受田园生活的动机。这些旅游动机组成了一个动机系统，共同驱使人们的旅游行为。其中，驱动力度最强的动机是主导动机，其他动机为辅助动机。

---

① 杜炜.旅游消费行为学[M].天津：南开大学出版社，2009.

(三) 学习性

旅游动机的学习性是指旅游动机会伴随着旅游者的学习和经验的不断积累和变化而获得。最初的旅行活动并不是出于消遣的需要,而是人们出于外出经商易货的需要而自发开展的一种经济活动。随着社会、经济、文化的发展,人们接触信息的增多,旅游活动的动机变得多样化,旅游者越来越注重文化和精神方面的需要。由此可见,随着旅游者旅游经历和生活阅历的丰富,以及旅游者学习和日常积累的增多,他们对陌生环境的恐惧感会降低,同时对外部世界的认知也会发生变化,从而会产生更高层次的旅游需求,激发新的旅游动机的形成,其旅游消费行为势必会发生新的变化。

(四) 复杂性

旅游动机的复杂性主要表现在以下两个方面。

1. 一种旅游活动出于多种旅游动机或者一种旅游动机促使产生多种旅游活动

即相似的旅游活动未必有相似的旅游动机,相似的旅游动机也未必导致相似的行为。例如,入境旅游者来中国旅游,有人出于感受东方文化魅力的动机,也有人出于领略自然景观之美的动机。同样是为了了解中国的历史和文化,有的人选择北京作为目的地,而有的人则可能选择上海,还有的人会选择西安。

2. 旅游动机的冲突

一些情况下,旅游者会有驱动力相当但是方向相反的多种动机,这样就会产生动机冲突。例如,旅游者在假期又想去自然旅游景区观赏大自然的风景,又想到香港购物,两种动机的诱惑力对旅游者都很大,但类型却又有很大的不同,旅游者只能选择其一。对于旅游者来说,动机冲突往往会产生矛盾心理。

(五) 共享性

旅游者的动机难免会受到同伴出游动机的影响。例如,大众旅游的出游形式大多是参加旅游团或者是亲朋好友集体出游。这类出游形式就意味着所有的参与者之间达成了一种妥协,旅游者的旅游动机具有共享性。例如,对一个已有孩子的已婚妇女来说,她的旅游动机可能会因她的同伴的不同而有所不同。如果她和她的丈夫带孩子一起度假,让孩子开心可能就是他们共同的动机;而如果她和她的闺蜜们一起旅游时,购物和娱乐则成为她们共同的旅游动机。

四、旅游动机的激发

(一) 提升旅游资源的吸引力,开发特色鲜明的旅游产品

人们外出旅游的目的之一就是通过游览名胜古迹、欣赏自然风光、感受风土人情等来满足自身的需要。有特色的旅游资源才有吸引力,才对旅游动机有激发作用。因此,旅游资源要具有特色,需从以下三个方面出发。

1. 在旅游开发上要保持原真性

为满足旅游者的求真求实心理,要尽可能地保持旅游资源的原始风貌。因此,在旅游开发时,要避免对旅游设施、旅游景点的过分修饰甚至全面毁旧翻新,力求在原貌上进行适当

的保护。

2. 突出旅游资源的个性

旅游资源的吸引力和生命力取决于它的独特性,因此,在旅游开发中,要尽力突出旅游资源的特色,并强化和渲染这种特色,以增加它的魅力。例如,桂林山水的独特性就在于山青、水秀、洞奇、石美,而自古就有"桂林山水甲天下"的美称。

3. 突出民族的特点

不同的民族有着不同的生活环境和文化气质,也有着不同的生活方式和生产方式以及审美标准,进而会产生不同的物质文明和精神文明。当这些带有民族风格的物质文明和精神文明成为旅游资源时,必然带有民族性。因此,保持某些旅游景观的传统格调,挖掘民族文化内涵,突出民族性,有助于提高旅游资源的吸引力。

(二) 加强旅游企业管理,提高旅游服务质量

提高旅游企业管理人员、服务人员的管理水平和服务水平,为客人提供尽善尽美的服务,这是激发旅游供给的重要前提。因此,旅游企业在旅游产品的设计、旅游线路的安排上要合理、新颖;导游人员的旅游知识要丰富,语言水平要高,导游技巧要熟练;餐饮住宿服务人员的服务态度要好,且能够为旅游者提供标准化和个性化的服务。

(三) 完善旅游基础设施

旅游设施的数量、规模和档次要充分满足旅游者的需要,保证旅游活动的顺利开展。同时,旅游设施的建设应该考虑不同旅游者的需求,为多样化的游客需求提供多样化、高标准、高质量的旅游设施。

(四) 加强旅游宣传力度,为旅游者提供旅游信息

旅游宣传能够为旅游者提供相关的旅游信息,加深旅游者对旅游目的地的了解,并对该地产生美好的印象,从而引发其旅游兴趣和激发其旅游动机。旅游企业在旅游宣传中应重视新闻媒体的窗口作用,集中力量向电视、报刊和网络媒体投入宣传广告;在机场、车站、酒店等公共场所张贴宣传画册、设置显示屏,分发旅游宣传手册,对旅游产品进行宣传促销。此外,在目标客源市场、周边主要城市和主要交通干道设置旅游广告牌,做到旅游宣传有空间、有阵势、有频率,多角度、全方位、广覆盖,满足最大范围的市场信息需求,实现宣传促销的聚合效应、整体效应和放大效应。

知识链接　　　　　旅游动机满足的需要形式

动机是需要的表现形式,需要通过相应的动机表现出来。旅游动机满足的需要主要包括以下几种。

1. 探新求异的需要

探新、求异、猎奇是人们普遍存在的心理状态。现代社会中,人们比较喜欢适时短期改变一下自己的生活环境,并且对不同于自己乡土的食物、风光、习俗和文

化颇感兴趣。随着科学教育的发展和信息手段的不断进步,人们对自己乡土以外的地区或国家的了解有所增加,这导致了人们更加希望离开本土到其他地方走走看看,了解他乡不同于本土的文化。这种对异质文化的向往,成为旅游者旅游的主要动机。欧洲旅游委员会曾对赴美国的旅游者进行过旅游动机调查,结果是60%的游客主要是受美国文化的吸引。这些旅游者希望观赏美国千姿百态的自然景观,更渴望了解美国人民丰富多彩的现代都市风情、科技创举、生活方式和生活习俗等。

2.谋求知识和发展的需要

由于社会生产力的发展,随着人们生活水平和受教育程度的提高,各种信息传播的广泛和深入,人们对外部世界的了解更加全面,人们需要通过旅游消费活动到其他地方去了解新事物、观察新现象。通过对新事物的了解、学习,寻求新的发展目标及途径。

3.逃避紧张现实的需要

这种需求起源于产业革命。由于机械化生产,使得工作对于许多人来说变得极度单调乏味。由此对一些人来说,出现了一种急切的需求,即要求定期地避开永无休止的常规操作和使人压抑的城市生活,同时狂热地崇尚旅游和度假。在现代社会,由于工业化和城市化进程不断加快及激烈的市场竞争,在这种环境下人们的工作和生活节奏不断加快,精神处于高度紧张状态,生活单调而枯燥。人们渴望暂时离开所处的工作、生活环境,到环境幽雅、空气清新、风景秀丽的地方去调整、休养身心,获得精神和情感上的慰藉。

4.审美的需要

审美的需要即感受、观赏和享受美的一种文化需要。人们期盼通过旅游消费活动,在旅行游览过程中观赏、体验和享受存在于各地城市和乡村中的自然景观和历史文化景观的美,去领悟韵律美、和谐美、恬静美等不同类型、不同形态的美。

5.寻求尊重和自我实现的需要

寻求尊重和自我实现的需要即人们希望通过旅游消费活动,寻求发展、挑战极限,获得别人的尊重,以达到自我完善为目的的一种最高层次的文化需要。在西方社会,虽然这种高层次的需要同人们的政治、经济、社会地位密切相关,然而到国外名胜地区旅游的经历,也常常为人们所羡慕和崇拜,从而有助于人们满足个人爱与尊重的需要。还有一些人通过各种科学考察和探险活动,揭示自然奥秘、宣传环境及生态保护知识,实现自身抱负,体现自身价值,满足受社会尊重的需要。

(资料来源:沈祖祥.旅游文化学导论[M].福州:福建人民出版社,2006.)

第三节 旅游消费者动机的经典理论

人们为什么要旅游,是什么促使人们旅游?为此,旅游学界学者们对该问题进行了不断的探索研究。本节将介绍一些具有代表性的旅游动机研究成果。

一、普洛格的旅游动机理论

普洛格(Plog)提出的旅游动机模型是旅游学界较广泛使用的模型之一(见图3-3)。普洛格的旅游动机理论是与旅游者人格分类结合在一起的,他将旅游者分为"自我中心型"、"多中心型"和"中间型"。"自我中心型"人格的旅游者,特点是思想谨慎,多忧多虑,不爱冒险;行为上表现为喜安逸和好轻松,活动量较小,喜欢熟悉的气氛和活动。"多中心型"人格的旅游者正好相反,他们的特点是思想开放,兴趣广泛多变;行为上表现为喜新奇,爱好冒险,活动量大,不愿意随大流,喜欢与不同文化背景的人相处。除了这两个极端以外,"中间型"是综合以上两个极端类型特点的综合型,特征不明显。"近自我中心型"和"近多中心型"则分别属于两个极端类型与"中间型"之间的过渡人格类别。

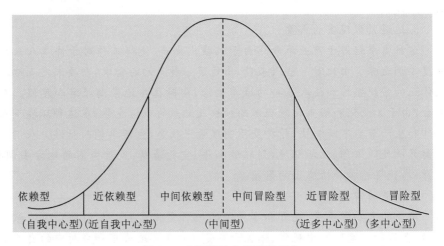

图3-3　普洛格的人格类型划分

虽然这一理论为理解旅游动机提供了一种有价值的方法,但实际却很难应用。因为影响旅游者选择目的地的旅游动机是复杂多样的,旅游者在不同的情况下可能持有不同的旅游动机,这会使他们在目的地选择上表现出不同的人格类型。

二、麦金托什的旅游动机理论

美国著名学者麦金托什(McIntosh)将旅游动机划分为以下四类。

（一）身体动机

身体动机是指旅游者希望通过旅游活动锻炼身体,消除内心的压力和紧张。有这种旅游动机的旅游者大多会参加体育运动、户外娱乐、洗温泉、泡药浴等旅游活动。

（二）文化动机

文化动机是指旅游者希望通过旅游了解旅游目的地的音乐、艺术、民俗、舞蹈、绘画、宗教等文化,从而扩大视野和丰富知识。

(三) 交际动机

交际动机是指旅游者希望通过旅游加强与他人的交往与联系,包括接触其他民族、探亲访友、结交朋友以及摆脱日常事务等。

(四) 地位和声望动机

地位和声望动机是指旅游者希望通过旅游引起他人的注意、尊重和获得良好的声誉。出于这种旅游动机的旅游包括商务旅游、会议旅游、奖励旅游和修学旅游等。

三、皮尔斯的旅行生涯模式(TCP)理论

旅行生涯的概念原型是皮尔斯(Pearce)等人早期研究得出的旅行生涯阶梯(TCL)模型。根据TCL模型,游客的需求动机呈现出层级或阶梯形式,最基础的是放松需求,之后依次是安全保障需求、关系需求、自尊和发展需求,最高层次是自我实现需求。该概念模型假设人们具有一个类似职业生涯的旅行生涯,背后的核心思想是游客的旅游动机随着旅游经历的积累而变化。游客随着自身旅行经历的增加,逐渐追求更高层次需求动机的满足。大部分游客都会系统地经过各个需求阶段,因而可以预测他们的旅游动机模式,一般是沿阶梯逐渐向上,但也有可能稳定在特定的需求层次上,这取决于健康、财务等因素的稳定性或局限性。旅行生涯理论被广泛应用,甚至扩展到了商业咨询机构,但缺乏足够的实证研究支持这一理论假设。

在经过二十多年的发展后,皮尔斯和李(Pearce and Lee)提出了旅行生涯模式理论。该理论划分了三个层次的旅游动机,每个层次都包括不同的旅游动机。最重要的共同动机(如新奇、逃离/放松、关系强化)位于核心层;中间层是较为重要的旅游动机,从内部导向的旅游动机(如自我实现)转变为外部导向的动机(如体验自然和对当地社会的参与);最外层由相对稳定、较为次要的旅游动机组成(如怀旧、独立、社会认同)。旅游者在旅行生涯的各个阶段都会受到这三个层面的动机的影响,但随着其社会阅历和旅游经验的丰富,旅游者的中间层的动机会由内部导向转为外部导向。

与旅行生涯阶梯(TCL)理论相比,旅行生涯模式理论对旅游动机的研究提供了更有意义的信息和解释。但旅游生涯模式理论还处在发展阶段,其有效性有待进一步证实。

四、推拉因素理论

1977年,美国学者丹恩(Dann)提出了旅游动机的推拉理论。他认为,旅游行为受到两个基本因素的影响,即推动因素和拉动因素。推动因素是指促使旅游愿望产生的内在因素,拉动因素是指影响旅游者去哪旅游的因素。丹恩在旅游动机评价中归纳了七种类型的旅游动机。

(1) 旅游是一种缺失和欲望的反映。丹恩认为,现代社会人情淡漠,人们需要通过旅游结识更多的朋友。

(2) 因旅游目的地的吸引而产生的旅游动机。这主要是指主观意愿和外部拉力的共同作用下产生的旅游动机。

(3) 因幻想产生的旅游动机。旅游动机可能源于旅游者可以在旅游目的地从事一些自己在常住地不认同的活动。例如,赌博活动在大多数国家和地区是违法的,但是在中国的澳

门和美国的拉斯维加斯等地却是合法的活动,这吸引了很多游客到这些旅游目的地旅游。

(4) 分类动机。丹恩认为,由于物以类聚、人以群分,具有共同爱好和目的的人通过旅游聚到一起,如探亲旅游、修学旅游、商务旅游等。

(5) 与旅游者类型相关的动机。不同类型旅游者的旅游动机不同,如向往大自然的旅游者希望在旅游中放松身心,而另一类旅游者则是为了追求刺激和新奇的体验。

(6) 与旅游者经历相关的旅游动机。人们通常希望到自己没有去过的地方去获得新的体验,由于旅游者经历的不同,其追求的旅游体验也会有很大的差异。

(7) 追求深层次自我认知的动机。人们希望在旅游中寻找自己,发挥自己的潜能,体验挑战极限的乐趣。

克朗普顿(Crompton)支持丹恩的推拉理论,他确定了七种推动型动机和两种拉动型动机。推动型动机包括逃避、自我探索、放松、声望、回归、密切亲友联系和增加社会交往,拉动型动机包括新奇和教育。

五、逃离和寻求二维理论

曼内尔和伊索哈拉(Mannell and Iso-Ahola)提出了逃离和寻求模型来解释旅游动机。逃离是指从日常环境中逃离的愿望,寻求是指通过旅游寻求心理补偿的愿望。逃离和寻求共同作用于旅游者的动机,进而影响旅游者的旅游行为。他们提出,人们的旅游动机,是为了逃离他们生活环境中的个人或人际问题,并希望获得个人或人际关系的补偿和回报。其中,旅游者追求的个人方面的回报包括自主决策权、能力意识、知识、挑战、探险、放松等;人际关系方面的回报则源于与社会的互动(见图3-4)。

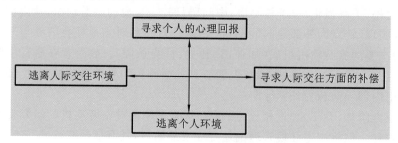

图3-4 旅游动机的逃离和寻求二维模型

(资料来源:Mannell R C, Iso-Ahola S E. Psychological nature of leisure and tourism experience[J]. Annals of Tourism Research,1987(3).)

影视旅游动机

影视旅游动机是游客在影视中看到某种场景而希望参观或体验这个特定旅游目的地或吸引物的意愿。这个意愿足以使个体产生旅行需求的心理状态,且这个需求能够被其他人进行合理解释。研究表明,电影、电视或小说都会影响游客对影视拍摄地的参观,但这些因素并不是游客旅行动机产生的唯一原因。个人对影视作品的融入程度、参观影视拍摄地的新奇体验以及拍摄地点的状况都会影响到影视游客行为动机的产生。从内容上看,相关研究已经逐渐渗透到影视游客动机产生的原因等方面,甚至发现影视剧象征物对游客旅游动机的产生有着明显的推动作用。但从影响因素来看,"印证对影视作品的感受"才是旅游者出游的主要动机,而"寻梦""寻找优美的环境"和"逃避"等因素则构成了这类游客出游的次要动机。从实践来看,大约1/5赴英国游客受到电影或电视宣传的影响。如通过电影《勇敢的心》,到访华莱士纪念碑的游客数量从1995年的4万人次增加到1996年的20万人次;《达·芬奇密码》的播放使罗斯林教堂的游客数量从2003年的3.8万人次上升到2005年的12万人次;《哈利·波特》的播放使北约克郡高沼铁路的游客量从2001年的24.5万人次上升到2004年的30.3万人次。在国内,影片《乔家大院》播出后3个月,山西乔家大院旅游景区接待游客量达到3.8万人次,门票收入比2005年同期增长近3倍。显然,影视拍摄及其播放确实能够在客观上对游客旅行动机的形成具有重要作用,影视旅游对拍摄地游客数量的提升具有重要影响。在国内,许多旅游吸引物因影视旅游作品的播放而声名鹊起,早期的《少林寺》《庐山恋》等电影使少林寺和庐山景区全国闻名,《卧虎藏龙》《非诚勿扰》《木府风云》等影视作品也陆续让安吉、三亚、丽江等景区的知名度迅速攀升。

(资料来源:马晓龙,张晓宇,Chris Ryan. 影视旅游者动机细分及其形成机制——新西兰霍比特村案例[J]. 旅游学刊,2013(8).)

本章小结

(1) 旅游需要是指旅游者或潜在旅游者感到某种缺乏而力求获得心理满足而产生的一种心理状态,即对旅游的愿望和要求。

(2) 旅游者并不仅仅需要单一性或复杂性,需要的是单一性和复杂性的有机结合。单一性的需要在一定程度上要用复杂性来平衡,复杂性的需要在一定程度上要用单一性来平衡。

(3) 旅游动机是指引发、维持旅游者的旅游活动,并使该活动朝向特定目标的心理过程或内部动力。

(4) 旅游动机的过程为,一个人一旦产生旅游需要之后,动机就推动其为满足旅游需要而进行种种努力,把行为指向特定的方面,即做出旅游决策,开始旅游活动,维持旅游活动的进行并达到目的,满足需要,最终消除心理紧张。

(5) 旅游动机产生受到旅游需要、旅游感知等主观因素的制约,也受到客观条件的影响,如符合旅游消费者的旅游对象、时间条件、经济条件、社会条件等。

(6) 旅游动机的特征体现在五个方面,即内隐性、多重性、学习性、共享性和复杂性。

(7) 有关旅游动机的经典理论有普洛格的旅游动机理论、麦金托什的旅游动机理论、皮尔斯的旅行生涯模式(TCP)理论、推拉因素理论、逃离和寻求二维理论。

核心关键词

需要　　　　　（need）
动机　　　　　（motivation）
旅游需要　　　（tourism need）
旅游动机　　　（tourism motivation）

思考与练习

1. 简述马斯洛的需求层次理论。举例说明能分别满足不同需求层次的旅游产品，并找出能同时满足多种层次需求的旅游产品。
2. 如何理解需要与动机的关系？旅游动机是为了满足什么需要？请举例说明。
3. 旅游消费者动机有哪些经典理论？请简要概述。
4. 结合实际情况，举例说明如何激发旅游消费者的旅游动机。

案例分析

案例一

《泰囧》为何"不小心"带火泰国旅游

小成本喜剧片《人在囧途之泰囧》带来的惊喜，看来远不止12.6亿元的票房。2013年3月，泰国总理英拉在总理府接见了徐峥和《泰囧》摄制组工作人员，感谢《泰囧》对泰国旅游的宣传，表示欢迎更多的中国导演到泰国取景拍片。

一部电影的导演因影片拉动拍摄地旅游而受到该国政府最高领导人的接见，《泰囧》可谓开创了历史先河。泰国旅游业到底因《泰囧》受益多大？从中可见一斑。

有统计数据显示，2012年前往泰国的中国游客超过250万人次，2013年春节期间报名参加泰国团队游、自由行的国内游客比2012年同期增加3倍，泰国游价格也水涨船高。有报道称，受《泰囧》影响，大量增加的中国游客使得泰国的华语导游出现严重短缺，特别是清迈，仅1000余名的中文导游远远不能满足需求。

在狂收票房的同时，还能产生意料之外的"旅游效益"，用电影带动拍摄地旅游业，《泰囧》之前国内外成功的案例数不胜数：《指环王》《霍比特人》让有着"魔法风景"资源的新西兰成为全球热门的旅游胜地；一部《阿凡达》让中国的张家界声名远扬；少林寺、乔家大院无不是因影视剧跻身热门旅游景点；电影《庐山恋》更是让庐山成了浪漫爱情的代名词;2008年年底,冯小刚的贺岁片《非诚勿扰》一夜之间让日本的北海道红遍中国,而杭州西溪湿地的房价也因此如日中天。

  2012年,除了横空出世的《泰囧》,几部国内外大片的上映也给取景地带来了不同程度的连锁热效应:《碟中谍4》的热映带动了迪拜旅游,有旅行社及旅游网站更是迅速推出了"碟中谍主题团队游";《2012》中出现过的美国黄石公园、夏威夷、中国西藏,以及墨西哥玛雅文明核心区等成了部分游客最想去的地方;随着《一九四二》的上映,片中多次出现的两江国际影视城民国街也火了,民国街一天涌入游客近两万人,主动联系入驻的商家络绎不绝;就在《泰囧》之前,导演李安的一部《少年派的奇幻漂流》造就高票房、勇夺奥斯卡的同时,也带火了原本冷清的印度游……

(资料来源:http://news.163.com/13/0324/07/8QNED0GI00014AED.html.)

问题:
1. 你所了解的关于影视旅游带动旅游地发展的案例还有哪些?
2. 上述影响旅游消费者动机的因素有哪些?

案例二

布朗一家

第四章

感知与旅游消费者行为

学习目标

- 掌握感觉、知觉、感知等心理学概念、种类和特性。
- 理解感觉与知觉之间的关系。
- 了解影响旅游消费者感知的客观因素和主观因素。
- 了解旅游消费者对各种旅游条件的感知。

问题导向

- 什么是远方？

第一节 感知过程

感知过程是认知世界的基础,是获得感性知识与直接经验的主要形式。心理学研究将人的感知分为两个不同的心理活动阶段,即感觉和知觉。

一、感觉

(一)感觉的概念

感觉是人脑对直接作用于感觉器官的客观事物的个别属性的反映。感觉可以反映客观事物的各种属性,如榴梿的表皮带刺,气味浓烈,肉色淡黄,果肉酥软等,这些属性作用于人的眼、鼻、舌等感觉器官时,就产生了视觉、嗅觉、味觉等各种感觉。此外,感觉还可以反映人体内的状况和变化,如我们感觉身体的疲惫、饥饿、饱胀等。

(二)感觉的分类

客观事物各种不同的属性作用于人的感觉器官,使人产生了不同的感觉。根据感觉反映事物个别属性的特点,可以把感觉分为两大类,即外部感觉和内部感觉。外部感觉指接受外部刺激,反映外界事物个别属性的感觉,包括视觉、听觉、味觉、嗅觉和肤觉。内部感觉指接受体内刺激,反映身体的位置、运动和内部器官不同状态的感觉,包括平衡觉、运动觉和机体觉等。

(三)感觉的特性

1. 感觉的感受性

感觉的感受性是指感觉器官对刺激物的主观感受能力。感受性受到人的机体状态的明显影响,不是所有的刺激都能引起主体的反应,只有在一定的适宜刺激强度和范围内,才能产生感觉,这就涉及感觉性和感觉阈限的问题。感觉阈限是指能够引起感觉并持续一定时间的刺激量,如一定强度和时间的光亮、色彩、声音等。消费者感受性的大小取决于消费刺激物的感觉阈限值高低。一般来说,感觉阈限值越低,感受性越大;感觉阈限值越高,感受性越小,二者成反比。

心理学上把那种能够引起感觉的最小刺激量,称为绝对感觉阈限。对绝对感觉阈限或最小刺激量的察觉能力,就是绝对感受性。能够引起两个同类性质刺激物的最小差异量,称为差别感觉阈限。人们感觉最小差别量的能力,即差别感受性。

2. 感觉的适应性

感觉的适应性是指刺激物持续作用时间的延长,而使感受性发生变化的现象。适应性是一种普遍的感觉现象,它既可以提高感受性也可以降低感受性。"入芝兰之室,久而不闻其香;入鲍鱼之肆,久而不闻其臭"这是感觉适应性的表现,这也是为什么城市的居民刚到乡村旅游时会觉得当地的空气格外清新,而当地的居民却没有这个感觉。

3. 感觉的联觉性

感觉的联觉性是指一种感觉引起另一种感觉的心理过程。比如"望梅止渴",颜色有冷暖调之分,在旅游活动中,当看到大自然的美景时,旅游者会觉得心旷神怡等。这些都是感觉的联觉现象。

4. 感觉的对比性

感觉的对比性是指不同性质的刺激作用于同一感受器产生相互作用,使感受性发生变化的现象。感知的对比分为同时对比和先后对比。同时对比是指几个刺激物同时作用于同一感受器而产生的对比。在旅游产品开发中利用感觉同时对比可以突出印象,使旅游者感觉到明显的差别,在同质化竞争中感觉同时对比可以提供产品差别化竞争的途径。先后对比是指刺激物先后作用于同一感受器而产生的对比。例如,吃了糖之后再吃橘子,会觉得橘子很酸。

二、知觉

(一)知觉的概念

对客观事物的个别属性的认识是感觉,对同一事物的各种感觉的结合,就形成了对这一物体的整体的认识,也就是形成了对这一物体的知觉。知觉是人脑对直接作用于感觉器官的客观事物的整体反映。例如,当我们抵达云南时,看到如画的美景,听到悦耳的葫芦丝,感受到多姿多彩的民族风情,在我们的头脑中就产生了云南四季如花、民俗风情绚丽多彩的整体形象。

感觉和知觉都属于认知过程的感知阶段,是对事物的直接反映。两者联系密切,感觉是知觉产生的基础,知觉以感觉为前提,没有反映客观事物个别属性的感觉,就不可能有反映客观事物整体的知觉;知觉是感觉的深入和发展,是高于感觉的心理活动。但两者又有区别,感觉和知觉是不同的心理过程,感觉反映的是事物的个别属性,知觉反映的是事物的整体,即事物的各种不同属性、各个部分及其相互关系;感觉源于感觉器官的生理活动即客观刺激的物理特性,知觉则在很大程度上依赖于个体的知识经验和心理特点,如需要、动机、情绪等。

（二）知觉的分类

1. 根据知觉反映的事物特征划分

根据知觉反映的事物特征,可以将知觉分为空间知觉、时间知觉和运动知觉。空间知觉是对形状、大小、距离、方位等空间特征的反映;时间知觉是指对客观事物的延续性、顺序性的反映;运动知觉反映物体的空间位移和移动速度。

2. 根据知觉起主导作用的分析器划分

根据知觉起主导作用的分析器,可以将知觉分为视知觉、听知觉、触知觉、嗅知觉等。例如,听音乐时,主要靠听知觉,闻到香水的味道,主要是嗅知觉的结果。

3. 根据知觉对象划分

根据知觉对象的不同,可以分为物质知觉和社会知觉。物质知觉是对客观事物的知觉,而社会知觉是对社会环境中有关个人和社会群体特征的知觉。

4. 根据知觉是否正确划分

根据知觉是否正确,可以把知觉分为正确的知觉和错觉。错觉是在特定条件下对客观事物产生的一种歪曲的知觉。错觉可以发生在视觉方面,也可以发生在其他知觉方面。如当你掂量一公斤棉花和一公斤铁块时,你会感到铁块重,这是形重错觉;当你坐在正在行驶的火车上时,看车窗外的树木时,会以为树木在移动,这是运动错觉等。

（三）知觉的特性

图 4-1 双关图

1. 知觉的选择性

在每一个时刻里,丰富多彩的客观世界作用于人的感觉器官的刺激是非常多的,但人不可能对同时作用于他的刺激全部都清楚地知觉到。在许多知觉对象中,人有目的地选择对其中部分对象知觉特别清晰,而其余的对象则作为背景而知觉得比较模糊,这就是知觉的选择性。例如,上课时,当我们注意看黑板上的字时,黑板上的字成为我们知觉的对象,而黑板、墙壁、老师的讲解、周围同学的翻书声等便成为知觉的背景。在一定条件下,知觉的对象和背景可以互相转换。如图 4-1 所示,如果以黑色部分作为知觉的背景时,易知觉为一个杯子;如果把白色部分作为知觉的背景时,易知觉为两个侧面人头。知觉的结果取决于知觉主体的选择性。

知觉的选择性既受知觉对象特点(变化、对比、位置、运动、大小、强度、反复出现等)的影响,又受知觉者本人主观因素的影响,如经验、情绪、动机、兴趣、需要等。

2. 知觉的整体性

知觉的整体性是指把客观事物的不同属性和不同部分作为一个整体来反映。当人们在知觉熟悉的事物时,只要抓住了它的主要特征,就可以根据自己已有的经验对它进行识别,从而把它作为一个整体来进行反映;当人们知觉不熟悉的事物时,知觉就会以知觉对象的特点为转移,将它组织成具有一定结构的整体,这就是知觉的组织化。知觉的整体性,应遵循以下四种基本原则。

1)接近原则

接近原则是指在空间、时间上接近的刺激物易被知觉为一个整体。如图 4-2(a)所示,两条空间接近的直线易被知觉为一个整体,也就是三组线段,而不是六条平行线。旅行社在设计旅游线路时,往往把空间上接近的几个旅游目的地进行地区组合。例如,昆大丽六日游、新马泰七日游等。

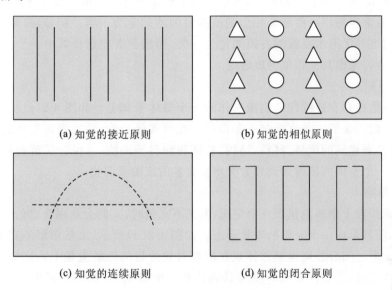

(a) 知觉的接近原则　　(b) 知觉的相似原则

(c) 知觉的连续原则　　(d) 知觉的闭合原则

图 4-2　知觉整体性的四种基本原则

知识链接

澳大利亚是做旅游广告较早的国家,从 1930 年就开始了,但直到 20 世纪 50 年代,去澳大利亚旅游的人仍然很少,原因是路途遥远、旅费昂贵。后来,速度快、成本低的喷气式飞机被使用了,"远"和"贵"的问题得到了部分解决。人们的收入水平也提高了,能够到较远的地方去旅游,但澳大利亚的客源仍然很有限。1964

年,澳大利亚说服了新西兰、斐济、塔希提岛和新喀里多尼亚联合行动,推出南太平洋游的旅游线路。这样一来,澳大利亚果然大得其利,去澳大利亚旅游的美国人的人数从1960年的5000人增长到1971年的41000人以上,年平均增长率达64%。然而,在同一时期,美国公民出国旅游人数的年增长率仅有23%。

澳大利亚宣传策略之所以成功,就是它应用了知觉组织的邻近原理。

同样成功的事例还有葡萄牙旅游业的发展。葡萄牙在1975年政治动乱后试图大力发展旅游事业时,发现西班牙作为一个旅游目的地颇享盛名。葡萄牙没有与西班牙竞争,而是利用西班牙的名望来号召人们同时到葡萄牙一游。葡萄牙在针对美国各家旅行社的广告中说:"如果您的主顾想去西班牙,请在他们的旅游计划中加上葡萄牙,这样,花一笔旅费便可游两国,可谓一箭双雕!"

(资料来源:薛群慧.现代旅游心理学[M].2版.北京:科学出版社,2011.)

2)相似原则

相似原则即刺激物在强度、颜色、大小、形状等方面相似的刺激物易被知觉为一个整体。如图4-2(b)所示,由于形状的相似性,人们倾向于知觉为两组三角形和两组圆形。在旅游活动中,旅游者通常容易将一些特征相似的旅游目的地知觉为一类。例如,游客往往把周庄、乌镇、西塘、同里等江南水乡旅游古镇知觉为一类,而旅游者在选择其中一个作为旅游目的地时,一般不会再考虑其他相似的旅游地。

3)连续原则

连续原则指把具有连续性的刺激物作为一个整体来知觉。如图4-2(c)所示,连续的散点被知觉为彼此重叠的一条直线和一条曲线。在景观设计中,特别强调景观的连续性。例如,西江千户苗寨建筑的风格、材料、结构、窗饰和涂料等的统一,保持了苗寨村寨景观的连续性,并作为一个整体的旅游景观成为贵州省著名的旅游吸引物。

4)闭合原则

闭合原则指若干个刺激包围一个空间,但又不完整时,人们会运用自己的主观经验增加缺失的部分,使其形成一个完整的知觉形态。如图4-2(d)所示,虽然图形不完整,但仍被知觉为一个长方形。闭合原则也经常体现在游客对旅游目的地的直觉上。比如,很多游客在去某一旅游地之前,会上网游览一些与目的地相关的游记,并根据游记中某些不完整的内容,形成对该目的地一个整体性的初步印象。

3. 知觉的理解性

知觉的理解性是指人在知觉过程中,不仅知觉到对象的某些外部特征,还可以借助过去的知识经验对知觉对象做出某种解释,使它具有一定的意义。理解性有助于解释具有不同知识经验的游客对同一旅游景物的知觉为什么不同。这也解释了为什么历史学者往往在参观长城、故宫等历史遗迹时,要比一般的旅游者理解的内容更为深刻。此外,人对知觉的对象理解越深,则知觉会越迅速、全面。

4. 知觉的恒常性

当知觉的条件在一定范围内变化时,知觉的映像仍然相对保持不变(无论是形状、大小、颜色,还是亮度等),这就是知觉的恒常性。知觉的恒常性依赖于人们的经验。由于人能够不受观察条件、距离等的影响,而始终根据经验按事实的本来面貌反映事物,从而可以有效地适应环境。因此,经验越丰富,越有助于感知对象的恒常性。

第二节 旅游感知的影响因素

感知过程贯穿于旅游消费者行为的始终。旅游消费者在旅游前,会受到各种外界信息的反复刺激,对旅游目的地产生初步的、不完整的感知;在旅游中,对旅游吸引物的游览、旅游服务质量的体验,以及其他条件的相应感受,这些会促使旅游消费者形成实际的感知;再到旅游结束时,旅游消费者会做出有关旅游目的地或旅游经历的评价。

"西湖天下景,游者无贤愚;深浅随所得,谁能识其全?"从某种意义上说明了旅游者的感知受到客观因素与主观因素的双重影响。

一、影响旅游感知的客观因素

(一)感知对象的特征

旅游感知对象既有物的自然方面,也有人的社会方面。感知对象自身的特征首先影响着旅游者的感知。旅游者感知对象的特征包括新异性、刺激强度、运动变化、反复出现等。

1. 感知对象的新异性

人们都有求新、求异的心理,尤其是旅游者外出旅游就是为了逃离日常生活的环境,希望有不一样的体验。因此,在旅游过程中,在"探新求异"心理的支配下,越是新异的事物,越是吸引旅游者的注意并被感知。例如,九寨沟的奇异山水和黄龙特有的喀斯特地貌风光,吸引了越来越多的游客前往游览。

2. 感知对象的刺激强度

由于人们不可能接触到感知环境中的所有刺激,只能有选择性地进行感知。因此,感知对象的刺激强度越大,越能吸引游客的注意并被感知。比如,险峻的山峰、幽静的湖泊、辽阔的大海、古老的建筑、独特的异族风情等,都具有较大的刺激强度,能吸引旅游者的注意并被感知。

3. 感知对象的运动变化

在相对静止的背景上,处于运动变化的事物比处于静态的事物更容易成为感知对象。例如,张艺谋导演的《印象刘三姐》,将演出置于山水实景中,以漓江水域为舞台,以山峰和天穹为舞台背景。在寂静的夜晚和天然的水光山色的映衬下,红色的拦网、万家的渔火、白色的纱巾、渔民的吆喝声、变幻的舞台等都强烈地吸引着旅游者,给旅游者留下深刻的感知印象。

4. 感知对象的反复出现

反复出现的事物容易被人们感知为旅游对象。人们多次看到同一旅游景点的广告、宣传材料,或者经常听到某一旅游景点的报道,由于信息反复出现,多次作用于人的大脑,会使

人们对该旅游景点产生较为深刻的感知印象。但需要注意的是,重复刺激的次数不应过多,否则会使人产生单调感,导致心理厌烦、审美疲劳。

(二)感知对象与背景的差别

背景是指人们感知对象之外的事物或环境。一般而言,对象和背景的感知差异越大,就越容易引起人们的感知。对象是主体,背景是衬托,背景的变化越大,越能显现出对象的光彩,就越容易引人注意,增加游兴。例如,江南很多园林都种植了观赏性的方竹或斑竹,它们周围都种植了其他的花草树木,旅游者轻易地就能看到,但是,如果把方竹或斑竹同其他竹类种在一起,旅游者要看到它们就困难了。所以,景区设计强调在保持景观和谐性的同时,使主要景观在色彩、造型等方面与周边景观有所区别,以便引导旅游者从背景中区分观赏对象。

(三)感知对象的组合

感知对象的组合状况也会影响旅游者的感知。旅游者对旅游刺激物的感知并不是杂乱无章、无系统的,而是把有关的刺激整合、知觉为一个统一的整体特征。目前,有四种主要的感知对象的组合原理,即相似原则、接近原则、连续原则和闭合原则。

(四)旅游感知的情境

在旅游过程中,旅游者要面对形形色色的人群,包括旅游服务人员、其他旅游者和旅游地居民等,这些人构成的情境都会影响旅游者自身的感知。"从众"是非常常见的旅游消费行为现象。例如,在旅游过程中,当其他旅游者都在购买当地的旅游商品时,自己也会不自觉地停下来购买;而当周围的人评价一个旅游目的地不好时,旅游者就会犹豫是否要选择前往该地进行旅游活动。

(五)旅游者的生理条件

旅游者感知的信息接收必须以个体感知器官的完好和功能正常为基础,否则,其产生的旅游感知必然与他人不同。例如,在旅游活动中,身体残缺或体弱的人会对爬山信心不足;听力有障碍的人无法轻易明白导游的解说,会影响他们的感知等。

二、影响旅游感知的主观因素

(一)兴趣

兴趣是人们积极探究认识某种事物或从事某种活动的心理倾向。旅游者根据自己的兴趣,往往把不感兴趣的事物排除到感知背景中,而集中注意于感兴趣的事。比如,对户外探险热爱的游客,会比其他游客更关注户外探险旅游地的相关信息;对美食感兴趣的游客,在旅游过程中尤为关注当地的特色小吃;具有宗教信仰的游客,总忘不了朝拜寺庙。

(二)需要和动机

需要是人积极性的基础和根源,动机由需要引起,是推动人们活动的直接原因。凡是能够满足旅游需要、符合旅游动机的事物,才能成为旅游者的感知对象和引起他们的注意,那些不能满足旅游者需要和动机的事物往往被忽略。比如,在城市忙碌工作的人们有休息的需求,可能会产生"度假"的旅游动机,他们比其他人更关注度假型旅游地的旅游信息。

(三) 经验

人们往往根据经验,对感知对象的意义做出理解和判断,进而产生感知印象,因此经验影响人们的感知。在旅游活动中,旅游者的经验越丰富,感知内容就越全面、越深刻,旅游感知体验效果也越好。例如,在去重庆旅游之前,旅游者通过旅游宣传册、网站游记和朋友了解等,会在心中储备一定的景点知识,形成初步的印象,这些会对旅游者的真实感知产生影响,当他到达重庆时可能会更多地关注这些对象,而且还会根据先前的经验来进行判断。而且,在相同的时间里,有经验比没有经验的旅游者有更多的旅游收获。

(四) 情绪

情绪是人对客观事物的态度的一种反映。情绪状态是指人在感知客观事物时,人的主观态度和精神状态,它在很大程度上影响着个人的感知水平。"欢乐良宵短,愁苦暗夜长"正体现了情绪对人们的时间感知的影响。

情绪有积极和消极之分,一般来说,在积极情绪下,人们对对象的感知会比较深刻鲜明;在消极情绪下,心情郁闷,感知水平就会降低,再生动、鲜明的对象也很难成为其感知对象。当旅游者情绪低落时,其感知范围缩小,感知主动性下降,并会留下消极的感知印象;当旅游者情绪愉快时,他们对各种事物的感知可能就比实际状况更好,同时也兴致勃勃地参加旅游活动。

(五) 个性

个性是个体所具有的独特且稳定的心理特征的总和。不同个性的旅游者在感知的广度、深度和速度上有很大的差别。一般来说,性格内向的旅游者喜欢安静的活动项目,如垂钓、品茶、下棋等活动;性格外向的旅游者更偏爱参与性强、具有一定冒险性的活动项目,如漂流、登山、滑翔等。

(六) 其他个体因素

除上述因素外,人口统计因素如年龄、性别、职业、国籍、收入水平、社会阶层以及宗教信仰等也影响着旅游者的感知。

知识链接　　心理定势

心理定势是指心理上的"定向趋势",它是由一定心理活动所形成的准备状态。心理定势是导致知觉歪曲的影响因素。实践表明,能对旅游行为产生影响的心理定势因素主要有以下几种类型。

1. 首次效应

当一个人第一次进入一个新的旅游地、第一次和当地人接触、第一次品尝地方风味、第一次游览某一名胜时,留下了深刻印象,形成了一种心理定势,以后便难以改变,这种现象称为首次效应或第一印象。首次效应先入为主,实际上已戴上"有色眼镜",在以后的一切活动中,人们常会不自觉地将当前的印象与第一印象相联系。如果第一印象良好,对以后的不良印象也不觉得反感;如果第一印象不好,以后良好的印象也会渐渐失色。

2. 晕轮效应

晕轮效应指的是从对象的某种特征推及对象的整体特征,从而产生美化或丑化对象的印象。晕轮效应意指它像月晕一样,会在真实的现象面前产生一种假象,当人们隔着云雾看月时,由于光线的折射,人们会看到在月亮的外面有一个实际上并不存在的光环。

如果说首次效应是从时间上说的,由于前面的印象深刻,后面的印象成为前面印象的补充,那么,晕轮效应则是从内容上说的,由于对对象的部分特征印象深刻,这部分印象泛化为全部印象。因此,从本质上来说,这两种效应都带有强烈的主观色彩,常常是一叶障目,只见树木不见森林。所以,晕轮效应的主要特点是以点带面、以偏概全。

3. 经验效应

在社会知觉中,人们经常受以前经验的影响,产生一种不自觉的心理活动的准备状态,在头脑中形成一定的思维定势,按照固定的思路去思考问题,这种现象称为经验效应。经验效应指的是个体凭借以往的经验进行认识、判断、决策、行动的心理活动方式。经验应当说是一种财富,但也可以说是一种包袱。一般来说,经验越丰富,认识越深刻。但经验又有局限性,不考虑时间、地点照搬套用,往往在知觉事物时出现偏差。特别是在当代社会和旅游环境中,高科技不断得到应用,很多产品和服务与以往相比发生了巨大的变化。在此形势下,人们仍用过去的经验来决策、处理一些问题,将会一事无成。如果不及时充实经验、更新经验、发展经验,照样会跟不上时代的步伐。如果死守过去的经验,必然不能对当前变化了的事物正确知觉,很可能上当受骗或失去良机。

4. 刻板印象

刻板印象指的是社会上部分人对某类事物或人物所持的共同的、固定的、笼统的看法和印象。这种印象不是一种个体现象,它反映的是群体的"共识"。比如,一般人认为,日本人争强好胜,有自制力,注重礼仪,讲究礼貌;英国人冷静,寡言少语,有绅士风度;法国人爽朗,热情,喜欢与人交谈,比较乐观;德国人较勤勉,有朝气,守纪律,爱音乐;美国人喜欢新奇,重实利,比较随便和自由。刻板印象一方面有助于人们对众多的人的特征进行概括了解,因为每一类人都会有一些共同特征,运用这些共同特征去观察每一类人中的个别人,有时确实是知觉的一条有效途径。但是,另一方面,刻板印象具有明显的局限性,能使人的知觉产生偏差。例如,前些年部分中国出境游客在国外留下了不注重礼节、卫生习惯较差的不良印象,以至于现在消除这种负面刻板印象需要付出长期的努力。我们应该认识到,每类人中的每个人的具体情况不尽相同,而且每类人的情况也会随着社会条件的变化而变化。

因此,在旅游工作中,知觉来自不同国家和地区的游客时,除了了解他们的共同特征之外,还应当注意不受刻板印象的影响,进行具体的观察和了解,并且注意纠正错误的、过时的旧观念。刻板印象是呆板而没有变通的印象,具有明显的局限性,但就其本身应视为认识上的进步。刻板印象对旅游者来说应是一种知人、识事、辨物的手段,有助于其在旅游活动中的决策。对旅游业来说,它可以为我们知觉某一国家、地区的旅游者提供基本信息,有助于确定向旅游者提供何种类型的产品和服务。

(资料来源:舒伯阳,廖兆光.旅游心理学[M].大连:东北财经大学出版社,2011.)

第三节 旅游者对旅游条件的感知

旅游目的地、旅游活动的时间、常居地与旅游地之间的距离、旅游交通工具等都是与旅游消费者行为有关的最基本的旅游条件。旅游者对旅游条件的感知印象,对他们具体的旅游决策、旅游行为以及旅游收获评价等都有显著的影响。

一、旅游者对旅游目的地的感知[①]

对旅游目的地的感知包括人们在前往某一旅游目的地之前对该目的地的感知,也包括对亲眼所见并身临其境的旅游目的地的感知。前者的感知结果影响人们对目的地的选择,后者的感知结果影响人们的消费行为和后续行为。旅游者对旅游目的地的感知过程包括以下三个阶段。

(一)旅游前对旅游目的地的感知

旅游者与旅游目的地的交往不是发生在行程开始之后,而是在行程开始之前。在长期的社会生活中,每个人都会得到一些地方的自然和人文资源信息,在心目中自然构筑起关于该地的形象感知。典型的例子是,在很多人心目中都有对乌镇和西塘的感知。即使从未去过那里的人也能根据历史典故、文学作品、基础教育中的相关知识,构筑出江南水乡的形象,成为旅游目的地的原生形象。

(二)旅游开始对旅游目的地的感知

大多数旅游者在产生旅游动机后,会有意无意地搜集目的地的信息,并对信息进行加工、比较和选择,确定出游的目的地。旅游者可能会通过旅游目的地的广告宣传或耳闻目睹的其他物质媒介,揣摩旅游目的地经营者的服务特征和当地居民的接待态度。这个阶段也是形成旅游期望的重要时期。当旅游者进入旅游目的地开始实地旅游时,对目的地的形象感知称为引致形象或诱导形象。

---

① 吴清津.旅游消费者行为学[M].北京:旅游教育出版社,2006.

旅游者通过外界渠道获得信息,并在此基础上形成的感知常与目的地的实际情况不符,往往存在歪曲性与模糊性。因此,旅游经营者必须认识到旅游者对旅游目的地感知的规律和特点,在旅游宣传工作中应该通过各种手段帮助旅游者真实地、清晰地感知旅游目的地。

（三）旅游者实地旅游之后形成的感知

旅游者离开常住地进入旅游状态后,对旅游目的地的实地感知阶段就开始了。在游览过程中,旅游服务成为旅游者对旅游目的地感知的关键因素。一个景区如果向旅游者提供优质的向导服务,则有助于旅游者获得美好的旅游经历。没有向导的旅游者常常会迷失方向,不得不花费较多的精力来理解其接触到的信息。由此,旅游目的地可能会在旅游者心中留下不太好的形象。

旅程结束后,旅游者对旅游目的地信息进行综合分析并做出判断。此时,所形成的旅游目的地形象称为混合形象。混合旅游形象与诱导形象之间的差别,反映了旅游经历对旅游者旅游地感知的影响。

二、旅游者对时空的感知

旅游行为发生在特定的时间和空间,旅游既可以用时间来度量,也可以用空间距离来度量。

（一）对时间的感知

旅游时间是影响旅游效果的重要因素之一,所以旅游者对时间的感知非常敏感。在旅游活动中,人们对旅游活动时间感知的要求常因动机不同而有所不同。国内很多学者倾向于用"一快、二慢、三准时"来描述旅游者对时间的感知,即旅途要快、游览要慢、旅游活动要准时。

1. 旅途要快

人们总是倾向于用较短的时间完成从居住地前往目的地的旅途,这源于两个方面的原因:一是,此时的人们总是兴致勃勃,他们从心理上迫切地希望赶快到达目的地开始旅游;二是,在当今竞争激烈的社会里,人们的闲暇时间极为有限,在这样有限的时间里,要完成旅游计划中所有的地点、项目和内容,就要尽量缩短旅途时间,从而相对地增加旅游目的地的逗留时间。

2. 游览要慢

在目的地游览的过程中,人们总是希望有充足的时间从容地欣赏、慢慢地体会。但是,大多数旅行社组织的团体包价游中,为了在一定的时间内完成所有的游览项目,导游总是会限制某一景点的时间,其实这是旅游者比较反感的做法。所以,旅行社在安排行程时,要牢记在旅游目的地逗留的时间要充足,活动安排要松弛这两点要求,尽量能够保证旅游者尽兴地观赏游玩,从容地品评体会。

3. 旅游活动要准时

要求旅游活动准时,一方面是计划的原因,另一方面则是时间的压力。准时能保证旅游者按照计划去安排时间和活动,旅行中一旦由于各种原因导致误时、误事,不仅意味着旅游者在时间和经济上有损失,还会打乱旅游者的心理平衡,引起旅游者的强烈不安和反感。因此,能否严格地按照旅游活动时间计划进行旅游活动是每个旅游者都非常关注的问题,也直接影响到旅游者对旅游产品和旅游经营者的感知印象。

（二）对距离的感知

距离对旅游者行为是一种重要的限制性因素。客观条件下测量到的距离与被个体感知到的距离有很大的不同。例如,大多数人都有这种感受,沿着某一特定线路的回家旅程似乎比同样线路外出的旅程短一些。多位学者研究发现,感知距离对旅游行为的影响要明显高于实际距离的影响。所谓感知距离,也可称为主观距离,是指人们从主观意识出发,凭借其所获得的信息和自己的知识、经验而对两地之间实际距离所做出的估计,对这些距离的估计大于实际距离。人们对旅游距离的感知,会影响其旅游态度及行为。感知距离对旅游行为及态度的影响,主要表现在以下两个方面。

1. 阻碍作用

旅游是一种需要付出时间、金钱、精力、体力等代价的消费行为。旅游的距离越远,旅游者所付出的代价也就越大,而旅游代价的大小在很大程度上阻碍着旅游行为的发生。如果旅游者从旅游中得到的益处不足以补偿这些代价,旅游行为就不可能发生。由此可以理解旅游客源地与旅游目的地距离成反比的现象,即距离旅游客源地越近的景区,旅游者越多;距离旅游客源地越远的景区,旅游者越少。距离对旅游的这种阻碍作用,就是国际旅游者往往要少于国内旅游者,远距离旅游者往往要少于近距离旅游者的原因之一。例如,我国的入境游客中,韩国和日本的游客比欧美国家的人数多,距离是其中不可忽视的因素。在国内旅游中距离也是决定旅游行为的重要因素之一。

2. 促进作用

遥远的距离也可能激励旅游行为的发生。因为距离遥远意味着神秘和陌生,而人类具有探索未知世界的意识和愿望,所以神秘和陌生反而构成了远距离旅游目的地的独特吸引力。此外,"距离产生美"说明了远距离的旅游目的地,除了神秘和陌生外,也包括人们美的需要。当这种神秘、陌生、美的需要等主观因素相互作用所构成的吸引力,超过距离的阻碍作用时,会把人们吸引到远距离的旅游目的地去旅游。例如,西藏对很多游客来说,距离遥远,但西藏本身所具有的宗教神秘感,使这些游客不远千里来此旅游。

感知距离对旅游行为既有阻碍作用,又有促进作用。但是,对距离的感知到底发挥什么样的作用,以及影响程度究竟如何,既因旅游者而异,又因旅游对象的客观条件而异。作为旅游从业者,为了吸引游客,不断扩大旅游市场占有率,首先应该把旅游区开发、建设、管理好,为市场提供高质量的旅游商品,创造良好的旅游形象。其次,应该充分利用各种营销手段,积极开展旅游宣传,给那些潜在的旅游者留下深刻的印象,引导他们进行旅游决策。

知识链接　　旅游者感知距离的影响因素分析

感知距离这一课题值得认真研究和关注,因为它至少在三个方面影响旅游者的旅游决策行为,即是否去旅游、去哪里旅游以及选择哪种旅游线路。因此,研究感知距离的影响因素对旅游目的地市场营销具有重要的实践价值。布里格斯(Briggs)认为主要有三类因素影响感知距离估计:其一,与感知估计相关的因素;其二,与刺激物相关的因素;其三,感知距离估计和刺激物之间相互影响的相关因素。①

国内也有一些学者对感知距离的影响因素进行了研究。最近,一些研究者在郑州、上海、杭州、南京、武汉、成都等8个城市发放了半结构式调查问卷,调查曾经去过西安旅游的游客。问卷内容包括旅游次数(问题为:您去西安的旅游次数)、旅游目的(问题为:您去西安的目的是什么)、旅游经验(问题为:您旅游经验的丰富程度如何)、来西安旅游的交通方式(问题为:您来西安旅游是借助何种交通工具)等关于旅游者感知距离影响因素问题。

研究者们运用独立样本T检验法和单因素方差分析法对旅游者感知距离的影响因素进行了研究。研究结果显示,在同等实际距离水平下,①性格是影响感知距离的显著因素,性格外向的旅游者的感知距离比性格内向的旅游者的感知距离近;②目的地有无亲友是影响感知距离的显著因素,在目的地有亲友的旅游者的感知距离比在目的地无亲友的旅游者的感知距离近;③旅游目的是影响感知距离的显著因素,以商务会议或探亲访友为目的的旅游者的感知距离比以纯旅游为目的的旅游者的感知距离近;④旅游次数是影响感知距离的显著因素,随着旅游者去同一旅游目的地次数的增多,旅游者对该旅游目的地的感知距离会逐渐变近;⑤旅游经验是影响感知距离的显著因素,并且旅游者的旅游经验越丰富对距离的感知越近;⑥性别、年龄、学历、家庭收入、职业、旅游方式和交通方式7个因素对感知距离的影响不显著。但总体上,女性旅游者的感知距离比男性旅游者近;家庭收入高的旅游者的感知距离比家庭收入低的旅游者近;团队旅游者的感知距离比自驾车和散客旅游者近。

(资料来源:周芳如,吴晋峰,吴潘,等.旅游者感知距离的影响因素分析[J].浙江大学学报(理学版),2016(5).)

三、旅游者对旅游交通的感知

旅游交通,是指旅游者前往旅游目的地所采用的交通工具,包括飞机、火车、轮船、汽车等。现代旅游交通条件的便利快捷,大大改善了人们旅游的条件,加快了旅游的速度,特别是飞机的出现,实现了人们周游世界的梦想。影响旅游者对旅游条件感知的因素,有以下几点。

(一)安全

人们希望能从旅游活动中体验到一点刺激,但绝大多数人并不希望遇到危险。人们外出旅游首先会重视安全。在一些偏僻、原始的自然保护区、沙漠、沼泽地、森林等旅游区往往由于路况条件不好,加上当地经济条件差,旅游交通质量也不高等,容易造成交通安全事故。另外,有些人对飞机、轮船等交通工具的安全性也表示担心。

---

① Abraham Pizam, Yoel Mansfeld.旅游消费者行为研究[M].舒伯阳,冯玮,等,译.大连:东北财经大学出版社,2005.

（二）便捷准时

交通工具的速度节省了时间、减轻了旅途中的疲劳。旅游者对交通工具速度的敏感性，与他们的时间观念和收入密切相关。在现代社会中，旅游者对旅游时间的感知非常敏感。许多旅游者已习惯于平时的快节奏生活，即便是在以休闲为目的的旅游活动中，他们仍难以摆脱与时间相关的紧张情绪。现代旅游者希望尽量缩短旅途中所花费的时间，因此要求旅游交通具备快捷性。

旅游者对时间的感知还体现在对交通工具准时性的要求上。旅游交通带有严格的连贯性，前一站的误点和滞留会影响下一站的旅游活动。交通工具不准时会引发一系列经济责任事件，如房费、交通费、餐费等的结算问题，还可能给部分游客带来一些严重问题，比如重要会议迟到或错过，一些入境旅游者不能按时出境等。因此，旅游者往往非常关注旅游交通能否按计划要求准时运行。

（三）舒适程度

旅游者在旅游活动中投入时间和财力，以期获取精神上多层次、多方位的享受。旅游所产生的价值在很大程度上源于旅游者在旅游中获得的舒适和快乐的感受。交通服务直接影响旅游者各种感官的舒适程度。因此，旅游者希望旅途中的交通设施条件良好。

（四）服务水平

除了安全程度、舒适度、行驶速度、是否按时抵达目的地、中间停靠次数等因素外，影响旅游消费者对交通工具感知的因素还包括途中的服务质量。例如，飞往同一个目的地，型号相同、票价又接近的两架不同航空公司的飞机，除了时间上的不同以外，很难再找出它们的区别。此时，热情、礼貌、友好的服务就成为旅游者做出选择的重要依据。

（五）灵活性和自主控制权

旅游者不希望在旅游中受到公共交通工具的诸多限制。因此，尽管有时乘汽车、火车或游船更方便、更舒适、更便宜，但现在越来越多的旅游者仍喜欢自驾旅游。为了获得自己主导旅游活动全过程的感觉，这些旅游者愿意花费昂贵的路费、冒着交通堵塞和迷路的风险，开着自己的爱车上路。

本章小结

（1）感觉是人脑对直接作用于感觉器官的客观事物的个别属性的反映。感觉具有三个特性，即感受性、适应性和联觉性。

（2）知觉是人脑对直接作用于感觉器官的客观事物的整体反映。知觉具有四个基本特性，即选择性、整体性、理解性和恒常性。

（3）旅游消费者感知既受感知对象的特征、感知对象与背景的差别等客观因素的影响，又受兴趣、需要、动机、经验、情绪、个性等主观因素的影响。

（4）旅游消费者感知旅游条件时，包括对旅游目的地的感知、对旅游时空的感知以及对旅游交通的感知等。

核心关键词

  感觉　　　　　　（sensation）
  知觉　　　　　　（perception）
  感知　　　　　　（perception process）
  感知距离　　　　（cognitive distance）

思考与练习

1. 什么是感觉？什么是知觉？运用所学知识阐述感觉和知觉的联系与区别。
2. 简述影响旅游消费者感知的主观因素及客观因素。
3. 如何理解旅游空间距离对人们的旅游行为既有阻碍作用又有激励作用？
4. 感知是如何影响旅游消费者行为的？请举例说明。
5. 某旅游景区在旅游者心目中的感知形象并不好，你将如何做以改变旅游者对该景区的感知？

案例分析

案例一

游客感知的"网红"旅游目的地形象特征

  旅游目的地形象是旅游者、潜在旅游者通过处理来自各个渠道的信息而形成的对旅游目的地的整体感知，是对旅游目的地的一系列印象、看法和情感表达。伴随着互联网和移动互联网的发展，社会化媒体在世界范围内快速发展、不断更新和迭代。在这个人人都是内容生产传播者的时代，互联网不仅成为旅游者行前获取资讯的重要渠道，也成为旅行结束后分享体验、发表评论的交流平台。游客通过这些平台发表的"游记""点评"等网络文本，较为直观地反映他们对目的地的认知与感受，这些文本内容真实、客观、丰富，逐渐成为旅游研究的重要数据来源。

  研究者以重庆洪崖洞景区为案例地，基于马蜂窝、携程等旅游网站游客发布的网络点评与游记，通过对游客评价内容进行词频分析，提取了排名前60的高频特征词，其中使用频率较高的前十位分别是"洪崖洞""重庆""夜景""晚上""建筑""特色""吊脚楼""马路""千与千寻""电梯"，探讨了洪崖洞景区走红网络的原因。

  1. 独特的景观成为吸引游客的主要因素

  新旅游者富有娱乐和探索精神，热衷于追逐市场热点，对于目的地知名度最高的景区及地标性景观往往有着极高的兴趣。结合文本分析可以发现,游客对于"洪崖洞"以及"洪崖洞"所处的"重庆""山城"的感知极强。重庆城市本身具备非常独特的城市景观资源,不少游客在评价中提及重庆是一座"3D魔幻立体城市",指的是重庆错落有致的城市结构,轻轨、索道、吊脚楼等特有的景观资源,而这一点在洪崖洞景区有了明显的体现,如一名游客在游记中写道:"洪崖洞是重庆这个3D城市最形象的表达,马路下面是房子,坐电梯下去又是马路,最上面的观景广场是重庆特色的雕塑……"同时,景区风貌不仅与城市特色、本土文化相结合,还充分与自然环境相协调,制造了独具视觉冲击的夜景效果,这些可以从游客感知形象中的"建筑""吊脚楼""依山就势""夜景""灯光""嘉陵江""长江""江边"等词条中体现。这些形象特质恰好迎合了新旅游者追求新奇、创意、情怀的体验需求,也成为洪崖洞景观能够突破常规、出奇制胜的原因所在。

2. 故事情境体验成为游客旅游动机及分享表达的重点

旅游的本质是一种体验,而故事情境与目的地形象的有效结合,在满足新旅游者追求情境体验需求的同时,也赋予了目的地更加显著的识别特征,让其在激烈的市场竞争中展现出更强的生命力。根据高频特征词分析结果,"千与千寻"一词共出现了79次,表明游客对于洪崖洞与"千与千寻"之间的联系有着较强的感知。不少游客在游记中直接说来到洪崖洞参观就是因为"千与千寻",如"一开始是为了寻找《千与千寻》里某个片段而去……""洪崖洞是第一站,很美,吊脚楼金碧辉煌,其实是传说像《千与千寻》才来的"等。不管是刻意营造还是意外契合,不可否认的是,"千与千寻"与洪崖洞形象的巧妙"连接"为景区走红带来了强劲推力。因为故事情境的嫁接而让游客产生的相关情感体验和联想,在一定程度上也让游客对于目的地的形象与品牌产生更多认知与共鸣。同时,许多游客通过朋友圈、游记等社交网络将自己的感受与体验分享出去,进一步扩大了景区形象的影响力,带来了社交圈关于洪崖洞的风潮。这一点通过很多游客关于"千与千寻"的表述内容可以见得,如"当站在对面的路牙之上远观着这被黑夜衬托得更加璀璨夺目的建筑物时,随风摇曳的红灯笼将现实撞入《千与千寻》的故事之中,心里的小人随着浮动在小巷中的那股隐秘气息奔跑着,或许,就在某个转角就能与那一袭白衣少年不期而遇……"

3. 特色消费活动对目的地吸引力的提升作用

随着旅游消费升级,新旅游者不再满足于过去走马观花式的景点游,他们更加重视旅游的品质和体验,期望深度融入目的地城市生活,打造极具个性化的旅程。因此,新旅游者对于目的地的娱乐、购物、餐饮、住宿等消费活动通常会更加关注。在游客对于洪崖洞旅游消费的感知中,饮食消费的关注度极高,高频词"美食""火锅""小吃"在游客评价中出现次数都在60次以上,恰恰说明了这一点。大多数游客对于小吃评价较高,出现了"各式各样的小吃""地道的重庆小吃""小吃挺多的"等语句。对于最具重庆特色的"火锅",游客不仅对其特色进行了评价如"好吃""正宗""新鲜"等,点评中还出现了许多火锅店品牌名称,表现出游客在品尝完火锅后期望将良好体验分享出去影响他人的心理特征。除了饮食消费外,特色的"酒吧""特产"等也成为游客关注的重点。

（资料来源：文捷敏，余颖，刘学伟，刘学敏，时朋飞.基于网络文本分析的"网红"旅游目的地形象感知研究——以重庆洪崖洞景区为例[J].旅游研究,2019(3).)

问题：
1.影响游客感知旅游目的地形象的因素主要有哪些？
2.从游客感知角度出发，对于提升旅游目的地形象你有哪些建议？

案例二

虚拟现实技术改变旅游生态

第五章

学习与旅游消费者行为

- 了解学习的含义和特征。
- 了解学习的理论及应用。
- 了解旅游消费者学习的主要内容。
- 了解旅游消费者学习的主要途径。

- 来到一座城市,你一定会去哪儿?

第一节 学习概述

学习是人的重要特征,人的学习行为是非常普遍的。学习是旅游消费者在旅游活动中不断积累知识和经验的过程,也是适应自身和环境变化的过程。同时,在学习过程中,旅游消费者的行为也不断在调整和改变。因此,对旅游消费者学习的研究具有重要的意义和价值。

一、学习的概念

学习是人的重要心理特征和行为。仁者见仁,智者见智,而学习的含义也没有一个标准的、公认的定义。有学者认为,学习是由经验产生的行为中相对持续不断的变化。而在心理学中,提到较多的还是如下定义,即学习是指人在生活过程中,因经验而产生的行为或行为潜能比较持久的变化。学习是人类非常复杂的行为,从上述定义中,学习包括以下三个方面的特征。

(一)学习是因经验而产生的

这体现了学习的能动性特点。学习是后天的,是在生活中因经验而产生的变化。人们可以经过有计划的训练进行学习,如某人通过长时间的练习,学会了骑自行车、打网球、玩网络游戏,消费者学会了如何理性地购买等。也可以由偶然的生活经历而学习,如在看到旅游杂志介绍的某个地区的饮食习惯而意识到地域差异的客观存在。

(二)学习伴有行为或行为潜能的改变

学习的发生和结果伴有行为或行为潜能的改变。有些学习,如技能的学习、经验的学习,使人的行为发生了改变,但有些学习却不一定会引起消费者外显行为发生改变,而是引起行为潜能发生改变。例如,通过若干年的课堂学习,人们的知识结构发生了改变,世界观、人生观、价值观也发生了改变,但这种改变并没有外显出来,是一种潜移默化的改变,是行为潜能发生改变,在一定的条件下,会使行为发生改变。

(三)学习所引起的行为或行为潜能的变化是相对持久的

人们产生了学习,行为或行为潜能发生改变,这种改变不是暂时的,而是相对持久的。人喝完酒后容易脸红,吃感冒药后容易出汗,这种改变是短暂的,所以不能称之为学习。学习多指身体活动、知识观念等发生了相对持久的改变。当然,学习所获得的行为也并非是永久性的,因为遗忘是每个人都会体验到的事实。

二、学习理论

目前,关于学习的理论可以分为两个学派,即认知学派和行为学派。认知学派把学习看作问题的解决,强调学习所带来的个体心理状态的变化。行为学派研究的是个体接触到刺激后所发生的变化。

(一)经典性条件反射理论

1. 经典性条件反射理论的内容

俄国生理学家伊凡·巴甫洛夫(Ivan Pavlov)是最早提出经典性条件反射理论的人。该理论认为,借助某种刺激与某一反应之间的已有联系,经过练习可以建立起另一种中性刺激与同样反应之间的联系。这一理论是建立在众所周知的狗和铃声的实验基础上的。

> **知识链接　　巴甫洛夫喂狗实验**
>
> 巴甫洛夫以狗为实验对象,每次给狗喂食,狗便出现唾液分泌增多等生理反应。然后,在喂食前一分钟响铃,发现这样反复实验后,狗听见铃声也出现了唾液分泌增多等生理反应。后来,暂时取消了食物,而只响铃,发现狗仍然出现了唾液分泌增多等生理反应。然而单独给予狗铃声刺激,狗则不会有类似的反应。这说明,由于食物和中性铃声的多次重复伴随出现,狗把对食物的感情过渡到中性铃声上,这时狗对铃声产生了条件反射。实验继续进行,当食物和铃声反复出现,反复

次数减少时,狗听到摇铃会产生一点唾液;经过 30 次重复后,单独的声音刺激可以使其产生很多唾液;经过多次重复练习,仅仅听到声音 1~2 s 后,狗就开始分泌唾液。这说明重复会改变学习的效果,改变条件反射的程度,由于条件的改变,条件反射可能继续或消退。

2. 在旅游营销中的应用

经典性条件反应理论经常应用在旅游营销中。

1) 重复

不断地重复可以提高条件刺激和无条件刺激之间关联的强度,防止这种关联在记忆中淡化。条件刺激和无条件刺激之间的联系会随着时间不断淡化,甚至消退。因而需要通过重复来强化这种条件作用。但是要避免消费者产生广告疲倦效应,而这需要通过改变广告词来降低。因此,一些旅游企业在重复同一广告主题时,就通过采取修饰性变化策略来避免疲劳,如使用不同的背景、不同的字体、不同的代言人等。

2) 刺激泛化

它是指某种条件刺激能引起某种反应,并且与这种条件刺激相似的刺激也能产生相同的现象。泛化现象经常出现在旅游广告宣传中,如给新景点冠上"小西湖""小故宫""小九寨沟"等与著名景点相似的名称。这种做法就运用了刺激泛化原理,把宣传内容与游客已往熟悉并有好感的旅游产品或目的地联系起来。

3) 刺激辨别

刺激辨别与刺激泛化正好相反,指的是将某以刺激与另一刺激相区分的学习过程。通过刺激辨别,消费者有选择地对某些刺激做出反应,而不对其他相似的刺激做出反应。刺激辨别的关键是有效的定位,一种产品或服务在消费者头脑中的形象或定位对它的成功是十分重要的。例如,山东的旅游形象定位是"好客山东",旅游者见到"山东"会在脑海中产生"好客",而对于其他旅游目的地就不会产生。

(二) 操作性条件反射理论

1. 操作性条件反射理论的内容

操作性条件反射理论,又称强化理论,由美国心理学家斯金纳(Skinner)提出。由于经典性条件反射理论只解释了由刺激所引起的行为,但是大部分情况下,人的行为不仅仅是被动的行为,也可以是为了适应环境而主动采取相应的行为。操作性条件反射理论解释的就是人为了适应环境而主动采取的行为。该理论认为,学习的发生是尝试错误的过程,习惯的形成是对某种特定反应或行为进行奖赏的结果。人们之所以学会某种特定的行为,是因为在该行为之后,有某种令人愉快的事情或满足需要的事情发生;人们之所以会避免某种特定的行为,是因为在该行为之后有某种令人不愉快的事情出现。

> **知识链接** 小白鼠踏杠杆获得食物
>
> 斯金纳的操作性条件反射是在他自己设计的著名的斯金纳箱中进行的。在箱中放一只已经12小时没有进食的老鼠,老鼠在箱内自由地活动并做出各种动作。当老鼠偶尔触及箱内的杠杆时,就有食物落到箱内的食物盘内。开始是无意识的,饥饿的老鼠吃掉食物后,仍然在箱内乱蹦乱跳,做出各种动作,当无意中再次碰触杠杆时,又有食物掉下来。如此反复几次,老鼠产生了学习,会主动地碰触杠杆,以拿到食物。可见,老鼠产生了条件反射。这种条件反射是以饥饿为诱因、食物作为奖赏来强化的,使老鼠碰触杠杆的行为有意识地发生。

2. 与经典性条件反射理论的区别

在经典性条件反射理论中,学习是先有刺激后有反应的,或者说,行为反应是由刺激引发的,是一种对刺激的被动的应答活动。而操作性条件反射理论强调,学习是先有行为后有刺激的,行为反应是自发出现的,而后才被刺激增强。

3. 强化与惩罚

强化可以分为正强化和负强化。正强化是指加强了反应并使人们做出适当的行为。例如,一名旅游者加入了某酒店的 VIP 计划,用 VIP 积分换取了升级房型、早餐等免费服务。今后,旅游者就更可能继续入住该酒店。负强化是指个体回避不利刺激而采取的行为。例如,一家酒店也许会做出这样一个广告,一个旅游者精神不振,无法集中精力好好游玩,原因是他没有睡好觉。广告传递的信息是,只要他选择入住该酒店,就可以避免这种负面结果。与负强化不同,惩罚是指一种行为反应导致了不愉快的事情发生,当惩罚发生后,消费者就不再重复这种行为。

4. 强化理论对旅游营销工作的启示

旅游企业应格外重视营销宣传与服务质量的一致性、服务质量的稳定性,并做好游后服务,以更好地满足旅游消费者的需要。旅游企业可以通过提供奖券或给予折扣,鼓励旅游消费者购买旅游产品或参与旅游体验活动;通过发送纪念品、赠品等强化刺激,对旅游消费者购买行为给予奖励。

(三) 认知学习理论

认知学习理论认为,学习是一个解决问题的过程,而不是在刺激与反射之间建立联系的过程。在许多解决问题的情境中,并没有类似建立联系时那种可见的强化物,但并不意味没有任何强化。实际上,解决问题本身就是一种很重要的强化因素。

1. 顿悟学习理论

有时,学习者并不需要经历尝试错误的过程,而是通过洞察情境中各种条件之间的关系,然后找出行动方案。德国心理学家柯勒(Kohler)把此类学习称为顿悟。只要认识到整个情境中事物之间的关系,顿悟就会自然发生。

> **知识链接**　　　　黑猩猩取香蕉
>
> 柯勒在1917年报告了他对黑猩猩的学习研究。在房间中央的天花板上吊着一串香蕉,但是站在地面够不到,房间里有一些箱子,但又不在香蕉下面。开始时,黑猩猩通过跳跃去取香蕉,但没有成功。于是,它不再跳了,而是在房间里走来走去,突然停在箱子前面,然后很快地把箱子挪到香蕉下面,爬上箱子,从箱子上一跳,取得了香蕉,有时站在一个箱子上仍然够不到香蕉,黑猩猩还会把两个或几个箱子叠起来,取得香蕉。柯勒认为,这就是对问题情境的一种"顿悟"。

2. 潜伏学习理论

美国心理学家托尔曼(Tolman)等人在柯勒的研究基础上进行了一系列实验。他们认为,个体的行为并不是由行为结果的奖赏或强化所决定,而是由个体对目标的期待所引导的。

> **知识链接**　　　　三路迷津实验
>
> 美国心理学家托尔曼及其同事设计了一个方位学习的复杂迷宫,训练三组白鼠走迷宫,看白鼠怎样找到食物。实验分为预备练习和正式实验两个阶段。在预备阶段,先让白鼠熟悉整个环境,并确定它对自出发点到食物箱三条通道的偏好程度。结果发现白鼠选择第一条通道的偏好程度最高。在正式实验阶段,先在A处设阻,结果白鼠迅速从A处退回,改走第二通道;随后再在B处将B处阻塞,以观察白鼠的反应。结果发现,白鼠能根据受阻情境随机应变,选择最佳的取食路径。

除了上述两种观点,还有很多认知学习的理论。这些理论虽有差异,但其共同特点是强调心理活动(如思维、联想、推理等)在解决问题、适应环境中的作用。认知学习理论认为,学习并不是在外界环境支配下被动地形成刺激与反应之间的联结;学习是新旧知识同化的过程,即学习者在学习过程中把新信息归入先前的有关结构,这在很大程度上支配着人的预期和行为。

简而言之,认知学习理论对学习的解释是立足于学习者对问题的解决和对所处环境或情境的主动了解。这种主动了解并不像条件联系的学习那样,盲目地或机械地重复,而是如何在不同的情境中使用不同的策略。

3. 对旅游决策的作用

认知学习理论有助于更好地理解旅游消费者的旅游决策过程。按照这一理论,旅游消费者的旅游行为总是先从认识需要开始,随后再评估需求的可选旅游产品或目的地,再选出他们认为最有可能满足他们需求的旅游产品或目的地,最后评估旅游产品或目的地满足需要的程度。

（四）观察学习理论

1. 观察学习理论的内容

观察学习理论又称为社会学习理论,主要由美国心理学家班图纳(Bandura)所倡导。这一理论最显著的特点是强调学习过程中社会条件的作用。班图纳认为,人的很多行为是通过观察学习获得的。所谓观察学习,或称替代学习,是经由对他人行为及其强化性结果的观察,一个人获得某些新的反应,或使现有的行为反应得到矫正,同时在此过程中观察者并没有外强性的操作示范反应。

2. 观察学习的特点

观察学习具有以下特点:①观察学习并不必然具有外显的行为反应;②观察学习并不依赖于区间强化,在没有强化作用的情况下,观察学习同样可以发生;③观察学习不同于模仿,模仿是指学习者对榜样行为的简单复制,而观察学习则是从他人的行为及其后果中获得信息,它可能包括模仿,也可能不包括模仿。例如,两位旅游者结伴到陌生的地方游玩,一位旅游者由于好奇,品尝了当地的特色小吃,结果发现并不好吃,后一位旅游者就不会品尝了。在这个例子中,后一位旅游者的行为是观察学习的结果,但并不是简单的模仿。

3. 在旅游营销中的应用

利用这一理论可以诱导旅游消费者特别是旅游潜在消费者的反应。首先,通过榜样说明旅游产品肯定的结果,演示旅游产品的使用,可以引起潜在旅游消费者的注意,使他们模仿榜样使用该旅游产品。例如,旅游目的地或企业请明星做形象代言人,其目的就是引起潜在旅游消费者的注意,或者旅游消费者通过别人行为的观察,以熟悉旅游产品或目的地。这些都会影响旅游消费者的重复购买行为或重游行为,或扩大口碑效果。其次,旅游消费者可以通过观察别人的体验营销,体验情感上的表现刺激,决定自己的购买行为。

知识链接　　　　　波波玩偶实验

班杜拉的观察学习理论是建立在他及其合作者所进行的大量实验研究的基础上进行的。他们首先让儿童观察成人榜样对一个充气娃娃拳打脚踢,然后把儿童带入一个放有充气娃娃的实验室,让其自由活动,并观察他们的行为表现。结果发现,儿童在实验室也会对充气娃娃拳打脚踢。

他们对上述研究作了进一步的延伸,目的是要了解两个问题。

（1）榜样攻击行为的奖惩后果是否影响儿童攻击行为的表现。

（2）儿童是否能不管榜样攻击行为的奖惩后果而习得攻击行为。

在实验室中,把儿童分为三组,首先让儿童看到电影中的成人的攻击行为。在影片结束后,第一组儿童看到成人榜样被表扬,第二组儿童看到成人榜样被批评,第三组儿童看到成人榜样既不批评也不表扬。然后,把三组儿童带到一间游戏室,里面有成人榜样攻击过的对象。结果发现,榜样受奖组儿童的攻击行为最多,榜样受罚组儿童的攻击行为最少,控制组居中。这说明,榜样攻击行为所导致的后果是儿童是否自发模仿这种行为的决定因素。

但这是否意味着榜样受奖组的儿童比榜样受罚组的儿童习得了更多的供给行为呢?为了回答这个问题,他们在上述三组儿童看完电影回到游戏室时,以提供糖果作为奖励,要求儿童尽可能回忆榜样行为并付诸行动。结果发现,三组儿童的攻击行为水平几乎一致。这说明,榜样行为所导致的后果只是影响儿童攻击行为的表现,而对攻击行为的学习几乎没有影响。

第二节 旅游消费者学习的内容与途径

对旅游者来说,旅游动机的产生、旅游态度的形成、旅游消费风险和购买旅游产品后疑虑的避免或减少,都需要经过学习这个过程。因此,旅游消费者行为的发生,很大程度上依赖于对旅游的学习。

一、旅游消费者学习的内容

(一)旅游动机的学习

动机是推动人们产生旅游行为的重要原因。心理学家认为,除了探索驱动力外,影响人们的许多旅游动机,如地位、焦虑、恐惧、成就、独立、自信和自尊等都是后天习得的,是从家庭、朋友、熟人和其他人那里习得的。例如,人的地位本不是先天就有的,当他学习到社会地位和职业地位能给他带来威望并有助于他树立自我形象时,他就有产生地位的动机。这种后天习得的对于地位的需要又在很大程度上影响了其选择旅游地点、交通工具和住宿条件等旅游决策。

旅游动机是学习获得的这一观点,会使我们对旅游行为随着需要和动机的习得发生变化有更加全面的理解。从旅游业角度来看,依据动机是习得的这一观点,完全可以通过鼓励旅游者学习新的动机来影响他们的旅游决策。

(二)旅游态度的学习

一个人对旅游所持的态度同样产生于学习过程,这种态度在很大程度上是以人们的信念和意见为基础的。人们的信念和意见是从自己所属的群体或参照群体,从自己所生活的社会及新闻媒介那里学习到的。同时,人们也会从家庭、朋友、熟人和老师那里受到影响,对各种事物产生自己的感情,这些感情也会帮助人们形成态度。

态度是个体的心理倾向,它是个体行为的内在准备,对个体行为具有强烈的促进作用。旅游态度的学习,会使人们产生旅游行为。旅游态度的学习途径是多方面的,主要有以下五个方面。

1. 通过社会角色学习

态度可以通过人们所担当的角色习得。每个人在生活的各个阶段中都扮演着各种角色,而每个角色都是习得的,要扮演一个合格的角色,就要求一个人采取适合某种角色的态度。一般情况下,一个人在选择一组具体的态度方面有着某些灵活性,但完全拒绝一组适合某一角色的态度,就等于拒绝担当这个角色。例如,一个旅游者的态度可以在会消费、能享受、热爱生活或会消费、求知识、自重等方面进行选择。如果他选择的是慈爱、随和、关怀这组态度,那他将不是旅游者。

2. 通过受教育学习

人们的社会实践表明,不少深深铭刻在人们心中的态度是通过接受教育获得的。在旅游这个问题上,的确有不少人本来可能不打算旅游,一旦旅游对受教育很有价值,旅游就被看成是比较容易接受的事了。事实上,在近代旅游发展史上,为接受教育而进行环球旅行在欧洲曾经非常流行。

3. 通过提高感知能力学习

态度的习得也受到感知的极大影响,感知是态度形成的基础,如果没有对事物的理解与评价,则态度的形成便没有依据。在旅游活动中,人们的态度就是通过感知对环境和条件进行类化和标定确立的。

4. 通过了解社会文化发展学习

广泛的文化和社会变革也使人们形成新的态度,并以种种方式来改变原有的态度,而这些态度明显地影响人们的旅游行为。随着社会的发展和变化,人们的思想和观念发生了很大变化,"父母在,不远游"的思想观点早已被历史否定。在大多数人的心目中,旅游再也不是少数人的事情了。这正是在旅游这种社会文化现象影响下人们对旅游态度习得的结果。

5. 通过社会实践学习

态度也可以通过自身的经历、购买和使用旅游产品而习得。自身的经历、购买和使用旅游产品是在一定态度支配之下的社会实践活动,通过这种实践活动会证实或改变原有的态度。例如,一个对旅游持否定态度的人,原本是不会参加旅游活动的,若他在一个偶然的机会或在朋友的劝说之下,购买、使用了某一旅游产品并获得了一次愉快的经历,他便会改变原来的态度,变得肯定和热爱旅游,他的这种态度的改变就是实践的结果。

(三)旅游消费的学习

旅游消费的学习,是指学会如何正确地购买和使用旅游产品,学会区别相互竞争的旅游产品和服务的优劣,学会在旅游购买决策中预见所包含的风险和未知因素。随着社会的发展,旅游产品和服务在不断地发展变化,人的需要也在不断地发展变化。为了适应变化,人们就需要学习。即使有经验的人也要重新学习,对有些人来说还要学习过去曾经学过但现在却忘了的东西。

二、旅游消费者学习的途径

旅游消费者行为的变化是通过学习获得的,学习旅游行为的途径包括获取经验和取得信息两个重要方面。

(一) 通过经验学习

学习最本质的东西是概括,旅游消费者往往希望把做决策所需要的时间和精力降低到最低程度,要做到这一点就必须加以概括。但概括可能引出积极结论,也可能引出消极结论。不管是积极的还是消极的结论,都会影响消费者的后续行为。例如,某旅游消费者在经历了某一消费之后,他概括出的是积极结论,且将继续享用该地区、该饭店、该旅行社的服务;如果他概括出的结论是消极的,不仅这次他不满意,而且以后也不可能再使用该服务了。

旅游企业应充分利用旅游消费者的这种概括倾向,采取措施将自己的各种产品和服务联系起来,或采取措施避免或割断这种联系。在旅游产品的推销过程中,一方面设法使旅游消费者对所推销的系列旅游产品中的某一种产品或服务产生好的印象,使旅游消费者通过概括化把经验推广到这个系列产品的其他产品中,从而扩大旅游产品销售量;另一方面设法使一些不合格的产品与其他系列产品区分开来,以免使旅游消费者的概括化把使用这一不合格的产品的经验推广到其他系列产品中,从而破坏其他旅游产品的声誉。

(二) 通过信息学习

信息是学习旅游行为的重要来源,当一个人接触和处理信息时,学习的过程就开始了。人们解决旅游所需要的信息主要来源于两个渠道,即商业环境和社交环境。

1. 旅游商业环境

旅游商业环境是由旅游业向旅游者发出的各种信息构成的,主要包括传媒的宣传、旅游广告人员推销和营业促销等。这些促销组合发出大量的旅游信息以推销旅游产品,大量的、经常出现的旅游信息对旅游者产生深刻的影响,达到"AIDA"效果,即引起旅游者注意(attention),产生兴趣(interest),激起欲望(desire),付诸行动(action)。旅游者正是从商业环境所提供的信息中对旅游产品产生兴趣,强化其已有的动机,改变态度并做出购买决策的。对缺乏旅游经验的旅游者来说,详尽的信息可以使其消除疑虑,产生购买的冲动,并付诸行动。

旅游商业环境对旅游者学习以及做出购买决策影响重大。旅游业要营造并运用好商业环境,经常利用各种传媒向未来的顾客传递与其有关的信息来推销自己的旅游产品和服务。旅游业创造性地传递销售信息可以唤醒潜在旅游者和旅游者对旅游产品和服务的注意,引发旅游者的兴趣,调动其联想,诱发其感情,强化其已有动机,促进或激发其对诸多可供选择的旅游产品做出决定或计划之外的瞬时决策。同时,这些信息还可以提醒人们在进行旅游决策时,把感知以外的信息纳入决策范围之内。

旅游商业环境向人们提供有关的旅游信息,应注意信息本身的表现形式,要给人鲜明的、富有特色的信息,同时还应注意不要过分强调信息的正面性;否则,它将对人们,特别是有经验的人们的知觉产生负面影响。比如,航空公司如果过分强调飞机有效的安全措施,无意中就提醒人们乘飞机也许是危险的。

2. 个人社交环境

旅游消费者的社交环境主要包括家人、亲友、同事、熟人等。社交环境是旅游者获取信息的主要来源。社交环境所提供的信息不同于商业环境的信息。旅游者往往更乐于接受和相信从社交环境中获得的信息,因为亲友、熟人等提供的信息通常被认为是第一手资料,是

这些人的亲身经历和体验。这些信息不附带商业目的,没有出于商业利益考虑的掩饰和夸张。研究表明,来自社交环境的信息对旅游者和潜在旅游者动机的影响最大。例如,日本交通公社的一项调查显示,在影响旅游者决策的各种信息中,有69%的信息来自朋友和熟人的介绍,远远高于商业环境提供的信息的比例。社交环境提供的信息还具有沟通性,信息的提供者和信息的接受者可以双向沟通,相互交流。在社交环境中,旅游者可以随意地向信息提供者提出问题和询问各种细节,获得具有评价性的信息,从而有助于减少风险和消除疑虑。

 本章小结

(1)学习是指人在生活过程中,因经验而产生的行为或行为潜能比较持久的变化。

(2)学习具有三个方面的特征,即学习是因经验而产生的、学习伴有行为或行为潜能的改变、学习所引起的行为或行为潜能的变化是相对持久的。

(3)具有代表性的学习理论有经典性条件反射理论、操作性条件反射理论、认知学习理论以及观察学习理论。

(4)旅游消费者学习的主要内容包括旅游动机、旅游态度以及旅游消费。

(5)旅游消费者学习的主要途径包括获取经验和取得信息。

 核心关键词

学习	(learning)
经典性条件反射理论	(classical conditioning theory)
操作性条件反射理论	(operant conditioning theory)
认知学习理论	(cognitive learning theory)
观察学习理论	(observational learning theory)

 思考与练习

1. 什么是学习?学习的基本特征是什么?
2. 简述学习理论,举例说明这些理论在旅游市场营销中的应用。
3. 旅游消费者学习的内容是什么?
4. 旅游消费者学习的主要途径有哪些?
5. 旅游者的经验对旅游决策有什么影响?

案例分析

案例一

基于目的地的营销：精准覆盖移动消费者

品牌营销人员一直根据消费者的实时、实际位置推送广告内容，这称为"基于位置的营销"，但当消费者位置正在移动时，比如驾车途中、步行中，基于位置的营销是否还有效？

当消费者处于移动状态，超出设定位置的范围时，传统基于位置的营销策略未必还能奏效。针对上述情况，交通移动导航应用 Waze 为营销人员提供了解决方案，即基于目的地的营销。

基于目的地的营销是一种针对处于移动状态的消费者的营销方式。基于位置的营销通过测算消费者的实时实际位置来定向推送移动设备上的广告，而 Waze 则利用其驾驶导航数据帮助广告客户预测消费者将前往的目的地，并最终通过移动营销影响消费者的决策。

"基于目的地的营销可以在消费者驾车途经商店、路边店铺、餐厅时进行营销，对出行中的消费者产生影响。而基于位置的营销是关注消费者当前所在的地理位置，不是他们将要前往的场所。"Waze 广告总经理 Suzie Reider 说。

"Waze 广告正在转向基于目的地的营销，作为新的行业术语，基于目的地的营销代表未来的营销方式，目前行业中常见的还是基于位置的营销。"

司机把目的地输入 Waze 的移动导航应用后，Waze 知道了该用户的目的地和其前往目的地的路线。如果品牌想要覆盖驾车途中的当地受众，这些数据可以帮助他们实现精准营销。

驾车前往 Staples 中心观看湖人队比赛的消费者把目的地输入 Waze 后，当晚不该接收到好莱坞露天剧场或其他场所音乐会相关的移动端推送优惠信息，因为这和他们的计划目的地相矛盾。但是，Staples 中心附近的餐馆和酒吧可以根据消费者的需求，比如看完比赛后可能需要吃点东西，将他们设置为目标受众，影响他们的未来决策。

如果采用基于位置的营销方式，上述情况可能会大不相同。假设消费者驾车前往 Staples 中心途中经过音乐会场馆，基于位置营销，音乐会场馆会向消费者推送广告或优惠，但这并非实际目的地，就会导致广告支出浪费。

"我们很清楚能为广告客户提供的服务。基于目的地的营销与基于位置的营销不同，后者是静态的，只考虑用户所处的地理位置。"Reider 说。

尽管最近几十年数字营销一直关注转化和拉新获客，Reider 表示，Waze 的价值主张始终围绕零售商、快餐店和加油站等相关业务，帮助他们吸引人流量。她认为基于目的地的营销关注实际地点，将关注的位置转变为目的地。

（资料来源：http://www.sohu.com/a/312922127_100191062.）

问题:
1. 基于目的地营销,是如何给旅游者提供学习的途径的?
2. 你对于学习理论在旅游市场营销中的应用有哪些启发?

案例二

短视频影响中国女性出游决策:"跟着视频去旅行"

第六章

态度与旅游消费者行为

- 掌握态度的概念、构成、特性、功能和作用。
- 了解态度与行为的关系,理解态度对旅游消费者行为的影响。
- 理解态度与旅游偏好、旅游决策的关系。
- 了解旅游消费者态度的形成与改变的相关理论、影响因素。
- 掌握改变旅游消费者态度的基本策略。

- 你喜欢住什么样的酒店?

第一节 旅游消费者态度概述

态度是研究旅游消费者行为的一个重要心理因素,与旅游消费者行为有十分密切的关系,在很大程度上决定着旅游消费者行为的活动方向。

一、态度及其构成

态度一词源于拉丁语的 aptus,这一词含有"合适""适应"的意思。18 世纪末,它开始被用来指身体姿势,指人对其他事物的身体倾向。之后,有很多学者从不同的角度对态度进行定义。在现代心理学中,态度是指人们对于事物所持有的肯定或否定、接近或回避、支持或反对的心理或行为倾向。

人们的态度对象是多种多样的,如人物、事件、国家、制度、观念等。一般而言,态度主要是通过人们的言论、表情和行为来反映的。具体到旅游领域,旅游消费者的态度是指旅游消

费者在了解、接触、享受旅游产品和服务的过程中,对旅游本身、旅游产品和服务以及旅游企业较为稳定的心理倾向。这种心理倾向是行为反应的心理准备状态,预示着人们做出的行为反应的潜在可能性,因此,一个旅游消费者的不同态度会影响他的旅游行为。

心理学家普遍认为态度主要由认知成分、情感成分和意向成分共同构成。

（一）认知成分

认知成分是态度形成的基础,它是指个人对态度对象的认识、理解和评价。认知成分也可以简单地理解为我们平时所说的印象,例如,某游客认为北京名胜古迹众多,文化底蕴浓厚,经济发达,这就是该游客对北京的看法和评价,即印象。

（二）情感成分

情感成分是指个人对态度对象的情感体验,是对态度所做的情感判断。例如,对一个对象所做出的好或者不好、热爱或者憎恨、喜欢或者厌恶、同情或者轻蔑的判断。情感成分是态度的核心,与行为密切相关。在态度的结构中,情感成分是最稳定的因素。

（三）意向成分

意向成分也称为行为倾向成分或意图成分,它是指个人对态度对象的反应倾向,也就是个体准备对态度对象做出的反应。意向成分是态度的准备状态,制约着人们对某一事物的行为方向。例如,对某旅游目的地持否定态度的旅游者,当其作否定表示时,实际上也已经准备好抵制和拒绝去此地旅游的行为倾向;而对此地持肯定态度的旅游者,当其作肯定表示时,实际上也已经准备好去旅游的行为倾向。

总之,一种态度所包含的这三种成分大体上是一致的。三者协调程度越高,态度就越稳定;反之,则不稳定。例如,当有人认为新疆是个好地方时,他对新疆的认知是持肯定的态度,那他在情感上一般也是喜欢新疆的,至少不讨厌去新疆。态度的认知成分和情感成分一致的情况下,就意味着如果他有机会,他很有可能会去新疆旅游,这位旅游者对于旅游企业来说,就是潜在的去新疆旅游的客源。态度包含的这三种成分的相互一致,对旅游营销来说至关重要,如果能够影响旅游者态度的某一种成分,就很有可能改变和形成新的旅游态度。这是营销策略实施的基础。态度的这三种成分有时也有不一致的地方。例如,有些旅游者可能认为去新疆进行探险旅游是非常不错的,但他很谨慎,不愿意冒任何风险,他在情感上无法摆脱可能出事故的担忧,所以他在行为上不可能去新疆探险旅游,这样旅游企业就无法使这位旅游者成为自己的客源。当态度的三种成分不一致时,其中起主导作用的是态度的情感成分。

二、态度的特性

态度具有以下五个方面的特性。

（一）对象性

态度指向特定的对象,这种对象可以具体到人或物,也可以是某种状态、观点等,没有对象的态度是不存在的。在旅游过程中,态度的对象可能是旅游目的地、旅游活动、旅游设施、旅游服务等,它们是旅游消费者产生态度的客体。

(二)社会性(习得性)

态度并非是与生俱来的,而是在长期的社会实践中不断学习、不断总结经验的基础上积累而成的。也就是说,态度是通过后天学习逐渐形成的。而旅游消费者通过在社会实践中,与其他社会成员、参照群体、组织等互动,或自己的亲身旅游体验,逐渐形成对特定对象的态度。

(三)稳定性

态度的形成需要相当长的一段时间,一旦形成了某种态度就趋于相对稳定的状态,不轻易改变,并成为个性的一部分,在行为反应上也表现出一定的规律性。游客的"重游",或者说旅游目的地的"回头客"也正好体现了旅游态度的稳定性。但态度并非一成不变,在主客观因素发生变化时,态度也可能会随之改变。

(四)内隐性

态度存在于人的内心,无法直接观察到,只能从个人的行为或与行为有关的言语行为表现中间接地推断出来。比如,游客对导游进行赞美,说明游客对导游的服务持积极、肯定的态度。

(五)价值性

价值观是态度的核心。价值是指对人所具有的意义。人们对某个事物所持有的态度取决于该事物对人们的意义大小,也就是事物所具有的价值大小。事物对人的价值大小,一方面取决于事物本身,另一方面也受人的需要、兴趣、爱好、动机、性格、信念等因素的制约。所以,由于价值观不同,不同人对同一事物会产生不同的态度。为此,能满足个人需要,与人的价值观相符合的事物,人们会对此产生正面的态度,反之则产生负面的态度。

三、态度的功能

人为什么要形成或保持某些态度,这是一个态度功能的问题。态度具有四种基本功能,即适应功能、自我防御功能、认知功能和价值表现功能。

(一)适应功能

适应功能也称功利功能,是指态度能使人更好地适应环境和趋利避害。人是社会性动物,他人和社会群体对人的生存、发展具有重要的作用,只有形成适当的态度,才能从某些重要的人物或群体那里获得赞同、奖赏等。比如,旅游经营者在向游客推销旅游产品时,如果对游客和旅游产品表示一定的赞美,使游客形成正面的好感和态度,销售可能会比较容易,而且游客在下次遇到这些旅游产品时会做出相同的选择,从而节省了在购买决策上的时间。

(二)自我防御功能

自我防御功能是指对于某些事物的态度能帮助个体回避或忘却那些严峻环境或难以正视的现实,从而保护个体的现有人格和保持心理健康。例如,在旅游过程中,经常可以看到一些收入水平不高的旅游消费者也不时购买一些高档的手表、珠宝、化妆品,选择入住高档酒店,这实际上就是出于自我防御的目的,有意无意地防御自己各种不安的心理,以保持心理平衡。

(三) 认知功能

认知功能是指形成某种态度更有利于对事物的认知和理解。事实上,态度可以作为帮助人们理解世界的一种标准和参照物。人们在已形成的态度倾向性的支配下,可以决定是趋利还是避害,使外部环境简单化,从而能够集中精力关注那些更为重要的事情。此外,态度的认知功能在一定程度上解释了品牌忠诚的影响。对某一品牌形成好感和忠诚,能够减少信息搜集时间,简化决策程序,并使旅游消费者的行为趋于稳定。

(四) 价值表现功能

价值表现功能指形成某种态度,能够向别人表达自己的核心价值观念。在 20 世纪 70 年代末 80 年代初,对外开放的大门刚刚开启的时候,一些年轻人以穿花格衬衣和喇叭裤为时尚,而很多中老年人对这种装束颇有微词,由此实际上反映了两代人在接受外来文化上的不同价值观念。

四、态度的作用

态度对个体具有重要的影响,它影响到人活动的许多方面。

(一) 影响人的行为倾向

态度是个体内在的一种心理倾向状态,它影响着人对行为对象的选择和行为表现。例如,受中国传统文化的影响,一些人对旅游有一种潜在的抵触情绪,这些人长期拒不参与旅游活动。而随着经济的发展和社会的进步,人们逐渐改变了对旅游活动的传统看法,并对旅游逐渐产生了兴趣,从而出现了越来越多的人纷纷投身旅游活动的现象。

(二) 影响对信息的理解和评价

心理学家拉姆伯特(Lanbert)等人曾在加拿大蒙特利尔做过试验:让 5 个人分别用英语和法语朗读同一篇文章,但告诉被试者这是由两组不同的人分别在用两种语言朗读一篇文章,然后让被试者判断哪一组人的声音最好听。其结果是作为被试者的大学生给予用英文朗读的 5 个人以明显较高的评价。究其原因,原来是这些大学生本身对英裔加拿大人的态度优于对法裔加拿大人的态度。

(三) 影响情绪情感体验

态度本身受情绪情感的影响,已形成的态度又反过来对人的情绪情感有支配作用。对待同一事物,由于态度不同,不同的人或同一个人会产生不同的情绪情感体验。在肯定的态度支配下,人容易产生喜欢、愉快、满意等情绪情感体验,而在否定态度支配下则容易使人产生消极的情绪情感体验。

(四) 影响活动效率

由于态度决定着人的反应模式,并影响到对信息对象的理解与判断,从而也就影响到人们活动的效率。对待工作,只要人们持有积极正确的态度,就容易提高工作的积极性与主动性;如果没有积极的态度,即使参加,也是不情愿的。在工作中就会缺乏主动性与积极性,工作的效率也会很低。

知识链接　　　　态度的测量

在现实生活中,消费者对某类商品或服务的态度在形态上表现为一种心理活动和行为的准备状态,无法直接观察到,因此必须采取一定的技术方法进行间接测量。所谓态度的测量就是指运用科学的测量方法和技术手段、广泛调查、汇集有关态度的事实资料,并加以定性、定量的分析,以求得关于消费者态度的正确结论。应用于消费者态度测量的主要方法有以下几种。

(一)态度测量法

态度测量法又称为问卷法,即通过被测者对预先拟定问卷的回答,了解消费者对某一类商品或服务的态度。运用态度的关键在于问卷设计的合理性,问卷一般由反映测量内容的若干陈述性题目构成。各题目按照被测者的反应范围或程度标以分数或量值,最后根据得分状况判定消费者的态度,问卷的具体涉及方法又有以下两种。

1. 瑟斯顿量表法

瑟斯顿和蔡夫在其 1929 出版的《态度的测量》一书中,提出了态度测量的等距离测量表法。该方法的特点是以等间隔方式拟定有关事物的题目,使问题按照强弱程度形成一个均衡分布的连续统一系统,并分别赋予量表值,然后让被测者任意选择自己同意的题目。根据被测者所选题的量值,来确定其态度的倾向及强弱程度,得分越高表明态度的强度越高。

例如,某电视厂商为了了解消费者对发展平板彩电(液晶、等离子、背投)的意见,设计了一份问卷调查表,如表 6-1 所示。

表 6-1　瑟斯顿量表法例表

题号	题　目	量表值
1	今后应大力发展平板彩电,纯平彩电可被淘汰	6.5(　)
2	应以发展平板彩电为主,可少量生产纯平彩电	5.0(　)
3	平板彩电和纯平彩电各有优点,应共同发展	3.5(　)
4	对彩电是平板还是纯平无所谓	2.0(　)
5	老款彩电价格低,符合我国目前的消费水平,应以纯平彩电为主	0.5(　)

注:正式测量时,各题量表一律不在卷面标出。

被测者赞成该题目时,在括号中打"√",不赞成则打"×"。主测者根据得分高低判断消费者的态度倾向。

瑟斯顿量表法可以较详尽地给出供选择的题目,准确反映态度倾向的细微差异,因而对于复杂态度的测量具有良好的效果。但是该表的测量程序比较复杂,对陈述项目的分类标准难于把握,因而在一定程度上削弱了其实用价值。

2. 李克特量表法

李克特量表法是美国心理学家李克特于1932年提出来的。这个量表在瑟斯顿量表法的基础上,设计出一种更为简便的态度测量表。该表同样使用陈述性语句提出有关态度的题目,但不将题目按内容强弱程度均衡分解为若干个连续系列,而是仅采用肯定或否定两种陈述方式,然后要求被测者按照同意或不同意的程度做出明确的回答。供选择的态度程度在量表中用定性词给出,并分别标出不同的量值。例如,上一案例,采用李克特量表法可做如下设计,如表6-2所示。

表6-2 李克特量表法例表

题目	我愿意使用平板(纯平)彩电				
等级	非常愿意	愿意	无所谓	愿意	非常不愿意
分数	2	1	0	-1	-2

被测者可按照自己的意愿从中选择任一等级,打上"√",最后由主测者根据得分情况对被测者的态度倾向进行定量分析。

由于李克特量表法具有容易设计、测量范围广、信度较高、测量深度较精确等优点,所以李克特量表法受到普遍欢迎。

(二)语意差别量表

语意差别量表又叫语意分析量表,是由奥斯古德等人于1957年提出来的一种态度测量方法。该量表的基本思想是,对态度的测量应从多个角度并采用间接的方法进行,直截了当地询问人们对某一主题或邻近问题的看法与态度,结果不一定可靠;人们对某一主题的态度,可以通过分析主题概念的语意,确定一些相应的关联词,然后再根据被测者对这些关联词的反应来加以确定。

具体应用是主测者设计数对反义词分置两端,中间分为7个部分,要求被测者对某一物品的形容词的两极描述做出选择,在相应的位置上打"√"。下面以消费者对A、B两个品牌高压锅的评价来进一步说明语意差别量表的具体运用。图6-1绘出了150位消费者对A、B两个品牌高压锅所持的态度,可看出对A品牌的高压锅持否定态度而对于B品牌的高压锅持肯定态度。

差别量表结构比较简单,使用范围广泛,几乎可以用来测量消费者对任何事物的态度。但局限是,这种态度测量方法并未摆脱被测者自我报告程式,而且量表中各个评价项目仍带有一定的主观性。

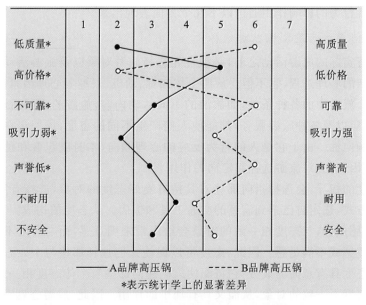

图 6-1 关于 A、B 品牌高压锅的态度折线图

(资料来源:王曼,白玉苓,熊威汉,等.消费者行为学[M].2版.北京:机械工业出版社,2011.)

第二节 旅游消费者态度与旅游行为

一、态度与行为的关系

长期以来,态度与行为的关系,是心理学中争议较多的领域之一,其主要目的在于考察态度对行为的预测能力究竟如何。态度是行为的心理准备状态,一旦形成就会导致人们愿意以某种方式去行动,即态度与行为是一致的。出于个体和社会的复杂性,态度与行为并不总是表现为简单的一一对应关系,态度与行为也常常表现得不一致。

在心理科学发展的早期,有一个经典假设,即一个人的态度与行为之间一般具有一致性,有什么样的态度,就有什么样的行为。1934年,社会心理学家拉皮尔(Lapiere)进行了一项著名的态度与行为关系的研究。他与一对年轻的中国留学生夫妇一起游历美国,虽然当时美国的排华法案尚未解除,中国人受歧视的情况非常严重,但他们住宿与就餐的66家旅馆和184家饭店都提供了合乎标准的服务。后来拉尔给那些旅馆和饭店寄信,询问他们是否愿意把中国人作为客人接待,有118家企业复信表示不愿意。因此,研究结果显示了态度与实际的行为之间,几乎没有一致的关系存在。这项研究对态度可以预测行为的命题提出了严重的挑战。事实上,由于动机、购买能力、情境因素、社会压力等多方面的原因,在很多情况下,态度和行为之间是不一致的。例如,对高档酒店的服务持肯定态度的人可能由于经济能力的限制而不会选择入住。

尽管如此,我们必须承认,态度与行为之间确实存在非常密切的关系。通常情况下,态度对旅游消费者行为的影响作用通过以下几个方面表现出来。

（一）旅游消费者态度影响旅游选择

人们在进行实际的旅游活动之前，必须首先选择旅游对象以及旅游活动的方式。旅游选择是一个复杂的心理过程，它不但受旅游个体知觉、动机、兴趣等心理因素的影响，还受旅游态度的影响。旅游中的各种条件，如旅游的不同活动内容，旅游的不同活动方式，旅游交通，各种旅游饭店以及各种旅游服务，都能使人们产生不同的态度，进一步在进行旅游选择时产生一定的倾向性。由于它是人的行为反应的心理倾向，本身就包含和预示将会对什么对象做出反应，因此，会对旅游选择起定向的作用。

人们受态度的指导，会选择指向那些对其持有良好态度的对象，选择有意义、自己喜欢的对象和活动方式，选定自己感到满意的交通工具和饭店。从态度的构成因素来看，既有认知成分，又有情感成分，与态度相一致的对象会给人带来满意感，而与态度不一致的事物会给个体带来失望感或不满足感。因此，态度可以促使人们选择那些与个人态度相一致的旅游对象。由于态度具有意向的成分，它将驱使人们趋向那些与个体态度相一致的对象，避开与那些与个体态度不一致的对象，从而又具有动机的作用。因此，旅游态度对人们选择旅游目标有很大影响。

（二）旅游消费者态度影响学习

态度能起到过滤的作用，与消费者态度相符合、相一致的对象容易被学习；相反，与消费者态度不一致的对象很容易被曲解。比如，某游客对杭州有着非常好的印象，那么旅游过程中，遇到令他满意的事物就容易加深他对杭州的好印象，即使遇到令他不满意的事物，他也会为自己在心理做出倾向于固有态度的解释。

（三）旅游消费者态度影响旅游活动的效果

旅游态度作为旅游行为的心理准备状态，对旅游效果有直接的影响。旅游行为是个体旅游心理的外化，旅游者以什么样的心理状态投入旅游活动中去，对旅游效果会产生极大的影响。如果人们有积极的心理准备，各种心理活动被激发到较高的水平，不仅在旅游活动中充满活力，而且会观察全面，体验深刻，情绪愉快，容易得到心理满足，并且对旅游中的困难、疲劳不介意。而如果心理准备不足，心理活动就会处于较低的水平，情绪没有激发起来，各种心理功能没有调动起来，就会缺乏活动的热情和活力，观察和体验的深度就会受到限制，影响旅游活动的效果。

旅游态度对旅游效果的影响，主要是依赖于积极肯定态度的强弱程度。比如，共同参加某项旅游活动的人，他们对这项活动喜爱的程度不同，对活动的热情程度不一样，就会影响他们在活动中的体验，并会产生不同的旅游效果。

（四）旅游消费者态度影响购买行为

这一点很容易理解，通常情况下，持有积极态度的消费者怀有明确的购买意图，持有消极态度的消费者对是否购买则意图不明确。

（五）旅游消费者态度可以形成对某些对象的偏好

人们在肯定的旅游态度的作用下，参加某项旅游活动，由于得到了积极愉快的活动效果,感到满意和满足,就会强化对这项活动的态度,使之得到巩固,并影响将来对旅游活动和旅游条件的选择。例如,对旅行社的组织接待和饭店的服务感到满意,今后还会继续选择。多次选择都感到满意,就会形成习惯性选择,表现为对这些现象的信任和偏爱。

二、态度与旅游偏好

态度与行为不是一种对应的关系,但可以通过人的态度推测其偏好,而偏好在一定的社会因素影响下有可能成为实际行动。因此,旅游偏好有可能导致旅游行为。所谓旅游偏好,是指旅游消费者趋于某一旅游目标的消费心理倾向。这种倾向取决于旅游消费者对某一旅游对象所持态度的强度及对旅游对象所拥有的信息量和信息种类的多少。

(一)态度的强度

态度的强度是指态度的力量,即个体对态度对象赞成或不赞成的程度。一般来说,态度强度越大,态度越趋于稳定,态度改变就越困难;态度强度越大,对旅游偏好的影响越大,就越容易形成旅游偏好。

旅游者态度的强度与旅游对象的突出属性相关。人们对某一对象所持有的态度,是由针对该对象的每个特定属性所持有的态度构成的。一般而言,旅游态度对象的属性越鲜明、越独特,旅游者就越有可能满足自己的旅游需要,形成的态度强度就越大,心理倾向性就越大,从而产生对这一对象的偏好。在旅游领域里,态度对象的属性不是旅游业所提供的自然风光、豪华饭店、文物古迹、娱乐设施,而是由这些对象所带给旅游者的舒畅、凉爽、地位、自信、知识等益处。

每一个属性的相对重要性都是因人而异的。如对一些去过丽江古城的旅游者来说,人文、自然景观可能非常重要,但对另一些旅游者来说,饮食和住宿条件更为重要。因此,不同的人对于同一旅游对象各种突出属性的要求是有差异的。

(二)态度的复杂性

态度的复杂性是指旅游者所掌握的与态度对象有关的信息量和种类。一般而言,人们掌握的信息量和信息种类越多,所形成的态度越复杂,就越能产生对某一对象的偏好。不得不说的是,复杂的态度比简单的态度更难以改变。例如,某旅游者对某个旅游景区持否定态度的理由是因景区环境条件差、餐饮价格高、游憩设施滞后、管理混乱等,若想改变其否定态度,就必须改变其态度中的否定成分。

三、态度与旅游决策

旅游者对突出属性的感知促使旅游偏好的形成,而这些旅游偏好又产生了直接影响旅游者决策过程的意向。旅游者进行旅游决策需要经历一个复杂的心理过程,一般要经历以下三个阶段。

(一)意识到

首先,旅游决策者必须意识到该选择是一个潜在的选择,否则任何选择都不能提到决策系统中来加以评估。例如,宽窄巷子在被看作成都的一个著名旅游景点之前,人们必须意识到它的存在,知道它能够提供给旅游者游览。

(二)可行性

意识到某一选择之后,旅游决策者必须做出判断它是否可以实现,这需要根据旅游者承担这个供选对象的能力来考虑。比如,去宽窄巷子旅游是否能够解决食宿问题,那里的安全问题有没有保障等。如果这些问题都可以得到解决,那么宽窄巷子就成为可实现的选择。

(三)初步筛选

在意识到某一特定的选择是否能够实现之后,旅游决策者会根据旅游偏好的形成过程做出初步的判断。在旅游选择初步筛选过程中,可能会出现三种情况:第一,选择立即被否定;第二,对选择犹豫不决;第三,选择被认为是可行的。这三种情况中,第一种情况对旅游决策者来说已无意义。第二种情况有可能在获得更多的信息后,决策者对它做出肯定或否定的抉择。第三种情况是某项选择会被决策者列入可行的选择范围内,但还要更为详尽地评估,才能成为一种抉择。

若将旅游决策纳入态度和行为关系的框架中进行分析,可得到如图 6-2 所示的概念模型。旅游者通过各种渠道获得多方面的旅游信息,进而初步形成由情感、认知、行为三个成分构成的旅游态度。态度一旦形成后,会促使旅游者产生旅游偏好。而态度和偏好又会受到诸多主客观因素的影响。因此,旅游者在权衡各个方面的因素后做出旅游决策,并根据该决策实施具体的旅游行为。此外,旅游者将自己的亲身体验以信息的形式反馈回来,巩固旅游者原有的态度,或者改变原有的态度,并形成新的态度。

旅游消费者的态度影响旅游决策,所以旅游销售人员、服务人员必须使旅游者意识到他们所提供的服务项目和内容,并设法促使旅游者把这些服务项目和内容看作可行。这样,旅游决策者就会把这些服务项目和内容看成是解决旅游问题的可行选择。

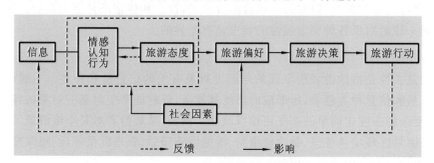

图 6-2 态度与旅游决策的关系

注:图中"旅游态度"就是旅游消费者态度。

(资料来源:李昕,李晴.旅游心理学基础[M].北京:清华大学出版社,2006.)

第三节 旅游消费者态度的形成与改变

态度是在社会环境中形成的,是个体社会化的结果;态度是经过学习形成的,一经形成就具有一定的稳定性;但是态度不是一成不变的,在主客观因素的影响下,态度也会发生改变。了解态度的形成与改变有助于人们理解旅游者对旅游的态度,从而采取有力措施去强化人们对旅游及旅游产品的肯定态度,改变人们对旅游及旅游产品的非肯定态度。

一、旅游消费者态度的形成

(一)态度形成的过程

20世纪50年代,美国心理学家凯尔曼(Kelman)提出了态度的形成有三个阶段,即服从阶段、同化阶段和内化阶段。

1. 服从阶段

服从是指人们为了获得物质与精神的报酬和避免惩罚而采取的表面服从行为。这种行为不是个人心甘情愿的行为,态度也不是个体内在的心理特征,两者都是为了顺应环境的要求。其目的在于获得奖赏、赞扬、被他人承认,或为了避免惩罚、孤立、受到精神或物质的损失。若赏罚的可能性消失时,服从阶段的行为和态度就会马上消失。

2. 同化阶段

在这个阶段,人不是被迫而是自愿地接受他人的观点、信念,使自己的态度与他人要求相一致。同化阶段的态度不同于服从阶段的态度,它不是在环境压力下形成或转变的,而是出于个人的自觉或自愿。

3. 内化阶段

内化是指人真正从内心深处相信并接受他人的观点而彻底转变原有的态度,形成新的态度。在这一阶段,个体把新观点、新思想纳入自己的价值体系,新态度取代旧态度,使新态度成为自己态度体系的一部分。只有到了内化阶段,态度才是稳固的,才真正成为个人的内在心理特征。

态度的形成从服从阶段到同化阶段,再到内化阶段,这是一个复杂的社会心理过程,并非所有人对所有事物的态度都必然经过这个过程。

(二)影响旅游消费者态度形成的因素

旅游消费者态度的形成受多方面因素的影响,但这些因素的作用并不是均等的,其中影响较大的有以下几种。

1. 个人旅游消费需要的满足程度

态度是在满足个人社会性需要的基础上产生的。当某事物能够满足个人的需要时,人们会形成肯定的态度;相反,若不能满足自己的需要,则会产生排斥甚至厌恶的态度。而这种态度一旦形成,将影响人们对旅游对象的选择。

2. 知识经验

知识在旅游消费者态度的形成中发挥着重要的作用。旅游者的知识层次越高,对旅游目的地了解得越多,旅游态度受其知识文化水平的影响也就越大。例如,若有一个人不了解周口店北京人遗址,他可能对去周口店北京人遗址旅游持否定的态度;但一个知识丰富的旅游者则可能选择去这个地方参观。

态度的习得性决定了个体的直接或间接经验影响态度的形成,特别是直接经验对态度的形成尤为重要。例如,很多人从书本、电视、电影中了解"华山天下险",但有些人对华山险的程度比较肯定或是有所怀疑,当这些人亲自攀爬险峻的华山后,才会持非常肯定的态度,并认为华山之险确实名不虚传。

3. 个性特征

个人的兴趣、气质和性格等个性因素的差异,使他们对不同的旅游对象形成不同的态度。例如,有人喜欢比较安静闲适的旅游环境,有人则较喜欢热闹欢腾的环境。

4. 所属群体

人生活在一定的社会群体之中,因此个体的态度在很大程度上受到所属群体的影响。例如,在旅游团队中,如果大多数旅游者选择去一条旅游线路上不著名的旅游景点,其他不想去的旅游者也可能会跟随去了。因此,参照群体的态度影响了个人态度的形成。

二、旅游消费者态度的改变

态度的稳定性是相对的,并非一成不变。当个体所处的社会环境和个体因素发生变化时,态度也必然发生变化。旅游消费者的态度是影响其旅游行为的重要因素。

（一）态度改变的基础理论

1. 平衡理论

1958年,心理学家海德(Heider)提出了改变态度的"平衡理论"。该理论认为,认知的平衡状态是一种理想的或令人满意的状态。如果认知上出现了不平衡,就会产生心理上的紧张、焦虑和不舒适、不愉快。为了从不平衡状态恢复到平衡状态,需要改变现有的某个认知或添加一种新的认知。海德认为,态度的两个实体之间存在两种关系,即平衡关系和不平衡关系。若用符号"P"表示认知的主体,"O"表示与P发生联系的另一个人,"X"表示态度的某个对象。如图所示,在图6-3(1)、图6-3(2)、图6-3(3)、图6-3(4)的情形下,P、X、O三者处于一种平衡状态。同样,在图6-3(5)、图6-3(6)、图6-3(7)、图6-3(8)的情形下,平衡状态被打破。平衡理论运用在旅游消费者态度上,可以发现消费者身边的人际交往群体对其态度的改变形成了很大的作用,消费者对某一旅游产品的态度很有可能与其身边关系亲密的亲友态度相一致。

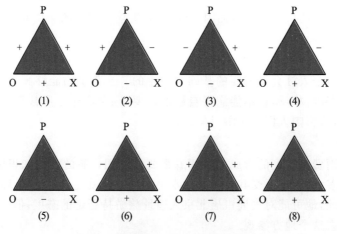

图6-3　海德的P-O-X三角关系模型

注：符号"＋"表示正关系,符号"－"表示负关系。判断三角关系是平衡的,还是不平衡的,其根据是当三角形三边符号相乘为正时,为平衡的结构;当三角形三边符号相乘为负时,为不平衡的结构。

2. 认知失调理论

在态度改变理论中,最著名的理论是美国心理学家费斯庭格提出的认知失调理论。一般情况下,个体的态度与行为是协调的,因此不需要改变态度与行为,假如两者出现了不一致,如做了与态度相违背的事,或没做想做的事,会产生不舒适感、不愉快的情绪,这时就引起了认知失调。例如,一个认为吸烟有害的人告诫自己不能吸烟,但有时仍克制不住吸烟,这时他的态度与行为是不协调的,导致了认知失调。当个人的认知失调时,减少或消除这种失调的方法通常有以下三种。

(1) 改变态度。改变自己对态度对象的态度,使其与以前的行为一致(我喜欢吸烟,我不想真正戒掉)。

(2) 增加认知。如果两个认知不一致,可以通过增加更多一致性的认知来减少失调(吸烟让我放松和保持体型,有利于我的健康)。

(3) 改变认知的重要性。使一致性的认知变得重要,不一致的认知变得不重要(吸烟让我放松和保持体型,有利于我的健康)。

(4) 改变行为。使自己的行为不再与态度有冲突(再次戒烟,即使别人给也不再抽烟)。

(二) 个体改变态度的可能性

1. 改变态度的可能性

旅游消费者的态度是对旅游对象和旅游条件的主观反映,是后天形成的,而不是先天具有的。因此,旅游消费者态度的形成、存在,依赖于一定的条件,这些条件的性质发生变化,就会引起态度的变化。例如,从主观心理因素看,人们兴趣和需要的变化,可以引起态度的变化。从态度的构成成分看,如果能引起态度主体认识上的变化或情感上的变化,也有改变态度的可能性。只要采取措施使影响态度改变的因素发生变化,就可以获得改变态度的效果。

2. 改变态度的两种形式

1) 一致性改变

不改变态度的性质和方向,只改变原有态度的强度,态度的这种改变是一致性改变。比如说,由对旅游活动有兴趣改变到非常喜欢旅游,这是对旅游活动从一般的积极态度变得非常积极的态度,对某一地方的旅游由非常喜欢变为一般喜欢,这是非常积极的态度变得一般积极的态度,对旅游活动由一般反对变为非常反对,这是一般消极态度变为非常消极的态度,由非常不赞成旅游活动,变得一般不赞成,这是由非常消极的态度变为一般消极的态度。上述这些变化,只是原来旅游消费者态度强度的增强或减弱,并未发生质的变化,这就是态度的一致性变化。

2) 非一致性改变

改变态度的性质和方向,以新的态度代替原来的态度,态度的这种变化是非一致性改变。比如,由赞成旅游变为反对旅游,这是由积极的旅游态度改变为消极的旅游态度,由反对旅游变为赞成旅游,这是由消极的旅游态度变为积极的旅游态度。这两个变化中产生了态度方向上的变化,由积极变为消极或由消极变为积极,一种新性质的态度代替了个体原来的态度,即态度的方向和性质发生了根本变化,这是非一致性的变化。我们以表 6-3 来表示态度的两种改变形式的具体内容。

表6-3 态度的两种改变形式

形 式	原来的态度	改变后的态度
一致性改变	赞成	非常赞成
	非常赞成	赞成
	反对	非常反对
	非常反对	反对
非一致性改变	赞成、反对	反对、赞成

态度的改变有一定的内在联系,首先,非一致性改变包含一致性改变。如由赞成改变为反对,它包含赞成程度的降低和反对程度的增加;由反对改变为赞成则包含反对程度的减弱和赞成程度的增强。其次,一致性改变也含有非一致性改变的成分。如态度的积极程度的降低,包含导致消极态度的可能;而态度的消极程度的降低,则包含产生积极态度的可能。因为态度强度的变化在量上的积累会造成质和方向上的变化。

(三)影响旅游消费者态度改变的因素

改变态度远比形成态度复杂、困难,但也有一定的规律性。在各种因素的相互作用下,态度会发生一系列的变化。影响态度改变的因素大致可以归纳为以下三个方面。

1. 旅游者本身的因素

1)需要

态度的改变与旅游者当时的需要密切相关,若能最大限度地满足旅游者当时的需要,则容易使其改变态度。

2)性格

从性格上看,凡是依赖性强、暗示性高或比较随和的人容易相信权威、崇拜他人,因而容易改变态度;反之,独立性强、自信心高的人不容易被他人说服,因而不容易改变态度。

3)智力水平

一般而言,智力水平高的人,由于具有较强的判断能力,能准确分析各种观点,不容易受他人左右;反之,智力水平低的人,难以判断是非,常常人云亦云,因而容易改变态度。

4)自尊心

自尊心强的人,心理防卫能力较强,不容易接受他人的劝告,因而态度改变也比较难;反之,自尊心较弱的人则敏感易变。

2. 态度形成特征与态度改变

1)态度形成的强度

人们对不同程度的刺激会产生不同的心理反应,因此形成态度的程度也会有很大的差别,这直接关系到态度的改变。在旅游过程中,旅游消费者受到的刺激越强烈、越深刻,态度的强度就越大,因而形成的态度越难以改变。比如,旅游消费者在杭州购买了一条丝绸披肩,若该旅游商品的质量没有期望值高,就会导致旅游者对该商品乃至生产企业形成强烈的不满。这种态度一经形成就很难改变。

2) 态度形成因素的复杂程度

态度形成的因素越复杂,则态度的改变就越困难。若态度的形成只依赖于一个因素,那么只要证明这一因素有误,态度就会改变。但是,若态度的形成是多种因素共同作用的结果,则态度的改变就十分困难。

3) 态度形成后持续的时间

态度一经形成后,持续的时间越长越容易根深蒂固。很多旅游企业非常注重旅游消费者态度的调查,了解旅游产品在旅游者心目中的形象,一旦发现问题立刻着手解决,以防旅游者消极或否定态度的固化。

3. 外界因素影响与态度改变

1) 信息的作用

个体对信息传达者或输送渠道越信任,所产生的态度变化就越大。比如,乌镇请明星刘某作为乌镇旅游的代言人,而明星刘某不仅在大众心目中形象良好,且气质也符合乌镇的旅游形象,因此,作为乌镇旅游信息传达者的明星刘某,比较有说服力,能获得旅游者的认可,从而使旅游者对乌镇旅游的态度发生转变。同时,各种信息的量和种类越多,信息的一致性越强,要改变已形成的态度比较难;反之,就比较容易改变态度。

2) 旅游者之间态度的相互影响

由于态度具有相互影响的特点,因此旅游者之间相互交往,彼此交流思想、情感和意见,对某旅游对象的态度受此影响可能发生改变。

3) 所属群体规范的影响

个体的态度通常是与个体所属群体的期望和要求相一致的。群体的规范会在无形之中形成一种压力,影响着团体内成员的态度。此外,当个体改变了自己所处的群体时,其态度可能会发生改变,与新的群体规范相适应。

(四) 改变旅游消费者态度的策略

1. 更新旅游产品,提高旅游产品质量

从某种意义上讲,更新旅游产品是改变旅游者态度的最基本、最有效的方法。只有不断提高旅游产品质量,才能长期占有稳定的市场,保持源源不断的客源。要使旅游者改变对某种旅游产品的态度,最简便的方法往往是改变旅游产品本身,然后,以某种方式确保旅游者发现这个改变。因此,旅游企业可以从改善旅游基础设施建设、运用先进技术提高服务水平、对旅游从业人员进行业务训练以及运用价格策略等方面来更新旅游产品,提高旅游产品质量。

2. 重视旅游宣传

信息是态度形成的一个重要因素,也是态度改变的重要依据,向游客宣传新的旅游信息会产生改变态度的效果。旅游市场不断变化,新的信息不断产生,游客掌握的新信息越多,旅游态度改变的可能性就越大。目前旅游行业非常重视旅游宣传,通过不同的宣传途径,如做广告,举办讲座,开办展览,发行小册子、旅游杂志、专刊,制作旅游电视节目、电影等,向旅游者输送新的旅游知识和信息,从而改变他们的态度。

3. 引导人们参加旅游活动

积极参加实际活动,既可以促进某种态度的形成,也可以促使某种态度的改变,因为实践活动能够增进相互了解、认识新事物,吸收有利于某种态度形成或导致原有态度改变的新信息,特别是当游客离开原来的工作、生活环境,融入新的旅游环境中,新的环境、新的生活、新的朋友、新的感受使游客对旅游有了全新的认识、理解,使原有的消极旅游态度发生改变,新的积极旅游态度形成。引导游客积极参加旅游活动,创造机会十分必要,旅游销售部门应积极做好旅游活动策划工作,吸引更多的游客投身旅游之中。

知识链接　名人代言目的地对旅游者态度和行为的影响

刘力、陈浩等(2015)采用准实验设计研究方法,以大学生为样本收集数据,使用结构方程模型检验了名人代言的主流范式"一致性假说"("一致性假说"认为广告信息的有效性取决于名人形象是否与其所代言的产品相一致。)在旅游研究领域的适用性。研究发现以下几个方面。

(1) 名人/目的地一致性通过名人可信度影响旅游者的目的地态度和旅游意向。当旅游者感知到名人形象与目的地形象相一致时,或者说,当旅游者认为该名人适合担任目的地的形象代言人时,他们就会认为该代言人具备目的地的相关知识,能够传达有效的信息,因而认为该名人作为目的地代言人是值得信赖的。如果旅游者认为代言人是可信的,他们就倾向于接受该代言人传达的信念、观点、态度和行为,因而就会对该名人代言的目的地形成好感并产生较强的旅游意向。

(2) 名人/自我一致性通过名人认同影响旅游者的目的地态度和旅游意向。如果旅游者感知到名人形象与自我概念/自我形象的相似性越大,他们对该名人的认同度就越高,也就越愿意按照该名人所倡导或示范的方式行事,因此对该名人代言的目的地就会有较高的评价和较好的态度,也就越倾向于到该目的地来旅游。

总体而言,旅游者感知到的明星形象与目的地形象之间的一致性程度越高,对明星担任该目的地代言人的信任度就越高,旅游者感知到的明星形象与自我形象之间的一致性程度越高,对明星的认同度就越高,因此,对同一目的地的态度就越好,到该目的地旅游的意愿就越强烈。

(资料来源:刘力,陈浩,韦瑛.名人代言目的地对旅游者态度和行为的影响[J].资源科学,2015(8).)

本章小结

(1) 在现代心理学中,态度是指人们对于事物所持有的肯定或否定、接近或回避、支持或反对的心理或行为倾向。而旅游消费者态度是指旅游消费者在了解、接触、享受旅游产品和服务的过程中,对旅游本身、旅游产品和服务以及旅游企业较为稳定的心理倾向。

（2）态度由认知、情感和意向三种成分构成。

（3）态度的主要特性有对象性、社会性（习得性）、稳定性、内隐性和价值性。

（4）态度的基本功能有适应功能、自我防御功能、认知功能和价值表现功能。

（5）态度的作用有影响人的行为倾向、对信息的理解和评价、情绪情感体验和影响活动效率。

（6）态度与行为之间既存在一致性，又存在不一致性。

（7）旅游消费者态度既会影响旅游选择、学习、旅游活动的效果、购买行为，也会形成对某些对象的偏好。

（8）旅游偏好是指旅游消费者趋于某一旅游目标的消费心理倾向。这种倾向取决于旅游消费者对某一旅游对象所持态度的强度及对旅游对象所拥有的信息量和信息种类的多少。

（9）旅游者对突出属性的感知促使旅游偏好的形成，而这些旅游偏好又产生了直接影响旅游者决策过程的意向。旅游者进行旅游决策需要经历一个复杂的心理过程，一般要经历三个阶段，即意识到、可行性和初步筛选。

核心关键词

态度　　　　　　（attitude）
旅游偏好　　　　（tourism preference）
旅游决策　　　　（tourism decision-making）
平衡理论　　　　（equilibrium theory）
认知失调理论　　（cognitive disequilibrium theory）

思考与练习

1. 什么是旅游消费者态度，其构成成分、特性及功能是什么？

2. 在一些旅游活动中，经常会出现旅游者态度和行为不一致的情况，请举例说明，并分析原因。

3. 态度导致偏好，主要取决于哪些因素？

4. 请简要分析态度与旅游决策之间的关系。

5. 旅游消费者的态度是怎么形成的？态度一旦形成后，什么因素影响其改变？

6. 选择一个旅游目的地，试分析如何改变一个对该目的地评价不高的旅游消费者的态度。

案例分析

案例一

旅游者的重游意向能有效预测目的地的实际重游率吗?

旅游者的重游意向在国内外旅游学术界已经有了许多研究文献。目的地形象、出游动机、感知价值和满意度对旅游者重游意向的影响一直以来都是国内外旅游消费者研究的热点。这一主题的研究的基本假设和前提都是旅游者的重游意向必然带来旅游者的实际参访以及目的地实际的重游率(重游游客量在目的地游客总量中的比重),因而这些研究都是有营销意义的。然而,Mckercher 和 Tse(2012)利用多个国家旅游组织(National Tourism Organizations)提供的二手数据,对旅游者重游意向与目的地实际的重游率的关系进行了实证检验。他们开展了两轮检验,数据分别是:其一,参加过中国香港或者新西兰的 30 个客源市场的纵向数据;其二,访问过 16 个目的地的 152 个客源市场的横向比较数据。通过统计分析,两位研究者发现,在旅游者的重游意向与目的地实际的重游率之间并不存在显著的统计学意义上的相关性。因此,可以确定的是,旅游者的重游意向并不能有效地预测目的地实际的重游率。

(资料来源:孙九霞,陈钢华.旅游消费者行为学[M].大连:东北财经大学出版社,2015.)

问题:

1.上述旅游消费者态度具有哪些特性?

2.依据上文有关旅游消费者态度特性的知识,分析出现案例所述现象的原因何在?

案例二

巧变处理投诉为有效营销,你也可以做到!

第七章

个性与旅游消费者行为

学习目标

- 掌握个性的内涵、特征以及影响个性形成和发展的因素。
- 了解个性的经典理论。
- 理解个性特质、个性类型、自我概念和生活方式等与旅游行为之间的关系。
- 理解个性结构与旅游行为之间的关系。
- 了解和学习个性的测量方法以及个性在旅游实践中的运用。

问题导向

- 你认为喜欢徒步旅游的人是外倾型旅游者,还是内倾型旅游者?

第一节 个性的形成

一、个性的含义与特征

(一)个性的含义

个性一词来源于拉丁文 persona,也称人格,原指演员演戏时所戴的假面具,后来指演员自身和其所扮演的角色。心理学和行为学把这一概念引申为个体在人生舞台上扮演的角色的外在行为和心理特质。很多学者对个性的定义进行了诠释,本书采用以下定义:个性是个体比较稳定的心理倾向和心理特征的总和。由此定义可得知,个性心理包括个性倾向性和个性心理特征两个方面。

1. 个性倾向性

个性倾向性是指人在与客观现实交互作用的过程中,对事物所持有的看法、态度和意识倾向,具体包括需要、动机、兴趣、态度、理想、信念和价值观念等。个性倾向性是人从事各项活动的基本动力,它决定着一个人的态度、行为的积极性与选择性,它对个性的变化和发展起推动与定向的作用,是整个个性结构的核心。

2. 个性心理特征

个性心理特征是指区别于他人,在不同环境中经常表现出来的本质的、稳定的心理特点。其主要包括气质、性格和能力,是多种心理特征的独特组合,集中反映了人的心理面貌的差异。比如,在行为方面,有的人活泼好动,有的人沉默寡言,有的人热情友善,有的人冷漠无情,这些都是气质和性格方面的差异;在能力方面,有的人有绘画方面的才能,有的人有数学才能,有的人有音乐方面的才能,这是能力方面的差异。

(二)个性的基本特征

1. 个性的独特性

每个人的个性都是由其独特的个性倾向和个性心理特征所构成的。因为个性是在遗传、环境、成熟、学习等多因素影响下发展形成的,而这些因素又有所差异,所以人与人之间在个性上不完全相同。例如,有的人脾气暴躁,有的人性格温和;有的人热情大方,有的人孤僻冷漠。由此可见,每个人的个性都是独特的。

2. 个性的整体性

个性的整体性是指构成个性的个性倾向和个性心理特征,如能力、气质、性格、情感、动机、态度、价值观、行为习惯等,在每个人身上它们并不是孤立存在的,而是密切联系构成一个统一的整体结构。正常人的行动并不是某一特定成分(如能力或情感)运作的结果,而是各个成分密切联系、协调一致所进行的活动。

3. 个性的稳定性

个性的心理特征是在一定的社会历史条件下,通过一个人的长期社会生活经历逐渐形成起来的,且一经形成就比较稳定。一个人在行为中偶然表现出来的心理倾向和心理特征并不能表示他的个性,只有比较稳定的、在行为中经常表现出来的心理倾向和心理特征,才能表示他的个性。例如,一个平时处事谨慎稳重的人,在一个特定的情况下表现出冒险、轻率的举动,不能由此就说他具有轻率的个性特征。俗话说:"江山易改,本性难移",就很形象地说明了个性的稳定性。

4. 个性的可塑性

由于现实生活是十分复杂的,人们的生活环境和人际关系也是纷繁多变的,因此人的个性,也必然会随着现实的多样性和多变性而发生或多或少的变化。例如,一个平时活泼快乐的学生,由于突遭家庭不幸或重大变故,精神上承受巨大打击,可能会变得沉默寡言,个性发生改变。

二、个性形成和发展的影响因素

个性的形成主要受先天遗传因素、环境因素和社会实践因素三个方面的交互作用和影响。

(一) 先天遗传因素

遗传因素是指个体生来就具有的生理特征,如个体的身体构造、形态以及感觉器官、运动器官和神经系统,特别是大脑的结构和机能特点。这些生理特征对个性的形成和发展产生基础性的作用,直接影响人们形成不同的个性。但是,先天遗传因素对个性形成并不起决定性的作用。

(二) 环境因素

在所有对个性形成和发展起作用的环境因素中,家庭、学校和社会文化是较直接也是较重要的影响因素。

1. 家庭环境对个性的影响

家庭是儿童生活的主要场所。个性首先受家庭的影响,家庭成员(特别是父母)是儿童最早的老师,他们的生活经验、价值观念、行为方式、教育态度和教育方法等都可以通过言传身教或其他潜移默化的方式影响儿童个性的形成,儿童在家庭中的地位也会在他的个性中留下深刻的烙印。例如,儿童若受家庭的溺爱,会养成任性、娇气、执拗等不良性格;若家庭民主和睦,管理得法,则儿童易形成独立、坚强、乐于助人、有创造精神的性格。而父母本身的个性特征,也会通过他们的言传身教影响子女的个性。俗语有"有其父必有其子",从表面上看是遗传的原因,但事实上,家庭环境和家庭教育也对个性影响起着非常重要的作用。

2. 学校教育对个性的影响

学校教育是由一定的教育者有目的、有计划、有组织地对未来的社会成员施加规范的影响,促使学生实现社会化,形成和发展适应所处社会环境的个性。尤其是教育能排除和控制环境中的一些不良因素的影响,给人以更多正面的引导,从而使人的个性发展朝着适合社会规范和价值观念的方向发展。所以,教育在个性形成发展中起主导作用。例如,一个人发音器官再好,如果没有音乐教师的培养训练,不学声乐技巧,不认识音乐旋律,就不可能成为优秀的歌手。

3. 社会文化对个性的影响

在人类的社会生活中,文化的影响是无处不在、无时不有的。有时它是显而易见的,有时它是潜在的,但不论怎样,社会文化时刻都在约束个体的言行,塑造适应文化要求的个体个性。为了更好地在社会文化中生存,个体在成长过程中都以各自的方式对社会的要求做出反应,这就导致了个体的个性与社会文化的高度一致。

(三) 社会实践因素

家庭环境、学校教育和社会文化只是学生个性形成和发展的外因,至于个体究竟会形成什么样的个性,主要取决于他们各自经历的社会实践过程。在社会实践中,个体扮演特定的社会角色,承担一定的社会责任,必须适应社会环境才能生活和发展,这促使个体形成和发展符合社会要求的态度体系、行为方式等个性特征。

三、个性的经典理论

(一) 弗洛伊德的精神分析论

在弗洛伊德(Freud)的精神分析论中,完整的个性结构由本我、自我和超我组成,个性就是在这三种力量的冲突中产生的。弗洛伊德认为,个性的形成取决于个体在不同的个性心理阶段如何应付和处理各种相应的危机。

本我是指原始的自己,包含生存所需的基本欲望、冲动和生命力。本我是一切心理能量之源,按快乐原则行事,它不理会社会道德、外在的行为规范。

自我是在本我的基础之上分化和发展起来的,是幼儿时期通过父母的训练和与外界交往逐渐形成的,是本我与外界环境的中介。它奉行现实原则,既要满足本我的需要,又要制止违反社会规范、道德准则和法律的行为。

超我也是从自我中分化和发展起来的,它是人在儿童时代对父母道德行为的认同,对社会典范的效仿,是接受文化传统、价值观念、社会理想的影响而逐渐形成的。它遵循理想原则,通过自我典范(即良心和自我理想)确定道德行为的标准,通过良心惩罚违反道德标准的行为,使人产生内疚感。

(二) 荣格的个性类型说

荣格(Carl Jungian)曾是弗洛伊德精神分析论的支持者,后因观点不同而自创分析心理学。荣格的个性类型说认为,个性由很多两极相对的内动力形成,如感觉和直觉的对应、思维和情感的对应、外倾和内倾的对应等。彼此相对的个性倾向力量的平衡和不同相对个性的组合形成了不同人的个性表现,例如有的人做事更倾向于直觉判断,而有的人则体现出理性的分析。因此,荣格将个性类型分为四种,分别为感觉思维型、感觉情感型、直觉思维型和直觉感情型。

感觉思维型表现为,决策理性,观点具有逻辑性和事实根据,决策遵循"客观性"导向,价格敏感性高,大量收集与决策有关的信息,风险规避者,实用主义者,决策中的短视。

感觉情感型表现为,实证观点,决策受个人价值观影响,决策遵循"主观性"导向,考虑别人的想法,与他人共担风险,实用主义者,决策中的短视。

直觉思维型表现为,视野开阔,决策时依赖想象并同时运用逻辑,想象很多选择方案,权衡各种方案,乐于承担风险,决策的长远性。

直觉感情型表现为,视野开阔,想象很多选择方案,在意旁人观点,决策遵循"主观性"导向,价格敏感性低,喜欢冒险,决策采用无限时间观。

(三) 新弗洛伊德个性理论

一些被称为"新弗洛伊德者"的学者们不同意弗洛伊德关于个性是由本能或性本能决定的观点,而是认为个性的形成和发展与社会文化关系密不可分。因此,这些学者们从不同的理论视角纷纷对弗洛伊德的理论提出了强有力的挑战。例如,阿德勒(Adler)认为,人具有追求卓越的内在动力即人类共同的个性特质,正是由于这种动力和人们在实际生活中追求的不同而形成了人不同的生活方式。另一位代表人物沙利文(Sullivan)认为人总是追求与他人建立互利的关系。

学者霍恩(Honey)将个性分为顺从型、孤立型和攻击型三种类型。顺从型的人在与他人交往中特别注意爱、赞许、慈善等需要,因而表现出同情、谦卑、慷慨的个性特点;孤立型的人躲避他人,注重独立、自由、自我依赖,漠视他人的期望,崇尚孤独;攻击型的人常与他人相违背,不怕冲突,注重权力、地位和控制他人的需要。

（四）特质论

人格特质理论认为，人的个性是由诸多特质要素构成的。所谓特质，是指人拥有的品质和特征，它们作为一般化的、稳定的、持久的行为倾向而作用，是个体以相对一贯的方式对刺激做出反应。

最具代表性的特质论是卡特尔（Cattell）的个性特质理论。他认为，在构成个性的特质中，有的是人人皆有的，有的是个人才有的，有的是遗传决定的，有的则是受环境影响的。卡特尔把特质分为表面特质和根源特质。表面特质就是指由每个具体的行为所体现出来的人格特点，根源特质反映一个人整体人格的根本特质方面，表面特质是从根源特质中派生出来的，一个根源特质可以影响多种有形的表面特质。卡特尔经过多年的测查、筛选，找出了反映人的个性的16个根源特质（见表7-1）。

表7-1　卡特尔反映个性的16种根源特质

根源特质	低分特征	高分特征
开朗性	缄默、孤独	乐观、外向
聪慧性	迟钝、学识浅薄	智慧、富有才识
稳定性	情绪激动	情绪稳定
支配性	谦虚、顺从	好强、固执
兴奋性	严肃、谨慎	轻松、兴奋
有恒性	敷衍	有恒、负责
勇敢性	畏缩、胆怯	冒险、敢为
敏感性	理智、看重实际	敏感、感情用事
怀疑性	信赖、随和	怀疑、刚愎
幻想性	现实、合乎成规	幻想、狂放不羁
机敏性	坦白直率、天真	精明能干、世故
忧虑性	安详沉着、有自信心	忧虑忧郁、烦恼多端
实验性	保守、传统	自由、批评激进
独立性	依赖、随群服众	自主、当机立断
自律性	矛盾冲突、不明大体	知己知彼、自律严谨
紧张性	心气和平	紧张、困扰

（资料来源：杜炜.旅游消费行为学[M].天津：南开大学出版社，2009.）

第二节　个性特征与旅游消费者行为

个性作为人的复杂心理现象，对人的行为有极其深刻的影响。在旅游领域，旅游消费者的个性特征也同样与其旅游行为存在复杂且密切的关系。本节将从个性特质、个性类型、自我概念和生活方式等方面讨论个性特征与旅游消费者行为之间的关系。

一、个性特质与旅游消费者行为

对旅游业来说,个性特质的研究有助于理解旅游者如何选择及选择何种类型的旅游产品,经营者可根据此设计提供符合旅游者需要的旅游产品。

在旅游研究中,研究者们发现不同的旅游类型体现了不同的旅游者个性特质。在旅游活动中,可以发现某些个性特质与某些旅游消费者行为相关,如表7-2所示。

表 7-2 旅游消费者行为类型及个性特质

旅游消费者行为类型	个 性 特 质
度假旅游	乐群、忧虑、稳定、世故
观光旅游	乐群、兴奋、敏感、幻想、自律、聪慧、世故
探险考察旅游	乐群、独立、敢为、有恒、兴奋、聪慧、好强
国内旅游	激进、独立、稳定、兴奋、敏感、聪慧、怀疑
国外旅游	乐群、敢为、聪慧、幻想、好强
乘飞机旅游	乐群、忧虑、敢为、幻想
乘火车旅游	乐群、独立、紧张、怀疑
春季旅游	乐群
秋季旅游	稳定、自律
冬季旅游	乐群、敢为、好强

(资料来源:甘朝有,齐善鸿.旅游心理学[M].天津:南开大学出版社,1995.)

二、个性类型与旅游消费者行为

瑞士心理学家荣格依据"心理倾向"将个性分为内倾型和外倾型两大类型。外倾型(外向型)的人重视外在世界,爱社交、活跃、开朗、自信、勇于进取,对周围一切事物都很感兴趣,容易适应环境的变化。内倾型(内向型)的人重视主观世界,好沉思、善内省,常常沉浸在自我欣赏的陶醉中,孤僻、缺乏自信、易害羞、冷漠、寡言,较难适应环境的变化。实际上,内倾和外倾是一个连续体,大多数人介于外倾型和内倾型之间,或是两个极端的中间。

美国心理学家斯坦利·普洛格在《为何旅游点受欢迎程度出现大幅度摆动》一文中建立了一种连续统一的心理图示,阐述了不同个性类型的旅游者在旅游行为方式上的差异。他将旅游者的个性类型划分为安乐小康型(内倾型)和追新猎奇型(外倾型)。安乐小康型(内倾型)的旅游者和追新猎奇型(外倾型)的旅游者在旅游行为上具有较大的差异,如表7-3所示。

表 7-3 安乐小康型(内倾型)与追新猎奇型(外倾型)旅游者的行为特点

安乐小康型(内倾型)	追新猎奇型(外倾型)
选择熟悉的旅游目的地	选择人迹罕至的旅游地

续表

安乐小康型(内倾型)	追新猎奇型(外倾型)
喜欢旅游目的地的一般活动	喜欢在别人来到该地区前享受新鲜体验
选择日光浴和游乐场所	喜欢新奇的、不寻常的旅游场所
活动量小	活动量大
喜欢去能驱车前往的旅游点	喜欢坐飞机去旅游目的地
喜欢正规的旅游场所,例如设备齐全的旅馆、家庭式的饭店以及旅游商店	旅游设施只需一般,或旅馆和伙食较好,不一定要现代化的大型旅馆,不喜欢专门吸引旅游者的商店
喜欢家庭的气氛、熟悉的娱乐活动,不喜欢外国的气氛	愿意会见和接触他们不熟悉的文化或外国文化的居民
要准备齐全的旅行行装,全部日程都要事前安排妥当	旅游的安排只包括最基本的项目,留有较大的余地和灵活性

(资料来源:白凯.旅游者行为学[M].北京:科学出版社,2013.)

但在实际的旅游活动中,中间型旅游者占所有类型旅游者的大多数。中间型旅游者的行为特征表现在某种程度上是"心理中心型"和"他人中心型"两个极端类型的综合。中间型旅游者不真正具备冒险精神,但又喜欢旅游,可以说是旅游市场中最活跃的人,是大众旅游市场的代表。这些人在旅游地点和活动项目的选择上,会选择当今最受欢迎的旅游景点和活动项目。由于个性受环境的影响很大,因此,即使是对内向型个性的人来说,经过一个长期的过程,性格也会发生改变。而趋向于中间类型个性的特征,在选择旅游地点或活动方面也会接近中间类型的人。原本中间类型个性的旅游者也会接近外向型性格的人转变为大量的内向型性格的人,即表示旅游地点已更趋向商业化、普通化,需要旅游业更多的投入,以服务这类旅游者日益增长的旅游需求。

三、自我概念与旅游消费者行为

(一)自我概念的含义与构成

自我概念是指个人将其自身作为客观对象所具有的所有思想和情感的总和。换而言之,就是自己如何看待自己。自我概念回答的是"我是谁"和"我是什么样的人"这类问题,它是个体自身体验和外部环境综合作用的结果。由于人们具有行为和自我概念相一致的需求,因此,自我概念就成了个性基础的一部分。在决策中,消费者将会选择那些与自我概念相一致的产品或服务。这对企业营销来说,研究消费者的自我概念就特别重要了。

人们拥有不止一个自我概念,表7-4展示了自我概念的9个维度。

表7-4 各种类型的自我概念

类　　型	定　　义
真实的自我	个人实际上如何看待自己

续表

类 型	定 义
理想的自我	个人希望自己是怎样的
社会的自我	个人认为他人是如何看待自己的
理想的社会自我	个人希望他人如何看待自己
预期的自我	介于真实和理想之间的自我形象
环境的自我	在特定环境下的自我形象
延伸的自我	包含个人财产对自我形象的影响的自我观念
可能的自我	个人希望成为、可以成为或害怕成为什么样的形象
连通的自我	个人根据与自己相关的他人或团体来定义自我的程度

(二)自我概念与产品的象征性

一些研究者认为,人们购买很多产品并不是为了获得它们的使用价值,而是为了获得产品所代表的象征价值。例如,购买劳斯莱斯和宝马,对购买者来说,显然不是购买一种单纯的交通工具。因此,通过对这些商品或服务的消费,可以显示出消费者与众不同的个性特征,加强和突出个人的自我形象,从而帮助消费者有效地表达自我概念。

图7-1表述了产品象征意义对自我概念的重要性。图由三个部分构成,个人的自我概念、参照群体和具有象征性的产品。如图所示,首先,消费者会购买一种能向他人表达其自我概念的产品;然后,消费者希望参照群体感知到产品所具有的象征性;最后,消费者希望参照群体将产品所具有的象征品质视为他个性的延伸部分或自我的一部分。

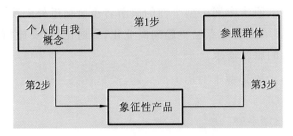

图7-1 产品的象征意义

(资料来源:王曼,白玉苓,熊威汉,等.消费者行为学[M].2版.北京:机械工业出版社,2011.)

由于旅游产品不仅能够反映一个人的社会地位、事业成就及个人素质,还能够增进一个人的自我形象,表明一个人的个性。因此,旅游产品是最富有象征意义的产品。

自我概念一致性,即自我一致性,是指人们选择购买和使用那些与自己形象一致的产品或服务。当某种旅游产品的象征意义与一个人的自我形象一致时,旅游消费者就会采取行动获得它。白凯在回顾过去研究结果的基础上,总结了自我概念一致性理论在旅游消费者行为研究中的应用,具体如下:①自我形象与旅游目的形象的一致性与旅游满意度的关系;②自我形象一致性和旅游消费行为之间的关系;③自我形象一致性与旅游兴趣、旅游可能性的关系;④个人主义/集体主义对自我形象一致性与消费行为产生的影响;⑤目的地自我形象的一致性与品牌偏好以及购买的关系;⑥目的地品牌个性与旅游者的自我一致性之间的关系。①

四、生活方式与旅游消费者行为

所谓生活方式是人们生活、花费时间和金钱的方式。简而言之,生活方式就是人如何生活。个人的日常生活、兴趣、需要、价值观念等方面反映了一个人的生活方式,而生活方式又能反映个人的个性特征。一个人的生活方式与其旅游行为有密切的关系。通过对个性的分析,有助于区分不同生活方式的旅游消费者,并更好地了解不同类型的旅游消费者及其行为规律。

根据不同旅游消费者的个性特征以及其在旅游中的行为表现,对不同生活方式的旅游消费者有以下分类。

(一)喜欢安静生活的旅游者与旅游行为

追求平静安宁生活的人,重视家庭,关心孩子,维护传统,渴望井然有序的生活,非常注意自己的身体健康。此类人一般不愿意外出旅游,如果旅游的话,他们乐于选择适宜全家人度假、环境优美、幽雅宁静的湖滨海岛、山庄等旅游度假地。他们也喜欢清新的空气、明媚的阳光,以及野营、狩猎、垂钓或其他户外活动。

(二)交际型的旅游者与旅游行为

交际型的人外向、活跃、自信,乐于主动和他人交往,易尝试和接受新鲜的事物,总是希望能以某种方式更多地介入社会生活。这类旅游者对异国文化感兴趣,热爱周游世界,喜欢去遥远陌生的旅游目的地,并认为假期不能只是休息和疗养,还应该有全新的活动内容,使自己拥有更加丰富多彩的人生经验。此外,他们常常被不同文化的美术馆、博物馆、音乐会、传统剧目吸引。

(三)对历史感兴趣的旅游者与旅游行为

这类旅游者的旅游动机是源于对历史的兴趣,历史人物、历史遗址遗迹、历史事件等,对他们的吸引力非常大。对历史感兴趣的旅游者非常重视旅游活动的教育作用,这与他们对孩子、家庭的强烈责任感联系在一起。他们认为假期应该是为孩子安排的,且全家能一起度假是家庭的幸福。因此,要吸引这一类旅游者,在宣传方面应该突出旅游能提供受教育、增长知识的机会,并强调全家能在一起旅游。

(四)使用信用卡的旅游者与旅游行为

目前,越来越多人喜欢使用信用卡消费,喜欢使用信用卡的人比较活跃、自信,不怕花钱,对未来经济状况充满乐观。在旅游活动中,这一类旅游者会花钱买头等车票、住豪华酒店。

---

① 白凯.旅游者行为学[M].北京:科学出版社,2013.

知识链接　　徒步旅行者行为的社会贡献

背包旅游能够在经济欠发达地区迅速地提高当地的经济水平和直接帮助贫困的人们,能促进当地社区的发展。换而言之,背包游客比其他旅游形式的游客更多地购买当地的物品和服务,徒步旅游产品开发投入低,对环境无污染,这也是徒步旅游产品备受国际市场推崇和旅游发达国家青睐的另一个重要原因。徒步旅游者一般学历较高,环保意识强,同时能够尊重当地文化,加之他们喜欢在游客人数较少的区域活动,因此,徒步旅游是环境影响较小的一种旅游方式,也是一种纯生态的旅游方式。在澳大利亚、新西兰和东南亚等旅游发达国家,大众旅游观光产品已经比较成熟,但是带来的结果是大众观光游客大大超过这些旅游地的承受能力。政府都注意到发展背包旅游、徒步旅游产品不仅能有效地缓和大众观光旅游产品的压力,而且背包旅游、徒步旅游不需要投入大量的旅游设施建设,只需要对沿途居民进行引导,同时让背包旅游、徒步旅游者们方便快捷地获得所需要的信息,就可以在短期内迅速地发展此产品。

"老少边山穷"地区发展旅游的首选客源徒步旅游者超强的探险意识、充沛的体力、精力和对低价与独特经历的追求,使他们对各种旅游设施的耐受性达到最大,也对旅游配套设施的要求最低,设施替代性极强。他们在选择交通工具、住宿设施等方面,没有特别挑剔的要求,有时甚至愿意牺牲体力上和物质上的舒适去追求一种体验和经历,比如以走代车,以悬念频出的跋涉取代平淡无奇的游路,并以此为乐,以此为傲。他们常以所经历的艰辛和"非旅游者"的旅行经历来标识他们的"行路文化"。从旅游需求方面看,无论是来自西方的徒步者,还是中国沿海地区或大城市的徒步者,都热衷于去发展中国家或是内地经济落后地区旅游,因为那里消费低廉、民风淳朴、景色原始且有异族、异域风情。从旅游供给方面看,中国广袤的内地和边远地区以其旖旎的风景、多样的民族、独特的风俗和低廉的物价迎合了徒步旅游者的这种需求。但这些旅游资源丰富的地区多属经济落后的"老少边穷"地区。据统计,在国家重点扶持的592个贫困县中,50%属于国家级的自然保护区、森林公园和风景名胜区。这些地方基础设施落后,建设资金少。但是由于徒步旅行者的设施替代性强,徒步旅游可以降低这些地区涉足旅游业的门槛,真正做到"投资小,收益高",满足当地人们依靠旅游快速致富的愿望。

此外,徒步旅游者往往是被目的地的原始、原真、一尘不染的山水秀色所吸引,且普遍受教育水平较高,因而,他们大多更珍惜这纯净的自然环境,更注重甚至是热衷于环境保护。

(资料来源:李享,邢雪艳,等.旅游出行方式研究——消费行为视角[M].北京:旅游教育出版社,2011.)

第三节 个性结构与旅游消费者行为

最早的个性结构理论是弗洛伊德的本我、自我和超我个性结构理论。后来,加拿大心理学家埃里克·伯恩(Eric Berne)博士和美国心理学家托马斯·哈里斯(T. Harris)在此基础上创造了个性结构的新理论。该理论指出,个性由儿童自我状态、父母自我状态和成人自我状态组成。

一、自我状态

在任何情况下,人们都受到这三种"自我状态"或其中某种"自我状态"的支配和控制。个性作为人的复杂心理现象,对旅游消费者的行为产生深刻的影响。了解这一个性理论,有助于更好地理解个性是如何影响到旅游消费者行为的,以及人们为什么会有不同的旅游行为。

(一)儿童自我状态

儿童自我状态是记录内部信息的主体,是一个人最初形成的自我状态。它是个性中主管情感的部分。在儿童自我状态的支配下,人们所表现出来的行为模式有两种,一种是自然式,即行为不受其他因素的影响,行为无拘无束;另一种是顺从式,即一种拘谨的行为。当我们在欣赏电影时,会随着剧情的起伏而高兴、悲伤、紧张、害怕,这是儿童自我状态运作的表现。

(二)父母自我状态

父母自我状态是记录外部信息的主体,指通过模仿父母或在心目中具有威信的人物的道德准则和其他信息而形成的态度和行为。父母自我状态是个体形成个人意见、行为方式和是非观念的信息来源,也常体现出安慰和同情的特征。

(三)成人自我状态

成人自我状态是个性中支持理性思维和信息客观处理的部分。它对父母自我状态和儿童自我状态中的信息加以检验,以确定其是否符合具体情况。另外,成人自我状态还能预测可能发生的事情并做出理性的决策。

埃里克·伯恩博士和托马斯·哈里斯为上述三种自我状态归纳了一组言语表现和非言语表现,如表7-5所示。

表7-5 儿童、父母和成人自我状态表现

类型	语言表现	语调	非语言表现
儿童自我状态	孩子的口吻:我想要,我不知道,我不管,我猜,当我长大时,更大,最大,好得多,好极了	激动、热情、高而尖的嗓门,尖声嚷嚷,欢乐、愤怒、悲哀、恐惧	喜悦、笑声、咯咯笑,可爱的表情,眼泪、颤抖的嘴唇,噘嘴、发脾气,眼珠滴溜溜地转,耸肩,垂头丧气,逗趣,咬指甲,扭身子撒娇

续表

类型	语言表现	语调	非语言表现
父母自我状态	按理,应该,绝不,永远不,不!总是,不对,让我告诉你应该怎样做 评论的言语:真蠢,真讨厌,真可笑,淘气,太不像话了,胡扯!别再这样做了!你又想干什么!我跟你说过多少遍了!现在总该记住了,好啦,小家伙,宝贝,可怜的东西,可怜的,亲爱的	高声(批评) 低声(抚慰)	皱眉头,摇头,惊愕的表情,跺脚,双手叉腰,搓手,叹气,拍拍别人的头,死板
成人自我状态	为什么,什么,哪里,什么时候,谁,有多少,怎样,真的,有可能,我认为,依我看,我明白了,我看	几乎像电子计算机那样准确无误	直截了当的表情,舒适自如,不热情,不激动,默然

(资料来源:刘纯.旅游心理学[M].天津:南开大学出版社,2000.)

在一个正常人身上,三种自我状态都发挥作用。有时是他的儿童自我状态支配他的行为,有时是他的父母自我状态支配他的行为,有时是他的成人自我状态支配他的行为。当一个人在做旅游决策时,这三种自我状态往往同时出现,并且常常是儿童自我状态提出要求,父母自我状态给予否定,成人自我状态进行仲裁。

二、自我状态与旅游消费者决策

人的个性中三种自我状态相互独立、相互制约,共同参与决策。当一个人在考虑去不去旅游、去哪里旅游、花费多少钱、旅游的时间、乘坐什么样的交通工具等问题时,其内心的三种"自我"都会有不同的观点。若这三种自我状态的观点不一致,那么旅游决策就不能形成。同时,不同的"自我"所处的地位不同,会导致不同的旅游决策结果。

一般来说,许多主要的旅游动机比较明显地存在于儿童自我状态中。而最易受到吸引的是情绪性强、富有好奇心的儿童自我状态。当儿童自我状态希望摆脱熟悉的日常生活和工作或是被某些旅游产品吸引时,就会激动不已,并提出旅游的要求。然而,父母自我状态会对儿童自我状态的动机常常持保留态度,或对旅游产品所能提供的价值提出一些质疑,如是否有必要进行一次旅游,通过这次旅游能否达到教育、放松身心、提高地位和声望等的目的。而成人自我状态的理性会在父母自我状态和儿童自我状态之中进行调解和仲裁,并努力设法使旅游的决策合理化。

在旅游决策过程中,儿童自我状态是最容易产生旅游需求的状态,因此,旅游产品的宣传应突出特色,以"吸引"潜在旅游者的儿童自我状态;其次,要提出充分的理由来"说服"父母自我状态同意儿童自我状态的旅游要求,父母自我状态关注的是旅游产品的价值,是否具有教育意义、是否能达到休闲的目的等;最后,旅游企业还应提供详细的有关旅游产品的构成、日程安排、特色、价格方面的信息,以供成人自我状态的分析和慎重考虑,达到"打动"成人的自我目的。

第四节 旅游消费者个性测量和实践运用

测量个性的方法有很多,本节主要介绍自我概念和生活方式的测量方法。

一、个性测量

（一）自我概念的测量

消费者自我概念最常用的测量方法是语意差别法。美国学者马赫塔(Malhotra)设计了一种既可衡量自我概念,又可衡量产品形象的语意差别量表,如表7-6所示。该量表由15组两极形容词构成,这些形容词可以运用在很多不同的场合。

表7-6 测量自我概念与产品形象的量表

序号	词组
1	粗糙的————精细的
2	易激动的————沉着的
3	不舒服的————舒服的
4	主宰的————服从的
5	节约的————奢侈的
6	愉快的————不快的
7	当代的————非当代的
8	有序的————无序的
9	理性的————情绪化的
10	年轻的————成熟的
11	正式的————非正式的
12	正统的————开放的
13	复杂的————简单的
14	暗淡的————绚丽的
15	谦虚的————自负的

表7-6中每组形容词均被用来描述被评价对象。消费者通过在7级量表上表明看法,可反映两极形容词中的某一极在多大程度上刻画了被评价的个人、产品或品牌。比如,形容词的两极分别是"愉快的"和"不快的",消费者越是在靠近令人"愉快的"一极做记号,表明被评价对象越是令人愉悦,反之则令人不悦;如果消费者在量表中间做记号,则表明被评价对

象既非令人愉快,也非令人不快。

在旅游营销实践中,旅游企业应设法使产品代言人的形象、产品或品牌形象与目标消费者的自我概念相匹配。为此,可运用上述量表或改进的量表对旅游消费者进行调查和研究。

（二）生活方式的测量

目前较为流行的生活方式的测量方法主要有两种,一是 AIO 方法,即活动、兴趣、意见结构法;二是 VALS 方法,即价值观念和生活方式结构法。

1. AIO 方法

AIO 结构法是通过问卷调查的方式了解消费者的活动、兴趣和意见以区分不同的生活方式类型。研究人员从消费者中抽取大量样本,以问卷的方式向被调查者提出一系列问题和答案,请消费者以文字表述或选择答案的方式回答。提出的关于活动方面的问题是消费者做什么、买什么,怎么样打发时间等;兴趣方面的问题是消费者的偏好和优先考虑的事物;意见方面的问题是消费者的世界观、道德观、人生观,对经济和社会的看法等。表 7-7 列出了测量消费者态度、兴趣和意见因素的主要指标以及回答者的人口统计项目。

表 7-7　AIO 统计测试项目表

态　度	兴趣	意　见	人口统计项目
工作	家庭	自我表现	年龄
爱好	性别	社会舆论	性别
社会活动	工作	政治	收入
度假	交际	业务	职业
文娱活动	娱乐	经济	家庭规模
俱乐部活动	时髦	教育	寓所地理区域
社交	食品	产品	教育
采购	媒介	未来	城市规模
运动	成就	文化	生命周期阶段

研究人员运用计算机分析消费者的回答,把回答相似的消费者归为一类,以此识别不同的生活方式。AIO 问卷表中具体设计什么项目并没有一个一成不变的标准,应视研究目的和研究所涉及的领域及其性质来决定。一般来说,AIO 问卷中的问题可分为具体性问题和一般性问题两种类型。前者与特定产品相结合,测试消费者在某一产品领域的购买、消费情况;后者与具体产品或产品领域无关,意在探测人群中各种流行的生活方式。两种类型的问题均有各自的价值。具体性问题提供关于消费者如何看待某种产品的信息,使营销者了解消费者喜欢产品的哪些方面、不喜欢哪些方面和希望从中获得哪些利益,从而有助于企业改进产品和提高服务水平。一般性问题提供的信息为营销者勾勒出目标市场上消费者的一般生活特征,从而有助于企业从中发现市场机会和据此拟定有关的营销策略。表 7-8 列举了 AIO 问卷中的一些典型问题。

表 7-8　AIO 问卷表中的一些典型问题

1. 活动方面的问题
①何种户外活动你每月至少参加两次？
②你一年通常读多少本书？
③你一个月去几次购物中心？
④你是否曾经到国外旅行？
⑤你参加了多少个俱乐部？

2. 兴趣方面的问题
①你对什么更感兴趣？运动、电影还是工作？
②你是否喜欢尝试新的事物？
③出人头地对你是否很重要？
④星期六下午你是愿意花两个小时陪你的妻子还是一个人外出钓鱼？

3. 意见方面的问题(回答同意或不同意)
①俄罗斯人就像我们一样。
②对于是否流产，妇女应有自由选择权。
③教育工作者的工资太高。
④CBS 由东海岸的自由主义者在动作。
⑤我们必须做好应付核战争的准备。

2. VALS 方法

目前，最受推崇的关于生活方式的研究是斯坦福国际研究所(SIR)于 1978 年做的价值观与生活方式项目，即 VALS 系统。随后，SRI 于 1989 年开发了第二代 VALS 系统，即 VALS2。

较之于 VALS 系统，VALS2 具有更广泛的心理学基础，而且更加强调对活动与兴趣方面的问题的调查。VALS2 根据两个层面将美国消费者分成 8 个细分市场，第一个层面是资源的多寡，第二个层面是自我取向。消费者资源不仅包括财务或物质资源，而且包括心理和体力方面的资源，自我取向则被分成 3 种类型：①原则取向。持原则取向的人主要是依信念和原则行事，而不是依情感或获得认可的愿望做出选择。②地位或身份取向。持这种取向的人在很大程度上受他人的言行、态度的影响。③行动取向。持这种取向的人热心社会活动，积极参加体能活动，喜欢冒险，寻求多样化。下面就这 8 个细分市场进行简单描述。

(1) 实现者，约占人口的 8%。他们是一群成功、活跃、独立、富有自尊的消费者。他们的资源最丰富，大学文化，平均年龄在 43 岁左右，年收入达 58000 美元。他们在消费活动中喜欢"精美的东西"，容易接受新产品、新技术，对广告的信任度低，经常广泛地阅读出版物，看电视较少。

(2) 完成者，约占人口的 11%。他们采取原则导向，是一群成熟、善于思考的人。他们拥有较丰富的资源，受过良好教育，从事专业性工作，平均年龄 48 岁，年收入约 38000 美元，一般已婚并有年龄较大的孩子。他们在消费活动中对形象或尊严不感兴趣，在家用产品上

他们是高于平均水平的消费者,休闲活动以家庭为中心,喜欢教育性和公共事务性的节目,广泛并经常阅读。

(3) 信奉者,约占人口的 16%。他们采取原则导向,是传统、保守、墨守成规的一群人。他们资源较少,高中教育程度,平均年龄 58 岁,年收入约 21000 美元。他们的生活超过平均水平,活动以家庭、社区或教堂为中心,购买美国制造的产品,寻找便宜货,看电视,阅读有关养老、家居、花园的杂志,不喜欢创新,改变习惯很慢。

(4) 成就者,约占人口的 13%。他们采取身份导向,是一群成功、事业型、注重形象、崇尚地位和权威、重视一致和稳定的人。他们拥有丰富资源,受过大学教育,平均年龄 36 岁,年收入约 50000 美元。在消费活动中,他们对有额外报酬的产品特别有兴趣,看电视的程度处于平均水平,阅读有关商业、新闻和自己动手一类的出版物。

(5) 斗者,约占人口的 13%。他们采取身份导向,寻求外部的激励和赞赏,将金钱视为成功的标准,由于拥有资源较少,因而常因感到经济的拮据而抱怨命运不公,易于厌倦和冲动。他们平均年龄 34 岁,年收入约 25000 美元。在消费活动中,他们中的许多人追赶时尚,注重自我形象,携带信用卡,钱主要用于服装和个人护理,看电视比读书更令他们喜欢。

(6) 体验者,约占人口的 12%。他们属于行动导向、年轻而充满朝气的一群人。他们拥有较丰富的资源,一般单身、尚未完成学业,平均年龄 26 岁,年收入约 19000 美元。他们追逐时尚,喜欢运动和冒险,将许多收入花在社交活动上,经常冲动性购物,关注广告,听摇滚音乐。

(7) 制造者,约占人口的 13%。他们属于行动导向,是保守、务实,注重家庭生活,勤于动手,怀疑新观点,崇尚权威,对物质财富的拥有不是十分关注的一群人。他们拥有的资源较少,受过高中教育,平均年龄 30 岁,年收入约 30000 美元。在消费活动中,他们的购买是为了舒适、耐用和价值,不去关注豪华奢侈的产品,只购买基本的生活用品,听收音机,一般阅读杂志中涉及汽车、家用器具、时装和户外活动的内容。

(8) 挣扎者,约占人口的 14%。他们生活窘迫,受教育程度低,缺乏技能,没有广泛的社会联系。一般年纪较大,平均年龄 61 岁,年收入仅 9000 美元,常常受制于人和处于被动的地位。他们最关心的是健康和安全,在消费上比较谨慎,属品牌忠诚者,购物时使用赠券并留心降价销售,相信广告,经常看电视、阅读小报和女性杂志。

需要指出的是,虽然 VALS2 较 VALS 系统有较大的改进,但它同样存在 VALS 系统的某些局限。如 VALS2 是针对个体进行的测量,而大多数决策是以家庭为单位做出或很大程度上受家庭其他成员的影响。另外,很少有人在自我取向上是"纯而又纯"的,SRI 所识别的 3 种导向中的某一种可能对消费者具有支配性影响,然而支配的程度及处于第二位的自我取向的重要性会因人而异。尽管如此,VALS2 仍是目前运用生活方式对市场进行细分的最完整的系统,它已经并将继续被企业广泛地运用。

二、个性在旅游营销实践中的运用

通常情况下,人们会选择那些适合他们个性的产品,例如,一个羞怯的旅游者可能还会放弃入住豪华酒店的机会,因为"它不像我",另外,人们也会购买那些使他们感到能使自己的某些个性弱点得到弥补的产品,例如,一个要使自己变得更加勇敢的旅游者会参加滑翔、跳伞等冒险类的极限活动。显然,产品和品牌有助于旅游消费者表达他们的个性。

品牌形象是人们在听到或看到某个品牌名称时所想到和感受到的东西。某些品牌所具有的独特的形象就是品牌个性(brand personality)。品牌个性是与其品牌相联系的一组人格化的特性。

一个旅游目的地或者旅游企业通过品牌个性的塑造与运用,的确可以从众多目的地或企业中突显自身的特色,使游客容易辨识和选择。例如,巴黎的"浪漫"、西班牙的"热情"等。不得不承认,品牌个性强有力地影响着旅游消费者的行为。很多研究也证实了这一观点,如张之乐以旅行社及旅游网站品牌个性为研究对象,选取稻草人旅行社、携程旅行网以及春秋国旅三家旅游企业,就品牌个性与消费者重购意愿的影响进行研究,结果显示消费者对不同旅游企业品牌个性的评价差异主要受"新乐"和"真诚"这两个维度的影响。旅游企业品牌个性与消费者重购意愿之间存在显著正相关,其中"新乐"对重购意愿的影响最大,"高雅"对重购意愿的影响最小。[①]

由于品牌个性能够作为瞄准特定市场细分的方法,旅游营销人员需要管理和传播品牌个性。而名人代言则是传播品牌个性重要的手段之一,它是使某个品牌人格化的常用方式,因为名人代言的特点和意义能够转移到该品牌上。

本章小结

(1) 个性是个体比较稳定的心理倾向和心理特征的总和,具有独特性、整体性、稳定性、可塑性等特征。

(2) 个性的形成主要受先天遗传因素、环境因素和社会实践三个方面的交互作用和影响。

(3) 个性的理论包括弗洛伊德的精神分析论、荣格的个性类型说、新弗洛伊德个性理论和特质论。

(4) 个性结构的三种自我状态在旅游决策过程中发挥了不同作用。

(5) 测量个性的方法有测量自我概念的语义差别法、测量生活方式的 AIO 方法以及 VALS 方法等。

(6) 一个旅游目的地或旅游企业塑造品牌个性,是个性在旅游营销实践中的运用。品牌个性是与其品牌相联系的一组人格化的特性。

---

① 张之乐.旅游企业品牌个性对消费者重购意愿的影响研究——以稻草人旅行社、携程旅行网以及春秋国旅为例[J].旅游论坛,2013(6).

核心关键词

个性　　　　　　（personality）
个性结构　　　　（personality structure）
自我概念　　　　（self-concept）
生活方式　　　　（life style）
品牌个性　　　　（brand personality）

思考与练习

1. 简述个性的概念、特征、影响因素与测量方法。
2. 简述有关个性的经典理论。
3. 什么是自我概念？自我概念有哪些类型？试分析自我概念与旅游消费者行为的关系。
4. 试分析不同生活方式的人的个性特征及其在旅游活动中的行为表现。
5. 举例说明旅游消费者在旅游决策中体现出的儿童自我状态、父母自我状态和成人自我状态，并讨论针对这些状态旅游企业应采取何种对策。
6. 请举几个具体事例，讨论品牌个性及在旅游营销实践中的运用。

案例分析

案例一

酒店如何吸引千禧一代

旅游行业正在不断发展以更好地适应于全球旅客的最新趋势和需求。旅客越来越希望获得个性化的度假体验，沉浸于目的地文化体验，追求宾至如归的独特体验。

共享经济的崛起、本地产品服务的扩张以及社交媒体营销力度的增强，逐渐造就了当今的酒店行业趋势。按旅客的年龄层次划分，千禧一代也许最能说明新的旅游趋势。

旅游元搜索自动竞价平台 Koddi 此前研究表明，千禧一代商务旅客希望能将商务旅行和休闲旅行体验进行有机结合，并且十分注重技术支持和便利的预订体验。休闲旅客的需求与此类似，他们希望在当地文化的场景下获得个性化体验。

在此基础上，酒店推出了多元化服务以吸引更多的千禧一代旅客。其中，丽笙推出的丽芮酒店品牌和万豪旗下的Moxy品牌就是很好的例子。

一、丽芮酒店

2015年,丽笙酒店集团推出了专为千禧一代设计的品牌丽芮(Radisson Red)。目前全球共有6家丽芮酒店,艺术、音乐和时尚是酒店的主要元素。此外,丽芮还创建了专门的博客用以展示每家酒店所在地的本地艺术家。每家丽芮酒店大堂内的艺术设计品都反映了当地的文化场景。

每一家丽芮酒店都配备了富含当地特色的美食餐厅以及大堂公共空间,以便让客人获得宾至如归的入住体验。

技术支持在旅行体验中的重要性不断增强,丽芮在品牌设计中无缝融合了技术因素。用户利用丽芮酒店App可以实现快速的入住办理、使用电子钥匙,与此同时,便捷的沟通模式能让客人随时找到需要的设施。丽芮酒店App覆盖的服务包括餐厅推荐、机场接送等。

二、万豪Moxy

2014年,万豪推出了新品牌Moxy,并将其定位成"专注千禧一代的精品酒店"。目前,Moxy酒店在全球30多个城市均有布局,凭借优惠的价格、合理的设计以及全天候的社交空间吸引了全球各地的千禧一代旅客。

Moxy在大堂酒吧供应了手工调制鸡尾酒,并在公共空间内配备了棋盘游戏区和小吃咖啡吧台。Moxy的客房面积小于一般的酒店客房,但其理念十分简单,即为客人提供想要的服务。

Moxy研究客人的喜好后发现,大多数客人不会使用客房内的额外衣柜空间或速溶咖啡机,而是更喜欢待在大堂,享受免费的美食和咖啡。但客房内的大屏电视仍然是必需品,客人待在客房内可以播放最爱的媒体节目。

丽笙和万豪在大型酒店如何吸引千禧一代旅客方面为行业提供了一些思路。而随着越来越多的酒店开始效仿,如何提高预订量则成了关键。

(资料来源:https://www.traveldaily.cn/article/128591.)

问题:
1. 你认为千禧一代旅游消费者的个性形成与哪些因素有关?
2. 谈谈本案例中酒店是如何根据旅游者个性来进行定制化服务与营销的?

案例二

驴妈妈的个性化服务

第八章

社会群体与旅游消费者行为

学习目标

- 了解社会群体的概念、特征、类型以及与旅游消费者密切相关的社会群体。
- 掌握参照群体的概念、影响方式。
- 了解参照群体对旅游消费者行为的影响和在旅游营销中的应用。
- 了解家庭对消费者行为的影响,并熟悉在家庭生命周期的每个阶段旅游消费者行为所呈现的特征。
- 了解家庭成员角色、家庭旅游决策方式。
- 了解家庭旅游决策的影响因素。

问题导向

- 怀念你的穷游时代吗?

第一节 社会群体概述

分析旅游消费者行为,离不开社会群体因素对旅游消费者行为的影响研究。古希腊的亚里士多德说"不在社会生存的人,不是禽兽就是神明"。因此,结群是人类生活的基本特征。首先,群体成员在沟通和接触过程中,通过语言、行动等表达个性和思想,在这一过程中会相互影响与学习,产生一些共同的信念、态度和规范,它们对消费者的行为将产生潜移默化的影响。其次,每一个群体都存在一定的正式或非正式的规范,这些规范及其压力会促使消费者自觉或不自觉地与群体的期待保持一致,使群体内的消费行为具有一定的共性。比如,旅行团中一些游客的购买行为常影响无购买意愿的游客,使其也发生购买行为等。

一、社会群体的概念

社会群体是人们通过一定的社会关系结合起来进行共同活动和感情交流的集体,是人们生活的具体单位,是组织社会结构的一部分。群体是由一定数量的人结合而成的,但并不是任何一群人都可以称之为群体。社会群体应具备以下的基本特征。

(一)群体成员需要以一定纽带联系起来

这种纽带可以是以血缘为纽带组成的氏族和家庭,或以地缘为纽带组成的邻里群体,也可以是以业缘为纽带组成的职业群体。

(二)有明确的成员关系

社会群体的关系分为两个方面:一方面是个体对群体的隶属关系;另一方面是群体内的成员关系。在群体中,任何成员都有自己的角色和地位,并通过角色和地位与其他成员发生一定的关系。

(三)有共同的群体意识

共同的群体意识是指成员对群体的归属感,有了这种情感,成员才能形成共同的评价与意识,共同的欲求和目标,一致的态度和行为,产生共同的心理感受。在共同心理的支配下,每个成员都能自觉地表现出与群体一致的行为。

(四)有持续的互动关系

群体成员存在一定的关系并发生一定的交往,而且这种关系和交往并不是临时的,而是保持比较长久的互动情感关系。只有经过一定时间的、相对稳定的、持续的互动,成员才能相互了解,结成稳定的关系。

(五)有一定的行为准则和规范

群体一旦形成,就需要一定的行为准则来统一其成员的信念、价值观和行为,以保障群体目标的实现和群体活动的一致性,这种约束群体成员的准则就是群体规范。

从消费者行为分析角度,研究群体影响至关重要。首先,群体成员在接触和互动过程中,通过心理和行为的相互影响与学习,会产生一些共同的信念、态度和规范,它们对消费者的行为将产生潜移默化的影响。其次,群体规范和压力会促使消费者自觉或不自觉地与群体的期待保持一致。即使是那些个人主义色彩很重、独立性很强的人,也无法摆脱群体的影响。最后,很多产品的购买和消费是与群体的存在和发展密不可分的。比如,加入某一户外探险俱乐部,不仅要参加该俱乐部的活动,而且还要购买与该俱乐部的形象相一致的产品,如印有某种标志的衣服、旗帜、探险器材等。

二、社会群体的类型

(一)正式群体与非正式群体

根据群体建立的原则和方式的不同,可以把群体分为正式群体和非正式群体。正式群体是指有明确的组织目标、正式的组织结构,成员有着具体的角色规定并为完成组织规定的任务而产生的群体,如学校、工厂、机关等。

非正式群体是指人们在交往过程中,由于共同的兴趣、爱好和看法而自发形成的群体,

一般结构比较松散、自由,如学习小组、旅行团、俱乐部、粉丝后援会等。

(二)主要群体与次要群体

主要群体或初级群体是指成员之间有经常性面对面的接触和交往,具有亲密人际关系的群体,如家庭、邻里、朋友等,在主要群体中,成员之间不仅有频繁的接触,而且有强烈的情感联系,正因为如此,像家庭、朋友等关系密切的主要群体,对个体来说是不可或缺的。

次要群体以间接交往为基础,是人类有目的、有组织地按照一定社会契约建立起来的社会群体,如党组织、团组织、公司、学校等。次要群体规模一般比较大,人数比较多,群体成员不能完全接触或接触比较少,不容易建立浓厚的情感关系。

(三)隶属群体与参照群体

隶属群体是消费者实际参加或隶属的群体,如家庭、学校等。

参照群体是成员在身份上并不归属但在心理上向往归属的群体。参照群体使成员把该群体作为自己活动的参照点。参照群体可以是自己参加的所属群体,也可以是所属群体以外的群体。消费者希望自己的行为与参照群体一致。比如,一些旅游者想出去旅游但不知道去哪里游玩,此时他们会参照社交网站上旅游达人或者旅行家推荐的旅游目的地、酒店、餐厅、游乐项目等。

三、与旅游消费者密切相关的社会群体

对旅游消费者行为产生多方面影响的社会群体主要包括以下五种基本社会群体。

(一)家庭

家庭式消费者参与的第一个社会群体,也是现代社会的基本细胞。父母、子女是家庭的基本成员。家庭对人的购买行为影响很大,因为人们的价值观、审美观、爱好和习惯多半是在家庭的影响下形成的。另外,家庭还是一个购买决策单位,家庭购买决策既制约和影响家庭成员的购买行为,反过来家庭成员又对家庭购买决策产生影响。

(二)朋友

朋友构成的群体是一种非正式群体,它对消费者的影响仅次于家庭。追求和维持与朋友的友谊,对大多数人来说是工作、学习和心理的多方面的需要。个体可以从朋友那里获得相关利益、友谊、安全。而当个体形成一定的朋友圈子,就成为一种独立、成熟的标志,因为与朋友交往意味着个体与外部世界建立联系,同时也标志着个体开始摆脱家庭的单一影响。

(三)工作群体

工作群体也可以分为两种类型,一种是正式的工作群体,即由一个工作小组里的成员组成的群体,如同一个办公室里的同事等。另一种是非正式工作群体,即由在同一个单位但不一定在同一个工作小组里工作,且形成了较密切关系的一些朋友组成。由于在休息时间或下班时间,成员之间有较多的接触,所以非正式工作群体如同正式工作群体,会对成员产生影响。尤其是群体内那些受尊敬和仰慕的成员或各种"意见领袖"的消费行为,会对所属成员的消费行为产生重要影响。

(四)正式的社会群体

校友会、各种协会、俱乐部等组织,属于非正式的群体。人们加入这类群体可能基于各

种各样的目的。有的是为了获取知识,开阔视野,有的为了见识新的朋友、新的重要人物,还有的是为了追求个人的兴趣与爱好。虽然非正式群体内各成员不像家庭成员和朋友那么亲密,但彼此之间有很多沟通、交流的机会。而且共同的兴趣爱好把大家联系起来,主要满足人们的精神需要,有时比正式群体的成员对消费者行为的影响还要大。正式群体的成员还会消费一些共同的产品,或一起消费某些产品。比如,滑雪俱乐部的成员要购买滑雪服、滑雪鞋和很多其他滑雪用品。

（五）消费者行动群体

在西方消费者保护运动中,涌现出一种特别的社会群体,即消费者行动群体。它大致可分为两种类型,一种是为纠正某个具体的有损消费者利益的行为或事件而成立的临时性团体,另一种是针对某些广泛的消费者问题而成立的相对持久的消费者组织。因发生旅游交通事故而受伤的游客组成的索赔团体,就属于前一种类型的消费者行动群体。针对旅行社服务而成立的反欺诈组织就属于后一类型的消费者行动群体。大多数消费者行动群体的目标是唤醒社会对有关消费者问题的关注,对有关企业施加压力和促使它们采取措施矫正那些损害消费者利益的行为。

第二节 参照群体与旅游消费者行为

一、参照群体的概念

参照群体指那些作为人们判断事物的标准或仿效模仿的群体。在旅游活动中,参照群体实际上是旅游消费者在形成其购买或消费决策时,用以作为参照、比较的个人或群体。参照群体能够影响一个旅游消费者的价值观念,并影响他对旅游产品或目的地的看法及其购买行为。

参照群体的含义随着时代的变化而变化。参照群体最初是指家庭、朋友等个体与之具有直接互动的群体,但现在它不仅包括这些具有互动基础的群体,而且也涵盖了与个体没有直接面对面接触但对个体行为产生影响的个人和群体。例如,名人、运动员、电影明星以及社会名流和成功的企业家等都可以成为消费者的参照群体,影响消费者的行为。

二、参照群体的影响方式

人们总希望自己富有个性和与众不同,然而群体的影响又无处不在。不管是否愿意承认,每个人都有与各种群体保持一致的倾向。尽管我们时常要有意识地决定是否遵从群体,通常情况下,我们是无意识地和群体保持一致的。参照群体对消费者的影响,通常表现为三种形式,即规范性影响、信息性影响及价值表现上的影响。

（一）规范性影响

规范性影响是指由于群体规范的作用而对消费者的行为产生影响。所谓规范,就是在一定社会背景下,群体对其所属成员行为合适性的期待,它是群体为其成员确定的行为标准。无论何时,只要有群体存在,不需经过任何语言沟通和直接思考,规范就会立即发挥作

用。规范性影响之所以发生和起作用,是由于奖励和惩罚的存在。为了获得奖励和避免惩罚,个体会按群体的期待行事。如某旅游景区声称,如果遵守景区规则,就能得到社会的接受和赞许,利用的就是群体对个体的规范性影响。同样,宣称不遵守规则导致不良旅游行为的发生,就得不到群体的认可,也是运用了规范性影响。

(二)信息性影响

信息性影响指参照群体成员的行为、观念、意见被个体作为有用的信息予以参考,由此在其行为上产生影响。当消费者对所购产品缺乏了解,凭眼看手摸又难以对产品品质做出判断时,别人的使用和推荐将被视为非常有用的证据。群体在这一方面对个体的影响,取决于被影响者与群体成员的相似性,以及施加影响的群体成员的专业特征。例如,某同学发现身边好几个朋友都去了刚开业的主题公园游玩,于是她决定也去体验一下,因为这么多朋友都去,意味着该主题公园一定有其优点和特色。

(三)价值表现上的影响

价值表现上的影响指个体自觉遵循或内化参照群体所具有的信念和价值观,从而在行为上与之保持一致。例如,某位消费者感到那些有艺术气质和素养的人,通常是留长发、蓄络腮胡、不修边幅,于是他也留起了长发,穿着打扮也不拘一格,以反映他所理解的那种艺术家的形象。此时,该消费者就是在价值表现上受到参照群体的影响。个体之所以在不需外在奖惩的情况下自觉依群体的规范和信念行事,主要是基于两个方面力量的驱动,一方面,个体可能利用参照群体来表现自我,来提升自我形象。另一方面,个体可能特别喜欢该参照群体,或对该群体非常忠诚,并希望与之建立和保持长期的关系,从而视群体价值观为自身的价值观。比如,某旅游消费者感到那些成功人士经常出国旅游时,乘坐头等舱、住高端酒店、打高尔夫球。于是,他在条件允许的情况下,也会在出国旅游时选择乘坐头等舱、住高端酒店、打高尔夫球,以反映他所理解的那种成功人士的形象,希望社会认定他属于这个阶层,这表明旅游消费者在价值表现上受到参照群体的影响。

三、旅游活动中参照群体的影响

旅游活动中,由于大部分产品的无形性、不可储存性、生产和消费的同步性,导致消费者拥有更高的感知风险。这种产品特性使旅游消费者信息搜寻比普通产品的信息搜寻更为困难,由此而导致的是一个更复杂的消费决策与评估过程。因此,当潜在旅游消费者准备外出旅行时,往往通过家人与亲友来获取相关的旅游信息,这时,旅游消费者的初步参照群体就已形成。现有研究表明,参照群体会在一定程度上影响旅游消费者的旅行,如度假信息的搜寻、旅游方案的评估等,不同性别、年龄、职业的旅游消费者在选择参照群体信息时也存在一定的差异。

在旅游过程中,除了家人与亲友,其他旅游者和旅游目的地的居民也会影响旅游消费者的行为。例如,一个旅游者在其他旅游者竞相品尝当地特色小吃或购买特色纪念品时,也会跟着品尝或做出购买行为。又如一些少数民族旅游目的地,一些游客会模仿当地的少数民族身着民族特色服饰。

总之,一个人处在旅游群体中,他的行为同他在日常生活中的行为有很大的不同,最为典型就是从众行为。所谓从众行为,是指个体在群体的压力下改变个人意见而与多数人取得一致认识的行为倾向,是社会生活中普遍存在的一种社会心理和行为现象。

从众行为在很大程度上受参照群体因素的影响:①群体的规模。一般来说,群体规模越大,持有一致意见或采取一致行为的人数越多,则个体所感到的心理压力就越大,也就越容易从众。②群体的一致性。如果群体中只有一个人持不同意见,则他要承受巨大的压力。而如果群体中另外还有一个人持反对意见,则使前者所面临的从众压力大大缓解,从而明显降低从众的程度。③群体的凝聚力。群体的凝聚力越强,群体成员之间的依恋性及对群体规范和标准的从众倾向也越强,个体会为了群体的利益而与群体意见保持一致。

在旅游活动中,"从众"这种现象经常可以看到,一般表现为两种方式,一是旅游者呈现出无意识倾向,例如对于旅游项目的选择,许多游客并没有明确的好恶,其他游客去哪里,他们也欣然前往。二是旅游者违背自己的真实意愿而随身附和,例如在团队游中,其他游客都希望去某一景点游览,尽管自己对该景点不感兴趣,甚至还有反对的情绪,但仍会遵从大多数人的意愿前往。

知识链接　　"不文明旅游"有从众心理

记者外出旅游时发现,游客文明旅游与否,与其是否处在一个文明的氛围有一定关系。比如,当其他人都在随手乱丢垃圾时,这种陋习便不再被人嗤之以鼻,而是传染开去。理由很简单,"看着别人都把垃圾丢在这儿,我也就跟着丢了"。

云南省大理市双廊镇,位于洱海湖畔,是一座历史悠久、环境优美的文化古镇。洱海三岛之一的南诏风情岛便位于这里。长假期间,自是游人如织。然而,在这个被称为世外桃源的岛上,不文明行为时有所见。

在一处沙滩表演广场上,有数十张桌子和上百把椅子供游客休息并欣赏民族特色表演。尽管每个桌子上都放有烟灰缸、旁边都放有垃圾桶,但一场表演过后,不少桌子上都留有饮料瓶、用过的纸巾、冰棍的包装袋等垃圾,在地上则有不少烟蒂。

"我看着别人都把饮料瓶放在桌子上,自己也就放那儿了。"来自四川的张先生告诉记者。来自贵州的王先生不好意思地说:"平常习惯把烟头扔地上了,所以出来也没注意。"

"现在是旅游旺季,一天有十几场演出。一场演出下来,我大概能捡三四桶垃圾。他们是客人,(他们丢垃圾)我也不好说什么。我曾经也劝过一些客人,他们说得最多的一句话就是,'别人也扔垃圾,你怎么不去管?'"负责打扫卫生的阿姨告诉记者。

在回程的路上,记者发现,岛上一棵仙人掌树上的仙人掌上面,被很多游客刻上了名字,有不少仙人掌由于遭到破坏,要么发黄发蔫,要么濒临死去。

而在云南省丽江市的大研古镇,记者发现,尽管游人如织,但是多条街道的石板路面上鲜见垃圾。记者随机采访了多位游客,大多表示,"看到路面这么干净,自己也不好意思乱丢"。

(资料来源:http://news.sina.com.cn/o/2015-10-08/doc-ifxiqtqy0479455.shtml。)

四、参照群体概念在旅游营销中的应用

(一) 名人效应

名人或公众人物如影视明星、歌星、体育明星,作为参照群体对公众尤其是对崇拜他们的受众具有巨大的影响力和感召力。对很多人来说,名人代表了一种理想化的生活模式。正因为如此,很多旅游企业花巨额费用聘请名人来促销其产品。

运用名人效应的方式多种多样,如可以用名人作为旅游产品(或旅游目的地)的代言人,即将名人与旅游产品(或旅游目的地)联系起来,使其在媒体上频频亮相。也可以用名人作证词广告,即在广告中引述旅游产品或服务的优点和长处,或介绍其使用旅游产品或服务的体验。还可以采用将名人的名字使用于旅游产品或包装上等做法。

(二) 专家效应

专家是指在某一专业领域受过专门训练,具有专门知识、经验和特长的人。专家所具有的丰富知识和经验,使其在介绍、推荐产品与服务时较一般人更具权威性,从而产生专家所特有的公信力和影响力。例如,旅游景区(景点)在进行营销宣传时,聘请各方面的专家开展专门面向旅游者的讲座、提供建议等一系列活动,利用专家的权威性影响旅游者的决策。

(三) 普通人效应

运用满意顾客的证词证言来宣传企业的产品,是广告中常用的方法之一。由于出现在荧屏上或画面上的证人或代言人是和潜在顾客一样的普通消费者,这会使潜在的旅游者感到亲近,从而使广告诉求更容易引起共鸣。一些旅游企业在电视广告中展示普通旅游消费者如何从旅游消费活动中获得乐趣,如何通过旅游企业解决其在旅途中遇到的问题。由于这类广告贴近旅游消费者,反映了旅游消费者的现实生活,因此,它们可能更容易获得认可。

第三节 家庭与旅游消费者行为

家庭是人们共同生活的基本单位,是社会基本细胞,它对人的影响是广泛的、直接的、深刻的、长期的。家庭是个人社会化过程中的关键因素之一,在一定程度上影响着人们的观念与行为方式。因此,家庭也是影响旅游消费者行为的重要因素之一。

一、家庭的概述

家庭是建立在婚姻关系、血缘关系或收养关系基础上的亲密合作、共同生活的群体。家庭是社会的基本单位。在正常情况下,人的一生大都是在家庭中度过的。家庭对个体性格和价值观的形成,对个体的消费与决策模式均产生非常重要的影响。家庭是人们接受环境影响的主要场所,个体的个性成长与社会技能的掌握也主要是在家庭之中完成的。

在家庭中,消费占有极其重要的地位。家庭的消费活动不仅包括家庭成员共同的消费活动,也包括家庭中个别成员及每一位消费者的消费活动。家庭对消费者行为的影响主要表现在以下几个方面。

(1) 家庭经济状况决定家庭成员的购买能力。

(2) 家庭对其成员的购买行为具有强烈和持续的影响。这种影响主要从对消费者的个体兴趣爱好、个性特征、职业选择、生活习惯等方面表现出来。

(3) 家庭本身就是一个消费单位。比如,彩电、冰箱、空调、家具等日用品的计算都是以家庭为单位计算的。

(4) 家庭所属社会阶层决定了消费者的需求和消费习惯。

二、家庭生命周期与旅游消费者行为

家庭生命周期就是家庭的发展过程,是指一个家庭从形成开始经历不同的发展阶段,直至解体的整个过程。在家庭生命周期的整个变化中,家庭的规模在不断变化,家庭成员由于阅历的逐渐丰富而变得日渐成熟,这就导致了家庭成员在价值取向、态度、需要、兴趣等方面也必然还会发生变化。旅游消费者行为也在一定程度上受其家庭生命周期所处阶段的影响。因此,家庭生命周期的不同阶段,旅游消费者的行为呈现出不同的特征。

家庭生命周期的划分方法很多,较常使用的方法是把家庭生命周期分为以下几个阶段。

(一) 单身阶段

这一阶段的单身人士,他们或者在大学念书,或者刚跨出校门开始工作。由于刚开始职业生涯,收入一般不高,但由于没有其他方面的负担,所以他们通常拥有较多的可自由支配收入。这一群体比较关心时尚,崇尚娱乐和休闲,是流行观念的带头人。

这一阶段的单身年轻人的学习、娱乐、交友、健身、求新、求奇等需求心理较为突出,而旅游活动恰好有利于满足以上几种需要,故可将此类"家庭"或者说单身年轻人视为旅游活动的生力军。尤其是旅游活动发展至今,一些新型的旅游项目如探险、攀岩、蹦极和自助游等旅游方式更具有时尚特征,适合年轻人的需要。另一方面,受我国传统观念的影响,年轻人一般不离开父母单独"成家"。他们虽然有了自己的一份经济收入,但对消费行为包括旅游行为并没有充分的自由支配权。但总体来看,单身年轻人,以及由年轻单身组成的群体是最具旅游消费潜力的群体。

(二) 新婚阶段

这一阶段始于新婚夫妇正式组建家庭,止于他们的第一个孩子出生。为了形成共同的生活方式,双方均需要做很多调整。一方面,共同决策和分担家庭责任,对新婚夫妇是一种全新的体验,另一方面还会遇到很多以前未曾遇到和从未考虑过的问题,如购买家庭保险,进行家庭储蓄等。

在国外许多发达国家,旅游与年轻人结婚几乎是相伴而行的,许多人同时把旅游纳入结婚计划之中,称之为"蜜月旅行"。在中国,"蜜月旅行"也已被许多年轻人视为时尚。而对于经济不够宽裕的年轻人,新婚期是比任何时期都更有可能去旅游的时期。因为经济不够宽裕的人习惯于把旅游看作"奢侈消费",而新婚期正是"奢侈一把"的好时机。年轻无子女夫妇消费欲望强、节俭意识差,他们此时最舍得大把大把地花钱,在短时间内把大量积蓄换作高档家具、名牌服装、金银珠宝等。相比之下,旅游对他们显得既有精力又有能力。由于现在的年轻人并不是一结婚就准备要孩子,新婚期的时间越来越长,因而可将这类家庭视作潜力巨大的旅游者群体。

（三）满巢阶段

1. 满巢Ⅰ期

这一阶段通常是指由年幼小孩（6岁以下小孩）和年轻夫妇组成的家庭。第一个孩子的出生常常会给家庭生活方式和消费方式带来很多变化。在西方，女方通常会停止工作，在家照看孩子，因此家庭收入会减少。在我国，有祖父母或外祖父母照看孩子的传统，一般不需要夫妻一方辞掉工作来专门照看孩子。然而，孩子的出生确实带来很多新的需要，从而使家庭负担有所增加。

这一时期家庭的主要消费行为集中在满足儿童吃、用、玩的需要方面。孩子的年幼使得家庭出行显得极为不便，不大可能考虑远途旅游，只在家庭附近的公园、动物园进行休闲娱乐，且频率较高。此外，全家出游的情况不多，若旅游度假也需要考虑小孩的需要。

2. 满巢Ⅱ期

这一阶段最小的孩子已超过6岁，多在小学或中学念书。因为孩子不用大人在家照看，夫妻中原来专门在家看护孩子的一方也已重新工作，家庭经济状况得到改善。

由于孩子进入学龄期，教育成了家庭的主题。旅游也成了对孩子进行教育、让孩子扩大视野的一个重要方面。家长会有意识地趁节假日期间带孩子外出旅游。这时，家庭对旅游目的地的选择非常慎重，多以博物馆、纪念地、历史文化名城等人文景观为选择对象，使旅游活动为教育子女服务，旅游方式多是一家三口同时出游。

3. 满巢Ⅲ期

这一阶段是指年级较大的夫妇和他们仍未完全独立的孩子所组成的家庭。这一阶段，小孩中有的已经工作，家庭财务压力相对减轻。由于夫妇双双工作，孩子也可能给一些补贴，所以家庭经济状况明显改善。

在这类家庭里，旅游互动的参与度继续上升，全家旅游占有相当的比例，而且更有可能把钱花在昂贵的旅游项目上，在租车、住饭店等方面的花销也更大。在中国，处于此阶段的家庭的旅游度假模式比较复杂。由于要支付高额的子女教育费用和抚养费用，有的还需要照顾年迈的父母，所以家庭经济压力尚不能很快减轻。即使孩子已经工作，传统的父母也会积极地为孩子结婚、购房等活动储蓄资金。因此，收入水平不高的家庭在这一阶段不仅不会更多地参加旅游活动，反而会减少旅游活动。

（四）空巢阶段

空巢阶段始于子女不再依赖父母，也不再与父母同住，这一阶段延续的时间也比较长，可以分为下面两个阶段。

1. 空巢阶段Ⅰ期

这一阶段父母可以做他们以前想做但由于孩子的牵累而无法做的一些事情，如继续接受教育、培养新的爱好、夫妻单独外出旅游等。

2. 空巢阶段Ⅱ期

这一阶段属于空巢的后期，夫妇到了退休年龄，经济收入随之减少。由于大多数人是在身体很好的情况下退休，而且退休后可用的时间特别多，所以不少人开始追求新的爱好和兴趣,如外出旅游、参加老年人俱乐部等。

虽然这一阶段的旅游者在旅途中逗留的天数和游览的目的地都有所增加,但他们在住宿、进餐方面的花费却比较节约,对价格比较敏感。由于年龄的原因,在旅游活动的选择上,他们倾向于参加活动量小和有文化品位的活动,悠闲地享受美丽的夕阳红。

（五）解体阶段

当夫妻中的一方过世,家庭进入解体阶段。如果在世的一方身体尚好,有工作或有足够的储蓄,并有朋友和亲戚的支持和关照,家庭生活的调整就比较容易。由于收入来源减少,此时在世的一方,过上了一种更加节俭的生活。因而,他们外出旅游的开销不会太大,通常只是去探亲访友,或到一些知名的宗教圣地和旅游胜地游览。他们的旅游兴趣有限,活动参与度不高,希望通过旅游更多地与儿孙交往,满足情感上的需要。

以上以家庭生命周期为线索,对不同类型家庭的旅游消费行为进行了分析。值得注意的是,家庭生命周期只能反映传统的家庭类型。随着社会的发展变迁,我国出现了一些新的家庭类型,且这些背离传统的家庭在所有家庭中所占比例呈上升之势,其旅游消费行为有很大的独特性,足以引起人们的关注。这些新型家庭有以下几种。

（1）独身主义者家庭。他们一身轻松,来去自由,是各类旅游活动的积极参加者。

（2）拒绝生养孩子的家庭。其成员往往也是热衷旅游的活跃分子。

（3）单亲家庭。由父亲或母亲一方抚养孩子。这种家庭往往因为孩子年幼或经济负担过重而对旅游活动疏远。

（4）离异后的单身。他们在旅游方面有较大的随意性。此类家庭是否参与旅游,问题在于时间和金钱,也往往受个人性格、兴趣等因素的影响,有的人离异后会成为旅游活动的积极参加者,并把旅游视为满足其社交等需要的一种重要途径,有的人离异后却甘愿离群索居,对旅游毫无兴趣。

三、家庭购买角色与购买决策方式

（一）家庭购买角色

旅游消费通常是以家庭为单位进行的。在一个家庭的购买活动中,每个家庭成员都可以扮演不同的角色,起不同的作用。按其在家庭旅游决策过程中所起的作用不同,可分为五种不同的角色。

（1）发起者。建议购买旅游产品的家庭成员,他能引发家庭其他成员对旅游产品或服务购买的兴趣。

（2）影响者。响应发起者的建议,对最后旅游决策有直接或间接影响的人,为购买提供评价和哪些产品或品牌适合这些标准之类的信息,从而影响旅游产品挑选的人。

（3）决定者。对最后购买旅游产品做出决定的家庭成员。

（4）购买者。实际购买旅游产品的家庭成员。

（5）使用者。在家庭中实际消费或使用由自己或其他家庭成员所购买旅游产品的人。有时家庭旅游消费中的购买者不一定是参与旅游活动的使用者。

在旅游及消费上不同家庭成员对购买决策的影响要受到家庭类型、所购旅游产品类型与特点、旅游产品价值与购买风险大小等因素的影响。购买不同的旅游产品,每个家庭成员所起的作用是不一样的。但总体来讲,每个家庭成员在不同旅游产品的购买决策上无外乎上述五种角色。

因此,对于旅游企业来说,了解家庭成员在购买和消费中扮演的不同角色和各自的作用,分析"谁最可能对旅游企业的产品感兴趣,谁将是旅游产品的最终使用者,谁最有可能成为旅游产品的最终决策者,不同类型的商品通常由谁来实际购买"有利于更好地制定旅游营销策略。

(二)家庭购买决策方式

家庭购买决策是指两个或两个以上家庭成员直接或间接做出购买决定的过程。在一次旅游活动中,一个家庭要做出许多的购买决策。在这些购买决策中,有的极为重要,如去哪里度假旅游、住哪家酒店等,另一些决策则普通得多,如购买哪种旅游纪念品。

在家庭购买决策研究中的一个重要问题是,对于不同产品的购买,家庭决策是以什么方式做出的,谁在决策中发挥最大的影响力。由于家庭成员的性格、兴趣及消费经验的不同,选择商品的看法和标准存在差异,因此,家庭购买决策方式也不相同。家庭购买决策主要有以下四种方式。

1. 丈夫主导型

在决定购买什么的问题上,丈夫起主导作用。这种情况的原因大都是因为丈夫收入高,家庭收入主要由丈夫提供。尤其在面对一些昂贵的决策时,往往是丈夫起主导作用。

2. 妻子主导型

在决定购买什么的问题上,妻子起主导作用。20世纪50年代以前,研究认为,家庭购买决策是由作为一家之主的丈夫独自做出的。从20世纪50年代开始,这种观点开始逐渐被妻子作为购买代理的观点代替。随着社会雇佣模式的变化、双收入家庭的增加以及妻子知识水平的提高,妻子的决策参与水平大大提高,在一些决策中的影响已经超过了丈夫。

3. 共同协商型

共同协商型是指丈夫和妻子共同做出购买决策。虽然学术界一直存在丈夫和妻子谁主导决策的争论,多数学者还是赞同这样的观点,即家庭旅游决策通常源于共同决策,几乎所有阶段的决策都是夫妻双方共同制定的,仅存在影响作用大小的差异。

4. 自主型

对于不太重要的购买,可由丈夫或妻子独立做出决策,但非共同商议的结果。当妻子和丈夫其中之一做出决策时,或者两个做出几乎相同的决策时就出现了自主决策这一种情形。

知识链接　　出行决策变"女主外"

有专家指出,中国素有"男主外、女主内"的传统,女性经济日益独立,加之女性具有细心的天性,受这些因素的影响,大部分的家庭出行决策由女性做出,包括选择出游的目的地、日程安排、消费额度等。也有相关网站统计显示,女性不仅扮演着重要的出行角色,大部分情况下,她们更是旅游决策的主导者、旅游计划的制订者,由女性完成的出行决策高达60%。

年轻情侣的出行中,女性更是占据决策主导权。近年来,前往日韩、港澳台的出境游产品受到追捧,其中以年轻情侣较多。据日本国家旅游局北京办事处相关负责人介绍,来自中国的女性游客中,20岁到30岁之间的年轻女性占将近30%,她们去日本旅游的重要目的之一就是购物,包括化妆品、生活日用品等。专家还指出,女性的购物喜好、偏爱的目的地特质等,在很大程度上决定了情侣的出行目的地选择。

(资料来源:http://www.chinanews.com/sh/2015/03-08/7110501.shtml.)

虽然丈夫和妻子是家庭中的主要购买决策者,但是也不能忽略孩子的作用。随着孩子在决策中作用的增强,对孩子的角色和作用的研究也上升到了一个高度。在旅游研究中孩子往往被作被动的角色来看待,认为孩子提出要求,而父母为其计划,特别是在出境度假游中,孩子服从父母的选择。其实孩子不仅简单地接受父母的选择,还对父母的选择产生重大影响,他们有自己的偏好,是决策制定中潜在的力量之源,特别是在度假中一些高频率的、花费较少的单项决策中,孩子是直接影响者。

孩子在家庭旅游决策中扮演的角色可以从直接和间接两个方面来看。一方面是他们直接与父母协商以参与决策项目,另一方面是他们通过自身需要照顾以及固定的生活习惯而对父母产生影响进而达到对决策的影响。年龄大一点的孩子往往通过与父母协商而影响决策,年龄小的、没有协商能力的孩子则通过诸如对饮食时间的固定要求等来影响父母的时间安排。虽然孩子拥有提供建议的能力,但最终决定权仍在父母手中。

四、家庭旅游的影响因素

作为国外消费者行为研究领域的重要命题,近40年来,学者们研究发现,家庭旅游决策模式与家庭成员决策角色的分配,其影响因素主要来自孩子、家庭收入、家庭生命周期、夫妻冲突与互动等。

(一)孩子

在家庭生命周期的特定阶段,孩子的影响非常重要,他们通过生理以及偏好上的限制影响家庭旅游决策和行为。以瑞安、西顿和塔格(Ryan、Seaton and Tagg)为代表的研究者通过实证研究发现,孩子是家庭出游的催化剂,父母非常看重孩子的满意度,孩子不愿意去的地方容易被排除在备选目的地之外。

不同年龄段孩子对家庭旅游决策的影响力有所不同。在霍华德和马德里加尔(Howard and Madriga)的研究中,将孩子划分为三组:4~5岁、6~10岁以及11~14岁。结果发现,随着年龄段的提升,孩子对家庭决策的影响变大,但亚洲国家13~18岁的孩子正值参加高中及大学入学考试阶段,反而在家庭旅游决策过程中影响最小,这和欧美西方家庭情况有明显区别。

(二)家庭收入

旅游需求是高收入弹性的,家庭收入能够影响家庭旅游决策,这首先体现在对夫妻角色差别的研究中。早在1958年,沃尔加斯(Wolgast)的研究发现,收入较高的家庭更多地由丈夫主导决策。后期尼科尔斯和斯尼彭格(Nichols and Snepenger)进一步提出,低收入家庭多由妻子主导决策,中等收入的家庭多为共同决策,而高收入家庭则多由丈夫主导决策。其次,双薪收入家庭的旅游行程规划、用餐、住宿及交通选择上往往比单薪收入家庭更具弹性;而双薪收入家庭较忙于工作,父母对孩子疏于照顾,往往会产生内疚感,反而在旅游需求上会比单薪收入家庭更容易满足孩子的要求。最后,在家庭中丈夫为经济主导者时,面对高消费决策往往会把握决策权。随着女性自主及社会演进,女性教育程度的提高,在外工作时间加长及收入增加,妻子在家庭资金使用上的自主权随之增加。相对而言,妻子在家庭旅游中的决策机会也会相应提升,而家中无收入者在决策行为上所起的作用相对较小。

(三)家庭生命周期

处于家庭生命周期不同阶段的家庭成员在决策中扮演的角色不同。随着年龄的增长,夫妻双方或家庭成员之间熟知彼此的喜好,做决定的时候常为对方考虑,这种熟悉效益促使决策人做出双方都满意的选择,在决策制定过程中合作大于冲突,同时,每个人扮演的角色更加专业化,且倾向于参与划分更细的决策。

在旅游研究领域,学者们很早就关注到家庭生命周期对个体或家庭旅游决策的影响。例如,家庭生命结构对家庭旅游决策内容(去哪里、怎么去、花费、停留时间、目的地设施使用)有明显的影响,出游模式和度假类型在不同阶段家庭生命周期中均存在明显差异,家庭生命周期主要影响家庭旅游决策中的信息搜索方式及最终的旅游目的地选择等。

(四)夫妻冲突与互动

家庭旅游决策作为一种群体互动的消费决策行为,具有指向的高涉入性、复杂的程序和功能、必须遵循的特殊决策规则等。在家庭消费中,当出现夫妻对某一产品或服务意见相左时,往往通过联合决策的方式来加以解决。争议解决的途径主要有三种,即附加信息搜寻、家庭讨论和家庭最具权威人士单方面决定。

与一般消费决策不同的是,家庭旅游决策不仅要选择某一旅游目的地,其决策冲突往往会表现在附加决策上,如旅游活动方式、住宿、餐饮、交通等内容。

第四节 社会阶层与旅游消费者行为

每个旅游消费者都处于一定的社会阶层,同一社会阶层的旅游消费者在行为、态度和价值观念等方面具有同质性,不同阶层的旅游消费者在购买、消费、沟通、个人偏好等方面存在较大的差异。因此,研究社会阶层对旅游消费者行为的影响对旅游企业有着重要的意义。

一、社会阶层概述

(一)社会阶层的含义

社会阶层是指一个社会按照一定的社会标准将社会成员划分为相对稳定的不同层次。由于种种社会差异成分以及社会成员多样化取向的存在,一个社会必定形成一定的社会阶层体系,而处在不同状态和社会位置的社会成员就构成了不同的社会阶层,处在相同状态和社会位置的社会成员则组成了同一个社会阶层。同一社会阶层由具有相同或类似社会地位的社会成员组成,这些处在同一阶层的社会成员具有类似的价值观、生活方式和行为方式。

社会学家吉尔伯特和卡尔(Jilbert and Kahl)将决定社会阶层的因素分为三类,即经济因素、社会因素和政治因素。经济因素包括职业、收入和财富;社会因素包括个人声望、社会联系和社会化;政治因素则包括权力、阶层意识和流动性。

(二)社会阶层的特征

社会阶层的特征包括以下六个方面。

1. 地位性

社会阶层展示一定的社会地位,因此,一个人的社会阶层是与其社会地位相联系的。处于较高社会阶层的人,必定拥有较多的社会资源。他们通常会通过各种方式,展现其与社会其他成员相异的方面。炫耀型旅游消费,实际上反映的就是人们显示其较高社会地位的需要与动机。

2. 同质性

社会阶层的同质性是指同一阶层的社会成员在价值观和行为模式上具有共同点和类似性。这种同质性很大程度上是由他们共同的社会经济地位所决定的,同时也和他们彼此之间更频繁的互动有关。同一阶层的人由于有相同的或相似的态度、活动、兴趣和其他行为模式,因此他们接触的旅游产品也会比较相似。例如,富人经常去打高尔夫球、入住五星级酒店、乘坐飞机时选择头等舱等。

3. 限定性

社会阶层的限定性主要指对个人行为的限定性。大多数人在和自己处于类似水平和层次的人交往时会感到很自在,而在与自己处于不同层次的人交往时会感到拘谨甚至不安。这样,社会交往较多地发生在同一社会阶层之内,而不是不同阶层之间。同一阶层内社会成员更多的互动会强化共有的规范与价值观,从而使阶层内成员间的相互影响增强。另一方面,不同阶层之间较少的互动会限制产品、广告和其他有关信息在不同阶层人员间的流动,使得彼此的行为呈现更多的差异性。

4. 多维性

社会阶层包括职业、收入、财产、教育水平和价值取向等各个方面。每个方面都是一个维度,它们对划分社会阶层都起着重要的作用,可在同一阶层内进行更细的划分。每一个维度都可能对人们的旅游消费行为产生影响。

5. 变动性

随着时代的变迁、科技革命的发展,每个人所属的阶层都是可能发生变化的。有的阶层可能上升,有的阶层则可能下降。社会成员在不同阶层之间的流动,主要有以下两个方面的原因:一是个人的原因,如个人通过勤奋学习和努力工作,赢得社会的认可和尊重,从而获得更多的社会资源和实现从较低到较高社会阶层的迈进;二是社会条件的变化,如在我国20世纪60年代中期,知识分子的社会地位很低,但改革开放以来,随着社会对知识的重视,知识分子的地位不断提高,作为一个群体它从较低的社会阶层跃升到较高的社会阶层。

6. 层级性

从最低的地位到最高的地位，社会形成一个地位连续体。不管愿意与否，社会中的每一个成员，实际上都处于这一连续体的某一位置上。那些处于较高位置上的人被归入较高层级，反之则被归入较低层级，由此形成高低有序的社会层级结构。层级性使得消费者在社会交往中，要么将他人视为与自己同一层次的人，要么将他人视为比自己更高或更低层次的人。这一点对旅游企业分析旅游市场十分重要。如果旅游消费者认为某种旅游产品主要被同层次或更高层次的人消费，他购买该旅游产品的可能性就会增加；反之，他选择该旅游产品的可能性就会减小。

二、社会阶层的划分

（一）国外社会阶层的划分

美国社会学家为了研究人们的消费行为，把美国社会划分为六个不同的社会阶层（如表8-1所示）。社会阶层理论认为，任何个人或家庭所属的社会阶层，主要取决于教育和职业两个因素。除了上上层与下下层的人以外，财富与收入对一个人的社会阶层地位作用并不大，这是因为相同的收入并不必然导致相同的行为。每个社会阶层都会有带着自己特色的生活方式，如相似的旅游目的地、相似的旅游度假方式等，从而表现其与其他阶层不同的价值观、人生观及自我概念。因此，各社会阶层之间的行为有时会截然不同。

表 8-1 美国的社会阶层

社会阶层	成员	人口比例
上上层	名门望族、连续三四代富户、贵族、商人、金融家或高级职员、财富继承者	1.5%
上下层	新显身于上等阶层者、暴发户、未被上上层社会接纳者、高级官员、大型企业创始人、医生和律师	1.5%
中上层	中等成就的职员、中型企业主、中级经纪人、有地位意识的人、以子女及家庭为中心的人	10%
中下层	普通人中的中上者、非管理者身份的职员、小企业以及蓝领家庭、正在努力并受到尊敬的人、保守者	33.6%
下上层	一般劳动阶层、半熟练工人、生活水平同中等阶层的人、对生活满意的人、过着温饱生活的人	38%
下下层	非熟练工人、失业者、未经同化的种族集团、持宿命论的人、冷漠者	15.4%

社会阶层的这种划分方式，主要可以理解为上层、中层和下层三个层次。同一阶层的人，由于价值观、生活方式的相似，他们在行为方式上便表现出共同的倾向性，并与其他阶层的人相区别。不同阶层人的态度和行为方式也会影响他们的旅游行为，表现出不同的旅游倾向。

1. 上层阶层的人

比较重视旅游,把旅游作为生活的基本内容之一。他们较强调旅游的知识性,要求旅游活动具有文化和审美的内容及高级文化娱乐活动,注重旅游活动和旅游交通、食宿,要求服务符合自己的身份地位,喜欢购买艺术品、古玩等商品。他们之中会有较多的人参加远距离旅游和出国旅游。

2. 中层阶层的人

他们比下层阶层的人地位优越,因而比下层阶层的人思想开放,更有自信,也更重视旅游的积极意义和教育意义。他们由于受更高的社会地位直接吸引,更爱冒险和承担风险,因而对旅游的兴趣比下层人士大而且广泛,是各种旅游活动的参加者,在所有旅游者中是数量最多的一种人。

3. 下层阶层的人

由于文化教育水平的限制,大部分人的视野不如上层人士,他们会把时间、金钱和精力投入自己的家庭。他们也参加旅游活动,但由于对外部世界有较大的风险感觉,对去遥远的旅游地不感兴趣,他们把到国内短途旅游观光或到某个旅游点短期度假作为自己理想的旅游方式。他们在旅游购物时比较注重实用性。

(二)我国社会阶层的划分

我国的一些经济学家根据目前城镇的发展和家庭收入的差距,将我国的城镇居民家庭划分为富豪、富裕、小康、温饱、贫困五种阶层。[①]

1. 富豪阶层

富豪阶层包括民营企业家、合资企业老板、著名演员和体育明星、名画家和名作家、部分股份制企业负责人、部分承包租赁者、包工头、证券交易获高利者等。其消费行为的特点为,奢侈享受型消费,即购买各种高档用品;炫耀显示型消费,打高尔夫球、住高星级饭店、出国旅游等;投资储蓄型消费,即购买房地产、珠宝、古董车。

2. 富裕阶层

富裕阶层包括外资企业和合资企业的中方高级管理人员、高级专家、律师、部分企事业单位领导人、个体企业主等。其消费行为的主要表现为,象征标志性消费,注重商品的名牌,喜欢到风景名胜区旅游度假;高雅舒适型消费,对吃、穿、住较为讲究;简便快捷型消费,偏爱科技含量高的商品。

3. 小康阶层

小康阶层包括公司的中高级职员、一般外企雇员、企业中层以上的管理人员和技术人员、公务员、效益较好的单位职工等。其消费行为的特点是,注重生活质量,追求品牌、个性化消费;有较强的攀比和从众心理,喜欢追求时尚;在旅游方面注重保健活动和娱乐休闲,是我国旅游活动的主体和生力军。

4. 温饱阶层

温饱阶层主要指普通工薪阶层,由企事业单位的普通职工构成。其消费特点的表现为,

---

① 张树夫.旅游心理学[M].北京:高等教育出版社,2001.

经济实惠型消费,主要收入用于购买生活必需品;对价格很敏感,追求物美价廉,经久耐用,购物时精挑细选;对质量稳定的老牌子、老厂家忠诚感强,不盲目追求时尚或名牌;对旅游不太重视,只是在节假日、家人生日等特别的日子里才到公园及周边地区做短暂游览。

5. 贫困阶层

贫困阶层包括经营状况不好的企业职工、临时工人、部分退休职工、失业人员等。其消费行为特点为,勉强度日型消费,主要购买日常生活必需品,留心廉价低档商品,如折价处理品、换季甩卖品等。

以上划分比较符合我国城镇居民的情况,旅游企业可根据不同阶层居民的消费特点开展旅游营销、服务、产品开发等工作。

知识链接　中国中产阶层家庭旅游消费特征与影响因素

中产阶层家庭旅游是一种高层次的特殊消费,属精神和文化消费范畴。有学者针对中产阶层家庭对旅游消费需求的特征与影响因素研究,以社会人口特征、经济特征和旅游行为特征为自变量,用单因素方差分析影响消费者行为的因素。研究发现,中产阶层家庭的社会人口统计特征(性别、年龄段、学历)、经济特征(地理区域、城乡区域、就业状态、婚姻状况、个人年收入、家庭年收入和家庭财产)、旅游消费行为(偏好、意愿)在基本旅游消费支出中均存在显著差异(就业因素除外)。

社会人口统计特征中的性别因素中,女性群体样本中家庭旅游消费的欲望会更强烈,旅游消费动机主要集中在观光、体验、购物方面,其感性的消费代表了现代女性旅游消费的潮流和发展方向,女性家庭旅游消费结构主要集中在吃、住、游、购环节,娱乐更多集中于美容、美体和养生。女性消费者从众购买心理强,旅游消费过程中容易受相关群体的影响,相对于男性群体样本中家庭旅游消费会更感性。社会人口特征中的年龄段因素中,青年群体的中产阶层家庭旅游消费主要在远游、境外旅游方面;中产阶层老年群体消费高,表明其有更多闲暇时间旅游,且子女对老人旅游支持。学历方面,教育水平的提高对于中产阶层家庭旅游有着重要的影响,良好的教育背景对于旅游产品的消费质量和品位需求越高,高学历中产阶层家庭旅游消费呈现多元化的发展趋势。

地理区域因素中,国内东部比西部的关联更大。家庭旅游消费因素中,家庭收入和家庭资产决定着旅游消费次数、时间和目的地。城乡因素中,贫富悬殊和城乡差异是旅游消费差异的根本,中产阶层家庭旅游消费在这一因素中,更明显地说明经济特征因素影响着旅游行为和动机。离婚群体样本和同居群体样本在家庭旅游支出均值方面存在显著差异,离婚群体消费支出高,表明其有更多闲暇时间旅游。这一群体对旅游消费欲望强,心理慰藉需求成为中产阶层新的旅游消费现象。孩童数量因素已成为家庭旅游的动机和决策的新源头,儿童旅游问题的提出将成为以后研究的新方向。旅游消费偏好、认知和动机是研究旅游行为的影响因素,经济的发展水平会决定中产阶层家庭旅游消费水平,对于经济水平相对较高的中产阶层而言,在影响其旅游消费的诸多因素中,经济因素可能并不会非常明显。社会因素或与旅游行为相关的因素对中产阶层家庭旅游消费有更加显著的影响。

(资料来源:刘文娟.中国中产阶层家庭旅游消费特征与影响因素[J].重庆科技学院学报(社会科学版),2017(5).)

三、社会阶层与旅游消费者行为

社会阶层对消费者行为产生直接的影响,旅游消费者行为也不例外。社会阶层对旅游者消费行为的影响主要体现在以下四个方面。

(一) 同一社会阶层内旅游消费者行为的相似性

同一个社会阶层的成员,在价值观念、经济收入、教育程度和社会地位等方面比较接近,因此,旅游消费者行为呈现相似的特点。人们把和自己属于同阶层的其他人视为与自己相同或相似的人,对所属阶层具有认同感,会协调自己的行为,使之与同一阶层的人们保持一致。如中层阶层的人常选择有文化内涵和教育意义的旅游产品,对出国旅游很感兴趣;下层阶层的人,会选择离家较近的旅游目的地,开支也不会太大。

(二) 同一社会阶层内旅游消费者行为的差异性

社会阶层是一个多维度的集合体,在同一社会阶层内部,因为人的兴趣、爱好、动机不同,旅游消费者行为也会表现出差异。有的对中国的传统文化感兴趣;有的对新的旅游方式如生态旅游、农业旅游等感兴趣;有的秉持"读万卷书,行万里路"的目的,以了解社会、增广见闻;有的则出于健康的需要,选择一些疗养地、温泉景区以修养身心。

(三) 不同社会阶层之间旅游消费者行为的相似性

"人同此心,心同此理。"处于不同社会阶层的人在消费心理方面也存在一定的相似性。旅游者的消费行为有时会超越他们所属的阶层,如对时髦的关心程度,就与社会阶层没有太大的联系。不同阶层的旅游者,都可能追逐同一种旅游产品与服务。

(四) 不同社会阶层之间旅游消费者行为的差异性

不同社会阶层的人在消费观念、消费行为上存在明显的差异,在旅游目的地、交通工具、住宿设施等方面的选择差别较大。如社会上层的人,购物时倾向于求美、求新,注重品牌和款式;社会下层的人,则倾向于求实、求廉,注重物品的实用价值。社会上层的人不仅想漫游全国,还想周游世界;社会下层的人,则可能选择比较经济的自助旅游,搭乘汽车或火车前往比较近的旅游区度假。

本章小结

(1) 社会群体是人们通过一定的社会关系结合起来进行共同活动和感情交流的集体,是人们生活的具体单位,是组织社会结构的一部分。

(2) 社会群体应具备以下基本特征,即群体成员需要以一定纽带联系起来、有明确的成员关系、有共同的群体意识、有持续的互动关系以及有一定的行为准则和规范。

(3) 社会群体可以划分为正式群体与非正式群体,也可以划分为主要群体与次要群体或隶属群体与参照群体。

(4) 与旅游消费者行为密切相关的社会群体主要包括以下五种基本社会群体,即家庭、朋友、工作群体、非正式的社会群体以及消费者行为群体。

(5) 参照群体指那些作为人们判断事物的标准或仿效模仿的群体。在旅游消费活动中,参照群体实际上是旅游消费者在形成其购买或消费决策时,用以作为参照、比较的个人或群体。

(6) 参照群体对消费者的影响,通常表现为三种形式,即规范性影响、信息性影响、价值表现上的影响。

(7) 参照群体概念在旅游营销中的应用,可以概括为三大效应,即名人效应、专家效应和普通人效应。

(8) 家庭是建立在婚姻关系、血缘关系或收养关系基础上的亲密合作、共同生活的群体。

(9) 家庭成员角色按其在家庭旅游决策过程中所起的作用不同,可分为五种不同的角色,即发起者、影响者、决定者、购买者和使用者。

(10) 家庭购买决策主要有四种方式,即丈夫主导型、妻子主导型、共同协商型和自主型。

(11) 家庭旅游的影响因素主要来自孩子、家庭收入、家庭生命周期、夫妻冲突与互动等。

(12) 社会阶层是指一个社会按照一定的社会标准将社会成员划分为相对稳定的不同层次。决定社会阶层的因素分为三类,即经济因素、社会因素和政治因素。其中,经济因素包括职业、收入和财富;社会因素包括个人声望、社会联系和社会化;政治因素,则包括权力、阶层意识和流动性。

(13) 社会阶层的特征包括地位性、同质性、限定性、多维性、层级性和变动性。

(14) 社会阶层对旅游消费者行为的影响主要体现在四个方面,即同一社会阶层内旅游消费行为的相似性、同一社会阶层内旅游消费行为的差异性、不同社会阶层之间旅游消费行为的相似性及不同社会阶层之间旅游消费行为的差异性。

 核心关键词

社会群体	(social group)
参照群体	(reference group)
从众行为	(herd behavior)
家庭	(family)
家庭生命周期	(family life cycle)
社会阶层	(social stratum)

思考与练习

1. 简述社会群体的概念与基本特征。
2. 在旅游活动中,参照群体对旅游消费者行为的影响体现在哪些方面?
3. 举例说明参照群体概念在旅游营销中的应用。
4. 家庭旅游决策主要有哪些决策方式?你的家庭通常采用哪种决策方式?
5. 影响家庭旅游的因素有哪些?

案例分析

案例一

为什么网红景点会爆红?

从短视频的兴起,西安、重庆、成都一跃成为网红城市,成为年轻人争相打卡的新型旅游城市,洪崖洞、李子坝轻轨、永兴坊摔碗酒在移动网络社交平台广受欢迎,这些城市、景点主动或被动成了"网红"。"网红"何以为网红?争相打卡网红景点的行为折射出旅游者怎样的心理?

多数旅游消费者获取信息的渠道相对有限,信息富有的人会一直得知一些人少小众的新兴目的地,而信息贫困的人就只能随着人流走,在社交平台看别人的攻略视频,也就容易发生复制旅行行为。

旅游消费者的多种叠加心理作用是现象级网红旅游目的地出现的催化剂。很多旅游者缺少辨别能力和独特兴趣爱好,根本不清楚自己喜欢什么,也没有个人特殊的兴趣,选择人云亦云,吃别人推荐过的网红店,买别人买过的牌子,打卡别人走过的地方。

(资料来源:http://www.sohu.com/a/310759217_443684.)

问题:

1. 从社会群体的角度,分析为什么网红景点受到热捧?
2. 在此案例中,参照群体是如何影响旅游消费者行为的?

案例二

"种草经济"大火 你被"种草"了吗?

第九章

文化因素与旅游消费者行为

学习目标

- 掌握文化的概念与特征、亚文化的概念与类型。
- 掌握文化价值观的概念,了解文化价值的三种形式。
- 熟悉中国传统文化的基本精神。
- 了解中国传统文化对旅游消费者行为的影响。
- 了解面子文化对旅游消费者行为的影响。

问题导向

- 你喜欢晒朋友圈吗?

第一节 文化概述

一、文化的含义

文化是个多维度和复杂的概念,克鲁伯和克拉克曾总结了160多种关于文化的定义。由于文化范围的广阔,给文化下一个准确或精确的定义是一件非常困难的事情。英国的文化人类学家泰勒(Tylor)在1871年出版的《原始文化》的著作中,第一次把文化作为一个中心概念提出来,并加以系统地表述,即文化是一个复杂的综合体,包括知识、信仰、艺术、道德、法律风俗,以及人类在社会里所获得的一切能力与习惯。自泰勒以后,许多人类学家对文化这一概念又重新下了定义,例如美国人类学家克劳门和克鲁克霍斯认为,文化包括内隐和外显的行为模式,它是构成人类群体的出色成就,包括体现于人工制品中的成就,文化的基本核心包括传统的观点,尤其是价值观念。

总之,人们对文化含义的解释是多种多样的。一般而言,文化的定义可以分为广义和狭义两种。广义的文化是指人类在社会历史发展的实践过程中所创造的物质财富和精神财富的总和。狭义的文化是指人类精神活动所创造的成果,如哲学、宗教、科学、艺术、道德等。在消费者行为研究中,由于研究者主要关心文化对消费者行为的影响,所以本书将文化定义为,经过学习获得的,用以指导消费者行为的信念、价值观和习惯的总和。

二、文化的特征

就整体而言,各民族文化具有某些共同特征,把握这些共性特征有助于了解文化对旅游消费者行为的影响和作用方式。

(一)文化的习得性

文化不是人与生俱来的,而是在后天成长过程中通过学习而获得的。文化的学习有两种途径,一是文化继承,即学习自己民族的文化。通过这种方式保持民族文化的传承,并形成了独特的民族个性。中华民族在几千年传统文化的影响下,形成了强烈的民族风格与个性,即使在今天西方文化的不断冲击下,仍保持着中庸、忍让、谦恭的民族性格。二是文化移入,即学习外来文化。在一个民族文化的演进过程中,通常会学习和吸收其他民族文化的内容,甚至使其成为本民族文化的典型特征。例如,中国人现在的礼服西装,就是学习西方、借鉴西方服装文化的结果;日本的民族服饰——和服,则是在沿承唐朝服饰的基础上改进而成的。

(二)文化的动态性

文化不是静止不变的,而是不断变化的。人们的价值观念、行为方式、生活习惯、偏好和兴趣等都会随着社会的进步而不断变化。例如,20世纪初的几十年,在西方人的文化意识里,人们追求悠闲、享乐、安逸、舒适的生活方式,节省时间的观念比较淡薄,这是大多数人的基本信念。但近几十年来,随着商品经济的高度发展和工业化程度的不断提高,人们越来越关心如何提高工作效率,节省时间。在节省时间和提高工作效率的新观念下,更多的人开始学会接受省时、方便的产品或服务,如速溶饮料、快餐食物、邮政快递等,也更愿意到便利、高效的大型超市去购物。

(三)文化的群体性

每个国家、民族或地域都会形成不同的文化特质,从而构成各自特有的社会或群体文化。就国家文化而言,每个国家在其建立和发展的过程中都会形成自己独特的语言、文字、仪式、风俗、习惯、民族性格、民族传统与生活方式。例如,英国文化的典型特征是经验的、现实主义的,由此使得英国人形成重视经验、保守、讲求实际的民族性格,英国人的时装往往给人以庄重、大方、实用、简练的鲜明印象;法国文化则是崇尚理性的,法国人更喜欢能够象征人的个性、性格,反映人精神、意念的东西。因此,文化能够确定不同群体之间的界限。

(四)文化的规定性

作为某一特定群体成员共同拥有的价值观念、行为方式和生活习惯等的文化,具有规范、约束每一个个体成员行为的特征。因为文化本身包含了一些理想的行为标准或模式,它使群体成员在特定的情况下,对问题的思考和行为的方式有一个共同的理解。如果有人的思想或行为与群体的价值观念、行为方式和生活习惯等不一致,那么他就会受到来自群体的压力或谴责,在这种压力或谴责的包围之下,他就会改变思想与行为,保持与群体的协同一致,或者为了避免尴尬,保留思想观念的差异,而直接保持与群体行为规范的一致。

(五)文化的无形性

文化是抽象的、无形的,就像一只"看不见的手"影响和引导着消费者的行为。这种影响是潜移默化、自然而然的,因此,人们根据一定文化所采取的行为通常被看成是理所当然、顺理成章的。例如,当研究人员问消费者为什么要做某件事时,消费者通常会回答:"因为这是正确的事情。"这种回答表面看似是肤浅的,但它却反映了文化对消费者行为根深蒂固的影响。通常只有当人们接触到具有不同文化价值观和习惯的人时,才能真正感受到文化对人们行为的影响如此深刻。

三、亚文化

每一个主文化都由几个亚文化构成。亚文化是主文化的一部分,其成员具有共同的独特的信念、价值观和行为模式,每一个亚文化都会坚持其所在主流文化的主要的信念、价值观和行为模式,同时,每一个主文化都包含能为其成员提供更为具体的认同感的亚文化。

亚文化有许多不同的分类方法,其中,较为经典的分类方法是按年龄、性别、种族、民族、地理、宗教以及社会阶层等划分。

(一)年龄亚文化

不同年龄的亚文化群体有不同的价值观念和消费习惯。例如,青年人喜欢追求新颖、奇特、时尚,乐于尝试新产品,容易产生诱发性、冲动性购买;中年人承担着家庭生活的重任,同时扮演着家庭消费品购买决策者的角色,所以其消费行为中讲究实惠、理性,精心挑选的特征十分突出;老年人比较保守,习惯于购买熟悉的产品,求实求利动机较强。

(二)性别亚文化

不同性别的亚文化群体有着截然不同的消费心理和消费行为。一般来说,女性消费者对时尚的敏感程度往往会高于男性,她们通常比较重视商品的外观,而男性消费者则比较重视商品的性能和品质。例如女性旅游消费者在购买旅游商品时,比男性旅游消费者更注重花色、款式,对旅馆房间的布置也挑得仔细。另外,女性消费者对价格的敏感程度也远远高于男性消费者。在购买方式上,女性消费者通常有足够的耐心,同时又缺乏决断性。

(三)种族亚文化

白种人、黄种人、黑种人都各有其独特的文化传统、生活态度和行为习惯。即使生活在同一国家甚至同一城市,他们也会有自己独特的需求、爱好和购买习惯。这是以种族渊源及遗传特征为基础的亚文化群体。不同种族的消费者在体形、肤色、发色等方面的差异,会对消费者产生某些特定的心理与行为上的影响。

(四)民族亚文化

民族亚文化是人们在历史上经过长期发展而形成的稳定共同体的文化类型。它是以历史渊源为基础的具有基本文化的总体特征,又由其自身较稳定的以观念、宗教信仰、语言文字、生活方式等形式表现出来的人群共同体。例如,中华民族是由56个民族构成的总体文化,而每一个民族又具有自己的民族亚文化特征,形成了有自己特点的语言文字、风俗习惯、爱好禁忌。不同的民族在饮食、服装、礼仪等方面各有特点。

（五）地理亚文化

地理环境上的差异会导致人们在语言、生活方式、消费习俗和消费特点上的不同,形成地理亚文化。例如,北方人喜欢吃面食,南方人则更喜欢吃米饭;北方人喜欢逛庙会,南方人喜欢逛花会。这种长期形成的地域习惯,一般比较稳定,但随着地理、历史、政治与经济力量、语言以及宗教等方面的发展,地理亚文化会发生演变。

（六）宗教亚文化

不同的宗教群体,具有不同的文化倾向、习俗和禁忌。全世界有佛教、道教、伊斯兰教、天主教、基督教等,这些宗教在不同的国家或地域甚至是同时存在的。宗教不仅能影响人们的行为,也能影响人们的价值观。以基督教为例,在美国,90%的人信奉基督教,美国社会的主要节日,如圣诞节、复活节和感恩节等都起源于基督教。圣诞节期间,工作人员都要放假狂欢,以示庆祝。在圣诞节前后,人们会掀起一次大规模的购物高潮,人们会购买大量的圣诞贺卡和圣诞礼品,以便相互赠送表示美好的祝愿。

（七）社会阶层亚文化

社会阶层亚文化是指由于教育背景、收入水平、职业以及地位声望的不同,形成社会不同层次群体之间的文化。产生社会阶层的主要原因是人们获得社会资源和发展机会的不均等。因此,不同社会阶层在价值观念、生活方式上是不同的,在消费行为上表现为消费结构、品牌偏好、购物方式的差异。

第二节　文化差异与价值观

各国家或地区、各民族因其各自不同的自然环境和不同的历史发展过程形成了不同的文化类型,彼此之间存在明显的差别。

一、文化差异

文化差异是指人们在不同的环境下形成的一个民族独特的心理感情、民族意识和文化氛围,从而表现在语言、知识、人生价值观、道德观、思维方式、风俗习惯等方面的不同。[1]

知识链接　　中西方旅游者旅游消费行为的差异

一般人格并不是生物本能,而是可塑特质,这种可塑特质是在文化观念的意向

---

[1] 梁雪松.东西方旅游者跨文化旅游行为比较研究[J].浙江工业大学学报(社会科学版),2008(3).

中逐渐形成的。文化作为一套信仰、价值观念、态度、习惯、风俗、传统以及行为方式，必然影响旅游者的生活志向——他所扮演的角色、他与别人的关系、他感知事物的方式、他感到需要的物品和服务以及其他作为消费者的具体行为。中西方旅游者在选择旅游消费的进程中，受各种因素影响，表现出不同的旅游文化现象。

（一）在旅游目的地选择上的差异

中国旅游者偏重于社会知名的历史文化古迹和风景名胜区及建设发展较成熟的景区；在自然景观的选择上，大多喜欢优美和谐的景物，对中华民族始祖的发源地及故乡也比较热衷。西方旅游者喜独特、好新奇，比较倾向不同寻常的旅游目的地；喜欢自身智力和体力能得到充分展示的旅游项目；喜欢接触他们不熟悉的异质文化和民族；在经受考验中享受成功的喜悦；他们在对自然景观的选择上，大多喜欢原始古朴的景物；对历史文化景观的选择上，注重选择那些保持原始风貌的景观。另外，中国人具有较强的群体观念，易受他人支配，从众心理严重。在选择目的地时，很容易听从他人的意见，受他人或社会流行的影响，从而使得一些知名度较高的旅游地在旺季期间达到饱和甚至超载，而一些知名度不高但景色奇美的旅游地却很少有人问津。

（二）在旅游方式选择上的差异

由于中西传统文化在人与人关系问题上的观点不同，中西旅游者在选择目的地的决策方式上也有差别。中国旅游者在远程或出国旅游中，多选择组团的形式；近程或假日旅游则往往选择全家出游或亲友同游的方式，较少个人单独出游。

受个人自由主义的影响，西方旅游者在选择目的地时较少受到他人的支配和影响。随着信息技术的发展，他们甚至连旅行商的建议也不太愿意听取，而是往往通过个人电脑查询有关资料，选择自己感兴趣的旅游目的地。西方旅游者选择单独出游方式比较普遍，也有选择组合旅游方式，喜欢"基本结构（订房、机票）＋自然选择"的模式。自助型的旅游方式已成为许多西方年轻旅游者所推崇的时尚。

（三）在旅游消费支出上的差异

由于传统文化背景的不同，中国人的基本消费观在旅游消费领域主要表现为：第一，因有节俭传统，在交通和住宿方式的选择上注重经济实惠；第二，重有形物品的消费，轻劳务性消费，比如不愿意光顾提供有偿服务的旅游中介机构，不情愿花钱聘用导游，但购物的倾向特别明显；第三，重纯娱乐性消费，轻发展性消费，国内旅游者一般较少光顾博物馆、艺术馆一类的场所，也少像西方人那样以旅游的形式参加学习班和科学考察活动；西方旅游者非常看重劳务性消费（服务质量），在交通和食宿的选择上开支较多，旅游中求知、考察、探险、健身方面的支出也相对较多。

（四）具体旅游消费习俗的差异

中国人出外旅游不喜欢住带"4"的楼层和房间，因其与"死"谐音，喜欢"8"，因其与"发"谐音；西方人则忌讳"13"，在出游时也会有意地回避带这个数字的东西，这是源于《圣经》"最后的晚餐"中出卖基督的是其第13个徒弟。信仰佛教的旅游者都喜欢参观寺院，尤其是一些影响较大的佛教寺庙、佛塔、佛教艺术作品，并采购佛鼓、佛像等佛教用品，而基督教信徒则很少这样做。

（五）在旅游审美上的差异

中国人崇尚静，所以"观静"成了中国的审美活动和范围，它与人的心理体验相结合，通过旅游审美来达到怡乐性情、愉悦身心的目的，体现出人性自由的审美情调。

西方人外倾的性格使得他们考察美、感受美都着眼于动态，西方的旅游审美往往通过溢于言表的激动、兴奋来表达，因而西方人在旅游中会寻求一些刺激的活动，他们追求的是一种形式美和现实美的享受。

（资料来源：沈祖祥.旅游文化学[M].3版.福州：福建人民出版社，2011.）

（一）文化差异的衡量

衡量不同国家文化差异的一个有效的框架就是霍夫斯泰德（Hofstede）提出的文化维度理论，该理论涉及的五个文化维度具体如下。

1. 权力距离

权力距离是指某一社会中地位低的人对于权力在社会或组织中不平等分配的接受程度。在高权力距离的文化中，下属对上司比较信任和服从；在低权力距离的文化中，员工是一种资源，参与决策的程度相对较高，下属在其规定的职责范围内有相应的自主权。

2. 不确定性的规避

不确定性的规避是指某一个社会成员感受到的不确定性和模糊状态的威胁程度。较强不确定性规避文化会尽量提供职业安全保障，建立更为正式的规则，拒绝偏离的观点和行为，规避这些不确定性的模糊状态，对于结构明确、规则具体的稳定态势感到安全和放心，较弱不确定性规避文化则相反，对于模棱两可的未知或不确定性状态不会感觉到威胁，反而会觉得如鱼得水。

3. 个人主义和集体主义

个人主义和集体主义是指某一社会总体是关注个人的利益还是关注集体的利益。个人主义倾向的社会中人与人之间的关系是松散的，人们倾向于关心自己及自己的家庭；而具有集体主义倾向的社会则注重族群内关系，关心大家庭，牢固的族群关系可以给人们持续的保护，而个人则必须对族群绝对忠诚。

4. 男性主义与女性主义

男性主义与女性主义是指社会中男性价值观占优势的程度，或者说人们更强调事业成功还是生活质量。一个社会文化更倾向于男性化还是女性化要看社会中对性别角色定位的传统程度、对坚决获取财富的推崇程度、对家庭生活的重视程度等。男性化倾向文化中对性别角色的定义更加保守，推崇坚决行为以及获取财富；女性化倾向文化中对两性的社会性角色定义较为开明，关心他人，重视人际关系，注重家庭与工作之间的平衡，关注生活质量。

5. 长期取向与短期取向

长期取向与短期取向是指一个社会对长期利益和近期利益的价值观。长期取向的文化关注未来，重视节俭和毅力。他们认为储蓄应该充裕，节俭是十分重要的，他们固执坚持，对社会关系和等级关系敏感，愿意为将来投资，重视传统和准则以适应现代关系，考虑人们的

行为如何影响后代。短期取向的文化倾向过去和现在,注重眼前的利益,尊重传统,强调履行社会责任,但急功近利,做事希望能够立见功效,不容拖延。

霍夫斯泰德的文化维度理论尽管存在不足和局限性,但却是解释文化差异的重要依据。除霍夫斯泰德的文化维度理论,还有施瓦茨(Schwartz)的文化价值取向、斯廷坎普(Steenkamp)的国家文化模型等,也在一定程度上分析和解释了导致文化行为差异的因素。

(二)文化差异与旅游消费者行为

在现实的旅游情境中,为了使自己旅游愉快,旅游消费者常常对符合自身文化要求的趋之,不符合的则避之。但在旅游活动中,文化冲击现象不可避免,不同文化差异之间的碰撞会使旅游消费者又兴奋、快乐,又迷惑不解。当一个人进入一个完全陌生的文化环境中时,原本熟悉的环境和规律大都会消失,即使外向的人,在做任何事、说任何话时都要经过思考和斟酌。

文化差异所带来的文化冲击现象对旅游消费者行为产生的影响,一般要经历三个阶段,具体如下。

1. 接触与崩溃阶段

旅游消费者刚到达异地,往往对新的文化环境有着强烈的兴趣,表现为好奇、兴奋、喜悦、新鲜与奇特。但渐渐会表现为对陌生环境的不适应,在心理上会产生紧张、低沉、困惑、退却之感。

2. 恢复与自立阶段

通过与当地人的接触,掌握了与当地人交往的技巧,开始对文化的相对差异表示欣赏。心理上恢复了平静,紧张感降低,行动上表现出较适应新的文化环境。

3. 适应与不适应阶段

与新文化的适应,意味着固有文化与新文化的融合,必然产生思想上与行为上的协调。当旅游结束,旅游者返回自己的故乡(即回到自己原有的文化环境中),自身融入的新的文化将与母体文化再次冲击,使人产生"再次入侵"的不适感。

总之,由于不同文化的社会行为准则不同,人在接触新文化后,无论时间长短,总要经历一个"社会化的过程"。在这个过程中,因每个人的社会地位、年龄、性别、教育水平、旅游经历的不同,在文化的适应过程中也有较大的差异。

二、文化价值观

尽管各种文化之间的差异性体现在多个方面,但根本的差异还是文化价值观的差异。所谓文化价值观,是指被社会的大多数成员信奉,被认为是社会普遍倡导的信念。它为社会成员提供了关于哪些行为是可以接受的,哪些行为是不能接受的,以及人们应追求一个怎样的最终状态的共同信念。要弄清行为规范上所体现的文化差异,首先应当了解不同文化背景下人们价值观的差异。

影响消费者行为的价值观有很多,而且这些价值观因文化而异。从比较广泛的意义上将文化价值观分为三种形式,即他人导向的价值观、环境导向的价值观和自我导向的价值观。

（一）他人导向的价值观

这一类价值观反映社会对于个体之间、个体与群体之间应如何相处或建立何种关系的基本看法，包括个体与集体、成人与孩子、青年与老人、男性与女性、竞争与合作。

1. 在个人与集体关系上的价值观

在一个社会中，强调倡导个人成功和个人价值，还是更重视集体合作和群体依从；个人之间的差异是受到尊重，还是遭受批评；荣誉和奖励是给予集体还是个人……对这些问题的看法，揭示了一种文化到底是个人取向还是集体取向。例如，美国、英国、澳大利亚、加拿大等西方国家的文化非常强调个人主义，而中国、韩国、日本等亚洲国家的文化则是更强调集体主义。

2. 在成人与孩子关系上的价值观

家庭活动在多大程度上是围绕孩子的需要而不是成人的需要，孩子在家庭决策中扮演什么角色，以及孩子在决策中扮演的角色哪些与孩子自己有关，对这些问题的回答能够反映一个社会在成人与孩子间的价值取向。我国计划生育政策推行后的一个重要的社会文化效应就是产生了明显的孩子中心倾向。事实上，这些独生子女们被称为中国的"小皇帝"、"小公主"，对他（她）们，父母往往有求必应。

3. 在青年与老人关系上的价值观

不同的社会文化在对待青年与老人的价值取向上也可能存在差异。有的社会中，荣誉、地位、重要的社会角色都属于老人，而有的社会中则可能是属于青年的。有的社会中，老人的行为、衣着和生活方式常常受到其他社会成员的效仿，而有的社会中则是青年被效仿。

4. 在男性与女性关系上的价值观

在具有不同文化的社会，男性与女性的社会地位可能存在很大差异。有的国家男性在社会和家庭中占有支配地位，女性只能处于附属地位；有的国家男女的社会地位是平等的，都有机会担任重要的社会职务，在重要的家庭购买中通常是由夫妻共同做出决定的。显然，男性和女性在社会和家庭中的地位，特别是在购买决策中所扮演的角色，影响着企业的营销策略。

5. 在竞争与合作关系上的价值观

不同的社会文化对竞争和合作的态度有所不同。在有的文化价值观中，人们强调竞争，如美国、英国和澳大利亚，比较重视竞争，并公开地表示对竞争的推崇。在另一些文化价值观中，则强调通过与他人合作取得成功，如中国崇尚"共赢"。

（二）环境导向的价值观

这类价值观反映的是对社会与经济、技术以及自然等环境之间关系的看法，包括清洁、个人成就与出身、传统与变革、风险与安全、乐观与悲观以及自然界等。

1. 关于清洁的价值观

不同的社会文化对清洁的重视程度可能不同。这方面的价值观不只在经济发达国家之间存在差异，在经济发达与经济欠发达的国家之间则存在更大的差异。对清洁卫生的重视程度决定了人们对清洁卫生产品或服务，如空气清新剂、除臭剂、工业污染处理设备、废物回收和处理设备等的需求数量。

2. 在个人成就与出身关系上的价值观

一个社会的文化有时会表现在对待个人成就与家庭出身的关系方面。在有的社会文化中,机会、奖赏和荣誉是基于个人业绩和能力的,而在有的社会里,个人的机会往往取决于他的家庭、家庭的社会地位及其所属的社会阶层。成就来源的价值取向不同,决定了消费者品牌认知程度的不同。在文化价值观强调出身的社会里,人们更加偏爱优质高价的知名品牌,而不是功能、物质效用相同但不知名或低价的产品。因很多消费者普遍具有崇尚名牌的心理,新品牌要赢得市场份额相对地就要困难得多。

3. 在传统与变革关系上的价值观

社会文化不同,人们对待传统和变革的态度也会不同。在重视传统的社会里,只要是祖宗遗留下来的习惯,任何人都不能冒犯;在比较容易接受变革的社会里,人们打破传统建立新的模式是很自然的事。这种价值观表现在消费行为上也是有差异的,以传统为导向的消费者往往表现出对新产品的抗拒和抵制,对知名品牌具有很大的忠诚度;而以变革为导向的消费者则喜欢尝试新产品和新品牌。

4. 在风险与安全关系上的价值观

不同文化对待风险与安全的态度是有差别的。有的社会文化崇尚冒险精神,勇于冒险的人会受到社会的普遍尊敬;有的社会文化则可能更加重视安定和安全,对风险会规避。这方面的价值观对消费者行为具有重要的影响。在崇尚承担风险的社会里,如滑雪、登山、野营等户外活动较多,其产品的需求量也比较大,而在其他社会仅有少量的需求。

5. 在乐观和悲观关系上的价值观

不同文化下的人对待困难和灾难的态度不一样。有的文化背景下的人们乐观向上,面对困难有信心去克服,当这类消费者对产品或服务不满意时,会主动投诉;而有的文化背景下的人们还是听天由命,采取宿命论的态度。当宿命论者购买到不满意的商品或服务时,一般都不会提出正式的抱怨。

6. 关于自然界的价值观

不同文化背景下的人们在对待自然以及人与自然的关系上,可能会具有不同的观念和态度。有的文化给自然或自然界赋予一种正面价值,如给予环境保护;而有的文化则把自然或自然界视为被制服、被驯服的对象。目前,越来越多的人开始认识到保护自然的重要性,环境保护意识不断加强。这种变化也从消费者行为变化中反映出来。例如,由于越来越多的人对大自然的热爱,野营、徒步旅行、划船、钓鱼等消费需求出现了大量增长。

(三) 自我导向的价值观

有关自我导向的价值观反映的是社会各成员的理想生活目标及其实现的途径,主要包括主动与被动、物质性与非物质性、工作与休闲、今天与明天、欲望与节制、严肃与幽默。

1. 在主动与被动关系上的价值观

不同文化社会的人们在工作和生活中采取的态度不完全一样,有的文化表现为积极主动,如美国人更倾向于从事体力活动,对任何问题采取行动导向的态度;有的文化表现为消极被动,面临工作时常常要静观其变。不同的思维方式使其消费价值取向也有所不同,主要体现在闲暇时间的安排与运动性产品的消费数量上,这种差异会带来不同的产品需求或服务需求。

2. 在物质性与非物质性关系上的价值观

不同的社会文化中,人们在物质财富的重视程度上会有差异。尽管物质财富是一切社会存在和发展的基础和前提,但人们对待物质财富的态度并非完全一致。有的社会奉行极端的物质主义,认为"金钱万能",物质财富能比家族关系、知识等带来更多的社会回报;有的社会更加强调非物质的内容,如在一些国家,宗教地位至高无上,当物质利益与宗教发生冲突时,人们会选择宗教信仰。

3. 在工作与休闲关系上的价值观

人们对待工作的目的、工作与休闲的关系问题有不同的观念和态度。一般来说,大多数人是为了获取经济报酬而工作,有的人较倾向于从工作中获得自我满足,而有的文化则在告知人们在基本经济需求满足后应更多地选择休闲。在拉丁美洲的某些地方,工作被视为不可摆脱的累赘;而在欧洲的很多地方,工作被认为是充实人生不可或缺的基本组成部分。

4. 在今天与明天关系上的价值观

在不同的社会文化背景下,人们的生活态度也不尽相同。有的社会文化倡导居安思危、细水长流,鼓励储蓄;有的社会文化鼓励人们及时行乐,提倡使用消费信贷。今天与明天关系上的价值观,不仅对消费者行为影响很大,而且对企业制定分销策略、鼓励储蓄和倡导消费信贷均有重要意义。例如,居安思危、量入为出等迄今仍是大多数中国人的消费观念。在这种文化背景下,借用消费信贷来扩大市场规模恐怕并不会如有些人想的那么容易。而美国的消费信贷是非常普遍的,这与美国人的文化价值观有很大关系。

5. 在欲望与节制关系上的价值观

这一类文化价值观表现在自我放纵、无节制是否被社会认可和接受,而克制自己、节制欲望是被看作有道德,还是被看作古怪等方面。

6. 在严肃与幽默关系上的价值观

社会文化的差异也体现在严肃与幽默在多大程度上被接受和欣赏方面。在一种社会文化中被看作幽默的东西,在另一种社会文化中可能被认为是严肃的东西。男人与女人的幽默感不同,成人与儿童在幽默感上也会存在差异。

第三节　中国传统文化与旅游消费者行为

中国传统文化,是指以汉族为主体的,多民族共同组成的中华民族在漫长的历史发展过程中创造的特殊文化体系。它是以几千年来的小农经济为基础,以宗法家族制度为背景,以儒家伦理道德为核心的传统农业文化、血缘文化与修养文化的统一。中国传统文化源远流长,在这种文化背景中繁衍生息的中华民族,其价值观念、思维方式、生活方式、消费观念等都有其独特性。

一、中国传统文化的基本精神

（一）讲究中庸

中庸之道是儒家的一种基本主张。著名的理学家朱熹认为，中庸就是"不偏之谓中，不易之谓庸"。通俗地讲，"中"就是"度"，指凡事要把握度，超过这个度就是过犹不及，物极必反；"庸"则是平常的意思。中庸是中国人的一个重要的价值观，几千年来一直深刻地影响着我们中华民族的思想和行为。

中庸之道的思想精髓是"和"。孔子强调中庸，是因为天下的事物都是有差异的，人与人也是不同的，但事物与事物、人与人、人与事物之间又是彼此联系的，要实现相互间的沟通和融洽，就需要发挥中庸思想的"和"的作用。

（二）注重伦理

由于中国传统文化是建立在宗法制度基础上的血缘文化，国家同构，宗法一体，神权、王权、父权合一，所以中国传统文化最基本的功能就是维持和强化作为宗法制度基础的血缘关系，强调人与群体之间的关系，强调血缘家族关系和以血缘为基础派生出来的人际关系。也就是以家庭为本位，家庭观念、家庭依赖感、家庭责任感都很强。虽然现在家庭核心化，三世或四世同堂的现象有所减少，但传统的家庭伦理观念仍然保持着，亲子之间的相互依存关系依旧很明显。

（三）爱好面子

由中国传统文化中的"礼"演变出了中国特有的面子文化，经过几千年的发展后，时至今日人们对面子更加看重。爱好面子是中国人典型的文化心理特征。在人际交往中，中国人特别讲究自己的形象和在他人心目中的地位，重视脸面。中国人的爱面子是多方面的，既讲究自己给自己装面子，也注重给别人留面子。

（四）重义轻利

注重情义和精神价值，轻视物质利益，强调人与人之间的感情和道义，是中国文化的又一特色，也是中西方文化的主要差异之一。孔子曰："君子喻于义，小人喻于利。"这种重义轻利的价值观使得中国人非常注意人与人之间的感情交流，许多情况下，甚至是正常的工作来往，也常常带有个人的感情色彩。所以在很多时候，特别是用人方面，经常是任人唯亲，而不是任人唯贤，在人际交往中热衷于互助馈赠各种礼物甚至金钱，以强化相互的关系，这种文化心态导致许多人把人们之间的交情或者义气看成是最重要的。为了义气可以拔刀相助、两肋插刀，为了友谊做出物质财富利益的牺牲是微不足道的。

（五）求是务实

面向现实，求是务实，历来是中国人的认识原则和人生信条。孔子主张"学而时习之"，"知之为知之，不知为不知"，就是求实精神的反映。道家虽然大讲"道"，但仍然具有求实的精神。如老子认为，"知人者智，自知者明"，庄子学派主张"析万物之理"等，都蕴含求实的精神。求实精神必然表现为务实态度。中国文化历来就具有务实精神，反对不切实际的清谈空想。中国人务实的人生态度和价值原则在人的行为方面有着重要影响，如立身行事强调脚踏实地,循序渐进,生活中讲求朴实、实用,反对和轻视华而不实、"金玉其外,败絮其中"的东西。

（六）崇尚勤俭

中国传统文化中,崇尚节俭,以节制个人欲望为美德。孔孟主张"克己复礼",朱熹提出"存天理,灭人欲"。因此,在家庭和个人消费上强调勤俭节约,主张精打细算,量入为出,反对奢侈浪费,反对及时行乐的生活态度,从而使收入变化对购买决策具有迅速和直接的影响。由于古代生产力较为落后,且天灾人祸等因素造成产品的缺乏,商品经济的发展也不是很发达,以及百姓经济购买力不足等原因,促成了勤俭习惯的形成。改革开放之后,人们的收入不断提高,人们的消费观也有很大变化,虽然已经出现大批超前消费的人群以及铺张浪费的情况,但是勤俭节约的消费观念,在中国社会仍然是主流。

二、中国传统文化与旅游消费者行为

从旅游消费者购买决策的过程来看,中国传统文化对旅游消费者行为的影响主要体现在以下五个方面。

（一）旅游需要识别阶段

旅游需要识别即旅游消费者意识到的需要解决的问题,产生了多旅游产品的需要,这是购买决策的第一个阶段。中国传统文化,尤其是儒家文化在旅游消费者心里根深蒂固,有的旅游需要被肯定和强化,有的旅游需要被贬抑和压制。例如,中国文化中的勤俭节约的观念很长时间以来一直影响着旅游者的消费观念,他们认为旅游是一项奢侈性的消费,往往会把可自由支配收入储蓄起来而不会花费在旅游上。

（二）旅游信息搜集阶段

一旦旅游消费者决定外出旅游,首先是收集旅游目的地的旅游信息。旅游消费者的信息来源主要有四个途径,分别是个人来源、商业来源、大众来源以及经验来源。中国旅游消费者受传统文化的影响,重视亲情、友情和人际关系,这使旅游消费者更容易接受个人来源和经验来源,更信赖意见领袖和口碑效应。

（三）旅游方案评估阶段

中国传统文化会在诸多方面影响和制约旅游消费者旅游方案评估的过程。例如,受中国传统文化中集体主义价值观的影响,在旅游目的地的选择上具有从众心理,旅游消费者通常会选择一些知名度高或者开发成熟的旅游地。

（四）购买决策实施阶段

旅游消费者经过对方案评估选择后,会产生一定的购买意图,但从有购买意图到完成购买活动,还要受他人的态度、购买力、支付方式等其他因素的影响,文化价值观在其间也会产生一定的作用。中国人在消费决策上表现为集体决策的倾向,反映在家庭决策上,在传统的中国家庭中,男性往往在家庭重大消费决策中具有决策权,但是随着中国社会的发展和家庭结构的变化,女性逐渐成为旅游决策的参与者或制定者。特别是随着中国家庭的小型化和核心化,家庭成员集体决策成为家庭制定家庭决策的主要形式。而且,由于中国女性地位的提高,"男女平等"取代了"男尊女卑",家庭购买决策由男性决定型转变为女性决定型购买模式。另外,很多中国家庭只有一个孩子,通常全家在消费决策上以孩子为中心,会经常考虑到旅游对孩子的作用,如他们会选择一些娱乐性强的旅游项目或者是修学旅游产品。

（五）旅游购后行为阶段

不同的文化价值观对消费者购后行为的影响不同,有的消费者会重复购买,有的消费者会退换货,有的消费者会投诉和抱怨,还有的消费者会把产品转让给他人等。中国传统文化对旅游购后行为的影响主要表现在旅游消费者对旅游过程中不满意的投诉问题上。中国受传统儒家思想的影响,主张"以和为贵",通常对旅游中的不满意采取"息事宁人"的态度,不会投诉。但随着旅游者旅游经验的增多和法律意识的增强,越来越多的旅游者也会利用法律武器维护自己的合法利益。

知识链接　　康养旅游中的儒、道、佛文化

自古以来,中国就有丰富的健康养生文化,作为中国哲学思想的起源和古代思想意识的代表——儒、道、佛三家文化因其广泛的影响力与康养旅游观已然产生千丝万缕的联系。

一、道家文化奠定康养旅游观的基本理念

1. 以养为主

道家宗旨之一是追求长生不老,养生避世、清心寡欲等方式都是为了达到祛病延年、"全命保生"的根本目标。东晋时期葛洪在《抱朴子》中就对养生方法和思想作了大量论述,南北朝时陶弘景的《养性延命录》一书因蕴含丰富的道教文化及养生学思想,被收入明代的《正统道藏》。这些典籍都明确地提出修身养性、延年益寿为第一要旨,与康养旅游观中的养颜健体、修身养性完全契合。

2. 以积精、炼气、养神为基础

道家认为构成生命本源的"道"以"气"的形式出现,且精源于气,那么"道气归根,愈当清净矣"。天师道秘典《老子想尔注》称,"积善成功,积精成神,神成仙寿",即说明了积精养神的重要性。《老子·五十九章》讲"治人事天,莫若啬",这里的"事天",不能极尽聪明、智识,否则费神劳力,要爱其精神、智识,即蓄精养神。康养旅游所达目的同样如此,以良好的物质条件、生态环境为基础,让游客能够藏精炼气养神,精气充盛,自然"内外固密",不易生病,使人神清气爽。

3. 以顺乎自然、依乎天地为途径

道家崇尚自然,凡事要求顺应自然,以无为治之。《道德经》就深刻体现出养生文化的核心——效法天地,以自然为法则,要求人不做违背自然规律之事,以求达到"清静无为"和"少私寡欲"状态。同时继承老子思想,对其思想又有所发展的庄子,也认为人须顺乎自然,依乎天理,并强调"独与天地精神往来",以追求平和明静的心态为理想目标,这些都是康养旅游观的基本理念。

二、儒家文化丰富康养旅游观的理论内涵

孔子作为儒家的师祖,提出了很多关于健康养生的理论,如"知者乐山,仁者乐

水"等真知灼见进一步丰富了康养旅游观的思想内涵。孔子一生倡导"仁者爱人",强调用儒家伦理道德来加强人性修养,培养豁达乐观、积极进取的生活态度,以达到博大宽容、中正平和的人格境界。"修身以道,修道以仁","仁"是道德修养的最高境界,是君子修身养性的最终目的。"仁者"不仅在行为上遵礼,思想上至善,心胸上更是宽广、坦然,因而实现"仁者寿"的养生目标。

儒家崇尚"中庸"之美。《中庸》记载:"喜怒哀乐之未发,谓之中发而皆中节,谓之和。中也者,天下之大本也,和也者,天下之大道也。"即追求一种恰如其分的状态,要求人不冒进、不退缩,稳妥为上方能成事,最终达到"致中和",实现事物的整体和谐与完美;西汉董仲舒同样认为"能以中和养其身者,其寿极命"。这就要求康养旅游者在进行旅游活动的过程中能够调节自身心态,以平和心对待身边之物,才能实现"和者寿"的养生目标。

孟子的《尽心》中写到"存心以养性,修身以立命"。即养身重在养心,养心重于养性,因此养德、养性与养生是统一的。把这种养性观融入康养旅游理念之中,即是通过养性达到养生的目的。可以说儒家的修身养性在一定程度上就是一种心理养生的方法,对丰富康养旅游观的理念内涵有很大的影响力。

三、佛家文化促进康养旅游观的理论发展

1. 佛教讲求禅定

具体是指"心一境性",让混乱的思绪平静下来,专注一境,目的为净化心理、锻炼智慧,是一种调节心绪的手段和方法。维摩诘居士说:"欲得净土,但净其心,随其心净,即净土净。"《景德传灯录》记载,"安静闲恬,虚融淡泊","不生憎爱,亦无取舍,不念利益,成坏等事","心常欢悦,无不适之事"。佛教侧重通过调心来完善人格、影响行为,清静养神可延年益寿,与康养旅游观的养心有异曲同工之妙。

2. 僧尼修行需严格遵守佛教的清规戒条,要求修行人的意念、言语和行为务必符合道德规范

如《增一阿含经》所言:"诸恶莫作,众善奉行,自净其意,是诸佛教。"释伽牟尼也强调"以戒为师",这就要求修行者做到乐善众施利他,是谓养德。康养旅游者可以学习佛家调节心绪、持戒清修等方法来内化心灵,转变思维方式,抛却执念、烦恼以求洒脱离世,达到精神上的愉悦与豁达。

(资料来源:葛幸幸,周金金.康养旅游观与中国传统文化契合研究——以儒、道、佛三家文化为例[J].绿色科技,2018(15).)

三、面子文化与旅游消费者行为

学术界对面子的界定主要侧重于心理学意义和社会学价值两个方面,即面子既被视为个人心理的一种自我意象,也被看成一种尊严或地位的象征。作为传统文化价值观的面子文化,深刻影响着旅游消费者的行为。

(一)中国旅游消费者的面子结构

旅游者的面子是一个多维度的概念,相较于惯常状态中的面子,既有继承也有明显差

异。这种差异就在于部分和阶段性地脱离了熟人社会的结构制约。之所以是"部分",源于旅游活动的异地性。旅游过程中不断面对陌生人(如导游、其他陌生游客、旅游地居民等),但同时中国旅游者经常携亲带友,所以还存在着大量的自己人和熟人,不同的人际关系环境在旅游的情境下同时存在。而之所以是"阶段性",则源于旅游活动的暂时性,经历了短暂的时空变换,旅游者将重新回归到惯常的工作生活地,"争面子"或"保面子"的行为仍会继续,如在亲友面前高调或低调地展示异地购物和趣闻等。新媒体的不断发展,甚至使得在原有熟人社会的"争面子"行为能和旅游的过程同步发生,如用微博、微信等工具展示风景照和美食照,炫耀和展示之情溢于言表。由此,正是因为旅游者身处传统乡土社会所不具有的多重社会结构背景,旅游者的面子结构更加丰富和复杂。

郭晓琳通过混合研究的方法揭示了中国旅游者面子的结构。① 研究结果表明,旅游者的面子包含以下四个维度。

1. 文化资本型的面子

与一般实物消费不同的是,旅游是一种文化消费,时空的转换为旅游者积累文化资本提供了可能,文化资本型的面子也由之产生。通过一次或者多次的旅游,旅游者增长了见识,这种见识就构成了他们的文化资本。旅游者的每一段旅游经历都融入了个人的体验、情感,甚至价值导向,而使这种文化资本具有了独特性。面子是一种正向的社会认可,通过旅游形成的丰富的阅历、特殊的技能、独到的见解使得旅游者在心理和行为上形成一定的优势,并在与亲友互动、传播中得到强化。

2. 消费本位型的面子

惯常生活中的奢侈品消费、炫耀性消费有可能成为人们面子的来源,以表征个人的阶层地位和品位。旅游者的消费本位型面子也延续着这种认同,只不过在旅游的情境下更加明显。出国出境游、住在高星级的奢华酒店对于一般的消费群体而言,都具有花费较高、相对稀缺的特点,即使对于城市中产阶层,这样的旅游经历也是一种难得的奢侈,因此会觉得有面子。正因为如此,旅游中的消费竞赛一直未停止,互相攀比、消费攀升的现象在旅游的情境下以更集中、更强烈的方式释放了。

3. 关系交往型的面子

关系交往型的面子同中国旅游者的行动单元有关,中国旅游者多为集体出行,从社会功能的角度而言,旅游起到增进感情、维系社交关系的作用。关系交往型的面子也体现了旅游中对情感、社交关系的认可和维系,陪同家人旅游、家庭关系和睦、为亲友购物被视为是有面子的事情,关系交往型的面子在这里既是一种行为准则,也反映了中国旅游者的行为特点。

4. 个性彰显型的面子

在后现代思潮的影响下,旅游者通过不走寻常路,参与一些特殊的、小众的旅游活动并由此获得认同的趋势愈演愈烈,甚至在日常生活中没面子的事情在旅游的情境下也能是有面子的体现,如有受访者提到在西藏沿途搭车穷游很有面子,又如不乘索道徒步另辟蹊径翻越泰山、骑单车从上海到杭州、在新疆的天池中洗脚、在茫茫戈壁上抛锚修车……经历越是新奇,越是稀缺,越觉得有面子。

---

① 郭晓琳.中国旅游者的面子结构与旅游行为——一项探索性研究[J].人文地理,2015(1).

(二) 面子文化在旅游消费行为中的表现

1. 旅游消费炫耀型

有些旅游者凭借某些超越其他旅游者的消费行为来炫耀财富、身份与地位,例如一味乘坐豪华游轮或头等机舱、下榻高星级或奢侈型酒店、享用高档餐厅的美食,甚至进行奢侈、浪费、享乐主义的旅游消费,这其中也不乏诸多超出实际消费能力的行为。在炫耀性心理支配下的此类旅游消费行为,常被炫耀型旅游消费者视为"挣得面子"的手段。

2. 旅游消费跟风型

旅游消费跟风型是指顺从社会潮流行为标准、规范及趋向引导而进行的旅游消费,在旅游目的地的选择上表现为避冷趋热、求名求热以及被动旅游消费等。以农村居民为例,目的地选择多偏好大中城市和省内著名的风景名胜区,目的地城市选择则集中在北京、上海、广东、江苏、浙江等热点地区,为了面子宁愿忍受交通拥挤、住宿紧张、门票上涨的旅游环境,以致牺牲旅游质量。被动旅游消费的人,通常本无旅游消费的意愿,或被人怂恿鼓动,或担心被人看不起,或碍于面子不得不从众消费。

3. 旅游消费时尚型

当旅游逐渐成为人们的一种生活方式时,某些旅游者为了有别于大众旅游,以突出自己的优越地位而尝试用更新颖、更刺激的旅游消费来建构旅游面子,并由此催生了许多时尚的旅游方式的诞生,如背包游、徒步探险、自驾游以及高尔夫、潜水、跳伞、马术等所谓上流社会的旅游活动。

4. 旅游消费盲目型

旅游消费盲目型是指旅游者不考虑收入约束,或不追求实际经济效用,或对旅游消费对象的判定熟悉不足而做出的非理性的消费决策和行为,究其原因其实是面子在作祟。加上在某些旅行社层出不穷、花样翻新的旅游产品的推波助澜之下,盲目旅游消费的倾向更加突出。据相关调查显示,目前中国人的出境旅游消费已进入世界前列,购物是中国游客在境外自主消费的第一大项。境外购物大都瞄准了高档时装、名牌化妆品、品牌首饰、珠宝、名牌家电等商品。

(三) 面子文化对旅游消费者行为的影响

1. 面子文化对旅游消费者行为的消极影响

出于面子考虑的旅游消费者行为给旅游者造成了额外的经济和心理负担,压抑了旅游者的真实需求。跟风型旅游易造成目的地旅游设施的超负荷甚至资源被破坏。面子文化可能刺激某些旅游企业的破坏性建设和不道德旅游产品的开发行为,如高尔夫球场的兴建造成土壤和水质污染,某些"赌"、"嫖"产品污染了旅游环境。

2. 面子文化对旅游消费者行为的积极影响

如同面子文化对人们积极上进、提高自身素质和能力等自身发展行为具有刺激作用一样,面子文化对旅游者也具有激励作用。面子文化能刺激新的旅游消费需求的产生,进而在某种程度上推动旅游业的创新和发展。从直观结果来看,面子文化为旅游经济贡献了一定力量,尤其是"道德面子"规范,约束了旅游者的行为,客观上提高了个体旅游伦理道德行为向公共旅游道德靠拢,对旅游道德建设具有积极作用。旅游消费中对面子的过分关注诱发旅游者的非理性消费行为,但充分发挥和利用面子文化的积极意义,将有利于理性、健康的旅游消费文化的建设,进而引导旅游者健康理性地消费。

本章小结

(1) 文化是一定社会经过学习获得的,用以指导消费者行为的信念、价值观和习惯的总和。

(2) 文化的特征有习得性、动态性、群体性、规定性和无形性。

(3) 亚文化是主文化的一部分,其成员具有共同的独特的信念、价值观和行为模式。

(4) 亚文化的类型有年龄亚文化、性别亚文化、种族亚文化、民族亚文化、地理亚文化、宗教亚文化、社会阶层亚文化等。

(5) 文化差异是指人们在不同的环境下形成的一个民族独特的心理感情、民族意识和文化氛围,从而表现在语言、知识、人生价值观、道德观、思维方式、风俗习惯等方面的不同。

(6) 衡量不同国家文化差异的一个有效的框架就是霍夫斯泰德提出的权力距离、不确定性的规避、个人主义和集体主义、男性主义与女性主义、长期取向与短期取向这五个维度。

(7) 文化价值观,是指被社会的大多数成员信奉,被认为是社会普遍倡导的信念。从比较广泛的意义上可以将文化价值观分为三种形式,即他人导向的价值观、环境导向的价值观和自我导向的价值观。

(8) 中国传统文化,是指以汉族为主体的,多民族共同组成的中华民族在漫长的历史发展过程中创造的特殊文化体系。

(9) 中国传统文化的基本精神有讲究中庸、注重伦理、爱好面子、重义轻利、求真务实、崇尚勤俭。

(10) 中国传统文化对旅游消费者行为的影响主要体现在五个方面,即旅游需要识别、旅游信息收集、旅游方案评估、购买决策实施和旅游购后行为。

(11) 面子既被视为个人心理的一种自我意象,也被看成一种尊严或地位的象征。

(12) 中国旅游消费者的面子结构包含四个维度,即文化资本型的面子、消费本位型的面子、关系交往型的面子、个性彰显型的面子。

(13) 面子文化在旅游消费行为中的表现有旅游消费炫耀型、旅游消费跟风型、旅游消费时尚型和旅游消费盲目型。

(14) 面子文化对于旅游消费者行为既有积极影响,又有消极影响。

第九章
文化因素与旅游消费者行为

核心关键词

文化　　　　　　（culture）
亚文化　　　　　（subculture）
文化差异　　　　（cultural difference）
文化价值观　　　（cultural values）
面子文化　　　　（face-culture）

思考与练习

1. 如何理解文化的内涵？文化有哪些特点？
2. 亚文化有哪些类型？
3. 如何衡量文化差异？
4. 阐述中国传统文化对旅游消费者行为的影响。
5. 阐述面子文化在旅游消费行为中的表现，并举例说明面子文化对旅游消费者行为的影响。

案例分析

案例一

自行车上的荷兰

爱骑行，是荷兰人的共同特点。骑车的皇室贵族、骑车遛狗的老人、骑车的警察、骑车的普通百姓，将骑行文化发扬到极致。"骑车很健康"是荷兰人的口头禅。像阿姆斯特丹、海牙这些城市，人们出行10%靠汽车或走路，20%靠公交车，剩下的70%全靠自行车。可见，荷兰人对自行车，简直到痴迷的程度。

荷兰不仅为一般成人设计了质量上好的自行车，而且为奶爸奶妈专门设计了可供搭载幼儿的自行车，自行车前面装一个类似"垃圾斗"一样的车斗，不仅配有座椅，还有遮风挡雨的篷布，车斗面积比较大，可供三四个6岁左右的小孩坐下，荷兰政府在小学课程里，还设置了自行车课堂，将自行车课设为必修课，这使得每一个孩子，都必须掌握骑自行车的技能，也许自小就在自行车上长大，也许自小就知道荷兰人对自行车的重视，荷兰人对自行车，有一种发自内心的喜欢。可以说，自行车是荷兰人一生的伴侣。

荷兰人不仅自己骑自行车，还积极倡导自行车文化，各个景区都设有自行车租用

点。即使你是从国外来的游客,也可以利用很少的钱,租一辆自行车,夹在荷兰人骑行的队伍里,观赏荷兰城市的美景。听说荷兰人骑自行车的速度,不是一般人可以达到的。我有些好奇,他们骑自行车到底有多快呢?我骑行的时候,看到前面正有一位老大爷,决定试一试。

这个老爷爷约莫80岁的样子,他骑着一辆带有挡泥板的破旧自行车,看样子很有些年头了,老人在我的前面慢悠悠地骑着,我很快就超过他,我回头冲他一笑,哪知道他突然发力,自行车飞速从我身边窜过去了。老人得意地回望我,然后加足马力继续往前行驶,我心想:"我一个30多岁的人,难道还输给一个80岁的老人不成?这么老的老人,肯定坚持不了多长时间就偃旗息鼓了。"我使出浑身力气使劲地蹬,差不多快到接近他的时候,老人又来个猛冲,我追了10多分钟,仍然没有追上。难以想象,这个80岁的老人就像驾了两个"风火轮"似的,远远地把我抛在了后面。

有朋友告诉我,荷兰人爱骑行,这也与荷兰政府对自行车的管理有关。荷兰政府修建了庞大的自行车专用道网络覆盖整个荷兰,还为自行车车道设置了专用的标示牌和信号灯,宽敞的自行车道足够两人并肩骑行和超车,这使得自行车成为荷兰最安全舒适的出行方式。在荷兰,汽车不能在红灯时右转,但是自行车可以右转。道路的十字路口骑车人享有优先通行权,在有些空间有限的地方,自行车与汽车共享的车道上面都会有个标示牌:上面画着骑车人和身后的汽车,文字写着:自行车车道,汽车是宾客。可见,政府对骑车人的优待。荷兰人均拥有自行车1.3辆,并且生产的自行车质量也出奇的过硬,荷兰生产的自行车,骑上一两年才需要充一次气。

爱骑行的荷兰人,给我们上了一堂生动的环保与健康课。

(资料来源:刘希.自行车上的荷兰[J].中国地名,2019(3).)

问题:
1. 从荷兰人爱骑行的行为折射出他们的何种文化价值观?
2. 荷兰人骑行文化的形成受哪些因素影响?

案例二

旅游,与面子何干?

第十章

营销组合与旅游消费者行为

学习目标

- 熟悉旅游产品的生命周期策略、新产品策略及品牌策略。
- 了解旅游消费者的价格心理与对价格的诉求。
- 熟悉旅游产品的价格策略。
- 掌握旅游销售渠道的概念与类型。
- 了解影响旅游销售渠道选择的主要因素,以及旅游零售商对旅游消费者行为的影响。
- 熟悉旅游销售渠道策略。
- 掌握旅游促销与旅游促销组合的概念。
- 了解旅游促销的作用。
- 熟悉旅游促销的策略。

问题导向

- 最打动你的旅游广告语是什么?

第一节 产品与旅游消费者行为

在任何行业的市场营销中,产品都是其中最为基础的营销手段。人们往往将产品置于 4P 这一经典营销组合之首,其中的原因似乎也在于此。这也在很大程度上暗示了产品作为市场营销手段的重要性。

一、旅游产品生命周期策略

产品生命周期理论是现代营销管理中的一个重要理论。这一理论运用于旅游业,对于旅游企业有效利用资源、开发特色旅游产品、制定营销策略具有重要的指导意义。

（一）旅游产品生命周期理论

旅游产品在市场营销过程中,都有一个由产生、发展到被淘汰的过程,就如同任何生物都有其出生、成长到衰亡的生命过程一样。所谓旅游产品生命周期理论,是指旅游产品从进入市场到最后被淘汰退出市场的过程,包括投放期、成长期、成熟期、衰退期4个阶段。典型的旅游产品生命周期是呈S形正态分布的,分布曲线如图10-1所示。

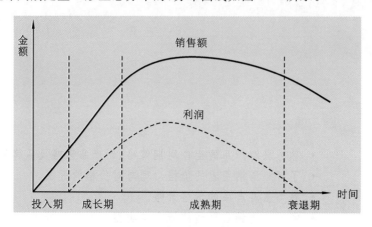

图 10-1　产品生命周期曲线

1. 投放期

它是指旅游产品刚刚进入市场的时期。这一时期的旅游产品的设计与生产都有待于进一步完善,旅游服务质量不稳定。在这一阶段,旅游者对旅游产品还不甚了解,旅游者的购买行为不够踊跃,只有少量追求新奇的旅游者可能做尝试性购买,旅游产品的销售量很低并且增长速度缓慢。而且,由于旅游产品在这一阶段的生产成本以及对外广告与宣传的销售费用较大,旅游企业的利润较低,甚至存在一定程度的亏损。

2. 成长期

它是指旅游产品逐渐被旅游者接受、销售量迅速增长的时期。这一时期的旅游产品设计与生产都已趋完善,服务质量大大提高,旅游企业的利润大幅度提高,同时广告费用也随着产品的畅销而降低。在这一阶段,由于旅游产品的销售状态良好,可能会出现其他竞争者。

3. 成熟期

它是指旅游产品在市场上普遍销售的饱和阶段。这一时期旅游产品已成为名牌产品或老牌产品,在旅游市场中享有较高的知名度,旅游产品的销售量逐渐达到顶峰而趋于饱和状态,旅游产品的成本降至最低点,旅游企业的利润也达到最高水平。在这一阶段,竞争者大量涌现,旅游企业间的竞争日趋激烈。

4. 衰退期

它是指旅游产品逐渐退出旅游市场的阶段。这一时期旅游产品的内容与形式都显陈旧,其他更为先进的旅游产品层出不穷,旅游消费者对原旅游产品的兴趣已逐渐下降,转而倾向购买其他类型的旅游产品。因此,旅游产品此时的销售量大幅度下降,旅游企业的利润甚微,甚至在竞争中被淘汰。

(二)旅游产品生命周期各阶段的营销策略

旅游企业必须了解旅游产品目前所处的生命周期阶段,并采取相应的营销策略。

1. 旅游产品投放期营销策略

在投放期,旅游企业主要的营销目标是迅速将新产品打入市场,在尽可能短的时间内扩大产品的销售量,可采取的具体策略有以下几种。

(1)加强广告宣传。旅游产品在投放期阶段,应以产品知晓、创造产品知名度为营销重点。旅游企业应注意凭借社会重大活动和造成广泛影响的事件,适时进行旅游产品宣传,以引起社会的轰动效应,从而吸引旅游者对旅游产品的注意和激发旅游者的购买热情。

(2)拓展旅游产品市场。旅游产品的市场开发是一项独立的创造活动,它不仅限于一般性的宣传,而且包括全方位扩展旅游产品的销售渠道,通过价格策略占领市场份额或获取理想利润等。

(3)注重旅游产品的质量。旅游产品初入市场,旅游者对其产品质量的印象和口碑宣传,将影响到该旅游产品今后的发展,因此,旅游企业要继续改进旅游产品的生产设计和完善其配套服务,逐步提高旅游产品的质量。

从价格和促销的角度来考虑,旅游企业在产品的投放期有四种营销策略可供选择,如图10-2所示。

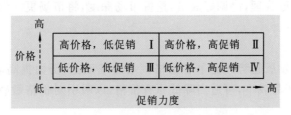

图10-2 投放期旅游产品促销策略

1)缓慢撇脂策略——高价低促销

以较高的价格树立产品的形象,以此来弥补在促销力度上的不足,从而把旅游产品投放到市场。高价格的目的在于获取更大的利润,而低促销则是降低新产品的销售费用,旨在通过高价格来提高旅游产品的知名度。这种策略在短期内可获巨大利润,以回收旅游产品的生产投资,但必须具备以下基本条件:①产品的规格档次高,服务质量好,基础设施齐全;②旅游市场规模小;③旅游市场已基本了解这类产品;④潜在的竞争对手少,使旅游产品具有很大的垄断性。

2)快速撇脂策略——高价高促销

以较高的价格树立旅游产品市场形象,同时支出大量的促销费用,加大促销的力度,在市场上树立高质量的形象,以弥补高价格的不足,从而扩大市场占有率。这种策略适应于以下类型的市场:①产品的知名度很低;②人们消费水平较高,市场上有一批重质量而轻价格的成熟消费者;③旅游产品更具个性化、趣味性和健康性,与同类产品比较,具有明显的优势,如"游轮旅游""欧洲十日游"等。

3）缓慢渗透策略——低价低促销

企业以一种低姿态进入旅游市场，目的在于促使市场尽快接受这类产品，随着产品知名度的提高，慢慢地提高产品的价格，以收回企业的投资。采取该种策略的条件是：①市场上对该产品的价格弹性较大；②市场有较大的开拓余地；③基础设施能稳步配套建设；④有相当数量的潜在竞争者；⑤产品的知名度较高，如1994年起推出的"民俗文化游""宗教旅游""乡村旅游"。

4）快速渗透策略——低价高促销

以较低的价格加上较高的促销，全力推出该产品。这种策略常使产品在最短的时间内进入市场，迅速提高产品的市场占有率。采取该策略出于以下原因：①市场规模较大；②旅游消费者大多对价格敏感；③存在潜在竞争的威胁；④旅游产品因规模生产或新技术而使生产成本大大降低。

2. 旅游产品成长期营销策略

旅游产品在成长期的营销策略有以下几种。

1）提高产品服务质量，增加旅游产品特色

改进旅游产品，进一步完善基础设施建设，提高旅游地可进入性。增加产品新的功能和品种，以系列化的产品满足不同目标市场的需求。不断完善产品质量，提高产品的服务，获得更好的市场信誉，以吸引更多的潜在旅游者。

2）开拓并采用新的销售渠道

通过加强销售渠道管理，协调好成员，挖掘市场深度，将市场更加细化；采取多种销售形式，增加新的销售渠道。

3）开拓新市场

在分析市场价格发展趋势和竞争者价格策略的基础上，努力提高旅游产品的规模生产能力，以此降低单位产品成本，可适当降低原有价格，以吸引对价格敏感的潜在购买者，以此主动开拓新市场。

4）加强旅游宣传力度、增加促销方式

把产品宣传中心从介绍产品转移到建立产品形象上，树立产品品牌，培养忠实客户，吸引新客户上来。在适当时候开展促销活动，吸引对价格比较敏感的消费者购买产品。另一方面，借助媒体，对外宣传，重点由介绍旅游产品转为树立产品形象，宣传产品特色，提高产品知名度，走名牌产品的销售策略。

5）培养产品品牌

旅游企业要努力在产品成长期，改进产品的生产设计，突出产品特色，形成鲜明的产品特色，在旅游消费者心目中建立良好的品牌形象。

3. 旅游产品成熟期营销策略

这一时期旅游产品已基本定型，市场营销也日趋成熟，市场已趋于饱和状态，产品销售量已基本稳定，而同类产品的生产企业却不断增加，由此市场竞争异常激烈，企业为了保持产品的优势地位，可采取以下营销策略。

1）市场改进策略

为了寻找机会市场，争取新的消费者，企业应进行新的市场开发，进一步挖掘市场潜力，稳定和扩大产品的销售量。

2）产品改进策略

旅游产品的改进主要集中在两个方面，一是产品质量改进，增加产品的独特性、新颖性、技术的先进性、时代感等，以吸引不同需求的旅游消费者。二是服务数量改进，规范服务技巧，使旅游接待服务标准化，以此来稳定服务质量，同时，尽可能增加服务项目，以此吸引旅游消费者。

3）营销组合改进策略

对原有的营销组合产品、定价、渠道、促销等因素的调整、变革，稳定市场，刺激销售量回升，继续提高市场占有率，如降价或增加销售过程中的服务内容，开辟多种销售渠道等。

4）新产品的研制和开发

产品的市场营销进入成熟期，即意味着市场营销工作开始下降。旅游消费者日益变化的旅游需求，使企业无法确知现有产品的衰退期何时到来。为使企业永远居于市场主动地位，旅游企业应着手研发新的旅游产品和项目。

4. 旅游产品衰退期营销策略

市场营销一旦进入衰退期，对于旅游企业而言，将面临一次严峻的考验，企业能否果断地调整产品营销策略，直接关系到企业未来的生存和发展。一般而言，企业应尽可能地缩短产品的衰退期，其主要措施有以下几种。

1）立刻放弃策略

如果旅游产品市场销售量急转直下，甚至连变动成本也无法补偿，那么企业宜采用此策略。

2）撤退和淘汰疲软产品

对于疲软产品，维持其生产成为企业发展的一个包袱，使企业的人、财、物得不到及时的转移，同时，疲软产品也会影响到企业的市场声誉，因而对于此类产品，企业应果断撤退并予以淘汰。

3）逐步放弃策略

改善和扩充滞销旅游产品。滞销产品面对同类产品或其他替代产品的竞争，市场销售量有所下降，但在旅游市场上仍具有一定的潜力。对于这类产品，企业不应盲目放弃，打开一个新的市场毕竟不是件容易的事情，企业应当分析产品滞销的原因，对症下药，扩充产品的用途，提高产品质量，使产品销售量回升。

4）自然淘汰策略

旅游企业不主动放弃某一产品，而是依据旅游产品的生命周期，继续使用过去的市场细分、销售渠道、价格策略和促销手段，直至旅游产品的完全衰竭。进入市场的旅游产品多种多样，其生命周期各异，即使是同时进入衰退期的同类产品，其旅游企业退出市场的时刻也不一样，有的企业较早退出市场，而继续留在该市场中的企业可以继承退出企业空闲的消费能力，由此获利。

二、旅游新产品策略

旅游新产品是指由旅游生产者初次开发设计，或者在原产品基础上对其功能、内容、服务方式等方面有重大改进的产品。旅游新产品的开发,是旅游业存在发展的必要条件,是企业保持活力和竞争优势的重要途径。旅游企业通常采用以下几种策略实行新产品的开发。

(一)资源重组策略

以市场需求为基础组合旅游资源。在了解市场需求的基础上,整合旅游资源以激发旅游者的旅游动机,满足或创造旅游需求。这种整合方式基于对旅游市场的深入调查和对旅游者消费行为仔细分析的基础之上,具有灵活性强的特点,易于新产品的开发。

以文化为纽带组合旅游资源。通过文化组合,例如以自然要素为对象的生态文化、以宗教与民俗为主体的传统文化、以高新科技和新文化为代表的现代文化等多种类型的文化特色来组织开发旅游产品。

从经济效益的角度组合旅游资源。旅游资源的组合要能够实现旅游资源价值增值和利润回报,提高产业贡献率,这也是旅游业作为经济产业发展的内在需求与动力。

(二)产品升级策略

1. 提升旅游产品形象

旅游产品形象影响着人们对产品的心理感知程度。提升旅游产品形象是指在原有旅游产品形象的基础上提炼新形象,从而使旅游者从一个崭新的角度来认识原有旅游产品,并产生强烈的兴趣。

2. 提高旅游产品品质

提高旅游产品品质的一个重要途径是保持对旅游产品生产设计与管理的不断完善与改进,对产品所依托的旅游资源进行深度开发,丰富原有旅游产品的内容。

3. 提高旅游产品科技水平

高科技可促进旅游资源的内涵不断延伸,使一些过去不能被开发的潜在旅游资源被利用起来,如深海、太空、动漫旅游资源等。在旅游新产品开发中也要促进高科技转化为现实的旅游生产力,重视遥感(RS)、全球定位系统(GPS)、地理信息系统(GIS)的 3S 技术、虚拟现实技术(VR)等在旅游产品开发中的运用。

三、旅游产品品牌策略

旅游产品品牌,是指用以识别某旅游产品(包括目的地、旅游线路、特种旅游项目、单项旅游服务等)的名称、标记、符号、图案或其组合,以便消费者能识别旅游企业或旅游地的产品和服务,将其与竞争对手区分开来,获得旅游者的购买和参与。对于旅游市场而言,品牌最持久的特性是旅游产品的价值、文化和个性。

(一)品牌与旅游消费者行为

(1)品牌与旅游消费者行为是产品整体概念的重要组成部分,具有深刻的内涵和丰富的市场信息。要把握品牌的深刻内涵,可以从六个层次加以理解,即属性、利益、价值、文化、个性、用户。

(2)品牌的塑造需要不断地关注旅游消费者行为,了解旅游消费者的需求。了解旅游消费者需求,才能推出旅游消费者认可的品牌。而多数旅游消费者又有一定的品牌仰慕心理,而且购买名牌旅游产品可以减少旅游消费者的感知风险。

(3) 知名品牌使得旅游企业有能力向目标旅游消费者提供恰当的信息,利用品牌吸引旅游者并体现出对他们需求的人性设计,如表10-1所示。

表10-1 旅游业中通过品牌吸引旅游消费者的实例

部 门	实 例	评 价
旅游目的地	西班牙——"西班牙激情旅游"	吸引那些喜欢体验不同文化经历的高档旅游消费者
交通部门	英国航空公司——"世界上最受青睐的航线"	吸引那些喜欢可靠客户服务的国际旅游消费者
旅游吸引物	巴黎迪士尼——魔幻王国	吸引那些喜爱迪士尼魔幻世界的儿童旅游消费者
旅游经营商	国际旅游联合会——可持续性旅游项目	吸引那些具有环境意识的旅游消费者
住宿接待部门	MGM——拉斯维加斯	吸引那些喜欢将娱乐与博彩相结合的旅游消费者

(资料来源:约翰·斯沃布鲁克,苏珊·霍纳.旅游消费者行为学[M].俞慧君,等,译.北京:电子工业出版社,2004.)

(二) 品牌策略

旅游企业主要有三种品牌策略可供选择,具体如下。

1. 品牌延伸策略

品牌延伸策略,是将某一成熟品牌或某一具有较大市场影响力的成功品牌使用在新产品或改进产品上。采用这种策略,既能节省推广费,又能迅速打开产品销路。

2. 多品牌策略

多品牌策略,是指企业根据各目标市场的不同利益分别使用不同品牌的品牌决策策略。这种策略能较好地定位不同利益的细分市场,强调各品牌的特点,吸引不同的消费者群体,从而占有更大的市场份额。比如,洲际饭店集团就拥有洲际、皇冠假日、假日饭店、快捷假日等多个国际知名饭店品牌。

3. 统一品牌策略

统一品牌策略,是指公司的每种产品都使用统一品牌。使用统一品牌有利于企业统一产品形象,便于公众识别、记忆企业,尽快提高企业知名度,有利于新产品进入市场,同时还可节约品牌与商标的设计和广告促销费用。

知识链接　　产品生命周期理论的价值与局限性

1. 主要价值

在市场营销工作作中,产品生命周期作为一项诊断或分析工具,具有很大的实用价值。这些实用价值主要体现在以下两个方面。

(1) 有助于营销者针对市场的变化,提前计划未来的产品战略,也就是说,以理论要求营销者根据产品生命周期阶段的演进情况,计划和组织本企业的新产品开发工作。

(2) 有助于营销者注意根据自己的产品所处生命周期阶段的变化,策划和实施不同的市场营销策略。

例如,根据产品生命周期理论进行分析,当产品处在投放期阶段时,营销策略的重点应在于努力打造该产品的市场知名度,并促使旅游消费者尝试该产品。当产品处于成长期阶段时,营销策略的重点应在于借机渗透市场,努力扩大市场份额。当产品处于成熟期阶段时,营销策略的重点在于捍卫和保持本企业的市场份额。当产品进入衰退期阶段时,营销策略的重点在于努力提高该产品的生产效率以降低该产品的生产成本。对于绝大多数产品来说,最终都会走到其生命周期的尽头,因此,营销者有必要根据市场需求的潮流变化,策划新的产品以取代即将过时的产品。

2. 局限性

虽然产品生命周期理论作为一项分析工具有很大的实用价值,但是,人们在认识这一理论时,也有一些需要注意的问题。这些问题所反映的就是产品生命周期理论的某些局限性,主要包括以下几个方面。

(1) 很多证据显示,旅游产品生命周期的演进曲线并不像理论上所描述的那样规则。有些旅游产品的生命周期很短,经推向市场,其销售量很快便急速上升,但不久就出现迅速下跌现象。在这方面,最典型的例子莫过于节庆旅游产品。与之相比,有些旅游产品的生命周期则很长,甚至似乎永远都会停留在成熟期阶段。例如,很多国际著名城市的都市观光游产品都有长盛不衰的表现。

(2) 在某些营销决策过程中,如果旅游营销者仅使用产品生命周期这一项分析工具,而忽视借鉴其他的分析技术,则很可能产生误导,致使营销者采取不当的营销策略。在旅游业的经营中,这种情况确实存在。例如,有些旅游景点或饭店企业通过营业分析,一旦发现自己的产品处在成长期,往往会削减营销开支,采取守株待兔、坐等收获的经营策略。然而实际情况却是,这些旅游企业的营销经理只要认真地评价一下当时的经营环境,便可能发现,本企业完全有可能利用某些机会进一步延长该产品的成长期。

（3）产品生命周期理论往往会使人误以为应将产品开发作为全部市场营销工作的重点。实际上，在当今的经营环境中，旅游经营者应始终将了解市场需求的变化和预测消费者行为的发展动向作为市场营销工作的第一重点。从这个意义上讲，人们更应提倡和强调的概念似乎是市场生命周期，而不是产品生命周期。

（资料来源：李天元，曲颖.旅游市场营销[M].北京：中国人民大学出版社，2013.）

第二节 价格与旅游消费者行为

科特勒（Kotler）曾说过，在营销组合中，价格是唯一能产生收益的因素，也是营销组合中最灵活的因素。旅游产品定价的高低，价格调整变动幅度的大小，不仅影响旅游企业效益的增减和竞争力的强弱，而且直接影响到旅游消费者的购买心理与行为。

一、旅游消费者的价格心理

（一）习惯性心理

习惯性心理是指旅游消费者根据自己以往的购买经验，对某些旅游产品的价格反复感知，从而决定是否购买的习惯性反映。虽然产品价格的制定具有一定的客观标准，但在实际生活中，由于各种因素影响，旅游消费者很难对旅游产品价格的客观标准了解清楚。

（二）敏感性心理

旅游消费者对价格的敏感性就是价格意识，它是指旅游消费者对旅游产品价格变动的反应程度。由于旅游产品价格的高低和变动直接关系到旅游消费者的切身利益，因此，旅游企业在进行价格调整时，要考虑不同种类旅游产品对旅游消费者反应的敏感度，以免引起旅游消费者心理与行为上的过度反应。

（三）感受性心理

感受性心理是指旅游消费者对旅游产品价格高低的感受和知觉程度。旅游消费者对旅游产品价格的高与低的认识和判断，不完全基于某种旅游产品价格是否超过或低于他们认定的价格尺度，他们还会通过与同类旅游产品的价格进行比较来认识。

（四）倾向性心理

倾向性心理是指旅游消费者在购买过程中对旅游产品价格进行选择的倾向。旅游产品的不同价格，标志着旅游产品的不同价值和品质档次。旅游消费者会出自不同的价格心理，对旅游产品价格档次产生不同的选择倾向。

二、旅游消费者对价格的诉求

从消费者的角度来看价格，最重要的决定因素是消费者对于质量和物有所值的预期。

消费者必须看到价格与产品质量之间的联系。一些旅游企业制定较高的价格,产品在设计、提供服务等方面上的独特之处就通过这种定价体现出来。例如,航空公司根据不同等级的服务制定不同价格,如表10-2所示。

表10-2　航空公司的产品价格与服务

产　品	价　格	提供的服务
头等舱	最高	• 高水平的个人服务 • 快速登机 • 舱内宽敞的空间 • 具备一些个人服务
商务舱	中等	• 安全和快捷登机 • 舱内合理的空间配置 • 飞机上的商务服务
经济舱	较低	• 基本不具备个人服务 • 有限的菜单 • 舱内空间小 • 针对儿童的服务

(资料来源:约翰·斯沃布鲁克,苏珊·霍纳.旅游消费者行为学[M].俞慧君,等,译.北京:电子工业出版社,2004.)

在旅游业中,价格经常作为一种竞争手段,可以在很多方面影响旅游消费者的消费行为。表10-3总结了一些产业通过价格影响消费者行为的做法,不同的价格策略将会刺激消费者选择不同的市场,或者在某些情况下培养其对某个企业的顾客忠诚度。价格策略既可以鼓励消费者选择一种市场,也可以用于防止消费者过度浪费自然资源或设施。

表10-3　旅游业利用价格影响消费者行为的方式

商业技巧	实　例	对于消费者行为的作用
宣传期低价位	旅游经营商	吸引消费者开拓新市场
整体低价位	经济的空中旅行	吸引主要对低价位感兴趣的消费者
最后一分钟购买折扣	中档饭店	刺激消费者购买
针对特殊细分市场优惠	博物馆	吸引相对贫困的消费群参观
奖励价格	豪华酒店	吸引追求地位、价值与独特性的消费者

(资料来源:约翰·斯沃布鲁克,苏珊·霍纳.旅游消费者行为学[M].俞慧君,等,译.北京:电子工业出版社,2004.)

三、旅游产品的价格策略

(一)新产品定价策略

旅游企业为了使自己的产品能够顺利进入市场,或能够圆满完成营销目标,会为新产品制定合适的定价策略。一般情况下,旅游企业会采用以下几种定价策略。

1. 撇脂定价策略

撇脂定价策略即在新产品进入市场初期,以超出商品实际价值较多的价格出售,以期获取较高的利润,然后随着时间的推移,再逐步降低价格使新产品进入弹性大的市场。这种定价策略犹如从鲜奶中撇取奶脂,因而被称为撇脂定价策略。这种定价策略一般适用于具有新颖独特、生产技术或资源具有垄断性、流行时间短且压力条件较小、生产能力不能迅速扩大等特点的旅游新产品。

这种定价策略的优点是易于吸引消费者的注意和激发购买热情,同时也有利于旅游企业尽快占领市场,取得高额利润,尽快收回投资。而且,这种定价策略的降价空间较大,可以在竞争加剧时采取降价手段,既可限制竞争者的加入,又符合消费者对价格从高到低的客观心理反应。但是这种定价策略要求市场上存在高消费或时尚性的需求,并且在实行高价策略后,不会刺激更多竞争者进入市场。

2. 渗透定价策略

在新产品进入市场的初期,利用消费者求廉的消费心理,有意将价格定得很低,使新产品以物美价廉的形象,吸引顾客,占领市场,以谋取远期的稳定利润。这种定价策略的优点在于,对一些特点不显著、易仿制的旅游产品实行低价策略,可阻止其他旅游企业的加入,减少本企业的竞争压力。但是,这种定价策略会导致投资回收期变长,而且在遇到强劲的竞争对手时,会遭到重大的损失。

3. 满意定价策略

满意定价策略是一种折中价格策略,它是介于撇脂定价与渗透定价策略之间的一种价格策略,即根据旅游消费者在购买旅游产品中所支付的价格,来制定新产品的价格。这样旅游产品在投放市场后能保证旅游企业取得一定的利润,也能够被旅游消费者接受,因而被称为满意定价策略。这种定价策略适合大多数旅游消费者的购买能力和购买心理,比较容易建立较稳定的商业信誉。

(二)心理定价策略

心理定价策略是通过对消费者的购买心理进行分析,依据消费者心理对价格数字的敏感程度和不同联想而采取的定价技巧。

1. 尾数定价策略

尾数定价策略又称为非整数定价策略,即给旅游产品定一个零头数结尾的非整数价格,从而给旅游者造成经过精确计算的最低价格的心理。这种定价策略一般适用于价格低的旅游产品或服务,如旅游饭店19.8元的菜肴就比20元的菜肴看起来更具有吸引力。

2. 整数定价策略

整数定价策略是旅游企业把旅游产品的价格定在整数上的一种策略。这种定价策略能够体现旅游产品本身的价值,容易使旅游消费者产生"一分钱一分货"的购买意识,有助于旅游企业进行市场竞争和提高经济效益。对于高档、名牌旅游产品的定价,一般采用整数定价策略,如旅游商品中的工艺品价格、高星级饭店的客房价格等。

3. 声望定价策略

声望定价策略是服务于高价目标的一种定价策略,主要是针对旅游消费者"价高质必优"的心理,对在旅游消费者心目中有信誉的产品制定较高的价格。这种定价策略适用于名优旅游品牌或者是产品质量不易鉴别、购买风险大的旅游产品,其目的是不仅使旅游企业获得单位旅游产品的最高利润,并以出售高价优质旅游产品的形象进一步提高旅游企业的声望,同时也满足了旅游者购买这种旅游产品提高自身价值和社会地位的求名心理和炫耀心理。

4. 招徕定价策略

招徕定价策略是一种针对消费者冲动性购买的从众心理而采取的一种特定价格策略。旅游企业在市场营销活动中,有时会对旅游产品采取低价、减价的办法迎合旅游者"求廉的心态",借机招徕旅游消费者并带动和扩大其他旅游产品的销售。一般情况下,采取招徕定价策略应与相应的广告宣传相配合。

(三)折扣定价策略

旅游企业为扩大销售,占领市场,或为了巩固与加强与中间商的合作关系,往往在既定的价格基础上,采取向顾客或中间商让利性减价措施。

1. 数量折扣策略

数量折扣策略是企业给那些大量购买某种旅游产品的顾客的一种减价,以鼓励其购买更多的产品。数量折扣策略具有两种形式,一是累计数量折扣,指在一定时间内,旅游产品的购买总数超过一定数额时,旅游企业按购买总数给予一定的折扣。二是非累计数量折扣,指旅游企业规定旅游产品购买者每次购买达到一定数量或购买多种产品达到一定的金额时所给予的价格折扣,一次性购买数量越多,折扣就越大。

2. 现金折扣策略

现金折扣策略是旅游企业为鼓励旅游者以现金付款或按期付款而给予旅游购买者一定价格折扣优惠的策略。例如,付款期为3个月,如果立即付清可享受10%的折扣,如果1个月内付清可享受8%折扣,如果2个月内付清则可享受5%的折扣等。

3. 季节折扣策略

季节折扣策略是指旅游企业在销售淡季时,为鼓励旅游者购买旅游产品而给予的一种折扣优惠策略。在旅游淡季,为解决大量旅游服务设施,如客房、飞机等的闲置问题,就可以采用这种策略。

4. 同行业折扣策略

同行业折扣策略也称为功能性折扣策略,即旅游企业根据各类中间商在市场营销中所担任的不同职责给予不同的价格折扣,促使他们愿意执行某种市场营销功能,如推销、存储、服务等。

(四)差异定价策略

差异定价策略是指相同的旅游产品以不同的价格出售的策略,其目的是通过形成若干个局部的旅游市场而扩大销售,增加旅游企业的盈利来源。

1. 地理差价策略

为了调剂不同地区的旅游供求关系,就要采用地区差别价格来吸引游客。例如,在经济比较发达的沿海地区,旅游产品的定价相对就要高于经济欠发达地区。

2. 时间差价策略

时间差价策略即对相同的产品,按需求的时间不同而制定不同的价格。在旅游旺季,对旅游产品的需求会大幅度提高,因此,旅游产品价格会高于旅游需求下降的旅游淡季。

3. 对象差价策略

旅游企业针对不同旅游者的需要和购买的数量等因素,对同一旅游产品实行不同的价格。

4. 质量差价策略

高质量的产品,包含较多的社会必要劳动量,应该实行优质优价。例如,在相同旅游产品中会存在旅游高端和旅游低档产品,就是因为采用质量差价策略,旅游产品中所包含的质量水平存在差异。

> **知识链接　　经济型饭店的客房优惠计划**
>
> 某经济型饭店有 200 间客房。经分析,该饭店每间客房的日均固定成本为 6 美元,变动成本为 4 美元。
>
> 最初,该饭店实行的房价为 32 美元/间夜。后来,该饭店管理部门从营业统计中发现,该饭店一年当中有 4 个月的时间客房出租率从未超出过 50%。这意味着,在这 4 个月里,该饭店的客房不仅有半数闲置,而且每间客房每天还须支出 6 美元的固定成本。
>
> 为此,该饭店营销部门在对市场需求进行全面分析的基础上,设计了一项优惠计划,旨在为这 4 个月的时间招徕业务。这一计划的主要内容是,凡是在这些淡季月份前来下榻的顾客,如果停留时间为 3 到 6 夜,可享受优惠房价 20 美元/间夜;如果停留时间为 7 到 10 夜,可享受优惠房价 18 美元/间夜;如果停留时间为 11 夜以上,则可享受优惠房价 15 美元/间夜。
>
> 这一计划的实施效果是,这 4 个月的客房出租率上升到了 68%。虽然这一计划的实施使得该饭店所实现的年平均房价有所下降,却使得该饭店的实际利润有了很大的增长。
>
> (资料来源:李天元,曲颖.旅游市场营销[M].北京:中国人民大学出版社,2013.)

第三节　渠道与旅游消费者行为

旅游销售渠道又称为旅游分销渠道或通道,是指旅游产品从旅游生产企业向旅游消费者转移过程中所经过的一切取得使用权或协助使用权转移的中介组织或个人。简单来说,就是旅游生产者把旅游产品销售给最终消费者的途径。分销渠道对于旅游消费者而言至关

重要,因为旅游消费者可能会喜欢此种产品,能够并且乐于付款购买,但是如果旅游消费者无法获得产品,销售就不可能发生。

一、旅游产品销售渠道的类型

(一)直接销售渠道

就旅游产品而言,直接销售渠道是指旅游产品生产者或供应商直接向旅游消费者出售其产品或服务。通过直接分销渠道,旅游产品生产者可以直接获得旅游者的信息,有助于改善旅游产品的信息和强化旅游企业的形象。在旅游产品直接销售量大和旅游者购买力较稳定的情况下,旅游产品生产者可以省去中间商的分销费用,以降低成本、提高效益。从旅游企业的销售实践来看,直接销售渠道有以下三种模式。

1. 旅游产品生产者—旅游消费者(旅游者到生产现场购买)

旅游产品生产者向前来生产现场购买的旅游消费者直接出售产品,是最早出现的旅游产品销售模式。在这种模式中,作为生产者的旅游企业在其生产地点同时也扮演零售商的角色。至今仍然有很多旅游企业使用这种销售方式,如酒店、餐馆、旅游景点、娱乐场所等。

2. 旅游产品生产者—旅游消费者(旅游者通过各种直接预订方式购买)

这一模式是指远在客源地的旅游消费者通过电话、信函、传真、互联网、预订系统等通信方式直接向旅游产品生产者预订产品或服务。在这一模式中,作为生产者的旅游企业通过互联网或预订系统等同时扮演零售商的角色。目前,由于互联网技术的普及,互联网和计算机预订系统被旅游企业广泛使用在直销中。

3. 旅游产品生产者—自设销售网点—旅游消费者(旅游者通过旅游产品生产者的自设零售系统购买)

这一模式是指旅游产品生产者通过在目标客源地自设销售网点,直接面向消费者出售自己的产品。由于这些销售网点是由旅游产品生产者自己设立和运营的,因此这种销售模式仍然属于直销。采用这种销售模式的有很多不同类型的企业。例如,航空公司在目标市场所在区域设立自己的分公司或售票处;铁路部门在许多地点设立售票处、订票处开展销售活动;大中型旅游公司通过自设的销售网点销售旅游产品等。

(二)间接销售渠道

就旅游产品的销售而言,间接渠道是指旅游生产者或者供应商借助中间商的力量将自己的产品转移至最终消费者的流通途径。这里所称的中间商,是指那些从事旅游产品生产的转售业务、具有法人资格的经济组织或个人。根据其业务性质或主营业务,旅游中间商主要包括经销商、代理商、批发商、零售商等。在旅游产品的间接销售渠道中,也有三种形式。

1. 旅游产品生产者—旅游零售商—旅游消费者

这种模式为单层次销售渠道,即旅游产品生产者向代销其产品的旅游零售商支付佣金,由旅游零售商把旅游产品销售给旅游者。该模式在以欧美为典型的外国旅行业中非常普遍。除了专门从事批发业务的旅游企业完全通过这一模式的渠道进行销售和组团之外,众多类型的旅游产品生产者(如饭店、航空公司、游轮公司等)也都将这一模式作为自己销售产品的主渠道。在我国的旅游业中,这种模式也存在。例如,很多旅行社的门市不但代理预订交通票据,而且可代客预订酒店房间、机票,代办租车等。但是,与国外的一般情况不同的是,我国有关企业和机构在经营上述旅行代理业务时,都是向顾客收取服务费,而不一定能从被代理企业获得佣金。

2. 旅游产品生产者—旅游批发商—旅游零售商—旅游消费者

这一模式为双层次销售渠道,涉及两个层次的旅游中间商,即旅游产品的生产者将其产品以协议价格批量销售给旅游批发商,后者将这些产品和服务打包成包价组合产品,然后委托客源地的旅游零售商向消费者出售。这种渠道模式是旅游服务业中较为流行的销售方式之一,尤其是度假地饭店、假日营地、航空包机公司等类型的旅游企业喜欢采用。

3. 旅游产品生产者—本地旅游批发商—客源地旅游批发商—客源地旅游零售商—旅游消费者

这一模式为多层次销售渠道,多见于入境旅游业务。由于自身实力的限制和海外客源地环境因素的制约,在面向海外旅游市场开展经营方面,多数旅游服务企业既无力去海外客源地设立自己的直销网点,也很难与海外客源地的旅游零售商开展稳定的业务合作。因此,以协议价格将产品批量发售或预定给我国的国际旅行社。然后,这些国际旅行社将这些单项产品组合成团体包价旅游产品,销售给客源地旅游批发商或旅游经营商。这些旅游批发商或经营商对这些报价旅游产品进行重新定价后,再将其作为自己的报价产品,委托当地旅行代理商及其他零售代理机构向消费者出售。

知识链接　　德国旅游市场销售渠道

德国的旅游销售市场是一个批发和零售体系十分规范的典型。对德国旅游批发商来讲,传统意义上的旅行代理商仍然是最重要的销售渠道,是包价旅行产品销售的主体力量,占旅游市场总销售额的 90% 左右。

目前,多数批发商主要通过两种代理商渠道进行销售,一是他们自己或母公司拥有的代理商,另一种就是其他公司拥有的代理商。只有真正的大型批发商才有实力拥有属于自己的代理商销售网点,最典型的就是控制德国旅游零售市场的三大巨头公司 TUI(国际旅游联盟集团)、Rewe(德国 Rewe 公司)和 Thomas Cook(托马斯库克旅行社),这三大集团的特点是本身既是旅游批发商,又拥有自己的旅行代理商体系,而且其旅行代理商是真正意义上"羽毛丰满"的代理商,既代理自己母公司批发商的产品,又能代理所有其他批发商的产品,Thomas Cook 自己销售网点的营业额占其营业总额的 21%,Rewe 占到 28%。另有德国 Fox 旅游公司,主要依赖自己拥有的 1400 家零售点,只通过其他 180 家代理商销售其产品。当然这种批发/零售兼顾的体制并不是普遍现象,旅游业界杂志 FVW(国际旅游经济)所列出的德国前 50 大旅游批发商名单中,只有 7 家拥有 100 个以上的代理商零售点,另有 15 家只拥有 1~28 个不等的销售点。在通常情况下,旅游批发商主要通过其他旅行代理商销售产品,这仍是非常重要的一个渠道。

根据德国旅行商协会的统计,2004年德国共有16629家旅行代理商销售点,其中,销售旅游包价产品的代理商约为8800家。由于近期旅行代理商的平均营业额大幅度下降,为了降低销售成本,提高实际效率,大型批发商采取措施减少销售网点,2003年,TUI关掉了70个销售点,Rewe关掉25个,Thomas Cook计划在2004年关掉20个。

德国旅游市场来自其他销售渠道的竞争日益激烈,最突出的有来自批发商的直接销售、网络销售以及电视购物频道销售等。目前,已有少数批发商绕过旅行代理商,直接销售自己的产品。

(资料来源:中国驻法兰克福旅游办事处.德国旅游市场销售渠道和经营模式[N].中国旅游报,2005-12-30.)

二、影响渠道选择的因素

旅游产品生产者在选择分销渠道的类型和模式时,会受到许多因素的影响,一般情况下,旅游产品、旅游市场、旅游产品生产者自身状况和宏观营销环境是影响旅游产品分销渠道选择的主要因素。

(一)旅游产品

旅游产品的性质、种类、档次、等级等因素影响和制约着旅游产品分销渠道的选择。一般情况下,旅游景点、餐馆、商务性饭店、汽车旅馆、旅游汽车公司等旅游企业主要以直接分销渠道销售自己的旅游产品,而游船、机场旅馆、度假饭店、包机公司等,尤其是经营国际业务的旅游企业往往采用间接分销渠道作为旅游产品分销的主渠道。对于高档型旅游产品,因其价格昂贵致使其市场相对较小、购买者少,且多为回头客,这类产品的销售往往采用直接分销渠道。而较低档次的大众化旅游产品,其市场面较广、购买者多,采用间接分销渠道则更易于在较大的市场空间内吸引、争取广大的客源。

(二)旅游市场

旅游市场中对旅游产品分销渠道类型的选择影响较大的因素为旅游消费者、旅游中间商和同类产品竞争者。

1. 旅游消费者

旅游消费者对旅游产品需求的强弱程度,以及旅游消费者的地域分布,将直接影响旅游分销渠道的长度和宽度。此外,旅游者的消费习惯(如购买频率)也影响旅游中间商数量的设置。

2. 旅游中间商

旅游中间商的性质、功能及对各种产品的销售服务是旅游分销渠道选择的影响因素。具有高水平服务和设备的旅游中间商适合销售高品质的旅游产品。零售商的实力较强、规模较大,旅游产品生产者才可以直接通过零售商经销产品;反之,旅游产品生产者只能通过批发商销售其旅游产品。

3. 同类产品竞争者

旅游产品生产者的分销渠道选择还受到竞争者使用的渠道的影响,因为有的旅游产品生产者希望在与同类产品竞争者相同或相近的经销处与竞争者的产品抗衡,有时同类产品竞争者所使用的分销渠道反倒成为旅游产品生产者避免使用的渠道。

(三)旅游产品生产者自身状况

旅游产品分销渠道的选择受旅游产品生产者自身状况的影响,其中,主要受旅游产品组合的广度和深度以及旅游产品生产者控制分销渠道的愿望与能力的影响。一般情况下,如果旅游产品生产者生产的旅游产品组合面太窄、产品单一,则需要通过批发商进行分销,采用的分销渠道长而窄;反之,如果旅游产品组合面较广且较深,则适合零售商分销,采用的分销渠道短而宽。旅游产品生产者的实力越大、资金实力越雄厚、营销管理能力越强,旅游企业在选择分销商方面就有更大的主动权,其选择分销渠道的灵活性就越强,甚至可以自行组织分销系统。

(四)宏观营销环境

旅游宏观营销环境对于旅游产品生产者分销渠道的选择也有不同程度的影响。例如,国家在旅游市场方面的优惠政策或限制条件,以及宏观经济状况的变化,都会影响到分销渠道的长度与宽度。另外,旅游目的地或旅游产品的地理条件也是重要的环境因素之一。若旅游产品地处交通便利的地区,开展直接分销的可能性就较大;若旅游产品地处偏远的地区,则只能采取较长的分销渠道。

实际上,绝大多数旅游产品生产者所采用的销售渠道都不限于一种。特别是那些规模较大的旅游生产企业,往往同时采用多种模式的销售渠道。

三、旅游零售商对旅游消费者行为的影响

位于分销渠道的中间商可以对消费者产生影响。通常,零售商对消费者的购买过程起决定性的作用。例如,旅游零售商具备的一个基本职能就是,连接旅游经营商或旅游批发商与消费者。霍纳和斯沃布鲁克(Horner and Swarbrooke)对此职能进行了归纳,如图10-3所示。从图中可以看出,旅游零售商在与消费者的关系上执行着重要的职能。他们在说服消费者做出购买决策时扮演着关键的角色。同时,当旅游产品有问题时,他们还会成为消费者投诉的对象。

要强调的是,旅游零售商对旅游消费者购买决策具有重要的影响,尤其在帮助旅游消费者制订旅游计划和选择旅游产品两个方面。很多调查表明,旅游零售商的这一作用并未因现代信息技术的发展削弱。以北美的调查为例,在旅行代理商接待的顾客中,相当多的人对于自己要去何处旅游通常只是一个大致的想法。例如,他们可能已经决定要去某一个地方旅游,但对于具体去哪个旅游目的地并未拿定主意,因而需要并且愿意寻求旅游零售商的指导和建议。即使是那些已经选定旅游目的地的顾客,其中大多数人也往往会就某些具体的问题寻求旅游零售商的建议和指导,如选择哪条旅游线路,游览哪些景点,住哪些饭店或者选择购买哪些包价旅游产品等。旅游零售商不仅会影响消遣型旅游者的出游选择,而且对差旅型旅游者的旅行安排也有一定的影响。例如,北美有关调查表明,虽然商务旅游者的旅

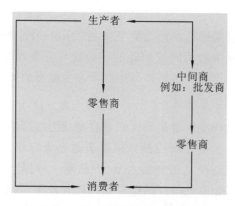

图 10-3 旅游零售商的作用

(资料来源:约翰·斯沃布鲁克,苏珊·霍纳.旅游消费者行为学[M].俞慧君,等,译.北京:电子工业出版社,2004.)

行目的地已定,但在具体的旅行安排上,超过 1/3 的人会征求旅游零售商的指导和建议。

另外,旅游零售商还起着方便旅游消费者购买的作用。除了地点上的便利,旅游消费者还可通过旅游零售商一次性同时预订行、宿、食、娱等单项旅游产品,并且一次性地向旅游零售商支付,从而可以简化购买手续和节省时间。

四、旅游销售渠道策略

首先应确定销售渠道的目标,可以从以下几方面来分析:旅游产品的种类、数量和质量如何?旅游企业的目标市场在哪里?市场需求如何?消费者购买产品的动机和方式是什么?市场结构如何?竞争状况怎样?市场变化和产品发展趋势如何?产品的市场重点在哪里?进入市场的策略是什么?企业的销售额和利润目标是多少?

(一)直接销售渠道或间接销售渠道的决策

直接销售渠道有利于直接获取消费者的信息,有助于提高旅游产品质量,有助于控制旅游产品的成熟过程和程度,有助于提升旅游企业的形象。但是,直接销售渠道有时成本太高而收益却很少,销售的旅游产品种类有限,消费者选择的余地不大,销量小,而且不稳定。间接销售渠道则相反,旅游市场拓展的可能性加大,但企业对产品销售的控制力和信息反馈的清晰度较差。一般来说,企业实力越小,对间接销售渠道的依赖性越大,而当目标市场广阔或想进入新的市场时,或想要提高销量以及市场竞争加剧时,也必须建立间接渠道,更多地依赖间接渠道才能取得良好的销售效果。

(二)销售渠道长度的决策

一般情况下,销售渠道越短,生产者承担的销售任务越多,但信息传递快,销售及时,对渠道控制较有力;销售渠道越长,则信息传递缓慢,流通时间较长,生产企业对渠道的控制力就弱。在旅游消费者批量不大并且十分分散的地方,应选择层次较多的长渠道;在旅游产品购买者众多并且相对集中的地方,应选择层次较少的渠道。如果中间商经销实力较强,有丰富的销售经验,可选择短渠道,产品价格低廉,而且批量较大的情况下则应选择长渠道。

(三)销售渠道宽度的决策

广泛销售策略,即选择大量的中间商,充分与旅游产品销售市场接触,一般在主要目标市场和旅游消费者集中的地方采用这种策略。选择性销售策略,选择那些有支付能力、有销售经验和服务上乘的中间商在特定区域与层次销售产品的策略,一般用于高价旅游产品,消费者人口数量少,但地理分布相对集中的市场。专营性销售策略,在一定的市场区域内仅选一家经验丰富、信誉卓著的中间商来销售产品的策略,一般用于开拓新市场或特殊高价旅游产品。

知识链接　渠道争夺战:旅游企业的暗战江湖

2016年,众信旅游集团在北京举行了众信旅游悠哉网数字营销转型升级发布会。会上,众信悠哉网宣布携手铂金智慧(Ptmind)、九章云极,就数据营销平台建设达成合作,同时建设统一的营销、运营数据平台,借助互联网大数据了解客户的消费习惯,从而进一步提升在线电商渠道的数字营销及个性化服务能力。

近些年来,众信旅游集团将企业发展的关注点放在拓展出境游零售业务上。从2014年对悠哉旅游网进行战略投资,双方各自发挥自身优势,加强出境游产品线下资源与包括移动端在内的线上渠道的紧密结合,实现传统批发和线上零售,线下门店和线上资源的全面O2O资源整合,使得众信旅游悠哉网从传统的OTA向旅游度假O2O平台转型。据众信旅游相关人士介绍,作为众信旅游最重要的线上平台,众信旅游悠哉网2016年近一年来持续发力建设统一的数据营销、运营平台,并逐步推进数字化运营能力和工作效率的提升。

铂金智慧拥有全球领先的互联网用户行为分析能力,旗下分析工具产品已经帮助全球184个国家和地区、近7万家用户在获取用户、增强活跃度、提高留存率、获取营收以及自传播等方面实现投资回报最大化。九章云极专注于大数据核心技术的研发,致力于建设最高性能的集成数据处理平台,为企业用户提供全套的大数据解决方案,帮助企业快速具备大数据的分析能力。此次三方合作将使得众信旅游悠哉网建立起以用户为中心的数据架构,打通渠道流量、产品浏览、下单、支付、评论、社交媒体分享、用户通知等全方位数据,并在此基础上建立用户思维、数据导向的决策机制以及智能应用,从而实现由传统的旅游产品运营思维到围绕用户运营的改变。

依托大数据加速发展进程的旅企不止众信一家。黄山旅游曾发布公告称,与上海景域文化传播股份有限公司签署《战略合作框架协议》,双方结成战略合作伙伴关系,在旅游策划设计、旅游营销推广、旅游产品销售、景区运营管理、旅游新业态开发等方面开展合作。根据协议,景域文化将为黄山旅游提供旅游目的地全域开发方案、片区旅游规划等专业服务;为黄山旅游在旅游网络营销等方面提供服务。

景域旗下拥有驴妈妈旅游网、奇创旅游规划咨询机构、景域旅游营销服务有限公司、上海景域旅游发展有限公司、上海景域旅游投资有限公司、帐篷客度假酒店六大事业板块,经过十多年发展已形成旅游产业一站式服务生态链闭环,在旅游策

划设计、景区运营管理、旅游电子商务、旅游品牌营销、酒店投资及运营等领域均有丰富的管理经验。2015年,驴妈妈为黄山风景区输送超过100万人次的游客。此次战略协议的签署,双方合作得到进一步深化,将携手推进黄山全域旅游目的地的建设,助力黄山旅游全面、快速发展。

业内人士分析,旅游上市公司与互联网平台的合作,可以使公司在旅游策划设计、管理运营、投资等方面获得新动力。旅游上市公司可借助互联网大数据了解客户的消费习惯,进一步提升在线电商渠道的数字营销及个性化服务能力。

值得注意的是,大数据也加速旅游产品的精准创新。携程创新工场孵化的首个出境游创新项目"拼车旅行"诞生,主打4人至8人的境外小型拼车旅行,这是"代客泊车""同城行李寄送"服务大火后的又一创意之作。"拼车旅行"主打境外一日游线路,涵盖包括日本东京、关西地区,韩国首尔、济州岛,泰国曼谷、清迈,澳大利亚悉尼、墨尔本等超过10个境外旅行热门目的地,有近50条线路可供旅客挑选。据介绍,该想法是在大数据分析推动下应运而生。携程历史数据显示,自2015年起,境外自由行旅客数量就开始出现显著上升,并反映出团体人数较少、行程松散悠闲、单一目的地的深度旅行等特点。随着自由行快速发展,包括交通在内的一系列问题随之出现,从而推动携程对于上述项目的孵化。

(资料来源:http://www.dedns.cn/lvyou/1926974.shtml.)

第四节 促销与旅游消费者行为

旅游促销是旅游营销的传播过程,旅游促销策略对于旅游企业营销活动是必不可少的。旅游企业通过促销活动与自己的目标消费者进行双向沟通,使旅游消费者对旅游产品有所了解,产生兴趣后最终购买。旅游促销的基本方式可分为人员推销和非人员推销两大类。非人员推销包括广告、销售促进、公共关系和宣传小册子等多种形式。

一、旅游促销的概念

旅游促销是指旅游企业或旅游目的地为了树立自己/产品的形象,或者为了使消费者市场注意和了解自己的产品、引诱和激发消费者的购买行为,而展开的营销传播或市场宣传活动。[①] 简而言之,旅游企业或旅游目的地促使旅游者对旅游产品产生消费愿望的行动,就是旅游促销。

旅游促销的实质就是旅游企业或旅游目的地要把有关旅游信息传播给旅游消费者。旅游营销者为了有效地与购买者沟通信息,可通过发布广告的形式传播有关旅游产品的信息,可通过各种销售促进活动传递短期刺激购买的有关信息,也可通过公共关系手段树立或改善自身在公众心目中的形象,还可通过派出推销员面对面地说服潜在的购买者。

---

① 李天元,曲颖.旅游市场营销[M].北京:中国人民大学出版社,2012.

二、旅游促销的作用

旅游企业或旅游目的地通过促销组合所起到的具体作用有以下几个方面。

（一）提供旅游产品的信息，促进旅游企业或目的地与旅游者的沟通

旅游促销的直接作用是进行信息传递，实现旅游产品生产者与旅游最终消费者之间的沟通。旅游企业或旅游目的地以各种促销手段向旅游者传递在何时、何地和何种条件下，提供何种旅游产品信息等。旅游者通过这些信息，了解和熟悉旅游企业或目的地的产品，对旅游产品产生兴趣，产生旅游欲望和需求，最终形成旅游动机和购买行为。

（二）突出旅游产品的特点，强化竞争优势

相互竞争的同类产品往往差别不是很明显，尤其是作为无形服务的同类旅游产品的差别更不易被旅游消费者分清。旅游促销恰恰是传播旅游产品市场定位特色的主要手段，它通过对同类旅游产品某些差别信息的强化传递，对不同具体产品的特色起到聚焦、放大的作用。即使对于没有实际差别的同类旅游产品，也可赋予其不同的象征性形象差别，以使潜在旅游消费者认识到何种旅游产品更可能带给自己实际所需和精神所需的特殊效用和利益，并由此对某种旅游产品形成购买偏好。

（三）树立良好的形象，确立和巩固市场地位

由于旅游是一种高层次的消费与审美活动，通过生动而有说服力的旅游促销活动，往往可以塑造友好、热情、服务周到以及其他人格化的良好旅游服务形象，赢得更多潜在旅游消费者的厚爱。旅游市场风云多变，一旦出现有碍旅游企业或旅游目的地发展的因素时，就可通过一定的宣传促销手段，改变自身的消极印象，重塑自身的有利形象，以达到恢复、稳定，甚至扩大其市场份额的作用。

（四）刺激旅游需求，引导旅游消费

旅游产品的消费需求弹性较大，波动性强，通过生动、形象、活泼、多样的旅游促销手段，可以唤起旅游消费需求，强化旅游消费需求，甚至创造和引导特定旅游产品的消费需求。从而增加旅游企业或目的地旅游产品的市场销售量，获取更多利润，如乡村旅游的兴起、房车游的兴起，可以说都与相应的旅游促销活动有关。

（五）冲销淡旺季差异，稳定销售

旅游产品的脆弱性决定了旅游产品较易受到各种因素的影响，诸如政治因素、自然条件等。旅游产品在淡季和旺季的需求差别较大。如果旅游经营商经营多种旅游产品，而这些产品又分布在不同的季节，就可以在不同的季节都有适时的旅游产品供应，并对其进行大规模的宣传、促销，使淡季与旺季需求差别缩小，稳定销售，并且促进自身经营活动的发展。

三、旅游促销的方式

促销策略是用来影响消费者行为的方式，因此对于任何一个旅游企业或旅游目的地来

说,促销策略都是企业或目的地发展的重要动力。旅游企业或旅游目的地利用多种方式来进行这种沟通式的营销。其中,广告、销售促进、人员推销和公共关系是促销活动中主要的促销方式,如表10-4所示。

表 10-4 促销方式对消费者行为的影响

促销方式	对消费者行为的影响
广告	通过鲜明的视觉图像对广大消费群体进行宣传 对大众市场和批量产品有明显效果 消费者和潜在消费者可以反复接受广告的刺激
销售促进	刺激消费者第一次尝试购买产品或服务 保持消费者的忠诚度
人员推销	说服或者强迫潜在消费者或现有消费者多次购买 给消费者留下服务良好的印象
公共关系	使消费者或者股东对企业或产品留下良好的印象 在消费者心目中建立起高品质的印象 为产品和服务在潜在消费者范围内增加知名度
宣传册	确保满足消费者期望 确保消费者区分不同的服务与产品
重点宣传材料	刺激消费者购买一种产品或接受服务 刺激消费者在特殊情况下多次购买 在消费者心目中增加产品或服务的知名度
赞助	在潜在消费者的心目中营造公司的正面印象 即使宣传受到限制时,同样能增加消费者范围内的产品知名度 在消费者心目中,将产品与时尚人物相联系
邮寄广告	吸引潜在消费者 刺激以往消费者重复购买 吸引消费者使用个性化产品

(资料来源:约翰·斯沃布鲁克,苏珊·霍纳.旅游消费者行为学[M].俞慧君,等,译.北京:电子工业出版社,2004.)

(一)广告

广告是一种以付费的形式通过一定媒体对产品或企业进行宣传的促销手段。广告具有覆盖面广的优势,因此它是旅游企业或目的地吸引广大消费者十分有效的一种方式。通常情况下,广告会以一种吸引人的方式不断重复营销沟通的信息,来影响旅游消费者的购买决策,激发旅游消费者购买产品的欲望。

(二)销售促进

销售促进又称营业推广,是指通过各种具有短期刺激作用的特定活动促使潜在中间商或消费者更快地或更多地购买某一产品的促销方式。销售促进经常被旅游企业或旅游目的地用于鼓励潜在消费者，进行第一次尝试购买或者吸引重复购买。很多旅游企业或旅游目的地在其营销策略当中广泛使用销售促进的方式来进行营销。比如，旅行社在促销旅游线路时，采取赠送景点门票、送保险、赠送餐券等方式。

（三）人员推销

人员推销是所有促销方式中唯一依靠人员的促销方式，具有针对性、人情味和灵活性的特点。通常是指通过销售人员直接与消费者接触，向目标顾客进行产品介绍、推广，促进销售的沟通活动。人员推销对于旅游业十分重要，因为服务的性质决定效果，服务中必然涉及很多与顾客进行面对面销售的活动。旅游企业或旅游目的地利用人员推销说服潜在消费者初次购买或者鼓励现有消费者多次购买。

（四）公共关系

公共关系是企业利用各种传播手段，沟通内部关系，塑造自身良好形象，从而促进产品销售的一种促销方式。旅游企业或旅游目的地常用的公关活动开展方式包括新闻发布会、旅游展览（销）会、旅游交易会、承办重大活动等。通过利用这些公关活动，旅游企业或旅游目的地可以在消费者心目中树立一个良好的形象。

（五）宣传册

旅游宣传册主要是向目标市场提供有关某些旅游产品的信息详情，供消费者选购时参考。另外，特别是对于初次购买者来说，在其购买或预定行为的发生地，旅游（产品）宣传册等同于该旅游产品的品质和价值反映了该旅游产品的定位和形象。

（六）重点宣传材料

重点宣传材料是指利用户外标志、橱窗展示和宣传栏来吸引消费者，同时刺激零售商对特定产品进行销售的一种销售宣传手段。重点销售的宣传材料有助于旅游企业刺激消费者开始购买或者更多地购买某种产品或服务。重点宣传材料和产品材料一定要基本满足消费者的需求。宣传材料的风格和色调要求吸引消费者并能够反映旅游企业或目的地的形象和品牌。根据消费者理念的转变，宣传材料的风格也应更新为时尚的主题和色彩。

（七）赞助

赞助是指旅游企业或旅游目的地通过货币或实物的方式为节事、活动、个人、组织或产品提供赞助。

（八）邮寄广告

邮寄广告是旅游企业或旅游目的地和旅游消费者沟通的技巧之一。许多旅游企业或目的地非常重视这种方式，因为技术成熟的数据库可以提供个性化的促销策略。

四、旅游促销策略

营销本身就是一个整合的过程，而促销同样需要通过组合，才能发挥更大的效用。所谓旅游促销组合，是指旅游企业或旅游目的地将广告、销售促进、公共关系与人员推销等促销方式进行灵活选择、有机组合和综合应用的一种有效的促销策略。这种策略可以使企业的全部促销活动互相配合、协调一致,最大限度地发挥整体效果,从而顺利地实现企业或目的地的目标。

旅游促销应根据旅游产品、市场环境、促销预算、竞争状况等多方面因素的影响,灵活地选择、搭配各种促销手段,制定旅游促销组合策略,以期提高促销的整体效果。例如,在旅游产品生命周期的不同阶段,应采取不同的促销组合方式,如表10-5所示。

表10-5 旅游产品生命周期与促销组合方式

旅游产品生命周期	促销重点	促销组合方式
投放期	提高产品知名度	1. 采用广告及公共关系促进消费者对旅游产品的了解 2. 采用销售促进作为辅助手段
成长期	宣传产品特色、扩大市场占有率	以广告和公共关系促销为主
成熟期	稳定客源,吸引潜在旅游消费者	1. 以人员推销和广告为主 2. 更新广告,配合销售促进
衰退期	保留老顾客,促进旅游消费者购买	1. 针对固定旅游消费者保留提示性广告 2. 采用销售促进吸引旅游消费者购买

(资料来源:马勇,刘名俭.旅游市场营销管理[M].3版.大连:东北财经大学出版社,2008.)

从表10-5可以看出,旅游产品处于不同的生命周期阶段,所使用的促销方式的侧重点也不一样。旅游促销组合中,每种手段都有各自的优势,同时每种手段之间又存在着一定的替代性。因此,为实现旅游营销目标,旅游企业或旅游目的地应综合考虑影响组合的因素,根据实际需要协调使用各种手段,以制定出理想的促销组合策略。

知识链接　　他山之石:洛杉矶旅游营销模式

洛杉矶旅游发展的成功不仅与其电影文化背景下丰富的旅游资源、完善的交通体系下的旅游枢纽建设、优质的旅游配套服务密切相关,有针对性的目的地营销模式更是推动洛杉矶入境旅游快速增长的动力。

洛杉矶旅游局以"Hello LA"为主题的针对中国市场的营销是个整合型项目。针对中国游客的出游特征以及个性化和多样化需求,洛杉矶旅游局不仅在旅游营销方式上实现整合创新,而且为中国游客量身定制各类旅游产品与服务,打造洛杉矶旅游品牌。精准的目标市场选择、多样化的目的地品牌形象推广、国内外业界合作、领袖人物现身说法,形成了独特的"洛杉矶旅游营销模式",为我国旅游目的地的海外营销提供了借鉴。

1. 中国北上广——精准的营销目标市场选择

洛杉矶是美国往来亚洲的第一大门户、美国第二大华人社区,探亲旅游每年吸引着大量的华人。从洛杉矶往返中国的航班数量居全美之首,北京、上海、广州与洛杉矶之间每天有近20个航班往返。

洛杉矶旅游局锁定中国庞大的出境旅游市场,依托北京、上海、广州直飞航班的交通枢纽优势,将中国出境游客量较大的北京、上海、广州作为目标市场,有针对性地开展旅游营销活动。为了实现更加全面和精准的旅游营销,洛杉矶旅游局于2006年、2013年和2015年分别在北京、上海和广州设立办事处,成为全美第一个在中国开设全职办事处的市级旅游营销机构。

洛杉矶旅游局驻华办事处成为沟通洛杉矶与中国游客的重要桥梁,是洛杉矶旅游营销活动的主要执行机构,为洛杉矶有针对性地对北京、上海、广州开展城市线上线下营销提供了便利。

2. 线上线下互动——目的地品牌形象推广

洛杉矶旅游局以"Hello LA"为营销口号,朗朗上口的标语不仅容易识记,更传达出洛杉矶对游客的开放与欢迎。好莱坞电影文化是洛杉矶最主要的旅游吸引物,也是洛杉矶品牌形象的重要代表。洛杉矶旅游局积极开展各类线上线下活动。

线下推广,直观生动地将巨型的好莱坞标志、星光璀璨的红毯、时尚动感的购物场景等洛杉矶形象标识遍布在北京、上海和广州的各大交通枢纽站,有效提升目的地的知名度。

线上推广方面,洛杉矶旅游局中文官网 Hello LA 于2014年年初正式上线,从食、住、行、游、购、娱等多个角度全方位展现活力四射的娱乐之城洛杉矶,网站创新性地引入第三方"旅游达人体验"分享平台,借旅游达人的"口",实现旅游营销的真实性与说服力,成为展示洛杉矶旅游品牌与形象的重要窗口。

洛杉矶旅游宣传片《电影带你去旅行》,生动形象地展示洛杉矶的电影文化底蕴,将这座国际化娱乐大都市展现在人们面前。洛杉矶旅游局官方微博与微信公众号更是洛杉矶旅游形象推广的重要阵地。官方微博粉丝数量截至2015年12月已达145.5万人,并借助大量的微博活动,实现与粉丝的良好互动,传递洛杉矶的品牌形象。

3. 拓宽产品销售渠道——国内外业界合作与推广

加强与旅游业内同行的合作,拓宽旅游产品的销售渠道,是洛杉矶旅游局对华营销的另一法宝。洛杉矶旅游局拥有美国亚洲旅行社、美国旅游国际公司、中美旅游等16家会员旅行社,并与洛杉矶国际机场、美国运通、好莱坞环球影城在游客输送、游客支付以及旅游营销方面紧密合作,共同为中国游客提供优质服务。同时,洛杉矶旅游局加大与中国旅游业内同行旅行社、线上OTA、旅游营销机构联合,借助同行平台实现旅游产品的销售与推广。

4. 市长访华行——领袖人物现身说法

洛杉矶旅游局于2014年11月举办的"市长中国行"活动,借助节事营销与领袖人物的轰动效应,引入新媒体营销方式,在与民众互动中实现"发现洛杉矶"营销与推广,树立目的地品牌形象。市长作为领袖人物,其访华活动引起了国内外媒体的关注与争相报道,其友善亲切的形象、风趣幽默的谈吐和学贯中西的文化底蕴成为人们对洛杉矶旅游形象的初次认识。

洛杉矶旅游局抓紧市长访华的契机,通过微信公众平台、新浪微博等新媒体在前期对活动进行预热,在市长访华期间进行实时播报,扩大事件的影响力。为实现与中国大众更好的互动,洛杉矶旅游局采取有奖竞答与有奖转发的方式植入式介绍洛杉矶旅游景点,让人们伴随着市长访华一起"发现洛杉矶"。

市长访华并未随着活动的结束就淡去,而是随着优酷平台上《老友记》的播出持续升温。贾塞提市长作为洛杉矶最年轻的市长,他在节目中与观众分享的洛杉矶旅游体验,以及他在洛杉矶旅游宣传片中才华横溢的形象都展示着洛杉矶这个国际大都市的文化底蕴与魅力。

5. 优质产品与服务——旅游营销的持续动力

优质的产品与服务是旅游目的地吸引游客的持久动力,为吸引更多的中国游客赴洛杉矶旅游并实现更高的游客重游率,洛杉矶旅游局针对中国游客开展"乐购洛杉矶"活动,推出医疗旅游产品,并开展"China-Ready"旅游项目认证活动。

洛杉矶旅游局为满足全球奢侈品消费的主力军中国游客的海外购物需求,推出"乐购洛杉矶"活动,精心准备了4万份纸质版"乐购洛杉矶"购物指南,并提供高品质的购物环境,以刺激游客在洛杉矶的购物冲动,同时提升洛城购物天堂的形象。

洛杉矶旅游局看到了全球快速增长的医疗旅游产业以及中国公民医疗保健出境旅游的广阔前景,联合洛杉矶西达-塞奈医疗中心、洛杉矶儿童医院等五家顶级医疗机构,与中国南方航空公司以及京沪穗深等地相关机构签署合作备忘录,推出了多款以疾病预防和健康体检为主题的医疗旅游产品。

为提升中国游客在洛杉矶的旅游质量,洛杉矶旅游局推出"面向中国"(China-Ready)旅游项目认证。该项目不仅为旅游从业人员提供面向中国游客服务的专项培训,而且为符合条件的商家提供项目认证,培育一批代表洛杉矶的"形象大使"。

游客在洛杉矶可以享受中文讲解、中文导购、中文导览等全方位的优质服务,令游客产生归属感与独特的地方依恋。该项目的实施不仅鼓励中国游客延长逗留时间,确保其在洛杉矶获得高质量的旅游体验,而且帮助洛杉矶旅游从业者从接待中国游客的业务中获得更大的利益,实现洛杉矶旅游业的可持续发展。

(资料来源:江璐虹.洛杉矶旅游营销模式带来的启示[N].中国旅游报,2016-03-14.)

第十章 营销组合与旅游消费者行为

本章小结

(1) 旅游新产品是指由旅游生产者初次开发设计,或者在原产品基础上对其功能、内容、服务方式等方面有重大改进的产品。旅游企业主要采用资源重组策略、产品升级策略及提高旅游产品科技水平来开发新产品。

(2) 旅游产品品牌是指用以识别某旅游产品(包括目的地、旅游线路、特种旅游项目、单项旅游服务等)的名称、标记、符号、图案或其组合,以便消费者能识别旅游企业或旅游地的产品和服务,将其与竞争对手区分开来,获得旅游者的购买与前往参与。

(3) 旅游产品品牌策略主要包括品牌延伸策略、多品牌战略、统一品牌战略。

(4) 旅游消费者的价格心理,即习惯性心理、敏感性心理、感受性心理及倾向性心理。

(5) 旅游产品的价格策略主要包括新产品定价策略(撇脂定价、渗透定价和满意定价)、心理定价策略(尾数定价、整数定价、声望定价和招徕定价)、折扣定价策略(数量折扣、现金折扣、季节折扣和同行折扣)、差异定价策略(地理差价、时间差价、对象差价和质量差价)。

(6) 旅游销售渠道是指旅游产品从旅游生产企业向旅游消费者转移过程中所经过的一切取得使用权或协助使用权转移的中介组织或个人。旅游销售渠道划分为直接渠道和间接渠道。

(7) 旅游产品、旅游市场、旅游产品生产者自身状况和宏观营销环境是影响旅游产品分销渠道选择的主要因素。

(8) 旅游零售商对旅游消费者购买决策具有重要的影响,尤其在帮助旅游消费者制订旅游计划和选择旅游产品两个方面。

(9) 旅游销售渠道策略主要包括直接销售渠道或间接销售渠道、销售渠道长度和销售渠道宽度这三个方面的策略。

(10) 旅游促销是指旅游企业或旅游目的地为了树立自己/产品的形象,或者为了使消费者市场注意和了解自己的产品,引诱和激发消费者的购买行为,而展开的营销传播或市场宣传活动。

(11) 旅游促销的作用包括提供旅游产品的信息,促进旅游企业或目的地与旅游者的沟通;突出旅游产品的特点,强化竞争优势;树立良好的形象,确立和巩固市场地位;刺激旅游需求,引导旅游消费;冲销淡旺季差异,稳定销售。

(12) 旅游促销的方式包括广告、销售促进、人员推销、公共关系、宣传册、重点宣传资料以及赞助及邮寄广告。

(13) 旅游促销组合,是指旅游企业或旅游目的地将广告、销售促进、公共关系与人员推销等促销方式进行灵活选择、有机组合和综合应用的一种有效的促销策略。

核心关键词

旅游产品	(tourism product)
旅游产品生命周期理论	(theory of tourism product life cycle)
新产品	(new product)
旅游品牌	(tourism brand)
产品策略	(product strategy)
品牌策略	(brand strategy)
价格策略	(price strategy)
旅游销售渠道	(tourism distribution channel)
直接销售渠道	(direct distribution channel)
间接销售渠道	(indirect distribution channel)
旅游零售商	(tour retailer)
渠道策略	(channel strategy)
旅游促销	(tourism promotion)
旅游促销组合	(tourism promotion mix)
广告	(advertising)
销售促进	(sales promotion)
人员推销	(personal selling)
公共关系	(public relations)
促销策略	(promotion strategy)

思考与练习

1. 旅游产品生命周期的各阶段,旅游营销策略的侧重点是什么?
2. 旅游产品的价格策略有哪些?
3. 阐述旅游销售渠道的类型,每种类型有哪几种渠道模式?
4. 阐述旅游零售商对旅游消费者行为的影响。
5. 简述促销在旅游营销中的作用。
6. 旅游促销方式有哪些?

案例分析

案例一

全世界最好的工作2009——大堡礁营销案例赏析

2009年,澳大利亚昆士兰旅游局为了推广大堡礁而在全世界范围发起了一场申请"全世界最好的工作"的活动,最后的获胜者不仅可以获得一份2.5万澳元/月的高薪工作,还可以凭借"守岛人"的身份享受豪华的住宿待遇,而他要做的事情只不过是像大多数旅游者一样,在网络上发布工作相关的视频、照片、博客等等。

活动规定了报名者必须以视频的方式提交工作申请,在活动举行期间,一共收到了来自202个国家和地区的近3.5万份工作申请,招聘网站的点击量超过800万,平均停留时间是8.25分钟;据媒体报道,本次活动一共为大堡礁带来了相当于2亿美元的宣传效果。

事件后期,最终入围16强中有2名中国人。中央电视台对此事做了追踪报道,各地卫视也趋之若鹜,国内各网络新闻、博客、视频也全面侵袭。国人的出境游需求高涨。昆士兰旅游局此举可谓"醉翁之意不在酒"。

中国台湾选手王秀毓入选最终的11强,在一年内去大堡礁旅游的中国台湾人增长了250%;而在2009年的4月份,中国大陆参团前往昆士兰旅游的游客数量,是2008年全年人数的总和。

(资料来源:http://blog.sina.com.cn/s/blog_e1c751ff0101h6sl.html.)

问题:

1. 利用促销活动的传播学原理解释上述案例中的现象。
2. 除此之外,你认为旅游营销计划执行过程中应注意哪些问题?

案例二

"旅行青蛙"

第十一章

旅游决策

学习目标

- 掌握旅游决策的概念和内容。
- 理解旅游决策的过程和特点,并了解影响旅游决策的因素。
- 掌握旅游目的地的概念,了解国内外具有代表性的旅游目的地选择模型。

问题导向

- 你是否有一场说走就走的旅行?

第一节 旅游决策概述

旅游决策在旅游消费者行为领域中至关重要,是旅游研究中的热点之一。

一、旅游决策的概念和内容

"旅游决策"和"旅游购买决策"的概念相似,研究者往往根据自己的习惯选择性使用。旅游消费者对旅游地和旅游服务的选择,实质上是一种消费和购买行为。所谓旅游决策,是指个人根据自己的旅游目的,收集和加工有关的旅游信息,提出并选择旅游方案或旅游计划,并最终把选定的旅游方案或旅游计划付诸实施的过程。

有些学者将旅游决策行为等同于旅游目的地选择行为,而有些学者则认为旅游决策的内容包括对旅游六要素的选择和购买。本书认为,从狭义上讲,旅游决策的内容就是指旅游消费者的目的地选择行为;从广义上讲,旅游决策的内容不仅包括目的地的选择,还包括交通、住宿、餐饮、娱乐、购物等单项旅游产品的决策,同时也应该包括对购买方式的选择,即旅游消费者对服务提供商和旅游产品销售渠道的选择。

二、旅游决策的过程

许多学者对消费者决策进行了研究。恩格尔(Engel)等学者提出的消费者购买决策模型(又称 E-B-K 模式)是研究消费者行为的主流模型。该模型主要包括信息投入、信息处理、决策过程(核心)、影响决策过程的变量与外界影响五个阶段,把消费者的行为描述为一种连续的过程。其中,决策过程由需求确认、信息搜集、方案评估、购买决策和购后评估五个阶段组成。

旅游决策与其他决策一样,是一个包括从内在的心理活动到外显行为的连续体,可以划分为一系列相关的阶段或步骤。因此,在借鉴上述早期消费者行为研究成果的基础上,旅游研究领域里的学者们提出过多种不同的旅游决策模型。在这些模型中,较具有代表性的例子是由麦西森和沃尔(Mathieson and Wall)提出的旅游决策模型。这个模型把旅游决策的动态过程与影响旅游消费者行为的静态因素结合起来,如图 11-1 所示。麦西森和沃尔认为旅游消费者的决策过程包括了五个主要的阶段,即①旅游需求与欲望的感知阶段;②信息的搜寻与评估阶段;③旅游决策阶段;④旅游准备阶段和旅游体验阶段;⑤旅游满意的评价阶段。在每一个阶段,旅游消费者的决策都受到多种因素以及这些因素相互关系的影响。麦西森和沃尔将这些种影响决策的因素概括为四大类,即旅游者特征、旅游认知(愿望)、旅行特征和目的地资源与特征。其中,旅游者特征属于旅游者的社会经济特征和行为特征范畴;旅游认知(愿望)以及旅游感知形象的建立来自旅游者所获得的信息;旅行特征包括距离、停留时间、旅游费用和认知风险等因素;目的地资源与特征包括旅游吸引物的类型、可供提供的服务及其质量、环境条件、当地居民特征和政治团体。

国内学者对旅游决策的过程也进行过探究。邱扶东、汪静在前人研究的基础上,通过访谈和问卷调查,认为旅游决策过程可以划分为七个阶段,即产生旅游的需求或动机、收集有关旅游的信息、确定旅游目的地或旅游线路、进行旅游预算、确定出游方式、决定是否外出旅游、外出旅游。[①] 东北财经大学的谢彦君教授将旅游决策分为个体旅游决策和群体旅游决策,并分别构建了个体旅游决策模型和群体旅游决策过程模型。[②]

事实上,无论是个体旅游决策还是群体旅游决策,其过程都会包括以下几个阶段。

(一)旅游需要识别

旅游消费者决策首先是从对旅游产品消费需要的认识开始的。这种认识是基于消费者对物质或精神要素感到某些不满足,意识到期望状态和实际状态之间存在不一致,进而产生对某种需求的确认。当需要迫切到一定的程度时,旅游消费者就会产生动机,并驱使人们采取行动给予满足。

(二)旅游信息搜寻

旅游者为了更好地满足自己的旅游需要,可能会依据过去旅游经验与个人所掌握的旅游知识,也可能会通过旅行社、广告、电视节目、报纸杂志、亲朋好友等渠道搜集有关旅游目

---

① 邱扶东,汪静.旅游决策过程调查研究[J].旅游科学,2005(2).
② 谢彦君.基础旅游学[M].3 版.北京:中国旅游出版社,2011.

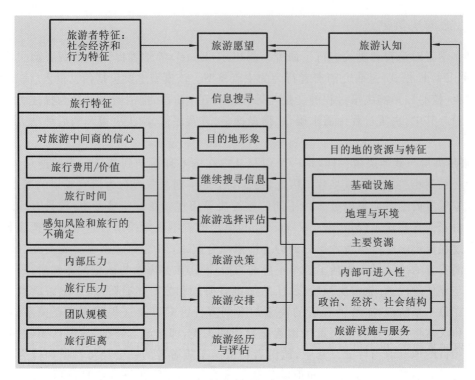

图 11-1　消费者购买决策模型

（资料来源：亚伯拉罕·匹赞姆,优尔·曼斯菲尔德.旅游消费者行为研究[M].舒伯阳,冯玮,等,译.大连：东北财经大学出版社,2005.）

的地方面的食、住、行、游、购、娱等旅游信息。当然,寻求信息是需要一定的时间、金钱和精力的,但是寻求信息是必要的,因为这意味着更低的价格、更好的旅游服务和更满意的旅游路线。

（三）旅游方案评估

旅游消费者根据某些标准对旅游方案进行评估和选择。这些标准有的是客观的,有的则是主观的,如旅游消费者在选择目的地时会以距离、时间、价格等客观条件作为衡量标准,对于有些方案则考虑是否符合自己的社会地位、形象等主观标准。对于消费者个体而言,旅游产品和服务的一些特点是因人而异的,因为消费者的需求不一样。对于每个消费者来说,评估标准可能会有很多,但通常只有一两个是最重要的,对决策起决定性的作用。

（四）购买决策实施

旅游消费者确定方案后,就开始实施方案,也就是对旅游产品或服务的消费和购买。但是,购买意向能否转化为实际购买,主要受他人的态度、意外因素、购买风险等因素的影响。

（五）购后行为

旅游消费者在结束旅游活动后,通常会按照自己的期望对旅游产品或服务进行评价,也就是对旅游产品或服务是否满意。满意的旅游消费者对旅游目的地、旅游企业和旅游活动产生积极的态度,并可能发展成为忠实性的行为,如向他人推荐、重游等。相反,不满意的旅游消费者则会向他人抱怨,可能不会再次购买该旅游产品,或进行重游。

三、旅游决策的特点[①]

(一) 复杂性

旅游是一种高层次的消费活动,相比普通的消费决策,其过程当然也要复杂很多。旅游决策过程涉及各项决定,如目的地的选择、出行人员、出行方式、住宿、餐饮、购物、参与活动、预算支出等。一次旅游决策的制定实质上是由各项细分的决策综合组成的,而且这些细分的决策在整个决策中都具有独特的作用,缺一不可。换句话说,旅游决策的完整制定建立在这些细分决策制定的基础之上,反映并协调每一个细分决策,如果个别细分决策没有组织好,那么整个旅游过程就很可能会矛盾不断,使游玩过程不能尽兴。以家庭旅游为例,因为涉及各个年龄层次的家庭成员,所以在选择旅游目的地、游览景点和娱乐活动时,就不能只考虑个别的兴趣,而要顾及年长的父母和年幼的孩子,从而综合协调旅游行程。

(二) 偶发性

旅游决策实际上并不一定是连续的过程,这是由于旅游是一种异地性的消费者,这一特点决定了旅游过程中必然会面临各种无法预料的状况。正所谓"计划赶不上变化",即使先前的决策非常周密,也不可避免地会遇到一些临时改变。因此,旅游决策往往不是静态的,而是一个动态解决问题的过程,早期阶段的决策能确保后期决策处于正常运转的状态,而后期在旅游目的地的临时决策能在一定程度上确保旅游行程的正常实现。

在现实旅游决策中,人们的行为不免要受到各种信息、环境及情境因素的影响,旅游前的决策不可能特别周密,而且对于一些附加决策,也完全没有办法在出行前完全制定。

四、旅游决策的影响因素

作为一种特殊的消费决策,按照新古典经济学理论的描述,旅游决策最基本的影响因素包括两大方面。第一是旅游者所处的外部环境,主要有:①消费选择自由,即旅游者在购买活动中,基本不受限量、配额和短缺的约束;②价格充分弹性,旅游产品和服务的价格,取决于供给和需求的关系;③预算约束,即购买受个人收入的限制;④没有流动约束,即借贷自由;⑤不确定性,旅游产品和服务、个人收入、旅游政策等,存在不确定性。第二是旅游者的内在因素,主要有:①理性主体,即决策者的理性是适度理性;②追求效用最大化,即寻求最大限度满足自己需要的方案;③规避风险,决策者总是试图使风险降低到最低;④时间偏好,旅游者通常看重现在的消费。[②] 但在实际的旅游决策过程中,涉及的影响因素远比这种理论描述复杂,邱扶东等将旅游决策的影响因素归纳为六类。[③]

(一) 旅游服务因素

旅游服务因素是人们进行旅游决策的重要依据,包括客源地旅游服务系统、出行服务系

---

① 白凯.旅游者行为学[M].北京:科学出版社,2013.
② 孙凤.消费者行为数量研究:以中国城镇居民为例[M].上海:上海人民出版社,2002.
③ 邱扶东,吴明证.旅游决策影响因素研究[J].心理科学,2004(5).

统、目的地服务系统和支持服务系统,主要涉及吃、住、行、游、购、娱、咨询、信息、导游、售后等具体的旅游服务。

（二）社会支持因素

个人的心理和行为受社会环境的规范和制约。社会对旅游的宣传和倡导,并提供一定的便利,无疑会促进旅游风气的形成。同时,社会支持已经使旅游成为现代人生活方式的重要组成部分,有机会、有条件而不去旅游,个人不仅会感受到外在的社会压力,而且会感受到内在的心理冲突。

（三）个人心理因素

个人心理因素包括旅游消费者对某些旅游产品和服务的偏好、旅游需要和动机、过去的旅游经验、所掌握的旅游知识等。人的行为是个人特征与环境互相作用的产物。个人心理因素会影响他们怎样认识、评价旅游环境,以及持有什么样的决策标准,从而影响他们的旅游决策。

（四）群体支持因素

个人的心理和行为既受所属群体的影响,又受参照群体的影响。因此,时尚、家人、亲朋好友等,都会影响个人的旅游决策。在旅游活动中,很多情况下参照群体比所属群体拥有更大的影响力。

（五）社会经济因素

日常生活的压力、金钱、时间等因素,是现代旅游的基本约束条件。对于现代人来说,在拥有金钱和时间的情况下,想要解除日常生活的压力,最佳的途径就是外出旅游。

（六）其他因素

包括几个难以归属到其他类型之中的因素,即亲朋好友的旅游推荐、旅游广告宣传、旅游目的地的远近等。

此外,旅游决策还受决策者的性别、年龄、文化水平、职业、家庭人均月收入、年平均出游次数等人口统计特征的制约。

知识链接　　影响大陆游客邮轮消费特点的因素

邮轮上有各种消费形式,主要分为物质消费和精神消费。物质消费包含购买免税商品和品尝付费餐饮方面的消费,而精神消费则包含SPA、桑拿、运动场所等地的消费。尽管邮轮消费的比例逐年上升,但是作为新兴的出游方式,我们仍然需要消耗精力去研究和总结邮轮消费的特点,以最大限度提升消费。研究者所调查研究出的影响消费特点的因素如下:不同的游客结构特征、游客消费动机、游客消费结构以及游客旅游满意度。以上四个方面对邮轮游客的购买决策的影响有所不同。

一、各方面对邮轮游客的购买决策的影响

为了了解中国大陆游客在邮轮上的消费特点,以及探讨影响其消费特点的因素,研究者通过对一次"海洋航行者号"航行的实地调查和大陆岸上游客的问卷调查,归纳总结了邮轮游客的消费特点,发现以下几个方面的因素。

(一)游客结构特征

1. 游客的年龄

数据表明,30 岁以下的人群占较高比例,接近 48%;31~40 岁与 41~55 岁的人群比例相近,分别为 24%、27%;大于 56 岁的人群比例低于 1.5%。青年与中年人占有的比例较大,这一人群接受新型的出游方式的能力较强,并且更容易通过网络宣传、媒体宣传以及社交圈内的传播等方式了解邮轮出游。

2. 游客的家庭月收入

调查表明,被调查者中近 50% 的游客家庭月收入在 1 万~1.5 万元,由高至低,接下来依次为 0.5 万~1 万元、大于 2 万元、小于 5000 元和 1.5 万~2 万元,分别占比 20.9%、17.91%、8.96% 以及 2.99%。由此可见,家庭月收入适中甚至月收入偏低的人群都有尝试邮轮旅游的动机,另一方面,也有一部分高薪家庭在工作之余也愿意享受邮轮之旅。

(二)游客消费动机

根据调查研究,价格和新颖度是决定游客是否愿意消费的主要原因,尤其是中国大陆游客,选择邮轮出行也是源于对新鲜事物的尝试。环境和服务也是外在影响因素,关于环境的设计,邮轮游客较喜欢的就是外观奢华以及气氛柔和的消费环境。

(三)游客消费结构

1. 参加原因(邮轮娱乐项目的选择)

选择邮轮的游客向往的就是邮轮上周到的服务、美食的诱惑以及身心的放松,所以娱乐项目对游客的消费动机产生较大的影响。

2. 舱房的选择

目前,邮轮的舱房主要为内舱房、海景房、阳台房和套房四类。数据显示,选择海景房的游客最多,紧随其后的是阳台房,二者都是接近海洋、享受生活的绝佳选择。而套房的选择率最低,与其价格偏高有一定关系。

(四)游客旅游满意度

根据数据显示,游客对邮轮免税店的评价相对较高,通过邮轮上与到岸城市的免税店的比较,游客认为邮轮上免税店价格合理、考虑购买的占比为 65.67%,认为性价比较高、愿意购买的游客占比为 25.37%,说明对该消费满意的游客比例十分高。但是仍然有 7.46% 的游客认为价格偏高、无法接受以及 1.5% 的游客认为性价比较低、不考虑购买。

二、总结与意见

(一)邮轮游客主要集中于青年和退休人群

根据已有文献中的数据显示:26~35 岁、36~45 岁两个年龄段的人数比例较高,说明中青年人群对邮轮的接受能力较高,在调查者的数据中,老年人的比例也不低,因为退休的老年人有更多的闲暇时间进行邮轮旅游,但老年人由于传统思想的禁锢,消费能力不高,较少进行额外的消费。

此外,对于大陆游客,语言的交流是一个较大的障碍,但是艺术、文化是没有国界的,相信丰富精彩的异域风情的表演和中国传统艺术项目一定能吸引更多的中国游客的兴趣。邮轮公司也应该就语言、生活习惯等方面解决这些游客的问题,以使游客更舒适地度过邮轮旅游之行,从而促进消费。

(二)中国游客对邮轮的理解和接受能力不高

国内邮轮旅游消费需求处于萌芽状态,邮轮旅游市场处于起步阶段,我国游客对邮轮旅游这一休闲与消费方式在认识上需要一个逐步认识和接受的过程。这其中当然也有我国大陆文化积淀深厚的原因,对大海的热情和情结远不及欧美游客。同时,由于东西方文化差异对休闲度假观念的不同理解,我国游客对于邮轮的认知度还不是很高。

(资料来源:丁雅静,闫国东.影响大陆游客邮轮消费特点的因素[J].旅游纵览,2015(1).)

第二节 旅游消费者对目的地的选择

旅游目的地是指能够对一定规模的旅游者形成吸引力,并能够满足其特定旅游目的的各种旅游设施和服务体系的空间集合。① 在旅游决策中,旅游目的地选择是最重要的决策,也是旅游消费者行为研究中的重要组成部分。事实上,旅游决策问题通常包含两个命题:其一是要不要去旅游的问题,涉及旅游者的需要和动机;其二是选择哪个特定旅游目的地享受何种旅游产品的问题。一般来说,在旅游者明确自己的旅游动机之后,便会通过各种途径搜集信息,进行一系列关于旅游目的地、旅游方式、旅行时间等的决策。由于旅游目的地是旅游活动的中心,且对旅游目的地的选择通常关系到其他相关决策的产生,因此,目的地选择可以被认为是最核心的旅游决策。

一、国外经典旅游目的地选择模型

自20世纪70年代起,旅游者目的地选择的问题便引起众多国外学者的关注,他们从不同的角度出发,提出了一系列旨在清晰揭示旅游者选择目的地的行为过程和心理特征的概念模型,为后来旅游目的地选择的相关研究和营销实践提供了借鉴。

有一些研究模型将旅游目的地选择行为看作一个受多因素影响的决策行为过程。其中最受关注的是以行为主义理论为基础的部分模型,它们以"刺激—反应"公式作为解释决策行为的依据。但是,相关研究成果中的绝大多数只局限于旅游目的地选择的个别宏观或微观层面,从综合视角出发的模型较少,其中莫提荷、伍德赛德和莱松斯基以及厄姆和克朗普

---

① 王晨光.旅游目的地营销[M].北京:经济科学出版社,2005.

顿所提出的模型就是综合模型的典型代表。

（一）克朗普顿模型

1997年，克朗普顿就旅游目的地选择过程提出了一个系统模型，他将旅游者的选择划分为两个阶段。首先，人们要决定是否去旅游，如果答案是肯定的，接下来便要决定去哪里。他认为目的地选择可以被定义为感知的限制因素（时间、金钱和经验技能）与目的地形象之间互动的结果。在该理念模型的基础上，厄姆和克朗普顿在1991年提出了一套完善的概念模型，该模型基于外部因素（包括来自社会和市场环境两个方面）、内部因素（个性、动机、价值观和态度）和认知构成三个系列的变量。此外，厄姆和克朗普顿又进一步将该认知评价过程具体划分为如下五个阶段，如图11-2所示。

(1) 通过被动地获取信息或偶然的学习形成对目的地属性的认同。

(2) 在做出一般的度假决定之后，对目的地选择过程正式开始（包括对环境制约因素的考虑）。

(3) 从简单地产生目的地的意识向旅游动机被激发进而积极主动地选择目的地逐步推进。

(4) 通过主动的信息搜寻进而形成对令人产生欲望的目的地属性的信任。

(5) 从令人产生欲望的目的地中挑出一个特定的目的地。

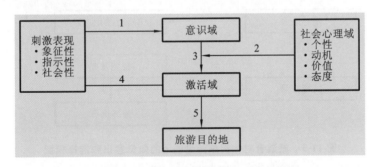

图11-2　休闲旅游目的地的选择过程模型

（资料来源：亚伯拉罕·匹赞姆，优尔·曼斯菲尔德.旅游消费者行为研究[M].舒伯阳，冯玮，等，译.大连：东北财经大学出版社，2005.）

（二）伍德赛德和莱松斯基模型

伍德赛德和莱松斯基（Woodside and Lysonki）提出了另一个关于旅游目的地选择的综合模型。这个模型与厄姆和克朗普顿的模型有许多共同之处，即市场变量（市场营销的4P组合）代表外部输入，游客变量（旅游经验、社会人口统计、生活方式和价值观）代表内部输入。同时，伍德赛德和莱松斯基提出从意识到目的地向选择目的地的演进，与厄姆和克朗普顿所提出的从意识域到最终目的地选择域的历程类似。但是，伍德赛德和莱松斯基的方法更为准确，因为对目的地的知觉被视为心理分类的过程，旅游者意识中的目的地可以由此分为考虑域或激活域（自动激起欲望的目的地）、排除域（被拒绝放弃的目的地）、惰性域（未被积极考虑的目的地）、无意识域（不可能被人们知觉意识到的暂时无意义的目的地）、意识域（可被人们知觉的存在于意识范围内的目的地）。另外，他们还指出情感联系、旅游者目的地偏好、游览意愿和情境变量也是影响目的地决策的重要因素。

如图 11-3 所示,伍德赛德和莱松斯基认为,旅游者对目的地的知觉意识,尤其是四个域的分类受到了营销组合变量和旅游者(特别是旅游经验)变量(箭头 1 和 2)的共同影响,而这些影响增加了目的地进入旅游者考虑域的可能性。情感联系通常对一个已处于激活域之中的目的地有着积极的意义,但是对于惰性域中的目的地却起着消极作用。旅游者对特定目的地的偏好取决于该目的地处在其考虑域中的排位顺序(箭头 5),而旅游者对目的地的偏好又直接影响到他们的游览意向。

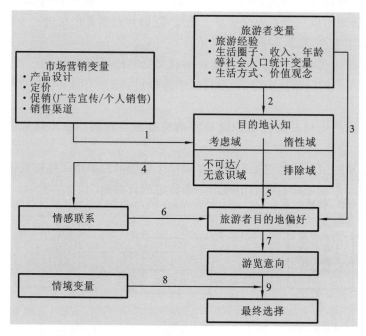

图 11-3 旅游者对休闲旅游目的地的知觉意识和选择模型

(资料来源:Woodside A G,Lysonski S. A general model of traveler destination choice[J]. Journal of Travel Research,1989(27).)

上述两种模型属于传统的旅游目的地决策模型,这些模型将旅游消费者的决策看作理性的、次序性的逻辑推理过程。然而,旅游目的地决策的过程并不仅仅是一个程序化的多阶段过程。随着对旅游目的地选择问题研究的深化,传统决策模型的一些缺陷陆续被指出。研究者们认为,对旅游目的地选择的研究不仅要关注对旅游者心理变量的分析,还要注意到旅游消费者是怎么形成认知、情感判断、意图、实践和购后评价的。

(三) 新的框架体系

1994 年,伍德赛德和麦克唐纳(Woodside and MacDonald)采用定性数据描述了休闲观光者如何决策的总体框架,这在一定程度上填补了以往研究的空白。这个系统框架的新颖之处在于,它们区分了旅游中的 8 类次级的选择域,这些次级选择域能够被与信息的获知情况和处理结果相关的 4 个首要的"启动节点"刺激。双箭头说明了因果关系并不是事先就定了的,而是依每一个旅游者而定的,这与常规的合理性范式形成了鲜明的对照。这个框架为我们提供了洞察的视角,以便了解旅游者怎样决策、旅游团队成员之间如何互动、在愉快的旅途中所发生的彼此相关的活动与事件以及由此而导致的其他活动与事件。这个模型的一个重要假设就是初始旅游选择的激活(源于"触发事件")随着时间的流逝渐渐发展成相关的具体旅游选择(模型如图11-4所示)。

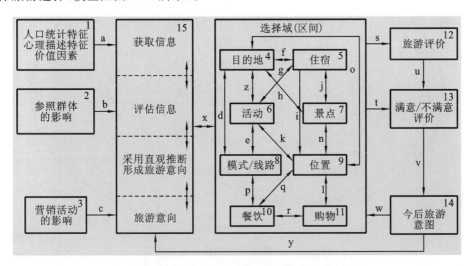

图11-4 旅游消费者决策的系统框架

(资料来源:亚伯拉罕·匹赞姆,优尔·曼斯菲尔德.旅游消费者行为研究[M].舒伯阳,冯玮,等,译.大连:东北财经大学出版社,2005.)

二、国内旅游目的地选择模型

目前,国内对于旅游者目的地选择的研究成果较为丰富,其中,对于其过程的研究是关注热点之一,已有部分学者将这一过程运用理论模型的方式加以表达和概括,下面介绍三个较有代表性的模型。

(一)机会组合模型

所有客观存在的旅游目的地构成了全部备选机会组合,在全部旅游目的地中,只有旅游者意识到的旅游目的地(感知机会组合)与旅游者经济承受范围内的旅游目的地(可达机会组合)才能进入旅游决策,成为真正备选的旅游目的地(现实机会组合)。现实的机会组合包含较多的备选旅游目的地。旅游消费者要从中筛选出一部分进行选择,然后在选择机会组合中再选定旅游目的地。也就是说,旅游消费者通过比较对各个旅游目的地的感知形象,先从现实机会组合中选出考虑的机会组合,再从考虑机会组合中选出若干偏好的旅游目的地,最后在偏好的旅游目的地中决定实际出游的旅游目的地,即为决策机会组合(如图11-5所示)。

(二)旅游者目的地选择的TPB模型

姚艳虹借鉴消费者计划行为理论(theory of planned behavior,TPB),构建了一个旅游目的地选择的TPB模型(如图11-6所示)。在该模型中,最终目的地的确定是在4个层次的影响因素相互作用基础上产生的。第一个层次中,意向、情境、旅游群体3个因素均对目的地的确定产生直接影响,但情境、旅游群体是通过对已形成的意向进行干扰,产生与意向不

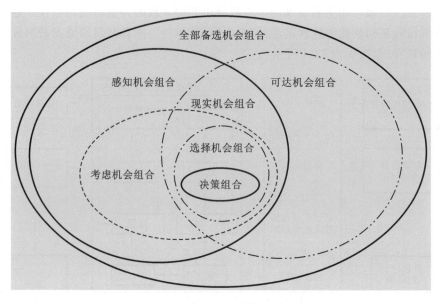

图 11-5 旅游度假者的机会组合模型

（资料来源：吴清津.旅游消费者行为学[M].北京：旅游教育出版社，2006.）

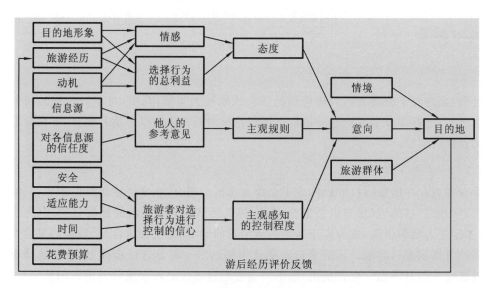

图 11-6 旅游者目的地选择的 TPB 模型

（资料来源：姚艳虹，罗焱.旅游者目的地选择的 TPB 模型与分析[J].旅游科学，2006(5).）

同的目的地选择，干扰的作用与意向的强度成负相关关系。第二个层次是意向的影响因素，即态度、主观规则和主观感知的控制程度。第三个层次中，对某个目的地而言，只有当旅游者的情感与总利益的得失保持一致，即旅游者认为到某地旅游会满足他的需求、带来价值的同时又非常喜欢此目的地时，才会对其产生强烈的正面态度、引起旅游意向的产生；若两者不一致，那旅游者的态度很可能不明确或提不起兴趣，也不大可能有去此地旅游的意向。同时，他人的参考意见、旅游者对选择行为进行控制的信心通过正相关的关系分别对主观规则和主观感知的控制程度产生直接影响,进而影响去某地旅游的意向。第四层次中,动机、目的地形象、旅游经历对旅游者的情感和选择行为的总利益都有直接影响。最后,目的地确定,旅游归来,旅游者将形成在该目的地旅游的总体感受及评价,这些感受及评价将成为他们旅游经历的一部分,对下一次旅游决策产生影响。

（三）基于"刺激—反应"模型的旅游者目的地选择模型

黄谦基于旅游消费者"刺激—反应"购买决策模型,结合前人关于旅游者目的地选择过程的阐述,构建了旅游者目的地选择概念模型(如图 11-7 所示)。他认为旅游者目的地的选择决策过程可以划分为三个阶段,即产生旅游动机、信息的搜集与分析、最终决策。该模型较为全面而综合地考虑了相关群体因素、情境因素、旅游者心理决策过程以及可能的风险对游客目的地选择行为的影响。

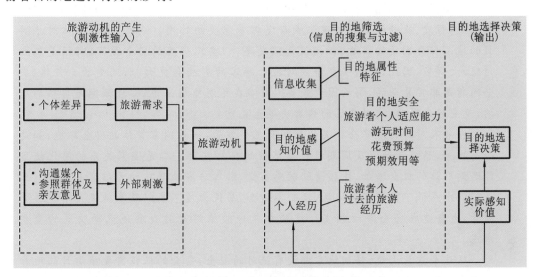

图 11-7　旅游者目的地选择过程概念模型

（资料来源：黄谦.旅游者目的地选择的影响因素分析[D].成都：西南交通大学,2009.）

知识链接　　　追求安全永无止境

作为旅游目的地,中国得到良好的安全评价是值得欣慰的。我们要把这样的评价看作一种激励,一种更高的要求,绝不可以因此而满足,更不可掉以轻心。

据报道,携程旅游曾发布的调查报告显示,中国旅游的安全程度居全球首位,在安全上更有优势的海外目的地越来越受到中国游客欢迎。在游客眼中,中国成为最安全的国家,读到这篇报道,笔者由衷地感到高兴。人们都知道这样一个道理：外出旅行是艰辛的,而旅游必须有安全作为保障。因为,离开了安全,旅游就失去了意义,再好的地方不安全,明智旅游者都会绕着走。

改革开放以来,中国的入境旅游发展出现过几次高潮,海外游客人数不断创新

高,他们的足迹遍布我国大江南北。虽然在将近 40 年的时间里,海外旅游者对我国旅游基础设施、旅游产品质量和旅游服务水平不时会有一些抱怨和微词,但对中国的旅游安全则非常认可,众口一词。即使有时出现一些意外,他们对事后的处理也表示理解,没有将安全作为影响到中国旅游的一个因素。因此,旅游安全一直以来是中国作为新兴国际旅游目的地的一大优势。

因为这次调查的对象是中国游客,因此对这个结果要做更加客观的分析,至少要考虑一个附加条件,那就是情感与认知。人们在自己国家旅游,语言障碍、自然与文化环境的差异与冲突都不突出,这一点与在异国他乡的感受则大不相同。实际上,如果在本国旅行都感到惶恐不安,那么,他们也未必有离开家乡到海外游山玩水的激情了。

的确,旅游者对旅游目的地安全的判断是一个颇为复杂的预期和过程,心理作用、熟悉程度、往昔经历和口碑影响都发挥着重要的作用。众所周知,媒体对旅游目的地不安全因素的兴趣(哪怕仅是偶发事件)要比那里的安全现实(哪怕是悠久传统)大得多,因此,任何安全事故对域外游客的影响会更大、时间更长。当然,安全问题是非常复杂的,影响因素颇多。对潜在旅游市场来说,心理预期是自然形成的,改变起来很难,这对自己的旅游决策至关重要。

一般人对目的地安全状况的判断有几个方面,一是国家整体的安全环境,如是否有战争、恐怖活动以及周期性或季节性的自然灾害。二是国家关系的恶化使可能遇到麻烦的机会增加,民族情绪敏感易变,游客与当地居民的矛盾容易激化。三是经济水平低下的国家和地区,法制不健全、居民素质不高以及基础设施不完善等因素,也会造成安全事故频发。这些都是一般旅游者对目的地选择决策的重要考虑。

从这个意义上说,任何地方都没有绝对的安全,安全的保证需要旅游目的地和旅游者共同努力防范。防范是第一位的,亡羊补牢是必需的,任何时候都要高度重视可能存在的不安全因素。实事求是地讲,虽然目前对国际旅游者的安全威胁在中国比世界上很多国家和地区都要小,但无论如何,过去的安全记录并不是未来安全的保证。笔者今天仍记得当年做导游时遇到的一次严正指责。1980 年,我接待一个 20 多人的美国旅游团,从北京入境,游览 5 个城市后出发去香港。团长发现,在接下来途经的城市中,所住的 3 个饭店夜间会将楼层的门上锁。为此,团长曾两次深夜把我叫起,质问为何不顾游客的安全,把发生火灾后唯一逃生的途径给断绝。最后一次,团长愤怒了,半夜叫我和他一起去找值班经理,提出同样的质问。然而,那位值班经理给出的答案令人汗颜,他很坦然地说,他的饭店从来没有发生过火灾。我和团长都无语。当夜,团长出示一张承诺书叫我签字。内容很简单,要我作为旅行社代表承诺,以后所住饭店绝不会再出现半夜楼层锁门的现象。而且,他还很郑重地说,回到美国后,要将此事向美国有关部门投诉,控告美国组团社的失职。

从宏观方面来讲,当前旅游目的地的安全需要从这样几个方面认真考虑。一是当今全球性的恐怖活动频发,随着科学技术的发展,恐怖活动发生的地点与方式越来越难以预测,恐怖袭击对象的逻辑关系更加难以判断,而往往被国际社会认为很安全的地方,更容易被恐怖分子钻空子。二是天灾,如地震、洪水、火山以及传染病等,预测难度很大,关键是防灾救援预案的完善与实施机制有效。三是一些法制不健全、安全意识与责任淡薄和不良习俗都可能酿成安全隐患,例如,水源污染、大气污染、食品不安全以及道路设计和交规的执行等,也是对安全的挑战。这些因素的存在,作为旅游目的地,不应当抱怨外来旅游者的挑剔与苛求,要学会换位思考。因为,对大多数旅游者来说,旅游不是探险,也并非是必做之事,更何况当今世界上,可供旅游者选择的目的地与日俱增,追求幸福的人不会铤而走险。

总之,作为旅游目的地,中国得到这样良好的安全评价是令人欣慰的,即使从世界角度来审视,可圈可点之处也很多。我们不仅要为此而感到欣慰、为已经取得的进步而自豪,更要把这样的评价看作一种激励,一种更高的要求,绝不因此而感到满足,甚至掉以轻心。追求安全永无止境,承担责任,重过泰山。要认识到,在安全方面,我们还有许多工作要做,需要加倍的努力。要知道,安全问题是最重要的社会责任,是面对全社会,而不是只针对哪个人或哪些社会群体。

(资料来源:张广瑞.追求安全永无止境[N].中国旅游报.2017-08-04.)

本章小结

(1) 旅游决策是指个人根据自己的旅游目的,收集和加工有关的旅游信息,提出并选择旅游方案或旅游计划,并最终把选定的旅游方案或旅游计划付诸实施的过程。

(2) 从狭义上讲,旅游决策的内容就是指旅游消费者的目的地选择行为;从广义上讲,旅游决策的内容不仅包括目的地的选择,还包括交通、住宿、餐饮、娱乐、购物等单项旅游产品的决策,同时也应该包括对购买方式的选择,即旅游消费者对服务提供商和旅游产品销售渠道的选择。

(3) 旅游决策的过程划分为5个阶段,即旅游需要识别、旅游信息搜寻、可行性方案评估、旅游决策实施和购后行为。

(4) 旅游决策具有复杂性、顺序性和偶发性的特征。

(5) 旅游决策的影响因素包括旅游服务因素、社会支持因素、个人心理因素、群体支持因素、社会经济因素以及其他因素。

(6) 旅游目的地是指能够对一定规模的旅游者形成吸引力,并能够满足其特定旅游目的的各种旅游设施和服务体系的空间集合。

(7) 国外旅游目的地的选择模型具有代表性的是克朗普顿模型、伍德赛德和莱松斯基模型及伍德赛德和麦克唐纳模型;国内旅游目的地选择模型较有代表性的有机会组合模型、旅游者目的地选择的TPB模型和基于"刺激—反应"模型的旅游者目的地选择模型等。

核心关键词

旅游决策　　　　　　（tourism decision-making）
旅游目的地　　　　　（tourist destination）
目的地选择　　　　　（destination choice）

思考与练习

1. 简述旅游决策的概念及过程。
2. 结合实际案例,说明旅游决策具有哪些特征?
3. 简述旅游决策的影响因素,除本书所列出外,还有哪些因素也影响旅游消费者的决策?请陈述理由。
4. 简述旅游目的地选择的经典理论模型。

案例分析

案例一

三位大学生的假期旅游

近年来,随着人们收入水平的提高,旅游消费人群不断扩大。大学生假期旅游已成为时尚。李晓、王明、周梁是某高校大三学生,他们平时关系很好。在李晓的动员下,三人经过与家长的沟通商议,并在家长那里获取足够的旅游资金后,决定2013年暑期在国内选择一家旅行社进行他们人生中第一次旅游消费活动。旅游消费活动对三人来讲是第一次,由于旅游花销比较大,各个旅行社的知名度、服务水平差异也大,旅游决策风险显而易见。因此,三人开始分头了解、搜集相关旅行社的信息。经过看广告、网上查询,与有精力、有经验的同学交流,去学校附近的旅行社咨询等调研后,他们决定选择A旅行社推出的"国内某大城市经典游"项目进行旅游消费。

A旅行社为改变旅游产品无法满足人们的多样化、个性化需求,在暑假期间根据大学生的旅游需求特点,在不增加该项目费用的前提下丰富了该项目的特色。比如,在原来的旅游项目中增加郊外运动游(漂流、爬山)。在促销方面,推出有奖旅游销售,特等奖获得者可免费获得重大体育赛事门票两张(在暑假期间,该城市有国内足球甲A比赛)。但该旅行社的定价并不比其他旅行社的同类旅游产品高。三位大学生暑期随团进行了旅游活动,旅行社按合同约定圆满提供了相应的服务。回校后三人逢人便兴致勃勃地讲该次旅游的轶事,将该次旅游总结为一个字"爽",俨然像该旅行社的推销员。

（资料来源：孙九霞，陈钢华.旅游消费者行为学[M].大连：东北财经大学出版社，2015.）

问题：

1. 上述案例中三位大学生的假期旅游展现了旅游消费者的决策行为的哪些特点？
2. 哪些因素会影响他们的旅游决策？如何根据旅游消费者的决策行为进行旅游营销？

案例二

一个家庭的旅游决策过程

第十二章

旅游体验

学习目标

- 掌握旅游体验的概念、类型、特征、塑造原则和实现路径。
- 理解旅游体验质量的内涵,了解旅游体验质量的影响因素和测量方法。
- 理解旅游体验真实性的内涵,了解旅游体验的真实性问题。
- 掌握旅游体验营销的内涵、特点和模式,熟悉旅游体验营销的实施策略。

问题导向

- 所见即真?

第一节 旅游体验概述

以"体验"为经济提供物的体验经济是继农业经济、工业经济和服务经济之后的新经济形式。在体验经济时代,随着旅游者旅游经历的日益丰富,旅游消费观念的日益成熟,旅游者对体验的需求日益高涨,他们已不再满足于大众化的旅游产品,更渴望追求个性化、体验化、情感化、参与化以及休闲化的旅游活动。

一、旅游体验的概念

"体验"这一术语,至今尚无一个统一的定义。在这里将其表述为"一种可以带给消费者回忆的精神之旅,这种回忆可以是完成某些特殊的事情,学到一些东西,或者只是获得乐趣"。

旅游体验研究始于 20 世纪 60 年代。布斯汀(Boorstin)将旅游体验定义为一种流行的消费行为,是一种做作的、刻板的大众旅游体验。然而,麦肯奈尔(MacCannell)则认为旅游体验是人们对现代生活困窘的一种积极回应,是旅游者为了克服这些困窘而追求的一种"本真"的体验。这两种有明显差异的定义引发了学界的一些争论。随后,由于科恩(Cohen)认为不同的人需要不同的体验,不同的体验对不同的旅游者和他们所处的社会具有不同的意义。因此,他将旅游体验界定为个人与各种"中心"之间的关系,认为体验的意义源自个人的世界观,取决于个人是否依附于某个"中心"。科恩认为体验反映了动机的一些稳定模式,把旅游者的不同行为模式区别开来,这些与旅游者的"私人"构造世界联系在一起,代表着一些既定的模式去满足大范围的个人需求,从娱乐到寻求意义。瑞恩(Ryan)在他们的研究基础上,提出了旅游体验的一个定义,即旅游体验指的是一种多功能的休闲活动,对于个体来说,包括娱乐或学习,或两者兼有。

国内许多学者也对旅游体验进行了界定。其中,最具影响力的旅游体验定义是谢彦君提出的,他认为,旅游体验是旅游个体通过与外部世界取得联系从而改变其心理水平并调整其心理结构的过程,这个过程是旅游者心理与旅游对象相互作用的结果,是旅游者以追求旅游愉悦为目标的综合性体验。本书采用谢彦君对旅游体验的定义。

二、旅游体验的类型

游客究竟寻求什么样的体验呢?国外学者科恩(Cohen)和史密斯(Smith)对旅游体验的类型进行了研究,其中,科恩从现象学的角度将旅游体验分为 5 种类型,即休闲的方式、排遣的方式、经验的方式、实验的方式和存在的方式。这些方式代表了不同的消费方式,其中包括恢复个人健康、远离厌倦的生活、寻求真实性、寻找替代生活方式、"拥抱"异域文化。随后,许多学者在他们的研究中都提到了科恩的旅游体验模式。

国内许多学者也对旅游体验的类型进行了研究,其中,邹统钎对旅游体验的分类具有代表性。[①] 他在帕恩二世和吉尔墨(Pine II and Gilmore)的《体验经济》中把体验分为娱乐、教育、逃避与审美这 4 种类型的基础上,提出旅游体验还有第 5 种体验,即移情。

(一)娱乐体验

消遣是人们较早使用的愉悦身心的方法之一,也是较主要的旅游体验之一。旅游消费者通过观看各类演出或参与各种娱乐活动使自己在工作中造成的紧张的神经得以松弛,让会心的微笑或开怀大笑抚慰心灵的种种不快,从而达到愉悦身心、放松自我的目的。娱乐体验渗透到游客体验的整体过程中,无论是景区动物的一个滑稽的动作还是美丽景观带给人的视觉冲击,都会起到娱乐身心的作用。例如深圳欢乐谷用不同的娱乐主题满足游客多样化、个性化的旅游需求,使游客感受不同的娱乐经历。矿山车让人体会穿越矿区的惊险与刺激,四维影院让人感受全方位的视觉冲击,一卜通城让人沉迷于童年的回忆中,魔术晚会则让人体验超凡的感受,不同的娱乐主题为不同年龄的人们塑造了属于自己的娱乐经历。

(二)教育体验

旅游也是学习的一种方式,尤其是人文类景点,如博物馆、历史遗迹、古建筑等,其深厚

---

① 邹统钎,吴丽云.旅游体验的本质、类型与塑造原则[J].旅游科学,2003(4).

的文化底蕴、悠久的历史传统、高超的建筑技术都会令旅游者有耳目一新之感,学习因此融入旅游者旅游的全过程。近年来,在我国各地兴起的"农家乐"项目,也成为许多父母教育子女的方式,让孩子亲自种植蔬菜、水果,亲自管理,体会种植的乐趣和收获的快乐,在潜移默化中将节约、勤劳的教育理念灌输进孩子的意识中,寓教于乐。

（三）逃避体验

工作的压力、日常生活的繁琐、人际交往的复杂令现代人在生活中很少有时间摘下脸上的层层面具来审视自己内心的真正需求。因此,他们更渴望通过旅游活动,暂时摆脱自己在生活中扮演的各种角色,抛开大堆的日常琐事,把工作置于脑后,在优美、轻松、异于日常生活的旅游环境中获得一份宁静、温馨的体验,寻找生活中另一个摆脱束缚和压力后的真实自我。

到农家体验田园生活,可以使旅游者在相对淳朴的人际关系中放松自我,在恬淡、与平常生活相隔绝的田园世界中把自己从日常的紧张状态中解脱出来,从而获得解脱后的舒畅、愉悦。探险旅游、极限运动则使旅游者在极度的刺激中、在不断的超越中冲破心理障碍,跨越心理极限,在获得巨大的成就感和舒畅感的同时,忘却生活中的种种琐碎、压力和不快,进而实现自身的精神解脱。

（四）审美体验

对美的体验贯穿于旅游者的整个活动。旅游者首先通过感觉和知觉捕捉美好景物的声、色、形,获得感观的愉悦,继而通过理性思维和丰富的想象深入领会景物的精粹,身心均沉迷其中,心驰神往,从而获得由外及内的舒畅感觉。自然景物中的繁花、绿地、溪水、瀑布、林木、鸟鸣、动物、蓝天等,人文景物中的雕塑、建筑、岩绘、石刻等都是旅游者获得美感体验的源泉。此外,景区布局合理,营造出天人合一的整体环境氛围,以及旅游从业人员、景区居民的友好、和善、热情也是游客获得审美体验的途径。

（五）移情体验

旅游中的移情,是指旅游者把自己置身于他者的位置之上,将自己变化为意想中的对象,从而实现情感的转移和短暂的自我逃离。从《庐山恋》中的山水,到《少林寺》中的古刹,《乔家大院》让人们想去山西看看大院里那幽怨的红灯笼,湘西的无名小镇因电影《芙蓉镇》成为旅游的热点,《非诚勿扰》让人们认识了西湖边上的西溪湿地,电视剧《似水年华》吸引了大批游客到乌镇领略江南水乡的古朴与恬静。旅游者被影视作品所展现的内容吸引,亲身到这些旅游地进行体验,这就是一种移情的体验。

三、旅游体验的特征

（一）参与性

参与性是旅游体验的核心所在,旅游经历就是游客参与旅游活动的结果。在旅游活动中,旅游者与旅游产品、当地居民及其他旅游者之间产生互动行为,从而完成个人独特的旅游体验。游客在旅游过程中的参与程度,与旅游体验的效果直接相关,参与程度越高,体验效果越好;反之,则越差。

(二)综合性

一方面,旅游产品的综合性,决定了旅游体验的综合性。游客与旅游六要素的接触与互动,产生了各种不同的体验,它们共同形成了旅游体验的整体。另一方面,体验给旅游者带来的是一种综合的内心感受,旅游者在旅游体验过程中产生的内心感受,不仅涉及旅游客体,还与其所处的环境有关;不仅经过感性的认识,还经过理性的思考,是理性和感性的融合。因此,旅游体验具有综合性特征。

(三)主观性

旅游体验是个人的,是主观个体达到情绪、体力、智力甚至是精神的某一特定水平时,意识中产生的美好感觉。旅游体验的结果,是旅游者得到的一种对自己富有意义、综合的内心感受,这种内心感受或多或少都带有一定程度的主观性。而且这种感受,对不同的主体,即使是参与同一体验过程,也不会完全相同。

(四)无形性

对旅游产品的消费最终获得的是一次体验。在旅游体验的消费过程中,游客获得的是一种经历,而不像其他产品的购买消费,获得的是一种实际存在、看得见、摸得着的实物。它是一种心理认知感受和心理反应过程,是无形的,但是所创造出的体验却是令人难忘的。商品和服务是外在的,而体验是一种心理感受,它存在于消费者个人心中,是个人在身体、情绪、知识上参与的所得,除了消费者自身,别人无法体会。

(五)文化性

体验型产品需要深厚的文化底蕴作为支撑,否则提供给消费者的价值就将是有限的。所以,旅游体验是通过隐藏在不同商品和服务背后的文化内涵,在主客体相互作用的过程中,满足人们在精神上的需求。因此,旅游体验作为一种经济提供物,它具有文化性。它是隐藏在一般商品和服务背后的文化意义,它的文化性满足了人们在精神上的需求。

四、旅游体验塑造原则

旅游景区是旅游活动中的核心要素,是旅游产品的主体成分,是旅游消费的吸引中心,因此,旅游景区是旅游者拥有满意的旅游体验的关键所在。为了塑造最优的旅游体验,旅游景区在体验塑造上,应遵循以下原则。

(一)差异性

差异性要求景区在体验塑造时应力求独特,人无我有,人有我优,人优我特,时刻保持体验与众不同的个性,不断为游客带来新鲜的旅游感受,满足其个性化需求。差异性要求景区的环境、项目、活动与游客自己的日常生活环境有差异,要与竞争对手存在差异。前者可以实现游客逃避、放松、学习的目的,后者可以保证旅游景区的竞争力。景区体验差异化的途径有两类:一是率先进入某一产品市场,即以市场先行者的身份出现,推出新产品、新项目,并且不断创新;二是推出的项目或产品难以复制,或有很高的进入壁垒,如技术要求、企业文化、政策限制等,使其他潜在进入者无法进入,从而可以保持体验的唯一性。1955年,迪士尼乐园在洛杉矶创立时,凭借米老鼠和唐老鸭在儿童心目中的牢固地位,在全球首次推出以

快乐为标志的儿童娱乐公园,向儿童展示生活中的真、善、美,让他们得到快乐和兴趣,在赢得孩子的心的同时,也获得了家长的认可,从而成为主题公园中的常青树。几十年来,迪士尼通过不断创新,已经成为游客梦想的乐园,各种年龄段的人都可以在这里获得快乐和知识。从米老鼠、唐老鸭到狮子王、花木兰,再到星际宝贝,迪士尼的动画明星总是在变,迪士尼的娱乐项目也在不断变化,但迪士尼创造快乐的宗旨并没有改变,变的只是越来越新颖的题材、更加现代化的内容和先进的制作技术。

（二）参与性

增强游客体验的重要措施就是提高游客的参与性。参与可以使游客消除与景物或人物之间的隔阂,增强亲切感。参与通过互动与亲身体验可以更彻底地逃避、更深入地学习。游客主要通过两种途径参与景区的旅游活动,即精神参与和身体参与。游客的精神参与,是指游客通过各种途径获取旅游吸引物的信息,增强游客对旅游吸引物的理解和感知,从中获得美感和知识。游客的身体参与,是指游客亲身参与到景区的活动中,在活动中使感观或心灵获得静谧或刺激的享受,体验旅游活动的真谛。完善景区的讲解系统有助于提高游客的精神参与,使游客对景物的体验更加深刻、生动。为游客创造尽可能多的身体参与机会,则有助于提高游客旅游经历的质量,使体验更加具体、形象,增强游客与景区之间的感情联系。

（三）真实性

景区体验塑造应为游客获得真实体验创造环境。体验塑造的真实性体现为游客在景区为其所创造的环境中(不管这种环境是真实的、有历史原型的还是臆造的)品味旅游吸引物的内涵,沉迷其中,获得真实体验。这要求景区从业人员应把自己融入所扮演的角色中,为旅游者创造真实的氛围。杭州宋城在街道中打铁、磨豆腐、空中戏羊猴、皮影戏、市井杂技等的"宋人"均是宋城集团从全国各地找到的手艺人,对业务的精通使他们表演自己的老本行时十分轻松,回答游客的问题也十分自如。生动的场景、真实的人物、远古的服饰让游客在宋城的游览过程中忘记了时间,仿佛真的置身于千年之前的宋朝,从而使体验更加真实。

（四）挑战性

不断增加的工作压力、不断缩小的生活空间、不断增多的刺激、不断变快的生活节奏使现代人的原有感觉渐趋麻木,他们需要更加强烈的刺激来激发休眠的感觉细胞,通过不断挑战自我来最大限度地发挥自己的潜能,追求在超越心理障碍时的成就感和舒畅感。适度挑战性的活动能使游客真正忘却自我,从日常的繁杂事务中逃避出来。这也是近几年极限运动不断升温的原因。极限运动多在野外进行,游客在自然的环境中体会天人合一的感觉,在不断挑战自我、不断突破生理极限中感受自我突破、自我实现的快乐。蹦极、漂流、滑翔等极限活动使游客在惊险万分中体会由恐惧而舒畅,感觉灵魂出窍、心灵飞翔的极度愉悦;登山者不断上攀,从而获得不断超越自我的突破;徒步穿越沙漠者在克服种种困难后体验征服的愉悦……

五、旅游体验的实现路径

谢彦君将旅游体验的实现路径归纳为以下四个方面。

(一) 旅游观赏

旅游观赏是指旅游者在远离其常住地的地方通过视听感官对外部世界中所展示的美的形态和意味进行欣赏体验的过程，旨在从中获得愉悦的感受。旅游观赏的目的是获得审美体验。作为一种审美体验，旅游观赏的效果主要受观赏时机、观赏位置和观赏态度等因素的影响。

(二) 旅游交往

在现代生活中，旅游是一种非常重要的交往方式。旅游交往在时间上起始于旅游过程的开始，终止于旅游过程的结束，一般不会向这两极之外延伸，即使延伸，那时也不属于旅游交往，只能看成是旅游的准备或旅游交往的效应。旅游者、旅游目的地居民、旅游企业的经营者都是旅游过程中参与交往的主体。不管实际情况如何复杂，旅游交往是否是在一个统一的框架之下发生的，这个框架就是旅游的时空特征，或者说是旅游消费行为的时空性，它决定了旅游交往的时空特点，即暂时性和异地性。

(三) 旅游模仿

模仿是人有意或无意地对某种刺激做出类似反应的行为方式，也是一种即时性的角色变更。旅游者可以借助模仿或追求模仿实现对旅游愉悦的体验，这个事实使模仿得以成为一种特殊的旅游方式。因此，旅游模仿可以定义为旅游者在旅游过程中暂时放弃其常规角色而主动扮演某些具有愉悦性休闲体验功能的角色过程。就个体而言，旅游过程中的模仿是经常的现象。因此，模仿在旅游过程中是几乎不曾间断的行为。

(四) 旅游中的游戏

科恩(Cohen)认为，对于大多数旅游者来说，旅游其实是一种游戏。这种游戏像其他所有游戏一样，深深地植根于真实性的基础上，但游戏要想获得成功，却需要大量虚拟的人和物的在场。对旅游者而言，可供选择的游戏活动和方式是多种多样的。从游戏类型上看，这些方式包括技艺游戏、智力游戏和儿童游戏等。而一种游戏能否成为旅游体验的方式，要看它能否构成旅游对象的成分或向量。通常，由于游戏所具有的嬉乐成分和参与度高的特点，很多旅游产品的提供者就会积极而有效地将一些与目的地文化相关或直接就是该文化表征的某种游戏纳入旅游体验的过程中，使之成为营造旅游情境的重要手段。这样，旅游过程中的游戏设计，连同其他旅游体验方式一样，成为提高旅游参与程度和体验质量的重要手段。

第二节 旅游体验的质量与真实性

一、旅游体验质量

(一) 旅游体验质量的内涵

旅游体验质量主要是指旅游是否获得满意的旅游体验。旅游体验质量的高低涉及两个变量：一是游客在出行前对旅游目的地的各种期望指数，即旅游期望值；二是游客在旅游目的地所经历和感受的各种服务及整体环境的评价所形成的游客满意度。

从理论上讲,游客期望值和满意度之间存在三种动态关系,即高期望值低满意度导致负向体验质量评价,低期望值高满意度导致正向体验质量评价,期望值和满意度对等产生客观事实的体验质量评价。在现实的旅游活动中,期望值和满意度完全一致是不太可能的,游客因个体的差异及关于旅游目的地各种资讯来源的不同,总会造成游客对旅游目的地体验质量评价的偏差。因此,在游客期望值和满意度双重变量的作用下,游客体验质量对旅游目的地产生积极和消极两个方面的影响,高体验质量会增加旅游目的地对游客及潜在游客的吸引力,提高游客的重游率,延长旅游目的地的生命周期,在经济和社会效益的驱使下,旅游目的地相关机构也会增加和旅游业相关的各项基础设施建设的投资,旅游目的地的旅游业得以良性循环发展;反之,低体验质量会增加游客对旅游目的地的负面评价,这不仅对旅游目的地的旅游业发展百害而无一利,还可能进一步影响旅游目的地对外的整体形象。可见,游客体验质量评价性研究对旅游目的地的发展起着至关重要的作用。[①]

(二)旅游体验质量的影响因素

旅游体验质量的影响因素众多且复杂,不少学者对此进行了研究。克里斯·瑞恩(Chris Ryan)在其著作《休闲旅游:社会科学的透视》中,将影响旅游体验的因素分为先在因素、干涉变量、行为和结果几个因素,并认为旅游体验的质量是这些因素相互作用的结果。其中,先在因素由个性、社会等级、生活方式、家庭生命周期阶段、目的地的营销和形象定位、过去的知识和经验、期望以及动机构成,并且动机受其他因素的影响而对各个干涉变量施加影响。这些干涉变量包括旅游体验中的延误、舒适、便利,目的地的可进入性,目的地的性质,住宿的质量,景点的数目和活动内容的多少,以及目的地的种族特性。在旅游行为过程中,旅游者感知的期望与实际的偏差的大小、他们与目的地居民以及同行旅游者之间相互作用的性质,要受到诸如旅游者本身辨别事件的真实性和虚幻性的能力、建立可以使自己获得归属感的人际关系的能力以及旅游者的活动方式等因素的综合影响。期望是否能够达到将最终影响旅游体验的质量。莉娜莫斯伯格(Lena Mossberg)指出影响旅游体验的因素包括日常体验经验、旅游者个体因素、其他旅游者、旅游产品/纪念品、旅游地的物质环境以及旅游主题/故事。还有学者认为,旅游期望深刻地影响着旅游体验质量,并在体验过程中逐步外化为度量旅游体验质量的标尺。

基于前人的研究,本书将旅游体验质量的影响因素归纳为以下四类。

1. 旅游者自身因素

不同的旅游者对相同的旅游产品或旅游服务会产生不同的旅游体验。旅游者的个性特征、兴趣偏好、旅游期望、以往经验、个人能力是影响旅游体验质量的主要因素。此外,旅游体验质量还受人口学统计特征如教育程度、收入水平等的影响。

2. 旅游过程因素

旅游体验不仅仅是指旅游者在目的地进行的参观、游览等活动,也包括前往旅游目的地过程中的过程体验,它是整个旅游体验不可或缺的部分。在这个过程中,旅游者体验的内容

---

① 白凯,马耀峰,李天顺.旅游目的地游客体验质量评价性研究——以北京入境游客为例[J].北京社会科学,2006(5).

主要是交通路线、交通设施和交通服务,旅游者对交通的满意度主要体现在交通路线规划是否合理、交通设施是否齐全、旅途中能否得到细致的人性化服务等几个方面。某些不可抗力因素也能影响旅游者过程体验质量,例如,天气情况、噪声、灾害、污染、突发事件等。

3. 旅游体验产品的特性

旅游消费具有享受、发展、表现自我的消费特征。旅游产品供给如果主题独特性不够突出,不具备一定的异质文化特征,必然会影响旅游者的旅游探索欲望。另外,旅游产品如果过于单一,同时其呈现方式较少体现参与特点,而又与整体旅游环境不协调,也会在一定程度上影响旅游者的体验质量。因此,旅游体验产品的主题是否独特、文化含量如何、产品的整体环境氛围如何以及旅游者的参与度等是给旅游者留下难忘回忆的主要通道。

4. 旅游体验过程中的其他人

旅游消费过程离不开与人的交往。旅游企业服务人员的服务贯穿全过程,想了解异域他乡的风土人情,更离不开旅游地居民的配合,参加团队旅游还得与其他旅游者打交道。所以,旅游者心理效用感受如何,除了旅游者本人外,还受旅游企业服务人员、旅游地居民和其他旅游者的影响。

(三) 旅游体验质量的测量

在旅游体验的测量方面,主要有两种衡量的视角。

第一种是从心理学的视角来衡量,属于一种直接关注旅游者心理感受的衡量方式,其中较具代表性的有畅爽体验理论、正负感旅游体验模型以及两极情感模型等。

1. 畅爽体验理论

席克珍特米哈依(Csikszentmihalyi)提出了最佳旅游体验标准"畅爽",也就是旅游者体验的质量取决于给定情境下的挑战水平以及个人技能水平的相对高低。他认为,旅游者出游的目的往往就是怀有体验这种"畅"的梦想,但是,在不同的情境中,旅游体验质量会呈现出不同的特性。这一理论对荒野体验及很多休闲活动尤其是那些冒险、刺激的旅游活动都具有很强的说服力,但并非所有旅游体验都适合运用此理论,因为有些体验并不具有挑战性。

2. 正负感旅游体验模型

杰克逊(Jackson)用正感体验和负感体验来描述旅游体验质量,并分析了造成正感体验和负感体验的四种因素(个人能力水平、对旅游体验的努力程度、旅游任务难易程度和运气的好坏)。结果表明,内在因素引起积极体验,而外在因素引起消极体验,并且旅游者对积极体验和消极体验的自我控制意识比较差。还有研究者也采用正感体验和负感体验来描述旅游者的感受,并构建了情感的转换模型。

3. 两极情感模型[①]

情感只可以用愉悦程度这一个标准来衡量,表现在模型上就是从痛苦一极到快乐一极的旅游体验的两极模型。谢彦君认为,在生活世界和旅游世界当中都存在两种情感体验的情境状态,即真实情境和虚拟情境,同时,也存在两种情感,即快乐和痛苦。因此,也同样存

---

① 谢彦君. 旅游体验的两极情感模型:快乐—痛苦[J]. 财经问题研究,2006(5).

在着引发两种情感的因素,即焦虑、烦躁、憎恶、悲哀和闲适、回归、认同、发现。这两两相对的情感范畴,并不是孤立存在的,而是在两个世界之间、在一个世界内部的不同情境之间相互转化,互相依存的。

第二种是基于管理视角的衡量手段,即从服务提供方的角度出发,通过评价服务或者产品的质量来反映旅游体验的质量。具有代表性的评价模型有 SERVQUAL(服务质量)评价量表(Parasuraman,Zeithaml,Berry)、SERVPERF(服务绩效)量表(Cronin,Taylor)、无差异测量方法(Brown,Churehill,Peter)、IPA(Importance-Performance Analysis)分析法(Martilla,James)等。其中 SERVQUAL 量表和 IPA 分析法被视为有效的衡量方式,并在度假旅游体验、历史遗迹旅游体验以及生态旅游体验等特色旅游类型上被广泛地改良应用。

二、旅游体验的真实性

(一)真实性的内涵

真实性(authenticity)一词来源于希腊语的 authentes,意为权威者或某人亲手制作。在旅游研究中,最初关注的是博物馆语境中的真实性。沙普利认为,判断旅游工艺品、节庆、饮食、服装等的真实或不真实,其标准往往是它们是否由当地人根据其习俗和传统来制造或表现的,从这个意义上说,真实性意味着传统的文化及其起源,意味着一种纯真、真实与独特(wang)。

(二)旅游体验的真实性问题

旅游体验是旅游者寻找生活真实性的一种体验,这种体验可以被认为是旅游者购买的一种旅游产品,真实(或本真)是对这种产品质量的评价。美国学者麦肯莱尔(MacCannell)是最早将"真实性"引入旅游研究当中的学者,这使得旅游研究具有了社会学意义上的深度与重要性。[①] 之后,真实性问题日益成为旅游体验研究乃至旅游研究中较为核心的问题,也激发了许多学者对真实性领域的无尽探索。

20 世纪六七十年代,学者们主要关注的是旅游的客观对象的真实,即客观主义真实,代表人物是柏斯汀(Boorstin)和麦肯莱尔(MacCannell)。他们认为,真实性是旅游客体固有的属性,这里的真实是与原物完全对等的,且判断的标准是绝对化的,不随情境的变化而变化。20 世纪八九十年代,越来越多的学者从建构主义的角度对客观性真实提出了批评,代表人物有科恩(Cohen)和布鲁纳(Bruner)。建构主义者认为社会和文化是人建构的、创造的、变化的、不断向前发展的。展示给游客的旅游客体被认为是真实的,并不是因为它们确确实实就是真的,而是因为旅游者、旅游服务供给者依据大众观点、个人感知、权力等将它们建构成那样。并且,这种建构的真实随着社会的发展渐变为真正的真实。后现代性真实则是后现代主义思潮怀疑主义和反本质主义的产物,它以解构真实性为特征,完全不将客体真假放在眼里。鲍德里亚(BaudriUard)是后现代主义真实的代表人物。在后现代主义者看来,真假的界限是模糊的,甚至完全不把客体的真假放在眼里,仿真只要能够带来真实感,那么它就是一种真实。对应于后现代主义的"后旅游者",他们将独特性和唯一性视为真实性的基础,

---

① MacCannell D. Staged authenticity: arrangements of social space in tourist settings[J]. American Journal of Sociology,1973(3).

且现代技术可以使非真实变得真实,甚至"超真实"。由此可知,客观主义真实、建构主义真实和后现代主义真实这三种观点只注意到了旅游客体这一方面,而忽视了旅游主体自身的评价及体验。

1999年,王宁首次提出了"存在主义真实"这一概念,他将存在主义哲学的有关真实性的本体论观点运用到旅游主体的体验上。存在主义真实是指一种潜在的存在状态,它需要旅游活动来激活,旅游体验的真实性就是被旅游活动激活后所获得的存在状态,这种真实性可能与目的物的真实性无关。这种真实仅仅因为旅游者在旅游过程中可以参与到非日常性的活动中,可以从日常生活的束缚中解脱出来。例如,在迪士尼乐园游玩的成年游客会感到找回了童年的快乐,这种快乐就是本真的。存在主义真实又可以分为自身真实性和人际真实性。自身真实性包括旅游者的身体感受和自我认同,而人际真实性指的是旅游者在旅游过程中,通过与同行的其他旅游者的交流、共同分享快乐而获得的真实感受。这种存在主义真实的观点主要从旅游者行为的角度出发,注重对旅游者真实体验的研究,认为旅游目的物的真实与否并非十分重要。

旅游体验的真实性包括旅游客体的真实性与旅游主体的本真体验两个方面(图 12-1 表示了旅游客体的真实性与旅游主体的本真体验之间的关系)。旅游主体能否有一次本真、愉悦的旅游体验,与旅游客体的真实性有着紧密的关系。作为旅游产品的供给者,应根据自身环境,灵活地对待真实性问题,努力营造出各种各样的"真实性"氛围,利用旅游真实性作为向自己也向游客强化其独特性的工具,以使旅游者满意,自由自在地体验自我。

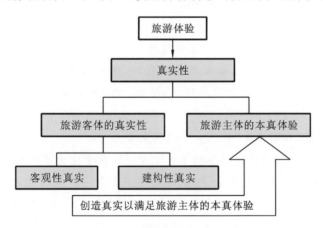

图 12-1 旅游体验的真实性

(资料来源:李旭东.旅游体验的客体真实和主体本真[J].北京第二外国语学院学报,2008(5).)

知识链接　　体验古村落旅游的"虚拟真实性"

一、"虚拟真实性"的提出

旅游者在旅游过程中通过各种物质层面的感官接触来达到精神层面的文化认

知,这是旅游体验的本质所在。另外,不同于一般商品的是,旅游是一个完整的活动过程,包括从旅游者出门前旅游期望的形成,以及旅游者从出门到返回整个过程中的诸多环节,因此旅游过程中真实的整体性也将是影响旅游体验质量的重要因素。旅游地文化的客观真实、旅游地文化符号的真实、旅游活动的过程真实三方面共同作用才能营造出良好的旅游体验氛围,从而增强旅游者体验的效果。同时,对于古村落来说,只要遵循客观规律,旅游发展能够引发其族群的自我意识和自我表述,使古村落原生文化得以复兴,并在新的社会关系中得到创新和再造。基于以上思考,我们认为,对古村落旅游体验的塑造既要尊重真实,又不能过分拘泥于真实。体现原生态的同时,也要注重文化含量的提升,并考虑其观赏性、娱乐性、趣味性和整体性。因此,结合"体验经济"的相关理论和旅游人类学的独特视角,我们提出了古村落旅游体验的"虚拟真实性"构想。

二、古村落旅游体验"虚拟真实性"的塑造

古村落旅游体验的"虚拟真实性"是指对古村落事物,在客观真实的基础上通过真实的符号进行一定的虚拟,虚拟的尺度和标准依赖于旅游者主观体验的真实,并且,这种"虚拟真实"是一个动态过程,要求旅游相关要素的整体配合,强调旅游"过程氛围"营造、古村落原住居民的参与,以及对古村落原生文化的科学保护。需要指出的是,"虚拟真实"不等于不真实,更不等于造假。古村落旅游体验"虚拟真实性"的塑造可以从以下三个方面着手。

(一)挖掘其真实的原生文化内涵

这种真实应是客观的,而非主观臆造的,尤其不能够胡编乱造。需要指出的是,这种客观的真实可以是当前现实存在的,也可以是通过考古发掘或史书记载的,同时可以是通过民间(长期普遍的)传说、故事或根据民族文化习惯、信仰等心理倾向而人为创造的。

(二)通过"真实符号"展现真实的原生文化

在现代旅游中,旅游者的体验多数都是通过符号传递实现的,所有主题体验设计都是对各种符号元素的综合重组,旅游者往往把寻找符合自己意象的符号与象征作为旅游体验的一种驱动。因此,"文化符号"的真实对旅游者体验的真实起着至关重要的作用。"文化符号"的真实既要对真实的景观文化符号进行选择,同时也要重视作为地域文化重要活性承载体的当地居民,以及旅游从业人员的参与。

古村落的当地居民及旅游从业人员作为"真实符号"中的活性因子,在展示真实文化的过程中也发挥着独特的作用。通过古村落当地居民的文化展示(语言、服饰、生产方式、生活习惯等),增强其对发展旅游业的友好态度,加强其主客意识及文明行为,提高其对本土文化的科学认识和自豪感。更重要的是旅游从业人员的本土化(语言、服饰、表演等),其良好的精神面貌、文化程度以及对区域文化的科学认知和态度等,能为旅游者的体验真实增添活性成分,从而增强体验氛围和效果。

（三）吸引游客参与"真实符号"的展示

将"真实符号"展现的古村落原生文化融入具体的旅游活动项目中，营造出良好的旅游体验氛围，吸引旅游者参与其中，从而增强旅游者体验的效果，提高旅游者的满意度。在旅游者获得难忘记忆的同时，带动并激发古村落当地居民对本地原生文化的认同感，从而增强其对本地原生文化的保护意识，使古村落原生文化得以复兴，并在新的社会关系中得到创新和再造。相对于那种对文物的"博物馆式"保护而言，这种对文化的"活"的保护形式更是一种发展性的保护。

三、案例解析

三锹乡地笋村地处湘西南边陲，其中95%为苗族，68%村民为吴姓，是我国苗族五大支系之一的"花衣苗"聚居区，也是我国首批非物质文化遗产——靖州苗族歌鼟的主要传承地。村寨依山傍水，民风淳朴，保存了比较完整的苗族文化习俗。以苗族歌鼟为代表的原生态民俗文化积淀深厚，有民间歌师、民间技师，会唱歌鼟的村民占总人口的80%。这里，苗族建筑特色鲜明，民居依山而建，错落有致，青山、绿水、田园与团寨完美相融。同时，古迹文物保存比较完整，现存古井三处、歌场遗址一处、古碑刻多处、油榨坊一处，石板路较完整，150年以上民居10多处。民族文化习俗多姿多彩，除有被誉为"中国原生态多声部民歌活化石"的苗族歌鼟外，还有极具民族风情的玩山会友、茶棚相亲、抢新娘、姑娘节等习俗。服饰文化独具魅力，饮食文化也极富吸引力。

来也公司在编制《靖州苗族侗族自治县总体规划》时，对其中的三锹地笋苗寨运用"虚拟真实性"理论进行了策划设计，在充分挖掘其原生文化内涵的同时，注重其进入过程、食宿过程、休闲娱乐项目、团寨旅游文化氛围等方面中的诸多细节。运用各种"文化符号"对其"真实性"进行展现，除了对其"真实"的景观文化符号（包括田园、古井、歌场、古碑刻、油榨坊、石板路、民居等）进行保护和运用之外，还根据苗族歌鼟的经典曲目《苗寨风情》《担水歌》《欢天喜地龙头宴》等进行小品、景观、场景设计，营造一种叙事式的情景体验氛围，并开展有奖对歌、拦门敬酒、合拢围宴、迎亲抢亲、稻田抢鱼、锯木比赛等民族习俗活动。游客在游玩中可尽情享受苗族风情民俗、礼仪文化，在"苗家乐"中开怀品尝当地特色饮食。

这种方式不仅注重村寨旅游体验中剧场、剧情设计和表演的真实性，而且强调对村寨原生文化的"活"保护（发展性保护）；不仅注重旅游者的参与，而且强调旅游地居民的融入。"虚拟真实"一方面满足了旅游者在旅游体验过程中追求（文化）真实；另一方面，缓解了旅游者与旅游地居民之间的文化冲突，并且有利于地区旅游业的可持续发展。

(资料来源：冯贤贤.体验古村落旅游的"虚拟真实性"[N].中国旅游报,2010-01-11.)

第三节 旅游体验营销

体验经济时代的到来为各行各业提出了体验营销的要求,而旅游的体验本质决定了旅游业更需要体验营销。因此,旅游体验营销,是一种伴随着体验经济的到来而出现的一种新的营销方式。

一、旅游体验营销的内涵

所谓旅游体验营销,是指旅游企业以旅游体验为重点,从旅游消费者的感觉、情感、思考、行动和关联五个方面重新设计和定义营销的思考方式,满足旅游者体验性需求所进行的营销活动。感觉、情感、思考、行动和关联这些不同的体验形式形成了体验式营销的结构,如表 12-1 所示。

表 12-1　旅游体验营销方式的目标和手段

方　式	目　标	手　段
感觉营销	创造知觉体验的感觉	视觉、听觉、触觉、味觉、嗅觉
情感营销	游客内在的情感和情绪	营造游客需要的情境与氛围
思考营销	游客智力启迪和认知	以创意的方式引起游客思考
行动营销	有形体验和游客的互动	以行动体验推出新的生活形态
关联营销	满足游客自我改进的渴望	建立个人对产品的偏好,形成一个社会群体

(一)感觉营销

感觉营销的目标是创造直觉体验的感觉,它通过视觉、听觉、触觉、味觉、嗅觉建立感官上的体验。在实施感觉营销时,需要考虑的是应该怎样立体地、感性地实现感官知觉上的体验。例如,希尔顿酒店在浴室内放置一只造型可爱的鸭子,很多顾客都爱不释手,并带回给家人作纪念,于是这个不在市面销售的赠品便成为顾客特别喜爱希尔顿酒店的原因之一。这就是体验营销在视觉和触觉上的应用。

(二)情感营销

情感营销以营造情景和氛围来建立情感纽带。情感营销的运作需要了解用什么刺激可以引起某种情绪,以及能使旅游消费者自然地受到感染,并融入这种情景或氛围中来。如新加坡航空公司以"带给乘客快乐"为主题,要求空姐如何微笑,并制作快乐手册,要求以什么样的音乐、什么样的情境来创造快乐,为乘客营造一个全新的起飞体验。

(三)思考营销

思考营销启发的是人们的智力,以创意的方式引发游客的思考,让游客获得认识和解决问题的体验。例如,户外拓展旅游项目采用的就是典型的思考营销方式,它要求旅游者在户外发挥团队协作精神,以勇气和智慧解决实际困难,突破重重障碍,最终到达目的地,完成旅游活动。这个合作与思考的经历是最吸引旅游者的体验亮点。再如,《3000美金走遍世界》的作者朱兆瑞在签名售书的过程中发起过"最省钱环球旅行"活动,即谁能以低于3000美金的费用玩遍全世界,就将获得他颁发的大奖。有不少人踊跃报名参加这项活动,认为运用智力以最低成本享受环游世界的乐趣很富有挑战性。

（四）行动营销

行动营销的目标是影响旅游者的生活态度和方式。行动营销通过增加他们的行动体验,指出做事的替代方法和不同的生活观念,或是满足他们对某种生活状态的渴望。例如,海外夏令营将孩子安排在国外学校或普通家庭住宿,让他们和当地人英语交流,与当地人共同生活,使他们有勇气脱口说英语,并对异国他乡的生活有直接的感性认识,这种旅游体验无疑会让他们终生难忘,而且会影响他们对未来生活的设想。

（五）关联营销

关联营销包含感官、感觉、思考和行动营销等层面,是体验营销的高级模式。关联营销超越私人感情、人格、个性,与个人对理想自我、他人或是文化产生关联。关联营销的诉求是为自我改进的个人渴望,要别人对自己产生好感。如成为万豪酒店的VIP客户,该顾客便能成为酒店高档次客户群中的一员,享受更个性化的服务,从而感到更有尊严,更加自信,同时更注重提升自我形象和提高自身素质。关联营销让个人和一个较广泛的社会系统(如一种亚文化或一个群体等)产生关联,从而建立个人对某种品牌的偏好,同时让使用该品牌的人们形成一个群体。

成功的体验营销是通过融合运用这几种体验的混合体验。旅游企业应该在战略上努力创造全面统一的体验,同时包括感觉、情感、思考、行动和关联特性。

二、旅游体验营销的特点

旅游从本质上讲,就是人们离开惯常环境到其他地方寻求某种体验的活动。因此,旅游所具有的这种"体验性"特征决定了在旅游活动中开展体验式营销不仅具有必要性,而且会比其他营销方式、方法收到更好的实效。针对特定的旅游消费人群,设计出差异化的体验旅游产品,并利用企业优势,制造产品独有的个性,已成为现今旅游市场的新方向。旅游体验营销主要有以下特点。

（一）游客吸引以体验为卖点

对旅游企业来说,营销活动应在游客的旅游体验上下功夫,这样才更能吸引消费者。旅游体验营销真正关心的是游客期望获得什么样的体验,旅游产品对游客生活方式有何影响,以及游客对于这种影响有何感受。例如,乡村旅游者到乡下旅游,希望感受到朴实的乡土气息,吃两顿土灶做的农家饭,在松软清香的泥土上散散步,看一看一望无际的田野,和当地老农民唠唠嗑,真实地体验一下农村远离城市尘嚣的宁静生活。这才是体验营销人员应该深入考虑的卖点,而不是把旅游者带到农村去生硬地兜一圈,或是简单体验一下乡村招待所里的"城市日常家庭生活"。

（二）旅游场景以主题为基础

从体验的产生过程来看,主题是体验的基础,任何体验活动都是围绕一个体验主题展开的。体验营销首先要设定一个主题,即体验营销应该从一个主题出发,且所有的产品和服务都围绕这一主题,或者至少应设置一个主题场景(如一些主题博物馆、主题公园、游乐区,或以某一主题为导向的一场活动等)。并且这些主题并非是随意出现的,而是体验营销人员精心设计出来的。例如,杭州的宋城以《清明上河图》为蓝本,再现了一千多年以前两宋时期的社会文化景象,使旅游者仿佛乘上时光机,体验当年宋朝人民的生活。

(三)产品设计以体验为导向

体验营销必须创造顾客体验,为顾客留下值得回忆的事件和感动瞬间。因此,在企业设计、制作和销售产品和服务时必须以顾客体验为导向,企业的任何一项产品,产品的生产过程或售前、售中和售后的各项活动都应该给顾客留下深刻的印象。旅游企业更应如此,旅游企业在宣传介绍产品时就应给游客以美好的遐想空间,从而渴望真实的体验。例如,香格里拉的服务口号是"殷勤友好亚洲情",很容易让人联想到一种温馨、舒适和体贴的酒店服务,继而让人产生向往。在实际提供服务时更是要方方面面保证旅游者的体验质量,体验决定了旅游者对旅游产品的满意度和品牌忠诚度。

(四)营销活动以游客为中心

首先,体验营销者真正以游客的需求为中心来指导企业的营销活动。如老年旅游者喜欢节奏较慢、风景优美、安乐闲适的旅游,于是就有旅行社突破传统的几日游,推出专为老人设计的"三亚度假一月游"。其次,体验营销真正以顾客为中心开展企业与顾客之间的沟通。如专营老年旅游的上海老城隍庙旅行社建立了老年俱乐部,大大加强了其与旅游者之间的信息和情感交流,从而得以及时更新、升级旅游产品和服务,有效增强了游客的体验感,使游客获得物质和精神上的双重满足。

三、旅游体验营销的模式

据旅游自然环境的不同以及从事旅游发展企业特色的不同,需要因地制宜的运用体验营销创建旅游品牌策略,实施不同的体验营销模式。

(一)娱乐营销模式

娱乐营销以满足旅游者的娱乐体验作为营销的侧重点。娱乐营销模式要求旅游企业巧妙地寓销售和经营于娱乐之中,通过为潜在旅游者创造独一无二的娱乐体验来吸引他们,达到促使其购买和消费的目的。旅游企业应将娱乐营销的思想贯穿于旅游营销过程的始终,在游客旅游的整个经历中时时加入娱乐体验,使整个旅游过程变得有趣而愉快,从而提升游客的满意度。

(二)美学营销模式

美学营销以满足人们的审美体验为重点,提供给旅游者以美的愉悦、兴奋与享受。运用美学原理和美学手段,按照美的规律去开发旅游资源,建设和利用旅游景观,配以美的主题,提供美的服务,以迎合消费者的审美情趣,引发消费者的购买兴趣并增加产品的附加值,使客人在旅游审美活动中心情愉快、精神舒畅,获得丰富的美的享受,留下美好的体验。

(三)情感营销模式

情感营销是以旅游者内在的情感为诉求,致力于满足旅游者的情感需要。游客对于符合心意,满足其实际心意的产品和服务会产生积极的情绪和情感,它能提升游客对企业的满意度和忠诚度。旅游企业需结合旅游产品特征,探究旅游者的情感反应模式,努力为他们创造正面的情感体验,避免和去除其负面感受。

(四)主题体验营销

主题体验就是设计能打动顾客情感、激发其欲望的主题。体验主题必须集空间、时间和事物于相互协调的现实整体,能够与旅游目的地本身拥有的自然、人文、历史资源相吻合,才能够强化游客的体验。游客的体验是完整的,包含了空间、时间和事物的整合,因此,要做到让游客在适当的地方、适当的时间做适当的事。

(五)文化体验营销

文化体验以顾客的文化体验为诉求,针对旅游产品服务和顾客的消费心理,利用传统或现代文化,有效地影响游客的消费观念,促进消费行为的发生。韩国观光公社设计了一个互动网页,人们可以通过上边的互动小游戏来实际地体验韩国美食、传统文化、日常生活等各种韩国文化,将文化与观光细致地结合起来,帮助游客大大提升体验深度。

四、旅游体验营销的实施策略

旅游企业应在深刻把握旅游者需求的基础上,制定相应的体验营销策略,并通过多种途径向旅游者提供体验。

(一)设计一个鲜明而独特的主题

体验营销是从一个主题出发,且所有服务都围绕这个主题,所以要先设定一个明确而独特的主题,如果缺乏明确而独特的主题,游客就抓不到主轴,就不能整合所有感觉到的体验,也就无法留下长久的记忆。

(二)通过体验广告传播旅游体验

体验广告可以把体验符号化,利用符号并通过大众媒介的放大而传播开来,从而实现体验营销效应的最大化。在广告设计方面要根据旅游目的地的自然景观、风土人情等设计广告主题,提炼形象生动的广告语,广告画面突出旅游主题并配以旅游目的地的景观,使受众有身临其境的感觉,产生旅游的欲望。

(三)营销手段应当突出游客参与,加强与旅游者的互动

通过互动拉近了彼此的距离,增强了双方的感情联系,使旅游者对旅游企业的产品保持很高的忠诚度。互动不仅是企业和客户的互动,更是客户与客户的互动。要让事实说话,让"美好的感觉"口碑相传。

知识链接 旅行社如何运用体验营销策略

体验营销是旅行社营销创新的一种重要方式,旅行社体验营销要把握好以下几个关键点。

一、产品体验策略

在旅游产品中,旅游者追求的是愉悦的旅游经历,即把关注点集中在那些能使自己旅游过程与生活更加快乐和满足的情境和事件之中。而事件与情境的主角就是体验的提供者,即旅行社产品服务的提供者。产品体验营销就是要求旅游服务提供者创造引起体验的事件和营造适当的氛围。因此,在体验经济条件下,旅行社产品具备了表达消费者自我价值、共享人生体验、传达消费者社会地位的功能,并具有享乐性、记忆性等特点。为此,旅行社产品体验营销可从以下几个方面着手。

(一)增强产品附加利益

从现今竞争的本质来分析,向旅游者提供满足其基本需要的产品仅仅是旅行社进入市场的基本条件。长期以来,我国旅行社产品以满足旅游者观光需求而进行设计,除在游、行两个方面能满足旅游者的需求之外,在吃、住、购、娱等方面还远远没有达到旅游者的个性化消费需求。旅行社在向旅游者提供满足其基本需求的产品的同时,又为其产品增加额外的附加利益,做到既让旅游者满意,又令旅游者愉悦是旅行社产品体验策略的基本点。

(二)赋予产品人性化的内涵

在充满个性化的消费时代,旅行社产品设计应能准确把握顾客需求,最大限度地为旅游者提供人性化服务,产品设计过程体现了对旅游者的人性关怀与关爱。

(三)强调产品的顾客参与

没有顾客的参与,旅行社产品的体验就不可能发生。旅行社产品的无形性与服务性,比一般的产品更强调顾客的高度参与。

二、价格体验策略

在体验营销中,产品价格策略的制定同样是一门较高的艺术,包含着表达顾客体验的成分。美国营销专家派恩指出,对什么收费,你就是什么类型的公司,如果你对初级产品收费,你就是产品企业;如果你对有形产品收费,你就是商品企业;如果你对你的行为收费,你就是服务企业;如果你对你与顾客相处的时间收费,你就是体验企业。他还主张,如果企业更加强调自己的独创性,可以不必按照通常的竞争形成的市场价格定价,而是基于它们所提供的独特价值收取更高的费用,即向体验收费。

传统的旅行社产品定价思路是成本加成定价法(成本+利润=价格),即成本是制定价格的最低界限,并成为制约价格的关键因素。在这种价格模式下,消费者考虑最多的是物是否有所值的问题。在体验营销中,企业制定产品价格的思路发生了变化,即价格-成本=利润。一种产品的可变成本是定价的下限,上限则是顾客愿意支付的任何价格。这时成本只是一个出发点,而不是决定因素。因此,成本是一件内部的事情,而价格是一件外部的事情,企业产品的价格制定要看竞争价格和顾客对你所提供产品的青睐程度。也就是说,在体验营销条件下,定价的关键不是企业产品的成本,而是购买者对价值的体验。旅行社产品应通过提供超值服务来增加旅游者对产品价值的新认识,让旅游者为体验而买单。

三、渠道体验策略

旅行社现有的产品销售渠道委托链长，"委托—代理"关系复杂，为此，旅行社多采用对旅游产品生产者与旅游中间商的选择、考核与评估的形式，管理渠道中的合作成员，其合作成员之间的联盟是完全建立在利益相关的基础之上，一旦出现利益纠纷，就直接导致旅游者旅游权益的受损。

在体验营销中，旅行社销售渠道的确定是以产品价值最大化为基础和出发点，供应链中的合作成员为打造产品价值会想方设法将体验嵌入产品之中，共同为旅游者创造最大的体验价值而成为伙伴型的体验提供者。在产品供应链中，渠道成员以服务设施与场景为舞台，以旅游服务提供者提供的产品与服务为载体，通过旅游资源的文化属性与美学诉求、服务设施的空间布局与功能特性、旅游服务提供者的态度与技能、服务过程的游客参与和互动等方式和手段，以为旅游者创造全方位的难忘感受与旅游体验为目的而寻求企业和游客的双赢。

四、促销体验策略

促销本身是对体验的一种描述，对消费者起引导作用。消费者很多时候是通过旅行社促销了解体验活动内容的，因此，旅行社可通过以下几种方式实现促销体验策略。

（一）现场传播展示产品与服务

旅行社的门市部或营业部可像购物商场与超市一样，通过员工形象与技能的展示、环境与氛围的制造、主题设计与产品陈列等来吸引消费者，为消费者创造"享受旅游初体验"的境界。

（二）媒体促销传播品牌

在经济全球化时代，消费者接触的信息越来越多，产品之间的竞争越来越表现为品牌的竞争。通过个性化的品牌传播抓住消费者的眼球、抓住消费者的情感、抓住消费者的感觉已成为旅行社产品媒体宣传促销的锐利武器。

（三）旅游推介会营造顾客互动

对旅行社而言，互动过程是其实施体验营销的核心和关键，这不仅仅体现在旅游过程中，还体现在促销方式上。适当地刺激消费者的视觉、听觉、味觉、嗅觉与触觉，使消费者自然地受情景与氛围感染，融入旅游推介的情境中。

(资料来源：陈志辉.旅行社如何运用体验营销策略[N].中国旅游报，2013-04-29.)

本章小结

（1）旅游体验是旅游个体通过与外部世界取得联系从而改变其心理水平并调整其心理结构的过程，这个过程是旅游者心理与旅游对象相互作用的结果，是旅游者以追求旅游愉悦为目标的综合性体验。

（2）旅游体验具有参与性、综合性、主观性、无形性和文化性等特征。

(3) 旅游体验有五种基本类型,即娱乐、教育、逃避、审美与移情。

(4) 旅游体验塑造应遵循四项原则,即差异性、参与性、真实性和挑战性。

(5) 旅游体验的四种实现路径为旅游观赏、旅游交往、旅游模仿和旅游中的游戏。

(6) 旅游体验质量主要是指旅游是否获得满意的旅游体验,其高低涉及两个变量:一是游客在出行前对旅游目的地的各种期望指数,即旅游期望值;二是游客在旅游目的地所经历和感受的各种服务及整体环境的评价所形成的游客满意度。

(7) 旅游体验质量的影响因素主要有旅游者自身因素、旅游过程因素、旅游体验产品的特性和旅游体验过程中的其他人。

(8) 在旅游体验的测量方面,主要有两种衡量的视角:一是从心理学的视角来衡量,较具代表性的有畅爽体验理论、正负感旅游体验模型以及两极情感模型等;二是基于管理视角的衡量手段,即从服务提供方的角度出发,通过评价服务或者产品的质量来反映旅游体验的质量。具有代表性的评价模型有SERVQUAL评价量表、SERVPERF量表、无差异测量方法、IPA分析法等。

(9) 旅游体验是旅游者寻找生活真实性的一种体验,这种体验可以被认为是旅游者购买的一种旅游产品,而真实(或本真)是对这种产品质量的评价。

(10) 旅游体验的真实性包括旅游客体的真实性与旅游主体的本真体验两个方面,旅游主体能否有一次本真、愉悦的旅游体验,与旅游客体的真实性有着紧密的关系。

(11) 所谓旅游体验营销,是指旅游企业以旅游体验为重点,从旅游消费者的感觉、情感、思考、行动和关联五个方面重新设计和定义营销的思考方式,满足旅游者体验性需求所进行的营销活动。

(12) 旅游体验营销的主要特点有:吸引游客以体验为卖点、旅游场景以主题为基础、产品设计以体验为导向、营销活动以游客为中心。

(13) 旅游体验营销的五种模式为娱乐营销模式、美学营销模式、情感营销模式、主题体验营销和文化体验营销。

(14) 旅游体验营销的实施策略有:设计一个鲜明而独特的主题,通过体验广告传播旅游体验以及营销手段应当突出游客参与,加强与旅游者的互动。

核心关键词

体验　　　　　　（experience）

旅游体验　　　　（tourism experience）

真实性　　　　　（authenticity）

旅游体验营销　　（tourism experience marketing）

思考与练习

1. 简述旅游体验的概念、特征与类型。
2. 旅游体验的实现路径有哪些？举例说明。
3. 哪些因素影响旅游体验质量？测量旅游体验质量有哪些方法？请简要概括。
4. 阐述旅游体验真实性问题的发展历程。
5. 简述旅游体验营销的概念、方式与特点。
6. 旅游体验营销有哪几种模式？试讨论这几种模式在实际中是如何运用的。
7. 假如你是旅游企业的一名营销人员，针对本企业的旅游体验营销策略，你该如何实施才能让游客获得更好的旅游体验？

案例分析

案例一

宜家体验营销之路

宜家成立于1943年，其总部位于瑞典阿姆霍特是一家跨国家居用品大型连锁零售企业。宜家这一名字就是由创始人姓名首写字母(I、K)和他所在农场(Elmtaryd)及村庄(Agunnaryd)的第一个字母组合而成的。宜家最初只是销售钢笔、钱包、画框、装饰性桌布、尼龙袜等低价产品。1947年，宜家开始销售家具。1951年，宜家集中力量生产低价家居。1955年，宜家开始设计家具。1956年，宜家开始采用平板包装。1958年，宜家在瑞典开设了第一家商场。美国《商业周刊》最新的品牌调查显示，宜家公司名列全球前50名最知名品牌第43位，位列百事、哈利-戴维森和苹果等品牌之前。其品牌价值为560亿克朗(约合70亿美元)。

宜家在全球36个国家和地区拥有338个商场，其中有11家在中国大陆，分别在北京、上海、广州、成都、深圳、南京、沈阳和大连。宜家的采购模式是全球化的采购模式，它在全球设立了16个采购贸易区域，其中有3个在中国大陆，分别为华南区、华中区和华北区。宜家在中国的采购量已占到总量的18%，在宜家采购国家中排名第一。至2010年，宜家在中国内地的零售商场达到11家，所需仓储容量由过去的10万立方米扩大到现在的30万立方米以上。中国已成为宜家较大的采购市场和业务增长较重要的区域之一，在宜家的全球战略中具有举足轻重的地位。

宜家的采购模式是全球化的采购模式。宜家的产品是从各贸易区域采购后运抵全球26个分销中心再送货至宜家在全球的商场。宜家的采购理念及对供应商的评估主要包括四个方面：持续的价格改进；严格的供货表现/服务水平；质量好且健康的产品；环保及社会责任。

"为大多数人创造更加美好的日常生活"是宜家公司自创立以来一直努力的方向。宜家品牌始终和提高人们的生活质量联系在一起,并一直秉承着"为尽可能多的顾客提供他们能够负担得起、设计精良、功能齐全、价格低廉的家居用品"的经营宗旨。

在宜家,消费不叫消费,叫体验;家具不叫家具,叫家居。宜家贩卖生活的方式正在全世界流行着。宜家的体验式营销几乎颠覆了中国家具行业和行销方式,他们不仅提供了设计、产品整体展示、体验、试用的全部环节,在每个具体的环节中,更是让消费者无不体会到无微不至的关怀。

1. 注重消费者的心理需求

对于第一次走进宜家的人来说,会有一种深刻的体会。因为它和想象中的家具卖场有着巨大的差异。在我们看惯了"无心购买,请勿踏坐"的牌子后,在宜家,几乎所有的商品,顾客都可以试一试感觉。宜家出售"桑德伯"沙发、"高利可斯达"餐椅的展示处还特意提示顾客:"请坐上去!感觉一下它是多么舒服!"

2. 自行运输组装作为宜家特色之一,也是其体验营销的一大卖点

在家居自行运输组装的过程中,消费者虽然付出了一些时间和精力,但看到自己亲手做的家具,心里会有很大的成就感。宜家主张让DIY成为一种生活态度,并将主张的生活态度融入产品中。

3. 目录手册:DIY理念重要的传播工具

宜家的目录手册制作之精美,融家居时尚、家居艺术为一体,让你不能不看。它不是在兜售一种理念。这种"醉翁之意"的迂回"攻心战",在与顾客的直面沟通中,更易打动顾客的心。

4. 自主购物

没有一步一岗的销售人员,门店人员不得直接向顾客推销,而是任由顾客自行体验来决定,除非主动咨询。为了辅助顾客决策,宜家亲自为每件产品度身定制了"导购信息",有关产品价格、功能、使用规则、购买程序等几乎所有的信息都一应俱全。

5. "产品模特"

宜家为了让整个卖场显得更加生动,也为了使顾客获得更为深刻真实的购买体验,将各种产品进行了组合,设计了不同风格的样板间,以充分展现每件产品的现场效果。为了让这个"模特"更加真实,宜家还联合了一些时尚消费品公司,给"模特"装点上一些漂亮的"首饰",如电脑、无线电话等信息产品,这种双赢策略所制造的"丰满"形象自然令顾客回味无穷。

6. 其他方面

宜家的产品设计与众不同,优秀的产品质量使宜家有足够的信心提出免费无条件退换。宜家甚至不隐瞒自己的"缺点",会告诉你一次性的投入价格会高一些。卖场里还有用餐和喝饮料及咖啡的休息区,如果你逛到这恰好到吃饭的时间,你会被里面食品的香味完全地吸引进去。宜家从各个方面将卖场造成了适合人们娱乐与休闲的购物场所。

(资料来源:安贺新,汪榕.旅游企业体验营销案例评析[M].北京:化学工业出版社,2014.)

问题:
1. 宜家购物体验有哪些类型?
2. 宜家的体验营销抓住了消费者的哪些心理特征?

案例二

瑞士观光火车

第十三章 旅游消费者的购后行为

学习目标

- 掌握旅游消费者满意的概念和特点。
- 了解顾客满意度的模型、旅游消费者满意度的影响因素以及旅游消费者满意度的测评方法。
- 理解满意度对于旅游消费者行为的影响,即满意度与游客忠诚、游客抱怨或投诉的关系。
- 掌握旅游消费者忠诚度的内涵和测定,了解旅游消费者忠诚度的分类。
- 了解旅游消费者忠诚度的影响因素,并理解忠诚度对旅游消费者行为的影响。
- 掌握旅游消费者忠诚度的管理策略。
- 掌握旅游抱怨的含义,了解旅游消费者抱怨的行为反应。
- 理解旅游消费者抱怨产生的原因。

问题导向

- 你还会再来吗?

第一节 旅游消费者满意度

旅游业竞争日益激烈,如何提高旅游消费者的满意度受到业内各方的关注。旅游消费者满意度对任何一个旅游目的地或者企业来说,都有着至关重要的作用。首先,旅游者对目的地或企业的正面评价直接影响其亲朋好友,而这些亲友又有可能成为新的旅游消费者群体;其次,满足了旅游消费者的需求,有利于形成一批忠诚于该旅游目的地或企业的消费者群体,从而不需要额外的营销费用就能保持一笔稳定的收入;最后,解决投诉需要耗费大量的时间,甚至还会直接导致经济赔偿,对旅游目的地或企业形象也会造成一定的影响。

一、旅游消费者满意度的概念与特点

旅游消费者满意度(也可称为游客满意度)从顾客满意度发展而来,关于游客满意度概念的界定,国内外不同学者有不同的看法。20世纪70年代以来,许多学者基于不同的理论基础对游客满意度的概念做出了界定。美国学者皮赞姆(Pizam)对游客满意度的研究奠定了该领域的理论基础,他提出,游客满意度是旅游者期望和旅游体验相互比较的结果,若体验与期望比较的结果使游客感觉满意,则游客是满意的;反之,则游客是不满意的。贝尔德和拉格赫伯(Beard and Ragheb)认为旅游满意是积极的感觉或感知,是建立在游客期望与实地体验相比较的正效应基础上的。这些定义都是以"期望不一致理论"为基础的,重点强调游客对旅游过程的期望与实际旅游体验的比较。也有一些学者以"顾客需要满足程度模型"为基础对游客满意度进行了界定,重点强调在旅游过程中游客的旅游体验满足其需要的程度,例如,贝克和克朗普顿(Baker and Crompton)认为,游客满意度是游客对旅游目的地的旅游景观、环境、基础设施、接待服务以及娱乐活动等方面满足其旅游活动需求程度的综合评价。

综上所述,本书认为旅游消费者满意度是指旅游消费者对旅游期望与旅游感知相比较的结果。通俗来讲,旅游满意度是旅游消费者根据其期望或需要是否被满足而对旅游目的地或企业各要素进行的评价。由于影响旅游消费者满意因素非常复杂,这导致旅游消费者满意度具有以下特点。

(一)全面性

现代旅游活动是一种综合性的社会、经济、文化活动。游客希望通过旅游活动获得物质、精神等多方面的需要,旅游消费者满意度针对旅游活动中的各个环节,任何质量特性或服务环节出现问题,都可能导致游客不满。

(二)主观性

旅游消费者满意度归根结底是游客的一种主观感知活动的结果,具有强烈的主观色彩。因此,对旅游者来说,满意与否以及满意的程度,首先受主观因素的影响,如经济地位、文化背景、需求和期望及评价动机,甚至受地方性的好恶、性格、情绪等非理性因素的影响。不同旅游者对同一旅游地或旅游企业的满意度是有差别的。例如,面对同一个优美宁静的古镇,性格内向、喜好安静的游客会因其静谧悠远的氛围而产生极高的游客满意度;而那些性格外向、喜爱热闹的游客则可能在这样的旅游地感到抑郁,从而产生极低的甚至是负面的旅游消费者满意度。

(三)动态性

旅游消费者满意度一旦形成,并非一成不变。相反,由于旅游消费者需求具有变化性,旅游消费者满意度会随着时间的推移、技术的进步、整体素质的提高等发生变化。同时,旅游地或旅游企业的优势也会相应地发生变化。一般来说,社会经济和文化发展了,旅游消费者的需求和期望也会相应提高，旅游消费者满意度也会发生变化，甚至从满意转变为不满意。旅游地或旅游企业要把旅游消费者满意度维持在一个既定的水平上，须认真钻研旅游消费者需求的变化态势，不断提高旅游产品的供给能力。

（四）模糊性

旅游消费者满意度是一种主观感知的判断，富含情感因素，带有许多"亦此亦彼"或"非此非彼"的现象，即模糊现象。另外，不同旅游消费者的满意度是有差距的，但究竟差多少，也是相当模糊的，难以精确和量化。例如，旅游景区很难根据游客反馈界定出"满意"和"较满意"的差距究竟有多大，这为对旅游消费者满意度进行精确把控并采取相应措施带来了难度。

二、顾客满意度的理论模型

了解顾客满意度的理论模型，有助于更好地理解旅游消费者满意度的形成。其中，期望-实绩模型、顾客消费经历比较模型、顾客需要满意程度模型和情感模型是具有代表性的理论模型。

（一）期望-实绩模型

1980年，美国学者奥立弗提出了期望-实绩模型，又称"期望不一致"模型，如图13-1所示。该模型认为，顾客在购买之前先根据过去经历、广告宣传等途径，形成对产品或服务绩效特征的期望，然后在购买和使用中感受到产品或服务的绩效水平，最后将感受到的绩效与其期望进行比较。比较的结果有三种情况：①如果感受到的绩效低于期望，此时产生负的不一致，顾客就会产生不满；②如果感受到的绩效超过期望，此时产生正的不一致，顾客就会满意；③如果感受到绩效与期望相同，此时两者达到了协调一致，不一致为零。

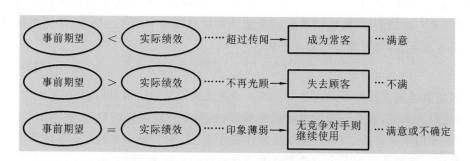

图13-1 期望不一致模型

（资料来源：Oliver R L. A cognitive model of the antecedents and consequences of satisfaction decisions[J]. Journal of Marketing Research, 1980(4).）

期望-实绩模型得到了许多学者的支持，但也有不少学者提出质疑。例如，斯旺和马丁（Swan and Martin）的研究结果表明，期望与实绩之差对顾客满意程度并没有显著的影响。奥立弗认为期望与满意度之间存在正相关，但丘吉尔和瑟普丽诺（Churchill and Suprenant）认为期望与满意度呈负相关。我国学者汪纯孝也指出，在消费某些产品或服务之前，由于顾客缺乏必要的知识和消费经历,他们很难预见产品和服务的实绩,顾客不会预测产品和服务的某些属性的实绩,如顾客并不会预测自己熟悉的服务场所位置,而这类属性往往对顾客的满意度产生较大的影响。

(二) 顾客消费经历比较模型

1983年,伍德洛夫(Woodruff)、卡杜塔(Cadotte)和简金思(Jenkins)提出了顾客消费经历比较模型,认为顾客会根据以往的消费经历,逐渐形成以下三类期望:①对最佳的同类产品或服务实绩的期望,它是指顾客根据自己消费过的最佳同类产品或服务,预计自己即将消费的产品或服务的实绩;②对一般的同类产品或服务实绩的期望,它是指顾客根据自己消费过的一般的同类产品或服务,预计自己即将消费的产品或服务的实绩;③对本企业产品或服务正常实绩的期望,它是指顾客根据自己在本企业的一般消费经历,预计自己即将消费的产品或服务的实绩。

根据顾客消费经历比较模型,顾客在本企业与同类企业的消费经历都会影响顾客的期望与实绩比较过程。但是这个模型也有缺陷,首先,如果目前最佳的同类产品或服务不能充分满足顾客的需要,那么,顾客消费最佳同类产品或服务之后,也不会感到非常满意;其次,顾客消费新产品或新服务之前,很难根据自己以往的消费经历形成期望,也就很难对实绩和期望进行比较;最后,不同的顾客有不同的需要,对同一企业的产品和服务实绩会有不同的要求。

(三) 顾客需要满意程度模型

美国学者韦斯卜洛克(Westbrook)和雷利(Reizly)于1983年提出了顾客需要满足程度模型。他们认为,顾客满意感是顾客的消费经历满足顾客的需要而产生的一种喜悦的心理状态。产品和服务的实绩越满足顾客的需要,顾客就越满意;越不能满足顾客的需要,顾客就越不满意。

实证研究结果表明,属性满意和信息满意都与整体满意呈正相关关系,愿望一致和期望一致都与属性满意和信息满意呈正相关关系。实证结果还表明,愿望与愿望一致呈负相关关系,它对整体满意的影响是通过愿望一致、属性满意和信息满意来传递的;期望与期望一致呈负相关关系,它对整体满意的影响是通过期望一致、属性满意和信息满意来传递的;感知绩效与愿望一致和期望一致都呈正相关关系,它对整体满意的影响是通过愿望一致、期望一致、属性满意和信息满意来传递的。

(四) 情感模型

经过不断探索,很多学者发现顾客消费过程中除了对产品和服务的感知会影响满意度外,消费情感也会对满意度产生显著影响,奥立弗(Oliver)在不断完善顾客满意度研究的基础上于2000年提出了情感模型,如图13-2所示。与1980年的期望差异理论相比,奥立弗认为,不仅期望实绩差异影响满意度,而且整体情感以及其他比较结果都会对顾客满意度产生影响。旅游活动具有明显的体验性特征,旅游消费者在旅游活动过程中会经历高兴、愉快、失望等一系列情感。旅游产品消费过程既是旅游消费者对旅游产品质量的认知过程,也是旅游消费者的情感体验过程。旅游消费者在消费过程中经历的情感会影响他们对消费经历的评估。

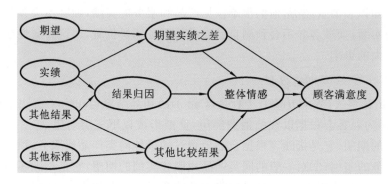

图 13-2 情感模型

(资料来源:Oliver Richard L. Customer satisfaction with service[M]. CA:Sage Publications,2000.)

(五)美国顾客满意度指数体系

佛内尔和安得森(Fornell and Anderson)于 1989 年提出由顾客期望、感知质量、感知价值、顾客满意、顾客抱怨及顾客忠诚 6 个变量组成的顾客满意度指数模型,在此基础上于 1994 年形成迄今为止影响力最大的美国顾客满意度指数体系(ACSI),如图 13-3 所示。与此模型构成相似,只对有些指标进行了必要改造,瑞典、韩国、中国等国家也都建立了适合本国国情的顾客满意度指数体系。

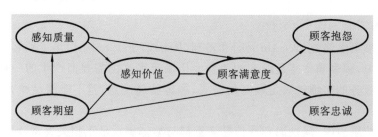

图 13-3 美国顾客满意度指数体系(ACSI)

三、旅游消费者满意度的影响因素

游客满意度是一个多维的概念,受到产品、环境、人员、形象、情境等多种因素的影响。

(一)产品因素

旅游产品具有综合性、无形性、不可转移性、不可存储性、生产交换与消费同步性等特点,是能够满足旅游活动多样需要的服务性产品,也是影响旅游消费者满意度的首要因素。在当前激烈竞争的旅游市场上,旅游产品提供者必须把核心旅游产品和服务做好,这一点是毋庸置疑的。

(二)环境因素

由于旅游活动的综合性,旅游消费者除了看重核心旅游产品和服务,还看重旅游地的整体环境,包括治安环境、基础设施环境、旅游政策环境、地理区位环境等。良好的治安环境、完善的基础设施、宽松的旅游政策、优越的地理区位等,会对旅游消费者满意度产生正强化的效果;反之,则会降低旅游消费者的满意度,阻碍其旅游价值的最大化实现。

(三)人员因素

旅游消费者的满意度受其在消费旅游产品时与旅游从业者和其他旅游者互动等人员因素的影响。在与旅游从业者,也就是旅游产品的提供者互动的过程中,旅游消费者看重的是服务过程以及在服务过程中表现出的服务水平,关注服务的速度和质量,看重自己是如何被服务和接待的。在与其他旅游者的互动过程中,旅游消费者看重的是自我利益的保护与实现,以及与其他旅游者的互动是否属于良性互动。例如,在十一黄金周这样的旅游旺季,旅游消费者很可能因为景区游客过多,自身的旅游利益受到其他游客的侵害(如过于拥挤,食宿设施竞争激烈等)而对景区产生较低甚至负面的满意度。

(四)形象因素

旅游消费是一种高层次的消费,很多旅游消费者对旅游活动的价值期望中包含了炫耀的部分。旅游产品提供者的形象,有时候也会成为旅游消费者炫耀的资本。例如,同样的登山旅游,峨眉山、黄山等国际性景区给游客带来的满足感,可能会大于某些不知名的山地型景区,因为消费知名的旅游产品可能会引来更多的羡慕,使得旅游消费者觉得自己的投入获得了更大的回报。但是也应该注意到,旅游消费者往往对那些拥有较好整体形象的旅游地、旅游景区或旅游企业抱有更高的期望值,这就使得要取得一个较高的环境感知和旅游消费者期望的差值,即旅游消费者满意度将会更难,更富有挑战性。因此,形象的优劣和游客满意度之间不存在完全的正相关或负相关关系,而是需要结合旅游产品提供者的具体情况来考虑。

(五)情感因素

情感营销是近年来市场营销的新兴研究领域。在情感消费时代,消费者购买商品看重的已不是商品数量的多少、质量好坏以及价钱的高低,而是为了一种感情上的满足,一种心理上的认同。旅游产品提供者不仅要考虑到上述四种因素对旅游消费者满意度的影响,还应从旅游消费者的情感需要出发,深层次挖掘,注重对旅游产品进行情感包装和情感设计,激发游客的情感需求,诱导旅游消费者心灵上的共鸣,寓情感于营销之中,用有情的营销赢得较高的旅游消费者满意度。

四、旅游消费者满意度的测评

旅游消费者满意度测评研究一直是旅游研究领域的热点问题,主要涉及测评指标和测表方法。由于旅游地的多样性、旅游研究对象的复杂性,游客满意度测评具有多维度、动态性和难以测量的特点,旅游学者对不同类型的旅游地、不同种类的游客满意度测评进行了细致的研究。例如,匹赞姆(Pizam)等研究美国麻省的 Cape Cod(鳕鱼角)海滨旅游地游客满意度时,首次提出了海滩、游憩机会、成本、好客度、餐饮设施、住宿设施、环境、商业化程度 8 个测评因子。罗斯(Ross)等以观光游客为对象,研究了其旅游动机和游客满意度的测量因子。总体而言,游客满意度测评目前尚处于初级探索阶段,由于研究对象的多样性,游客满意度测评尚未形成较为一致的测评指标体系。

目前游客满意度测评使用的方法主要有 SERVQUAL(服务质量)、SERVPERF(服务绩效)、IPA(Importance-Performance Analysis)(重要性-绩效分析)等 3 种。

(一) SERVQUAL 方法

SERVQUAL 方法由帕拉休曼(Parasurannan)等提出并改进,由 5 个因子、22 个测量量表所构成。阿卡曼(Akama)等运用 SERVQUAL 模型对肯尼亚 Tsavo West(西察沃)国家公园的游客满意度进行了测度和服务质量分析。

(二) SERVPERF 方法

SERVPERF 方法于 1992 年由克罗宁和泰勒(Cronin and Taylor)提出,与 SERVQUAL 方法不同的是,这种方法只针对服务绩效评价,并不和顾客期望进行比较。

(三) IPA 方法

由马提拉(Martilla)等于 1977 年提出,从顾客感知服务的重要性和顾客感知服务的绩效两个指标来对满意度进行测评。纳什(Nash)、汤戈和毛瑞等(Tonge and Moore)先后以饭店和公园为例,使用 IPA 方法对游客满意度进行了测评。

此外,还有学者运用灰色理论、模糊综合评价等方法对游客满意度进行了测评研究。

五、旅游消费者满意度的行为结果

很多学者从行为学的角度探究了满意度对于旅游消费者行为的影响,主要体现在游客满意水平下的游客忠诚与在游客不满意水平下的抱怨或投诉等行为两个方面。

(一) 满意度与游客忠诚

大量研究表明,顾客满意度与顾客忠诚之间存在正相关关系。但是对于顾客忠诚的内涵的理解,却有以下 3 种不同的观点:①行为忠诚,主要从高频率的重复购买行为的视角来理解忠诚;②情感忠诚,认为顾客忠诚应该是情感态度的忠诚,态度取向代表了顾客对产品和服务的积极倾向程度;③行为和情感结合忠诚,认为真正的顾客忠诚应该是伴随着较高的态度取向的重复购买行为。旅游研究者们认为在研究满意度和游客忠诚关系时,应该将游客忠诚理解为行为忠诚和情感忠诚的统一。

(二) 满意度与游客抱怨或投诉

顾客不满意时,就会产生抱怨或者投诉。西恩(Singh)指出,顾客不满意会产生抱怨、离开、负面口碑等 3 种后果,并且他还研究了顾客不满意的程度和抱怨倾向之间的关系,发现顾客的不满意程度越高,抱怨和投诉的可能性越大。顾客满意度与顾客抱怨之间的负相关性在市场营销领域已经得到了证实,但是两者之间的关系在旅游业中是否成立还有待进一步探讨。

知识链接　　　　　旅游的人际关系益处

对许多人而言,童年或感情最重要的记忆都与旅游有关。然而,Accenture(2012)的研究发现接近一半的受访者(42%)牺牲了与家人一起的时间;其中 58%

的人认为这对他们的生活有负面影响。因此,旅游作为一种建立恋人和家庭关系的方法,开始受到学者们的关注(Crompton and Keown,2009;West and Merriam,2009;Sirgy et al.,2011)。

Neal 等(1999)的研究发现,休闲满意度直接影响生活满意度。此外,休闲的共享可以增加幸福感、减少压力以及提高关系满意度(Sirgy et al.,2011;de Bloom et al.,2010);同时,休闲可以帮助维系家庭和创造回忆(Crompton and Keown,2009;Pennington-Gray and Kerstetter,2001)。

研究发现,良好的人际关系有助于身心健康和生活质量的提升(Schoenborn,2004;Williams,2003)。此领域的研究和 Durko(2014)的研究结果表明,旅游满意度直接影响人际关系满意度,继而影响生活质量。

Durko 和 Petrick(2015)基于投资模型(Investment Model)探究度假满意度在伴侣忠诚度中所扮演的角色。他们发现度假满意度直接影响感情满意度,并且感情满意度和替代者质量决定了感情忠诚度的高低。

通过对大量文献的综述,Durko 和 Petrick(2013)检验了关于旅游的人际关系益处的三个假设,包括旅游可以增进家庭关系和创造回忆、旅游通过维持或提高幸福感来巩固婚姻关系和减低离婚概率,以及家庭旅游可帮助增进亲子关系。他们发现强有力的证据支持前两个假设,但少有研究验证假设三。因此,Durko 和 Petrick(2013)指出今后此领域的实证研究非常必要,因为"了解儿童的旅游益处为家长、政府和旅游业争取和提倡暑假提供证据"。

(资料来源:James F. Petrick,邹穗雯. 休闲旅游益处[J]. 旅游学刊,2015(11).)

第二节 旅游消费者忠诚度

忠诚度的研究最早来自市场营销对"品牌忠诚度"和消费者行为学对"顾客忠诚度"的探讨,是人们在考察重复购买行为和现象的基础上建构出来的一个抽象概念。

一、旅游消费者忠诚度的内涵与测量

在消费者行为领域,忠诚度常常是通过操作化定义来界定的,并存在三种界定忠诚度的视角和方法,即行为、态度和复合的测量方法。早期的忠诚度研究主要采用行为的角度,将忠诚度界定为消费者的重复购买行为,最常用的测量指标有购买强度或比例、购买概率和购买次序。但是这种方法只关注重复购买行为,而不探求行为背后的原因及消费者内在心理状态。自 20 世纪六十七年代开始,从态度的角度对忠诚度的界定越来越引起学术界的重视,忠诚度被定义为对品牌的态度偏好或情感依赖,并出现了各种不同的态度忠诚度测量工具。与忠诚度的行为测量一样,单纯的态度忠诚度测量也存在一些缺陷,因此从 20 世纪 70 年代开始,越来越多的研究者将态度和行为结合起来,采用复合忠诚度的概念进行忠诚度研究。

国内外学者对于游客忠诚的理解和定义不尽相同,多数是建立在品牌忠诚的理论基础上的。1991年,贝克曼和克朗普顿(Backman and Crompton)提出的游客忠诚"行为+态度"二维结构受到了旅游学界普遍的认可。① 其中,行为是指旅游者参与特定活动、使用设施、接受服务的频次,表现为旅游者多次参与的一致性;态度是指游客情感上的偏好程度。贝克曼和凡尔德卡姆普(Backman and Veldkamp)将游客忠诚定义为游客明显地偏好参与特定游憩活动的坚持行为。② 奥普曼(Oppermann)则指出旅游者忠诚反映在他们重游意图和对其他人的口碑宣传作用上。③ 国内学者邹益民与黄晶晶认为,游客忠诚是旅游者对某一旅游产品或服务有高强度的心理依恋,并在此基础上产生的再次购买行为,是内在心理依恋与重购行为的有机结合。④

总的来说,我们可以发现旅游消费者忠诚度概念一般通过两个视角来评估,即旅游者重复游览或重复购买和旅游者对旅游目的地或旅游产品的态度。在操作化定义上,与消费者行为学中的"忠诚度"类似,也存在行为、态度和复合测量三种测量方式。对于行为忠诚度,通常通过对目的地的游览次数或对旅游产品的购买次数来衡量;对于态度忠诚度的测量,存在很大的差异性,几乎每一位研究者都会采用不同的态度测量工具,但总体而言,重游意向(重购意愿)和口碑推荐是以往研究中使用频率较高的测量指标,两者能够较好地反映旅游消费者的忠诚态度。在旅游消费者忠诚度的综合测量中,指标往往比较复杂,兼顾了行为和态度两个方面。

此外,随着对游客忠诚研究的不断深入,近年来,有不少学者从新的视角对忠诚度进行阐释。例如,也有其他学者采用认知忠诚、情感忠诚、意向忠诚三个维度来测量旅游者忠诚度。

二、旅游者忠诚度的分类⑤

目前关于旅游者忠诚度的分类主要有两种:一种是依据态度倾向的强弱和行为取向的高低这两个维度的结合来划分的,具有代表性的是贝克曼和克朗普顿(Backman and Crompton)的分类法;另一种是依据旅游者过去的旅行次序、概率来划分的,由奥普曼(Oppermann)首先提出。

贝克曼和克朗普顿根据态度和行为的简易矩阵将忠诚度分为4类:①高度忠诚,即有强烈的情感偏好和较高的购买频率;②伪忠诚,即有较高的购买频率却没有心理上的偏好;③潜在忠诚,即购买频率较低却有强烈的情感偏好;④低度忠诚,即购买频率和心理认可度都较低。

奥普曼在品牌忠诚理论的基础上,依据过去一段时间内游客的旅行经历,提出了旅游者

---

① Backman S J, Crompton J L. The usefulness of selected variables for predicting activity loyalty[J]. Leisure Sciences,1991(5).

② Backman S J, Veldkamp C. Examination of the relationship between service quality and user loyalty[J]. Journal of Park and Recreation Administration,1995(2).

③ Martin Oppermann. Tourism destination loyalty[J]. Journal of Travel Research,2000(1).

④ 邹益民,黄晶晶.对景区游客忠诚度的深层认识[N].中国旅游报,2004-11-22.

⑤ 胡丽花,杨晓霞.国外旅游目的地游客忠诚研究综述[J].旅游论坛,2007(6).

忠诚度的7种类型：①非购买者，从不旅行者，或者是没有注意到该目的地或缺乏资源等；②幻想破灭型，先前有过一次不满意的旅游经历，这个负面的经历可能与他们旅游的任何方面都有关联，但也可以足够改变他们对整个目的地的看法；③不稳定型，持续努力获得新事物或新体验，就算有正面的旅游经历他们也不会再回来；④非忠诚型，也追求新颖的事物，但相对于不稳定型的游客，他们可能再回来这个目的地，如果时间延迟越久，他们真正回来的可能性就会越低；⑤有一点忠诚型，在某个目的地有两次以上的旅游经历，被该目的地再次吸引，但还不至于将他们变成有习惯性拜访行为的游客；⑥忠诚型，有规律、定期地拜访某目的地，可能每隔三年或四年拜访一次；⑦非常忠诚型，固定地、习惯性地每年或者两年一次的拜访。他们是固定的、习惯性的旅游者。

三、旅游消费者忠诚度的影响因素

目前，学者们一般认为旅游消费者忠诚度的影响因素主要包括游客满意度、游客感知质量、游客感知价值、游客出游动机以及旅游目的地形象等。但学者们在这些影响因素对游客忠诚度的影响机理和影响程度方面尚未达成一致。

（一）满意度

满意度在旅游消费者行为领域被普遍认为是直接影响旅游目的地旅游者忠诚度的最主要的因素。另外，游客满意度对游客忠诚的影响作用主要体现在态度方面，法伊奥和凯劳德（Fyall and Callod）曾指出，受寻求改变和某些情景因素的影响，游客满意与旅游目的地重游之间的联系较一般服务项目更加薄弱，但游客满意可以促使其积极地推荐宣传该旅游目的地。[①] 这一观点得到了与旅游者忠诚度相关的实证研究的证实。

（二）服务质量和感知价值

很多学者认为服务质量和感知价值也是影响旅游者忠诚度的重要因素。其中，大部分学者认为服务质量是通过一些中介变量（比如游客满意度、感知平等、活动参与、感知价值等）对旅游者忠诚度发挥间接影响。另外，大多研究也证实了感知价值不仅对旅游者忠诚度具有直接的影响，还通过满意度的中介作用对旅游者忠诚度起到间接影响效果。

（三）目的地形象

目的地形象是影响游客满意的关键因素，建立和提高目的地形象有助于培养旅游者忠诚，是旅游目的地成功发展的关键。比格内（Bigne）的研究发现旅游目的地的形象对知觉感受、满意度、重游意愿、推荐意愿有正向的影响，目的地形象对旅游者态度和行为有直接和间接的作用，并影响游客的满意度和忠诚度。[②]

（四）旅游动机

旅游动机往往也是影响旅游者忠诚度的重要因素之一。例如，尹和乌伊萨尔（Yoon and

---

① Fyall A, Callod C, Edwards B. Relationship marketing: the challenge for destinations[J]. Annals of Tourism Research, 2003(3).

② Bigne J, Sanchez M, Sanchez J. Tourism image, evaluation variables and after purchase behavior: Inter-relationships[J]. Tourism Management, 2001(6).

Uysal)以地中海的北塞浦路斯海滨度假区旅游者的推动、拉动动机为外生变量建立了目的地忠诚的结构模型,并证实了放松、家庭聚会、安全和娱乐 3 个推力动机因子对目的地忠诚度具有直接的正向影响作用,而拉力动机却以满意度为中介变量对目的地忠诚度产生消极影响。①

（五）其他因素

此外,影响旅游消费者忠诚度的因素还有社会人口统计特征、过去的旅游经历、旅游行为特征、地方依恋、期望、旅游产品、目的地选择偏好、活动参与、感知限制因素、对重游的态度、感知吸引力等。

四、忠诚度对旅游消费者行为的影响

旅游者忠诚度对旅游消费者行为的影响主要体现在重游者与初游者、重购者与初购者在消费行为方面的差异。这种差异的存在充分说明了旅游者忠诚度对于旅游目的地或旅游企业来说具有重要的意义。

重游者与初游者、重购者与初购者在消费行为方面的差异主要表现在以下三个方面。

（一）旅游消费者的购买决策行为

重游者或重购者在进行购买决策时,其过去的旅游经历往往会影响其知觉,从而使该旅游目的地或旅游产品成为其选择域的主要部分;同时,重游者或重购者也会尽可能地利用过去旅游时获得的信息,来做出更明智的决策,进而降低购买成本和决策成本。

（二）旅游消费者在旅游目的地的活动

与初游者相比,重游者一般在旅游目的地的逗留时间更长,游览范围更大,参与程度和对当地文化的体验更为深入。但关于重游行为对旅游活动支出的影响问题,学者们的观点存在分歧。一些学者认为,与初游者相比,重游者在旅游目的地活动中的支出会减少,而另一些学者的研究结论却是截然相反的。

（三）旅游消费者对旅游产品的使用

与初购者相比,重购者往往在旅游产品的使用上,可以获得更好的旅游体验。例如,对于酒店的忠诚顾客,酒店往往为他们提供更好的服务,如免费升级房型,提供免费 SPA、叫醒等服务,让每一位忠诚顾客拥有与众不同的个性化体验。

五、旅游消费者忠诚度的管理策略

（一）提高旅游产品的独特性

通过增加旅游活动内容或者提高旅游产品创新水平,提高旅游地旅游产品的独特性,以降低周边其他相同类型旅游目的地对其替代性的影响。

（二）加大宣传力度,提高服务质量

通过大量的正面宣传,改变旅游消费者的情感及态度,此时,旅游消费者虽然不会立即

---

① Yoon Y,Uysal M. An examination of the effects of motivation and satisfaction on destination loyalty:a structural model[J]. Tourism Management,2005(1).

前去旅游,但对目的地的形象会产生好感,从而在情感和态度上产生依赖。

(三)加强与旅游消费者的沟通及交流

了解旅游消费者的真实需求,旅游消费者是为了回归自然,还是追求一种新的生活体验,是求新、求异,还是求知、求美、求乐,努力创造旅游消费者需要的旅游产品。

(四)增强服务意识,不断完善与提高服务质量

只有当旅游企业提供的服务超出旅游消费者的期望值时,才能为游客忠诚度的培养打下良好的基础,以获得持久的竞争能力。

(五)培养员工忠诚,营造积极个性化的服务环境

员工是旅游企业的内部顾客,加强企业的内部营销和企业服务文化的建设很有必要,这可以促进员工对企业的满意和忠诚,使服务得以顺利传递。在内部营销中,管理人员是服务的最终提供者,应采取各种方法提高员工的积极性。同时,在服务过程管理中,给予员工解决问题的权利和方法,使员工在提供服务的过程中及时、有效地为旅游消费者解决不同的问题。让员工在实施标准化服务制度的同时,也可以创造出个性化、针对性的服务。

知识链接　　旅游品牌要用个性化服务提升客户忠诚度

随着旅游市场越来越以价格为主导,消费者对旅游品牌的忠诚度在下降。目前大部分旅游品牌的忠诚度计划无法产生很好的效果,或千篇一律,或限制过多令消费者无法有效使用积分。面对这个问题,旅游品牌必须思考清楚应如何在其与顾客的关系中重新引入忠诚度的概念,通过更聪明的方法利用数据,从而有效地形成差异化服务和提升利润。

国际多渠道营销专家艾司隆(Epsilon)针对以上问题发布了两份白皮书,强调在个性化服务中提供"相关性奖励"以及"完整体验"的重要性。

目前,国内绝大部分忠诚度计划始终停留在让顾客赚取奖励积分然后再进行兑换的阶段,这仅仅是最初级的换购体系。事实上,消费者已经越来越成熟,他们希望商家能更了解他们的需求、兴趣以及生活方式。为了保持顾客的参与度并抓住他们的注意力,旅游品牌需要提供极具吸引力并且能直接满足客户需求的相关性奖励,否则有可能导致客户流失。

A反映:"最近发现,我在某航空公司的积分只差500分就可以换购一张机票,但是由于一段时间没有关注,而且该航空公司并没有主动提醒,我购买了其他航空公司的机票,错失了这个兑换的机会。"B也反映道:"自去年年初去普吉岛旅游以后,我就不断收到某酒店预订网站的促销信息,还多次推荐了我曾经入住的酒店。在我看来,这是一个比较机械的推广行为,毕竟普吉岛并不是每个月都会去的目的地。"

我们发现,很多消费者认为积分没有太大的吸引力,一方面,他们认为累积的积分没有用,这很可能是兑换的门槛设置过高或者不灵活导致的;另一方面,兑换

的礼物他们不喜欢,所以很多消费者宁可浪费掉这些积分。其实通过数据的分析,从兑换历史上我们可以分析出来顾客的喜好,基于这些分析,可以在积分兑换上加入个性化的设计,为客户提供他们所需要的奖品或者类似提醒之类的服务。

此外,艾司隆亚太区销售发展副总裁云维良还指出了传统积分计划的几个关键"盲点"。他说,传统的积分计划往往都过于专注旅程预定这一环节,而忽略了其他可以与旅客互动的环节,从而无法很好地满足旅客的要求。他说,每段旅程一般都包含独立的四个步骤:策划行程、预定行程、体验旅程和分享回忆。商家除了可以通过完善积分奖励、会员权益,还应该注重忠诚度计划的后期跟踪服务来巩固与消费者的关系。

(资料来源:邓丽芳.旅游品牌要用个性化服务提升客户忠诚度[N].消费日报,2004-02-20)

第三节　旅游消费者的抱怨

一、旅游抱怨

20世纪70年代消费者至上主义盛行,在此时代背景之下,顾客抱怨成为学术界的研究议题之一。学术界对顾客抱怨定义的研究至今已有40多年的历史,从消费者行为研究中衍生而来的旅游者顾客抱怨问题的研究始于20世纪80年代,对于旅游者抱怨的内涵,学界并没有给出明确的定义。在消费者研究领域,比较权威的消费者抱怨的定义是由辛格(Singh)提出的,他认为抱怨行为的产生是顾客对于不满意的购买经验可能采取的反应。按照《质量管理体系基础和术语》中的定义,顾客满意是顾客对其已被满足的程度的感受。对于这一定义,2000版标准又给出了进一步的解释,顾客抱怨是一种满意程度低的最常见的表达方式,但没有抱怨并不一定表明顾客很满意。

综合旅游本身所具有的特征,本书将旅游抱怨定义为,旅游者在体验旅游目的地或旅游产品的过程中,由不满情绪所引起的多重行为反应。造成旅游者不满的原因有很多,如产品质量差、服务态度恶劣等。

二、旅游消费者抱怨的行为反应

旅游消费者感到不满意,可能采取行动,也可能不采取任何行动。采取行动部分可以分为公开抱怨和私下抱怨。

(一) 公开抱怨

公开抱怨是指旅游消费者直接向旅游企业、消费者协会或有关部门投诉,向媒体及网络公开曝光以及向法院起诉等行为。其中,投诉是公开抱怨最常见的具体行为。公开抱怨是旅游消费者因不满意所采取的积极行为,对于这一类抱怨,旅游企业必须进行及时处理以赔偿顾客的经济损失和平息旅游消费者的不满,并采取积极的措施防止同类事情的再次发生;

同时,旅游企业应创造条件鼓励旅游消费者对企业的直接抱怨,如设立投诉箱、开通投诉热线等。

(二)私下抱怨

私下抱怨是指沉默抵制或负面宣传进行抱怨。对于旅游消费者来说,沉默抵制代表着不再选择不满意的旅游目的地或不再购买不满意的旅游产品;而负面宣传代表着向他人传递对旅游目的地或旅游产品不满的信息,这往往会造成负面口碑效应。私下抱怨通常不以要求赔偿为目的,但也无法被旅游企业主动识别。这样旅游企业不仅无法了解顾客不满意的原因而失去了进一步改进和提高产品和服务质量的机会,而且企业形象也就有可能在不知不觉中受到极大的损坏。所以旅游企业应采取积极主动的措施对这类抱怨进行了解,如利用各种形式的调查来对未曾投诉的顾客的抱怨信息进行统计分析,从而指导企业改进相应的工作。

三、旅游消费者抱怨的原因

旅游消费者抱怨的原因复杂且多样,可以归纳为以下四个方面。

(一)旅游消费者对旅游目的地或旅游产品的期望值过高

旅游消费者的期望在对旅游目的地或旅游产品的判断中起着关键性的作用,旅游者将他们所要的或期望的东西与他们的旅游经历或购买的旅游产品进行对比,以此评价旅游目的地选择或旅游产品购买的价值。

一般情况下,当旅游消费者的期望值越大时,选择旅游目的地或购买旅游产品的欲望相对就越大。但是当旅游消费者的期望值过高时,就会使得旅游消费者的满意度变小。旅游消费者的期望值越低时,旅游消费者的满意度相对就越大。因此,旅游企业应该适度地管理旅游消费者的期望,当期望管理失误时,就容易导致其产生抱怨。管理旅游消费者期望值的失误主要体现在两个方面:①"海口"承诺与过度销售。例如,有的旅游商店承诺包退包换,但是一旦旅游消费者提出时,总是找理由拒绝。②隐匿信息。在旅游促销广告中过分地宣传旅游目的地或旅游产品的某些特点,故意忽略一些关键的信息,转移顾客的注意力。这些管理的失误导致旅游消费者在消费过程中有失望的感觉,因而产生抱怨。

(二)旅游产品的质量问题

这主要表现在,旅游产品本身存在问题,质量没有达到规定的标准;旅游产品价格过高;旅游强制消费或欺骗消费;旅游商品同质化严重;服务态度差等。而有时旅游消费者的抱怨没有任何理由,因为旅游产品非常好,无懈可击。其实,旅游消费者的抱怨并不在于旅游产品本身,而在于旅游产品的实际效用,也就是所购买的旅游产品可能不符合旅游消费者的需要,或者旅游产品过去符合旅游消费者的需要,但由于某种情况的变化,现在已经不符合了。

(三)旅游过程中与旅游者相关群体行为的影响

旅游过程中的相关群体包括其他旅游者、当地居民以及旅游服务人员。旅游企业通过企业员工为旅游消费者提供产品和服务,员工缺乏正确的推销技巧和工作态度都将导致旅游消费者的不满,产生抱怨。这主要表现在:①旅游企业服务态度差。不尊敬旅游消费者,缺乏礼貌;对旅游消费者的询问不理会或回答出言不逊;语言不当,用词不准,引起顾客误解;旅游企业员工有不当的身体语言,例如对旅游消费者表示不屑的眼神,无所谓的手势,面部表情僵硬等。②缺乏正确的推销方式。缺乏耐心,对顾客的提问或要求表示烦躁、不情愿,不够主动;对旅游消费者爱理不理,独自忙于自己的事情,言语冷淡,语气不耐烦、敷衍。③缺少专业知识,无法回答旅游消费者的提问或者答非所问;让旅游消费者等待时间过长。④过度推销。过分夸大旅游产品的好处,引诱旅游消费者购买,或有意设立圈套让旅游消费者中计,强迫旅游消费者购买。⑤服务人员环境的公共卫生状况不佳、安全管理不当等。

(四)旅游消费者自身的原因

有些旅游消费者爱提意见,似乎这已成为一种习惯。旅游消费者有时抱怨是没有根据的抱怨,也许是其最近心情一直不舒畅,为某些事感到沮丧,精神受到刺激,情绪进一步恶化的缘故,旅游产品就成了旅游消费者抱怨的导火线。旅游消费者有时可能知道是自己个人的原因,但仍认为旅游产品有问题,有时旅游消费者本人并不知道是他自己的原因,也会导致顾客抱怨。

知识链接　　个体与群体旅游网络抱怨影响因素的差异

北川地震遗址博物馆价格小幅度上调17元,引发了较大规模的网络抱怨,而同期如河南殷墟景区价格从60元上涨至90元,西岳华山景区门票上涨幅度更大,旺季从100元调至180元,淡季从50元调至100元,却没有出现大规模的网络抱怨。面对这两种截然不同的消费者反应,用网络渠道便利性、有效性优势难以解释。研究者收集北川地震遗址收费上涨事件在微博、贴吧、论坛中的网络抱怨言论,比较个体与网络群体对涨价事件的不满及抱怨意愿差异,探讨网络抱怨的影响因素,解释旅游网络抱怨频发原因和放大机制,以增强网络环境下旅游风险的控制能力。主要结论如下。

(1)消费者在网络上容易表达不满,抱怨意愿较强。模拟北川地震遗址博物馆价格从13元调整到30元的实际情况,调研消费者对价格上调情景的不满程度。结果显示,消费者中表示不满的占73%,其中非常不满的占24.3%。在网络抱怨行为意向方面,采用网络抱怨的占65%,其中发起网络抱怨的占16%,跟帖的占82%,转发的占85%,发起、跟帖、转发等网络抱怨方式占比与实际网络抱怨情况一致。

(2)个体网络抱怨归因与网络群体抱怨归因对抱怨意愿存在显著差异。在北川地震遗址涨价事件中,公益性与捐款的损失正向影响个体网络抱怨意愿,景区价格上涨对个体网络抱怨意愿无显著影响。而在实际的网络论坛、微博上,群体抱怨言论中表现出景区价格上涨是影响抱怨的重要因素。这说明,个体消费者将景区公益性与捐款经历归因作为网络抱怨的原因,小幅度涨价并不导致抱怨,他们对待涨价问题是相对理智的。而群体抱怨环境下,网民将小幅度涨价因素也纳入了不满意原因。因此,网络群体互动下,不同消费者服务失败的各种情景因素都可能激发他人抱怨,网络群体会形成极高的群体团结意识,诱发抱怨意愿低的消费者参与抱怨,群体意识放大了抱怨意愿。

Smith、Bolton 和 Wagner(1999)基于社会交易理论的角度提出,服务失败损失的利益包括经济性利益和社会性利益两种类型。经济性利益是指金钱、产品与时间;社会性利益是指地位、自尊等心理和社会资源。两种类型的失败导致顾客不满意程度哪个更大,还没有准确结论。在北川地震遗址景区涨价案例中,消费者个体感知的景区公益性与捐款的利益损失明显高于门票利益损失,也证明小幅度价格上涨引发的大规模群体抱怨,其主要原因在于景区社会性利益损失大于经济性利益损失。

(3) 旅游网络抱怨意愿影响最大的是求解释,其次是网络抱怨态度。疑问、不理解是网络抱怨的主要原因。消费者将北川地震遗址景区价格上调归因于盈利目的,认为背离了公益性景区功能,才酿成大规模群体抱怨。因此,可以推断,在出现"涨价风波"时,北川地震遗址管理部门应及时向社会披露或解释费用上涨的部分将用于对遗址内参观纪念设备和公共设施的维护,并公开地震时募集的社会各界捐款额的开支情况。只有这样,即使不是免费开放,公众也能理解遗址经营管理中因存在资金缺口而不得已采用价格上调的方式解决的这一做法。同时,网络抱怨态度对网络抱怨意愿有显著影响,这与吕一林等(2009)、Hsiao(2011)的研究结论一致。

(4) 在网络渠道优势方面,丧失自我意识与有效性均对个体网络抱怨意愿无显著影响。熟练掌握网络抱怨工具的消费者趋于年轻化,他们容易表达不满,整体抱怨意愿较强烈。他们习惯在网络公共空间中自由地与他人互动交流,并不认为网络的匿名特性带来的屏蔽社会压力与规范是促进其抱怨的因素。个体消费者对不满事件的抱怨以求解释和发泄为目的,并不注重实际抱怨效果。

(5) 主观规范、感知行为控制对个体网络抱怨意愿无显著影响,这与 Hsiao(2011)的结论存在差异,Hsiao 认为,主观规范显著影响消费者公开网络抱怨意愿,感知行为控制显著影响公开及私下网络抱怨意愿。调查样本都具备了网络抱怨能力,但有能力并非一定有抱怨意愿。触发他们抱怨的还是事件带来的损失程度大小,以及抱怨目的与态度因素。

(资料来源:黄鹂,李婷.旅游网络抱怨影响因素研究:个体与群体差异[J].2016(5).)

本章小结

(1) 旅游消费者满意度是指旅游期望与旅游感知相比较的结果。

(2) 顾客满意度研究中较具有代表性的五个理论模型为期望-实绩模型、顾客消费经历比较模型、顾客需要满意程度模型、情感模型、美国顾客满意度指数体系(ACSI)。

(3) 旅游消费者满意度是一个多维的概念,受到产品、环境、人员、形象、情境等多种因素的影响。

(4) 旅游者满意度测评使用的方法主要有 SERVQUAL(服务质量)、SERVPERF(服务绩效)、IPA(重要性-绩效分析)等三种。

(5) 满意度对于旅游消费者行为的影响,主要体现在游客满意水平下的游客忠诚与在游客不满意水平下的抱怨或投诉等行为两个方面。

(6) 旅游消费者忠诚度概念一般通过两个视角来评估,即旅游者重复游览或重复购买和旅游者对旅游目的地或旅游产品的态度。在操作化定义上,存在行为、态度和复合测量三种测量方式。

(7) 旅游者忠诚度的分类主要有两种:一种是依据态度倾向的强弱和行为取向的高低这两个维度的结合来划分的;另一种是依据旅游者过去的旅行次序、概率来划分的。

(8) 旅游消费者忠诚度的影响因素主要包括游客满意度、游客感知质量、游客感知价值、游客出游动机以及旅游目的地形象等。

(9) 旅游者忠诚度对旅游行为的影响主要体现在重游者与初游者、重购者与初购者在消费行为方面的差异。

(10) 旅游消费者忠诚度的管理策略有提高旅游产品的独特性;加大宣传力度,提高服务质量;加强与旅游消费者的沟通及交流;增强服务意识,不断完善与提高服务质量;培养员工忠诚,营造积极个性化的服务环境。

(11) 旅游抱怨是指旅游者在体验旅游目的地或旅游产品的过程中,由不满情绪所引起的多重行为反应。

(12) 旅游消费者抱怨的行为反应方式为公开抱怨与私下抱怨。

(13) 旅游抱怨产生的主要原因有旅游消费者的期望值、旅游产品的质量、旅游过程中与旅游者相关群体行为的影响以及旅游消费者自身的原因。

核心关键词

满意度　　　　　（satisfaction degree）
忠诚度　　　　　（loyalty degree）
抱怨　　　　　　（complaint）

思考与练习

1. 简述旅游消费者满意度的概念、测量方法以及对旅游消费者行为的影响。
2. 简述旅游消费者忠诚度的内涵、测量、类型和影响因素。
3. 选择一个顾客满意度理论模型进行阐述。
4. 简述旅游消费者忠诚度对旅游行为的影响。
5. 分析旅游消费者满意度与忠诚度的关系。
6. 简述旅游消费者抱怨产生的原因。

案例分析

案例一

一定要住东方酒店

一位朋友因公务经常出差泰国,并下榻在东方酒店,第一次入住时,良好的饭店环境和服务就给他留下了深刻的印象,当他第二次入住时,几个细节更使他对饭店的好感迅速升级。

一天早上,在他走出房门准备去餐厅时,楼层服务生恭敬地问:"于先生是要用早餐吗?"于先生很奇怪,反问:"你怎么知道我姓于?"服务生说:"我们饭店规定,晚上要背熟所有客人的姓名。"这令于先生大吃一惊,因为他频繁往返于世界各地,入住过无数高星级酒店,但这种情况还是第一次碰到。

于先生高兴地乘电梯下到餐厅所在的楼层,刚刚走出电梯门,餐厅的服务生就说:"于先生,里面请!"于先生更加疑惑,因为服务生并没有看到他的房卡,就问:"你知道我姓于?"服务生答:"上面的电话刚刚下来,说您已经下楼了。"如此高的效率让于先生再次大吃一惊。

于先生刚走进餐厅,服务员微笑着问:"于先生还要老位子吗?"于先生的惊讶再次升级,心想:"尽管我不是第一次在这里吃饭,但最近的一次也有一年多了,难道这里的服务员记忆力那么好?"看到于先生惊讶的目光,服务员主动解释说:"我刚刚查过电脑记录,您在去年的6月8日在靠近第二个窗口的位子上用过早餐。"于先生听后兴奋地说:"老位子!老位子!"服务员接着问:"老菜单?一个三明治,一杯咖啡,这一个鸡蛋?"现在于先生已经不再惊讶了,"老菜单,就要老菜单!"于先生已经兴奋到了极点。

上餐时餐厅赠送了于先生一碟小菜,由于这种小菜于先生是第一次看到,就问:"这是什么?"服务生后退两步说:"这是我们特有的××小菜。"服务生为什么要先后退两步呢,他是怕自己说话时口水不小心落在客人的食品上,这种细致的服务不要说在一般的酒店,就是美国最好的饭店里于先生都没有见过。这一次早餐让于先生留下了终生难忘的印象。

后来,由于业务调整的原因,于先生有三年的时间没有再到泰国去,在于先生生日时突然收到了一封东方酒店发来的生日贺卡,里面还附了一封信,内容是:亲爱的于先生,您已经有三年没来过我们这里了,我们全体人员都非常想念您,希望能再次见到您。今天是您的生日,祝您生日愉快。于先生当时热泪盈眶,发誓如果再去泰国,绝对不会到任何其他的饭店,一定要住在东方酒店,而且要说服所有的朋友也像他一样选择。

(资料来源:孙九霞,陈钢华.旅游消费者行为学[M].大连:东北财经大学出版社,2015.)

问题:
1. 该案例涉及本章的哪些知识点?
2. 本案例中,顾客于先生的忠诚度是如何建立起来的?
3. 依据有关旅游者忠诚度影响因素及营销策略的知识,结合案例内容,分析东方酒店采取了哪些营销措施?这些措施对应了哪些影响因素?

案例二

海底捞为何让人"流连忘返"

第十四章

旅游消费者行为比较

学习目标

- 了解跨年龄旅游消费者行为的差异。
- 了解跨性别旅游消费者行为的差异。
- 了解跨文化旅游消费者行为的差异。

问题导向

- 男女有别吗?

第一节 旅游消费者行为跨年龄比较

不同年龄阶段的旅游消费者因生理、心理及社会差异的存在,必然会导致各自持有不同的旅游行为和偏好,了解这些因年龄的不同而产生的旅游行为差异,有助于丰富旅游行为研究的理论内容及科学地认识旅游市场的规律,在实践上也有助于旅游目的地针对不同年龄的目标市场进行定位及对旅游服务等工作进行科学的指导。

一般而言,年龄上将人划分为儿童与青少年期、青年期、中年期、老年期。

一、儿童、青少年与旅游消费者行为

儿童与青少年是一类重要的旅游消费者群体。通常情况下,由于年龄等原因,家长或学校会替儿童和青少年做出最终旅游决策,因此他们大多是在父母的陪伴下,或者以参加夏令营、班级春秋游等这种有组织的形式进行出游。但是,我们不能忽视儿童和青少年对家庭旅游决策的影响。

许多家庭选择旅游产品是为了满足孩子的需要,而孩子的旅游需要会因为年龄的不同而有所不同。由于儿童天性活泼好动,对周围的事物充满了好奇,他们最感兴趣的是参与性

与娱乐性强的旅游产品或目的地,如游乐场、动物园等。青少年则倾向于选择暑假夏令营等远离父母管制的旅游产品,希望在旅游中增长见识,结识新朋友,并体验"独立"和"成熟"的感觉。

> **知识链接**　儿童的旅游世界与成人的旅游世界之间的差异
>
> 在儿童的世界里,旅游的独立性有待深入探讨。儿童是从什么时候开始真正理解旅游的?还是仅仅将旅游作为游戏的一种方式?儿童作为独立的社会群体,倾向于使用他们自己的语言、符号、惯例来体验生活,并在社会化的过程中学习和成长。刚出生的婴儿即进入感觉运动阶段,通过触觉和感觉认知环境。2~7岁儿童开始逐步形成自我,并能够以符号形式来表征事物。7岁以后儿童开始逐步掌握因果、速度、重量、数量、抽象逻辑等概念。基于皮亚杰认知阶段理论、日常的生活观察和过往的研究经历,有研究者给出如下观点:① 7岁以前的儿童,其对旅游的概念是模糊的,更多的是将其作为"玩""游戏"的一种方式,研究此阶段儿童,需要采用定性、实验等针对性的研究方法;② 7岁以后的儿童,逐步对旅游现象形成明晰的概念,研究此阶段儿童,可以直接从儿童获得一手数据。过往研究经历发现,小学儿童能够基于自己的判断独立完成旅游问卷调查。
>
> 皮亚杰的游戏理论同样有助于理解儿童的旅游世界,即感知运动阶段的儿童以功能性游戏为主,前运算阶段的儿童以建构性游戏、假装游戏为主,具体运算阶段的儿童以有规则的竞赛游戏为主。这就不难理解主题公园、动物园因其提供大量的功能性、建构性和假装游戏场景,从而对7岁以前儿童形成巨大的吸引力。而夏令营、国防园等旅游类型/景点,因其提供有规则的竞赛游戏,从而受到7岁以后儿童的偏爱。无论是对于7岁以前,还是7岁以后儿童,文化型、观光型的旅游景点均较少受到儿童的偏爱。而婴幼儿、学龄前期的儿童能够频繁地游玩单个游乐项目/景点,即皮亚杰游戏理论中的练习性、象征性、假装游戏模式,这同样是传统的旅游消费者行为理论、旅游地生命周期理论所无法阐释的。
>
> (资料来源:钟士恩,任晓丽等.亲子旅游、亲子关系与儿童的旅游世界[J].人文地理,2018(4).)

二、青年人与旅游消费者行为

青年旅游消费者喜欢通过旅游释放压力,挑战自我,结交新朋友。青年旅游消费者往往在旅游中求新、求冒险性,因此他们通常会选择处于开发初期或者尚未开发的旅游目的地。同时,在选择旅游目的地和旅游产品时,他们更容易受到时尚的影响。自助游和背包游是青年旅游者的主要旅游方式。

青年人的旅游消费行为主要是为了追求自由和快乐,浪漫冲动型旅游消费比较多,消费欲望十分强烈。超前消费是他们的重要特点,在旅游中喜欢表现自己,喜欢被异性注意。

大学生是青年旅游者中一个较独特的低消费群体。大学生有较强的旅游动机,但由于资金的限制,他们对价格的敏感程度较高,往往选择经济实惠的方式来完成他们的旅游计划。虽然对舒适程度要求比较低,但大学生仍非常注重旅游过程中的体验。

三、中年人与旅游消费者行为

与其他年龄段的旅游消费者相比,中年旅游者的消费行为较为复杂,并且在很大程度上取决于其收入、身份地位以及家庭生命周期中所处的阶段,要兼顾其他家庭成员的需要。

一般而言,中年旅游消费者对旅游设施的要求比较高,通常会选择一些开发成熟的旅游目的地和休闲旅游项目。中年旅游者对价格比较敏感,旅游消费比较理智,要求旅游企业提供物有所值的旅游产品,很少表现出冲动性购买行为。

四、老年人与旅游消费者行为

老年人尤其是享有养老金或退休金的老年人,有较多的可自由支配收入和充足的可自由支配时间,旅游需求比较旺盛,旅游的愿望比较强烈。由于年龄和阅历的关系,老年人在旅游消费行为上具有独特性。

(一)旅游动机以健康、享乐和怀旧为主

健康动机是老年人出游的主要动机之一。健康是老年群体最为关心的事情,他们希望通过旅游来放松心情,调整情绪,从而增进健康。随着社会的发展,现在的老年人不仅追求身体健康,而且重视心理健康、心情愉快,而外出旅游不仅能为他们提供很好的亲近自然和锻炼身体的机会,更有利于他们的身心放松和心理健康。

许多老年游客认为他们出去旅游的目的就是享受生活。随着子女成家立业,自己的闲暇时间逐渐增多,他们渴望出去旅游来摆脱日常生活的单调和厌倦,体验新的事物或参观新的景点,从而好好享受自己的晚年生活。

怀旧是老年人外出旅游的另一个主要动机。许多老年人在退休之后,喜欢回忆往事,对于记忆中的往昔岁月也十分留恋,因此,老年人对于旅游的兴趣,也有着典型的怀旧特征。例如,出于革命怀旧的动机参观红色旅游目的地,瞻仰革命先烈。由于中国许多老年人都经历过艰苦岁月,深受革命教育,因此对革命圣地和英雄人物有着深切的情怀。

(二)出游形式以团队旅游为主

老年旅游消费者大多选择以团队出游的方式,但不等同于旅行社的组团,而是老年人自己组团后通过单位、社区或旅行社等多种形式组团出游。老年人选择团队出游主要是因为,一是老年人喜欢热闹,常结伴而行;二是老年人由于行动迟缓和身体健康状况欠佳,需要结伴互相照顾;三是出于精力、安全、稳妥等方面的考虑。

(三)旅游产品选择以静、亲、慢为主,注重闲暇性

老年旅游消费者喜欢环境优美、优雅宁静的自然山水、田园风光、湖泊海滨;他们喜欢参与垂钓、野营、度假、日光浴等轻松而休闲的活动,对休闲度假游比较青睐;老年旅游消费者非常关注身体健康,养生保健也是他们主要选择的旅游产品之一。另外,老年人普遍具有怀

旧思乡的情结,向往历史以及传统文化,因此怀旧旅游路线、历史文化旅游路线、民俗文化旅游路线也受到老年旅游消费者的喜爱。

(四) 购买动机以求实、求廉、求便为主

老年消费者在购买产品时注重性价比,选择慎重。现阶段我国的老年人大都有一段比较艰苦的生活经历,因此他们比较节俭。但随着生活水平的提高,老年人消费者在购买商品或服务时并不一味地追求低价格,他们往往要求商品方便使用、方便购买、购物环境良好;要求商品有好的功能、效用和质量,可靠性高,有利于身心健康;同时,商品价格是否低廉,是否物有所值、经济实惠,也是老年人购买商品考虑的重要因素之一。

(五) 购买行为更为谨慎

老年旅游消费者可以分为理智型和习惯型两种类型。前者会对选择的商品或服务进行理智的分析和思考,充分考虑多种因素,购买自己满意的商品或服务。后者通过反复购买、使用某种商品或服务,对这种商品或服务产生较为深刻的印象,逐渐形成固定不变的消费习惯和购买习惯,且不会轻易改变这种习惯,极少产生冲动性购买行为。因此,他们在选择旅游产品时会货比三家,不会因为看了一次广告或推销人员的推销而产生冲动性购买行为。

知识链接　中国老年家庭出游限制因素:身体状况还是积极心态?

日常生活中,讨论是什么限制了我们的晚年生活过得更加丰富?答案不一,但不止一次听到:晚年没有经济来源、身体状况也不行了,诸如此类的笼统回答充斥在你我身边。此文则利用讨论老年人旅游参与行为的契机,从一个方面来论证难道真的是因为收入和身体吗?旅游活动被认为是提高老年人晚年生活质量的一种有益活动,无疑也是丰富老年人生活的主要途径之一,我国参与旅游活动的老年人不在少数。根据CHARLS数据的调查结果显示,50岁以上具有旅游活动的老年家庭占全部老年人家庭的8%~10%,说明老年人是有旅游需求的,随着我国大旅游时代及老龄化时代的到来,旅游需求预期还会有扩张的趋势。

身体状况限制了老年人旅游活动的参与吗?是怎样的身体状况才会限制?研究者给出的结论如下。

一是身体状况确实会限制老年旅游参与,从家庭旅游参与的层面来看,行为能力是老年人旅游参与的主要限制因素,但表现出了不同能力的影响差异及城乡差异等特征,老年个体的走路能力这一日常活动的基本能力是限制其旅游参与的主要因素,而爬楼梯能力及弯腰屈膝、下蹲能力等则表现出了城乡之间的差异。大多数的慢性疾病并不会对老年人旅游参与造成影响,但血脂异常除外,血脂异常会对城市的老年人外出产生影响,且是正向影响。研究结果表明,只要老年人具有基本的活动能力,参与旅游活动则成为可能,而我们日常生活中所说的身体状况限制并没有预期所猜测的那么大,由此可见,老年旅游市场具有巨大的发展潜力。

二是心理状况对老年人的旅游参与具有影响。老年人的心理状态好,情绪及

精神状态稳定,虽然暮年但仍对未来充满期待,则其对旅游参与支持的概率将会增加,也从另一个方面说明在客观的身体机能出现不断退化的老年阶段,积极乐观的心态是老年人丰富生活、追寻幸福更重要的影响因素。

三是为了更加宏观地把握老年人旅游参与的特征,从家庭层面来估计家庭特征对老年家庭旅游参与的影响,估计的结果显示,家庭整体的精神状态越好,家庭旅游活动参与的概率则越高;家庭整体感觉未来是有希望的,家庭的旅游活动参与的概率也越高,但若家庭成员对未来的预期存在差异,则差异越大,家庭旅游参与的概率越低,这说明"人生观"在老年人行为中也产生着显著的影响;家庭成员慢性病的数量并不会直接限制家庭旅游活动的参与,但若产生慢性病"从无到有"或"从少到多"的变动,家庭旅游活动的参与则会减少;家庭整体老人的行为能力会对家庭旅游活动的参与产生影响,行为能力越差,则旅游活动参与的可能性越小。由家庭层面的估计结论可见:心理状况在家庭层面也发挥着作用,积极乐观的家庭氛围、对生命充满期待的家庭特质是老年家庭参与旅游活动的主要助力。

(资料来源:任明丽,李群绩,何建民.身体状况还是积极心态?——关于中国老年家庭出游限制因素的经验分析[J].旅游学刊,2018(5).)

第二节 旅游消费者行为跨性别比较

20世纪六七十年代,随着西方发达国家掀起了第二次女权主义运动的浪潮,女性主义学术研究和性别研究开始在全世界范围内蓬勃兴起。性别研究是由妇女研究引发的,其包含两个方面的命题,一是特指女性研究,二是包含两性的研究,强调从性别视角来解释社会生活中的一系列"人"的问题。威挽(Vivian)的《旅游中的性别分析》是最早关于旅游与性别研究的专集,他通过案例研究,论证了性别分析在旅游研究中的重要性和迫切性。

21世纪以来,旅游性别研究的深度和广度都得到了扩展,研究内容包括旅游者行为的性别差异、旅游就业中的性别差异、旅游收入的性别差异、旅游市场营销中的性别差异、旅游地居民感知的性别差异等方面。其中,旅游者行为的性别差异一直以来是旅游性别研究的热点问题。把握不同性别旅游消费者在旅游行为中的差异对于旅游产品的开发、旅游市场营销策略的优化、旅游满意度的提高均具有重要意义。

旅游是一个有性别差异的社会产物,与旅游发展有关的所有因素都与性别有关。显然,性别影响旅游消费者行为。男性与女性在旅游行为中存在的差异涉及多个方面,国内外主要从旅游感知、旅游动机、信息搜集、旅游决策以及购买行为等五个方面对旅游行为中的性别差异进行了研究。

一、旅游感知的性别差异

男性与女性游客之间的感知差异涉及多个方面,例如安全感知、服务质量感知、地理空间感知等。内尔(Neil)在伦敦调查年龄为15~34岁的游客发现,女性比男性更容易感知到

夜晚的危险性;在公共区域,男性比女性更少感知到他们处于危险中;男性在白天和夜晚感知到的危险程度没有差异,而女性感知到夜晚比白天的危险程度要大。杨(Young)对澳大利亚一日游游客的调查显示,女性游客对景点空间结构的感知能力要弱于男性游客。尤克塞尔(Yukse)等研究发现,女性游客对于那些无形的又难于表明的服务比男性更易察觉。

二、旅游动机的性别差异

性别差异影响旅游动机。男女旅游者往往具有不同的旅游动机和旅游行为,参加与自身性别有关的旅游活动,如青年男性和青年女性的旅游动机,就有较大的差异。不少研究证明,虽然旅游者具有放松、逃避、文化欣赏等共同的动机,但在一些情况下男性和女性旅游者的旅游动机的确存在显著差异。与男性传统的动机,如体育旅游、探险旅游和度假旅游等相比,女性表现出更多的购物动机、文化动机和浪漫动机等。例如,赖因(Laing)对英国游客抽样调查发现,男性更倾向于休养、日光浴和参观旅游设施,女性展现出更活跃的行为,如参与历史和文化的体验性活动、散步和购物游。内尔(Nei)对陀卡依度假村中的男女旅游者进行调查,也发现女性在度假中喜欢购物、照相、在宾馆周围散步,而男性喜欢有锻炼项目的活动,喜欢吃当地的食品、太阳浴和进行有目的的旅游。弗雷(Frew)等研究发现男性游客更倾向于进行体育旅游。还有一些学者的研究表明,一些女性游客单独出国游的目的是追求一些浪漫的经历。此外,旅游目的地居民发展旅游的动机也受到了学者们的关注,南希(Nancy)等从寻求自主性、对社区贡献、产品多样性3个方面研究了农场主发展乡村旅游的动机的性别差异。

三、信息搜集的性别差异

男性与女性在搜集的信息类型、使用的信息渠道类型等方面存在差异。此外,在信息搜集的过程中,女性比男性更加全面,但在某些信息搜集的深度上,女性却不如男性。社会角色理论及其理论变身、信息处理二分法理论等为信息搜集行为中的性别差异提供了理论支持。由此可知,在旅游信息搜集方面可能存在性别差异。2001年11月,加拿大旅游协会(the Canadian Tourism Commission,CTC)在美国和加拿大进行了不同性别的人在使用旅游网站时的信息搜集行为调查,结果发现在信息搜集行为中存在性别差异。例如,在选择目的地时,女性比男性更愿意使用更多的在线和非在线的信息来源,她们会登录更多的网站,详细且精心地搜寻外在信息。国内学者谢晖和保继刚以黄山市旅游者为例,论证了男性与女性游客在信息搜集上的差异。该研究发现,女性游客比男性游客平均搜集更多的信息类型,并更倾向于搜集旅行费用、食宿状况、线路安排这3种旅游信息;女性游客比男性游客更倾向于通过人际交流的方式获取旅游信息。男性与女性游客在信息搜集上的差异在一定程度上反映了女性较男性游客更为理性。

四、旅游决策的性别差异

过往对家庭旅游决策的研究较多。梅尔和迈克雷夫(Myers and Moncrief)指出夫妻双方会共同参与旅游决策,但旅游线路绝大部分都是由丈夫决定的,而住宿多为共同决策的结果。而尼克拉斯和斯尼彭格(Nichols and Snepenger)认为就整个生命周期而言,共同决策呈下降趋势。安东尼(Antoine)通过对妻子的问卷调查进一步确定了在旅游决策的各个阶段妻子的参与程度,其结论对旅游市场营销和旅游经营者具有重要意义。

五、购买行为的性别差异

旅游者的购物行为,也因男女性别的差异而有所不同。大量事实表明,购物消费在女性旅游花费中占有非常大的份额。一项在美国威斯康星州进行的调查显示,女性旅游者购物每年达到1700万美元,相当于整体旅游消费的31%,超过了其他诸如交通、住宿等的花费。旅游购物不仅仅是一种经济活动,还是一种文化经历,旅游购物能够给女性旅游者带来快乐和刺激。旅游的经历、对不同区域景点和文化的了解、所处的生命周期阶段,都对女性旅游者的购物行为具有影响力。

有研究指出,相较于男性旅游者,女性旅游者愿意在购物上花费更多的时间。安德森(Anderson)等的研究认为,女性旅游者与男性旅游者在购物行为上有共性也存在差异。由于男女在性别、消费习惯、购买偏好等方面的差异,双方在购物行为上也存在一些不同。女性旅游者最偏爱的购物品是手工艺品、礼物和纪念品,尤其是购买旅游纪念品的主力军,而且更注重购物经历,更倾向于在与店主以及工艺品生产者之间的相互交流中了解一些关于旅游纪念品的情况。作为购物经历的一部分,她们对观察工匠们示范蜡染、木雕等技艺非常感兴趣。年轻女性旅游者对收藏类旅游商品的兴趣不大,而对食品类、服饰类旅游商品的兴趣较大。同时,大部分研究表明,女性的旅游购物多是香水、化妆品、艺术品、珠宝和服装等。

第三节　旅游消费者行为跨文化比较

人们跨文化旅游交际的初始动因往往是从文化差异开始的。文化差异是旅游发生的重要因素,是构成旅游文化交流与互动的文化条件,因此,文化差异是国际旅游产生的基本动因,也是东西方旅游消费者在旅游行为上不同表现的根本原因。

一、跨文化旅游消费者的旅游动机

旅游动机存在文化差异,来自不同国家的旅游者有着不同的旅游动机,同一国家的旅游者在不同的目的地旅游时的动机也不同。元和麦克唐纳(Yuan and McDonald)设计了29个旅行动机的题目,对来自英、法、日、德4个国家的游客进行了调查。调查发现,逃避现实、追求新奇、声望吸引、爱好、放松、亲情关系这6个因素对这4个国家游客的推动作用各有不同。韩国学者金和李(Kim and Lee)对韩国庆州世界文化博览会参观者的动机进行了比较,发现旅游地吸引力和家庭团聚这两个因素对日本游客有更强的刺激效果,而追求新奇是吸引欧美游客的主要原因,并认为东西方社会在"集体—个人主义"文化导向的区别可以解释旅游动机的差异。克扎克(Kozak)研究了英国和德国旅游者去摩洛哥和土耳其的旅游动机,英国游客更倾向于寻找乐趣,德国游客更希望通过旅游得到身心的放松。尤(You)等从跨文化的角度比较了英国游客与日本游客的推拉动机的差异,金和普瑞迪克斯(Kim and Prideaux)研究了来自5个国家的韩国入境旅游者的旅游动机。

我国学者也对不同文化群体旅游者的旅游动机进行了一些跨文化比较研究。例如，赵华等对中国入境旅游者的旅游动机及其影响因素进行了实证研究，比较了欧洲、美洲和亚洲旅游者旅游动机的强度差异，提出欧洲旅游者最主要的动机是休闲度假和文化交流，美洲旅游者则比较喜欢探求奇特和文化交流，对于亚洲旅游者来说，主要的动机就是探亲访友和宗教朝拜了。张红梅和陆林以桂林、阳朔入境旅游者为例，对不同文化群体旅游者的旅游动机也进行了跨文化比较研究。

总之，不同文化背景的旅游者通常具有不同的旅行动机。一般而言，西方旅游者可能更希望体验与自己所处文化背景不同的环境与活动，追求更多的是新奇；而东方旅游者更可能由于家庭团聚、逃避现实等原因而外出旅游。

二、跨文化旅游消费者的旅游信息搜集

文化是影响旅游者信息搜集行为的一个重要因素。尤斯尔（Uysal）等研究了去美国旅游的英国、法国、德国和日本旅游者的信息搜集行为，发现各个市场最主要的信息源分别是旅行社、家庭和朋友及书籍和图书馆资料。古斯奥依和陈（Gursoy and Chen）考察了美国的德、法、英入境旅游者的信息搜集行为，根据旅行目的和信息搜集行为将旅游者划分为4个细分市场，每个细分市场依赖的主要信息渠道存在差异。陈（Chen）研究了日本、韩国和澳大利亚去美国旅游的旅游者信息搜集行为，得到了同样的结论。古斯奥依和陈比较了美国的英、法、德首次和重复入境旅游者的外部信息搜集行为，发现旅行社是使用最多的信息源，并指出国家文化和旅游经历都会影响信息搜集行为。马里和克罗特斯（Money and Crotts）考察了不确定性规避对美国的日、德入境旅游者的信息搜集行为的影响，发现高不确定性规避的消费者较多地使用旅游中介，较少使用个人的、目的地营销导向的和大众媒体等信息源。古斯奥依和乌马伯瑞（Gursoy and Umbrei）研究了欧盟15国居民的外部信息搜集行为，发现国家文化影响旅游者的信息搜集行为。

三、跨文化旅游消费者的旅游决策与目的地选择

文化距离，即两种文化之间的差异，会对旅游者的旅游决策行为造成一定的影响。旅游研究领域对文化距离影响的研究成果主要体现在以下两个方面。①

（1）文化背景相似（文化距离小）的旅游者更可能表现出相似的决策与消费特征。例如，与亚洲游客相比较，欧洲各国游客的旅游行为表现出很多相似的特点。

（2）客源国与东道国之间的文化距离会影响游客的决策行为。例如，美国学者（Crotts）对首次出境旅游的302名美国本土居民进行了调查，发现客源国与东道国之间的文化距离越大，旅游者就越可能降低旅游行为中的风险；如果这种文化距离越小，旅游者就更倾向于自由、独立的旅游方式，更长的旅途。

由于文化背景的不同，旅游者在决策时间和影响目的地选择的政治不稳定因素的感知两方面上也存在差异。爱弗森（Iverson）对日本和韩国旅游者的决策时间进行了比较，发现两国旅游者的决策时间存在显著差异，韩国旅游者的决策时间比日本旅游者短，这可能是因

---

① 伍晓奕，林德荣. 跨文化旅游者消费行为研究综述[J]. 旅游科学，2008(3).

为两国在赫夫斯蒂德(Hofstede)的不确定性规避维度上存在差异。同时,爱弗森考察了性别、婚否、旅行经历、年龄和收入对决策时间的影响,发现年龄和婚否对决策时间存在显著影响,但与国籍相比,这些变量的影响相对较小。斯第吉(Seddighi)等考察了6个欧洲客源国的旅行代理对各种类型政治不稳定因素的重要性的感知及对8个地中海目的地国家政治稳定性的感知。研究发现,各种类型的政治不稳定对旅游业影响的感知是不一样的;文化背景决定以上感知的差异;文化背景对地中海目的地政治稳定性水平的感知差异也有重要影响。

四、跨文化旅游消费者的主客文化差异与主客交往

跨国旅游消费者与东道主居民之间的交往是双向的,他们在种族、文化、社会风貌等方面的差异既会对旅游者的态度和行为产生影响,也会对当地社区产生影响。根据交往假设理论,对不同文化背景的群体来说,人们之间的交往活动既可能产生积极的结果,也可能导致消极的结果。这种结果既受个人因素的影响,也受社会因素的影响,其中,文化背景是社会因素的重要组成部分。如果两国的文化差异是细微的、互补的,跨文化旅游者与东道主之间就更可能产生积极的交往活动;如果文化差异是巨大的、互不相容的,就会使跨文化旅游者与东道主之间的交往产生困难,甚至出现文化休克现象。也就是说,出现旅游者或东道主无法承受、不能理解的刺激,使他们丧失提出问题、解决问题甚至辨认事物的能力。

旅游学界对跨文化旅游者与东道国居民的交往行为进行了一些探索性的研究。美国学者皮扎姆(Pizam)等分析了英、韩、以色列、荷兰等国的导游对国际游客行为的评价。研究显示,接待国际游客的导游认为,在日、法、意、美游客的20种行为中,90%的行为特征都有差异,其中日本游客的行为最为独特。英国学者泰恩(Thyne)等于2006年对新西兰的1033名居民进行了问卷调查,了解他们对不同文化背景的游客的接受程度。他们发现,本地居民对文化差异较大的游客的接受能力较弱。另外,有研究者发现中国游客与澳大利亚本土居民偏爱的交往方式不同,中国游客更喜欢被邀请到家中,与当地居民建立更紧密的关系。通常情况下,亚洲游客与当地居民的接触较少,多数是与旅游服务提供者进行面对面的交往。如果旅游者感到东道主对他们比较关照,就会促进他们的重复游览行为,这一点亚洲游客表现更为明显。

国内学者梁旺兵基于对936名旅华外国游客的调查,也认为不同文化背景游客与目的地居民的交流愿望和行为存在显著的差异。由于文化相近,东南亚游客与我国旅游地居民交往最多;欧美游客性格外向,交往欲望强,与当地居民也有较多接触;而日韩游客由于语言、文化等因素的影响,特别受儒家文化的影响,与我国旅游地居民的交往较少。[①]

五、跨文化旅游消费者的服务质量感知与满意度

文化差异会影响跨国旅游消费者的旅游体验。由于不同文化背景的旅游消费者对旅游服务的期望、判断标准都不尽相同,即使他们面对相同的旅游活动与服务,他们感知的服务质量与满意度也可能有较大的差异。例如,赖辛格和林赛(Reisinger and Lindsay)构建了跨文化旅游者的旅游满意度模型,对澳大利亚居民和亚洲游客(印尼、日、韩、中、泰五国)进行比较研究发现,文化价值观、社会行为规范与社会交往这3个变量对旅游者的满意度有显著

---

① 梁旺兵.上海市外国游客跨文化旅游行为实证研究[J].社会科学家,2005(6).

的影响。余和古尔顿（Yu and Goulden）比较了蒙古的入境国际旅游者的满意度，也证明了服务质量感知和满意度存在文化差异。

另外，学者们对跨文化旅游者在住宿业的服务质量评估进行了较多的比较研究。例如，阿姆斯特朗（Armstrong）等的研究发现，来自英、美、日、澳、中国台湾的游客对酒店服务质量的评估有显著的差异。其中，日本游客在"物质性"和"移情"这两个维度上的评分显著低于西方游客；与英、美两国相比，亚洲游客对服务质量的期望较低。也有学者（Choi and Chu）对香港酒店做了类似的研究。他们发现，价值因素是影响亚洲旅游者满意度的重要因素，而客房质量是影响西方旅游者满意度的重要因素，并认为文化因素可以解释东西方旅游者在知觉上的差异。

本章小结

（1）儿童与青少年、青年人、中年人、老年人在旅游消费者行为上存在跨年龄差异。

（2）旅游消费者在旅游感知、旅游动机、信息搜集、旅游决策和购买行为方面存在跨性别差异。

（3）旅游消费者在旅游动机、信息搜集、旅游决策与目的地选择、主客文化差异与主客交往、服务质量感知与满意度方面存在跨文化的差异。

核心关键词

跨年龄　　　　　（cross-age）
跨性别　　　　　（cross-gender）
跨文化　　　　　（cross-culture）
文化距离　　　　（culture distance）

思考与练习

1. 比较青年旅游消费者与老年旅游消费者在旅游消费者行为中的差异。
2. 阐述男性与女性在旅游行为中存在的差异，你认为旅游消费者行为差异的原因是什么？
3. 简述旅游消费者行为的跨文化比较。
4. 什么是文化距离？请分析文化距离对旅游者的旅游决策行为的影响。

第十四章 旅游消费者行为比较

案例分析

案例一

"银发旅游"市场潜力巨大

隆冬季节,在新疆国际大巴扎,游客摩肩接踵,其中不乏"银发"游客。跟团来旅游的张明夫妻俩流连在琳琅满目的特色商铺间,忙着拍照、选购商品。"一直想到新疆来看看,这次终于如愿了,我们要好好地体验下。"张明去年10月份刚刚退休,退休后,他和老伴制订了详细的旅行计划。

随着生活水平的提高与观念的改变,近年来,有钱有闲的老年人开始走出家门,加入旅游的快乐体验中来,也因此让银发旅游市场火热。驴妈妈旅游网发布的老年游大数据显示,2018年驴妈妈平台60岁以上"银发族"出游人次同比去年上涨5成,其中跟团游依然是出游首选,占比达7成。从下单来看,"父母出游子女买单"成为老年人出游的一大亮点,6成子女将旅游作为"孝心礼"送给父母。

"年轻的时候说了很多想去的地方,但由于种种原因,大都没去成。现在趁着身体还好,一定要多去一些地方。"老曲是福州市的一名机关退休干部,他告诉记者,夫妻俩退休金每月一万五左右,孩子也事业有成,退休金主要用来旅游,"退休三年,去了西藏、新疆、湖北、广西等热门景点,接下来还将错峰出游"。

目前,中国60岁以上的人口超过2亿,"银发游"已成为旅游市场开发的潜在热点。据中国老龄科学研究中心发布的《老龄蓝皮书:中国城乡老年人生活状况调查报告(2018)》,有22.2%的受访老人表示未来一年中可能或肯定出外旅游。若以年龄分段统计,低龄老年人是旅游的主体,占68%;其次是70岁至79岁年龄段的老年人,占26%。

近年来,老年出游开始从境内游向境外游转变,对旅游产品的体验度要求也越来越高,泰国、越南、老挝、柬埔寨、新加坡等地都是老年游客热衷的旅游目的地。厦门市老龄工作委员会办公室发布《厦门市老年旅游市场研究》报告也显示,近一年,厦门市老年人的旅游地出国出境比例达42.7%,成为老年人出游的主流。

(资料来源:http://www.chinanews.com/cj/2019/01-23/8736569.shtml.)

问题:

1.根据上述案例,分析老年人旅游消费者行为呈现的新特征。与过去相比,有什么差异?

2.假如你是旅游从业者,你将如何针对中老年旅游市场做出相应的营销策略?

案例二

巴黎迪士尼为什么会失败?

References 参考文献

[1] 白凯,马耀峰,李天顺.旅游目的地游客体验质量评价性研究——以北京入境游客为例[J].北京社会科学,2006(5).

[2] 白凯.旅游者行为学[M].北京:科学出版社,2013.

[3] 白凯,符国群.家庭旅游决策研究的中国化理论视角与分析思路[J].旅游学刊,2011(12).

[4] 陈玲.旅游目的地忠诚度再思考[D].大连:东北财经大学,2013.

[5] 陈文汉.消费者行为学[M].北京:北京大学出版社,2014.

[6] 邓隽.老年旅游消费市场和消费行为研究[J].湖北工业大学学报,2008(6).

[7] 杜炜.旅游消费行为学[M].天津:南开大学出版社,2009.

[8] 符国群.消费者行为学[M].2版.武汉:武汉大学出版社,2004.

[9] 何建英.都市型旅游目的地国内游客满意度研究[D].天津:南开大学,2012.

[10] 胡丽花,杨晓霞.国外旅游目的地游客忠诚研究综述[J].旅游论坛,2007(6).

[11] 贾静.试析不同类型家庭的旅游行为特点[J].焦作工学院学报(社会科学版),2003(3).

[12] 梁旺兵.上海市外国游客跨文化旅游行为实证研究[J].社会科学家,2005(6).

[13] 里切,伯恩斯,帕尔默.旅游研究方法[M].吴必虎,于海波,等,译.天津:南开大学出版社,2008.

[14] 梁雪松.东西方旅游者跨文化旅游行为比较研究[J].浙江工业大学学报(社会科学版),2008(3).

[15] 李江敏,严良.环城游憩行为[M].北京:光明日报出版社,2012.

[16] 李萍,许春晓.旅游体验研究综述[J].北京第二外国语学院学报,2007(7).

[17] 李天元,曲颖.旅游市场营销[M].北京:中国人民大学出版社,2012.

[18] 李旭东.旅游体验的客体真实和主体本真[J].北京第二外国语学院学报,2008(5).

[19] 李玮娜.国外经典旅游目的地选择模型述评[J].旅游学刊,2011(5).

[20] 李昕,李晴.旅游心理学基础[M].北京:清华大学出版社,2006.

[21] 李志飞.生活在别处:旅游者二元行为理论[J].旅游学刊,2014(8).

[22] 李志飞.异地性对冲动性购买行为影响的实证研究[J].南开管理评论,2007(6).

[23] 李志飞.旅游购买行为——异地情境、体验营销与购后效应[M].武汉:华中科技大学出版社,2009.

[24] 厉新建.旅游体验研究:进展与思考[J].旅游学刊,2008(6).

[25] 刘纯.旅游心理学[M].天津:南开大学出版社,2000.

[26] 龙江智.中国旅游消费行为模式研究[M].北京:旅游教育出版社,2015.

[27] 陆恒芹,苏勤,姚治国.国外有关旅游者家庭旅游决策问题的研究[J].旅游科学,2006(6).

[28] 罗佳明.旅游管理导论[M].上海:复旦大学出版社,2010.

[29] 马静.旅游者跨文化旅游行为比较研究[D].大连:东北财经大学,2011.

[30] 马峻.城市旅游景区游客满意度测评研究[D].杭州:浙江大学,2007.

[31] 马勇,刘名俭.旅游市场营销管理[M].3版.大连:东北财经大学出版社.2008.

[32] 曲颖,李天元.国外近十年旅游目的地游客忠诚研究综述[J].旅游学刊,2010(1).

[33] 舒伯阳.旅游市场营销[M].北京:清华大学出版社,2009.

[34] 舒伯阳,廖兆光.旅游心理学[M].2版.大连:东北财经大学出版社,2011.

[35] 孙九霞,陈钢华.旅游消费者行为学[M].大连:东北财经大学出版社,2015.

[36] 唐雪琼,朱竑.旅游研究中的性别话题[J].旅游学刊,2007(2).

[37] 肖升.旅游市场营销[M].北京:旅游教育出版社,2010.

[38] 王晨光.旅游目的地营销[M].北京:经济科学出版社,2005.

[39] 王曼,白玉苓,熊威汉,等.消费者行为学[M].2版.北京:机械工业出版社,2011.

[40] 汪侠,刘泽华,张洪.游客满意度研究综述与展望[J].北京第二外国语学院学报,2010(1).

[41] 王宁,刘丹萍,马凌,等.旅游社会学[M].天津:南开大学出版社,2008.

[42] 韦志慧.旅游消费者行为学研究综述[J].旅游学研究,2010.

[43] 吴必虎.旅游学概论[M].北京:中国人民大学出版社,2013.

[44] 吴建华,陶丹艳.论"面子"文化与旅游消费行为的关系[J].经济研究导刊,2010(22).

[45] 吴清津.旅游消费者行为学[M].北京:旅游教育出版社,2006.

[46] 伍晓奕,林德荣.跨文化旅游者消费行为研究综述[J].旅游科学,2008(3).

[47] 谢晖,保继刚.旅游行为中的性别差异研究[J].旅游学刊,2006(1).

[48] 徐文燕.旅游心理学原理与应用[M].上海:格致出版社,2010.

[49] 薛群慧.现代旅游心理学[M].2版.北京:科学出版社,2011.

[50] 夏磊.基于二元行为理论的旅游者社会行为变化研究[D].武汉:湖北大学,2014.

[51] 谢彦君,吴凯.期望与感受:旅游体验质量的交互模型[J].旅游科学,2000(2).

[52] 谢彦君.旅游体验研究[D].大连:东北财经大学,2005.

[53] 谢彦君.旅游体验的两极情感模型:快乐—痛苦[J].财经问题研究,2006(5).

[54] 叶伯平.旅游心理学[M].北京:清华大学出版社,2013.

[55] 余意峰,丁培毅.旅游目的地忠诚度:一个历时态的概念模型[J].旅游科学,2013(5).

[56] 约翰·斯沃布鲁克,苏珊·霍纳.旅游消费者行为学[M].俞慧君,等,译.北京:电子

工业出版社,2004.

[57] 赵西萍.旅游市场营销学[M].北京:高等教育出版社,2011.

[58] 张国庆,曹学慧,文泽华.传统文化对消费心理的影响及营销对策[J].中外企业家,2009(5).

[59] 张帆.旅游消费者抱怨行为的研究[D].武汉:武汉大学,2004.

[60] 张宏梅,陆林.入境旅游者旅游动机及其跨文化比较——以桂林、阳朔入境旅游者为例[J].地理学报,2009(8).

[61] 张宏梅,陆林.跨文化旅游态度和行为研究述评[J].旅游学刊,2008(4).

[62] 张树夫.旅游消费行为[M].北京:中国林业出版社,2004.

[63] 郑聪辉.旅游景区游客旅游体验影响因素研究[D].杭州:浙江大学,2006.

[64] 朱创业.旅游地理学[M].北京:科学出版社,2010.

[65] 邹统钎,吴丽云.旅游体验的本质、类型与塑造原则[J].旅游科学,2003(4).

[66] 邹益民,黄晶晶.对景区游客忠诚度的深层认识[N].中国旅游报,2004-11-22.

[67] 张学梅.旅游市场营销[M].北京:北京大学出版社,2011.

[68] 张远.综合性博物馆旅游体验质量测评体系的构建与实证研究[D].苏州:苏州大学,2015.

[69] 朱姝.消费者行为学[M].上海:华东理工大学出版社.2009.

[70] Akama J,Damiannah M K. Measuring tourist satisfaction with Kenya's wildlife safari:a case study of Tsavo West National Park[J]. Tourism Management,2003(24).

[71] Antoine Zalata. Wives' involvement in tourism decision processes[J]. Annals of Tourism Research,1998(4).

[72] Armstrong R W,Connie M. Expectations for hotel service quality:do they differ from culture to culture?[J]. Journal of Vacation Marketing,1998(4).

[73] Backman S J,Crompton J L. The usefulness of selected variables for predicting activity loyalty[J]. Leisure Sciences,1991(5).

[74] Backman S J,Veldkamp C. Examination of the relationship between service quality and user loyalty[J]. Journal of Park and Recreation Administration,1995(2).

[75] Baker D A,Crompton J L. Quality,satisfaction and behavior intentions[J]. Annals of Tourism Research,2000(3).

[76] Beard J G,Ragheb M G. Measuring leisure satisfaction[J]. Journal of Leisure Research,1979(1).

[77] Boorstin D J. The image:a guide to pseudo-events in America[M]. New York:Vintage Books,1961.

[78] Chen J S,Gursoy D. Cross-cultural comparison of the information sources used by first-time and repeat travelers and its marketing implications[J]. International Journal of Hospitality Management,2000(2).

[79] Choi T Y,Chu R. Determinants of hotel guests'satisfaction and repeat patronage in the Hong Kong hotel industry[J]. International Journal of Hospitality Management,2001(3).

[80] Crotts J C. The effect of cultural distance on overseas travel behaviors[J]. Journal of Travel Research,2004(1).

[81] Cohen E. A phenomenology of tourist experiences[J]. Sociology,1979(2).

[82] Cohen E. Traditions in the qualitative sociology of tourism[J]. Annals of Tourism Research,1988(1).

[83] Cursoy D,Chen J S. Competitive analysis of cross cultural information search behavior[J]. Tourism Management,2000(6).

[84] Frew E A,Shaw R N. The relationship between personality,gender,and tourism behavior[J]. Tourism Management,1999(2).

[85] Gursoy D,Umbreit W T. Tourist information search behavior: cross-cultural comparison of European Union member states [J]. International Journal of Hospitality Management,2004(1).

[86] Iverson T J. Decision timing: a comparison of Korean and Japanese travels[J]. International Journal of Hospitality Management,1997(2).

[87] Kim S S,Prideaux B. Marketing implications arising from a comparative study of international pleasure tourist motivations and other travel-related characteristic of visitors to Korea[J]. Tourism Management,2005(3).

[88] Kozak M. Comparative assessment of tourist satisfaction with destinations across two nationalities[J]. Tourism Management,2001(4).

[89] Laing J H,Crouch G I. Extraordinary journeys:an exploratory cross-cultural study of tourists on the frontier[J]. Journal of Vacation Marketing,2005(11).

[90] MacCannell D. Staged authenticity:arrangements of social space in tourist settings [J]. American Journal of Sociology,1973(3).

[91] Mannell R C,Isoahola S E. Psychological nature of leisure and tourism experience [J]. Annals of Tourism Research,1987(3).

[92] Martin Oppermann. Tourism destination loyalty[J]. Journal of Travel Research,2000(1).

[93] Money R B,Crotts J C. The effect of uncertainty avoidance on information search, planning,and purchases of international travel vacations[J]. Tourism Management,2003(2).

[94] Mcgehee N G,Kim K,Jennings G R. Gender and motivation for agri-tourism entrepreneurship[J]. Tourism Management,2006(28).

[95] Nash R,Thyne M,Davies S. An investigation into customer satisfaction levels in the budget accommodation sector in Scotland:a case study of backpacker tourists and

the Scottish Youth Hostels Association[J]. Tourism Management,2006(3).

[96] Carr N. An exploratory study of gendered differences in young tourists perception of danger within London[J]. Tourism Management,2001(5).

[97] Nichols C M,Snepenger D J. Family decision making and tourism behavior and attitudes[J]. Journal of Travel Research,1988(4).

[98] Oliver R L. A cognitive model of the antecedents and consequences of satisfaction decisions[J]. Journal of Marketing Research,1980(3).

[99] Parasuraman A,Zeithaml V A,Berry L L. A conceptual model of service quality and its implications for future research[J]. Journal of Marketing,1985(4).

[100] Pizam A, Neumann Y, Reichel A. Dimensions of tourist satisfaction with a destination area[J]. Annals of Tourism Research,1978(3).

[101] Pizam A,Sussmann S. Does nationality affect tourist behavior? [J]. Annals of Tourism Research,1995(4).

[102] Myers P B, Moncrief L W. Differential leisure travel decision-making between spouses[J]. Annals of Tourism Research,1978(1).

[103] Reisinger Y,Turner L W. Cultural differences between Asian tourist markets and Australian hosts:Part 2[J]. Journal of Travel Research,2002(4).

[104] Dunnross E L,Isoahola S E. Sightseeing tourists' motivation and satisfaction[J]. Annals of Tourism Research,1991(2).

[105] Seddighi H R, Nuttall M W, Theocharous A L. Does cultural background of tourists influence the destination choice? an empirical study with special reference to political instability[J]. Tourism Management,2001(2).

[106] Singh J. Voice,exit,and negative word-of-mouth behaviors:an investigation across three service categories[J]. Journal of the Academy of Marketing Science,1990(1).

[107] Thyne M,Lawson R,Todd S. The use of conjoint analysis to assess the impact of the cross-cultural exchange between hosts and guests[J]. Tourism Management, 2006(2).

[108] Uysal M,Mcdonald C D, Reid L J. Sources of information used by international visitors to US parks and natural areas [J]. Journal of Park and Recreation Administration,1990(1).

[109] Yoon Y,Uysal M. An examination of the effects of motivation and satisfaction on destination loyalty:a structural model[J]. Tourism Management,2005(1).

[110] Yu L,Goulden M. A comparative analysis of international tourists' satisfaction in Mongolia[J]. Tourism Management,2006(6).

[111] Yuan S,Mcdonald C. Motivational determinants of international pleasure time[J]. Journal of Travel Research,1990(1).

[112] Ekinci Y,Prokopaki P, Cobanoglu C. Service quality in Cretan accommodations:

marketing strategies for the UK holiday market[J]. International Journal of Hospitality Management,2003(1).

[113] Young M. Cognitive maps of nature-based tourists[J]. Annals of Tourism Research,1999(4).

[114] Wang N. Rethinking authenticity in tourism experience[J]. Annals of Tourism Research,1999(2).

[115] Woodside A G, Lysonski S. A general model of traveler destination choice[J]. Journal of Travel Research,1989(4).

教学支持说明

全国普通高等院校旅游管理专业类"十三五"规划教材系华中科技大学出版社"十三五"规划重点教材。

为了改善教学效果,提高教材的使用效率,满足高校授课教师的教学需求,本套教材备有与纸质教材配套的教学课件(PPT电子教案)和拓展资源(案例库、习题库视频等)。

为保证本教学课件及相关教学资料仅为教材使用者所得,我们将向使用本套教材的高校授课教师免费赠送教学课件或者相关教学资料,烦请授课教师通过电话、邮件或加入旅游专家俱乐部QQ群等方式与我们联系,获取"教学课件资源申请表"文档并认真准确填写后发给我们,我们的联系方式如下:

地址:湖北省武汉市东湖新技术开发区华工科技园华工园六路

邮编:430223

电话:027-81321911

传真:027-81321917

E-mail:lyzjjlb@163.com

旅游专家俱乐部QQ群号:306110199

旅游专家俱乐部QQ群二维码:

群名称:旅游专家俱乐部
群　号:306110199

教学课件资源申请表

填表时间：_____年___月___日

1. 以下内容请教师按实际情况写，★为必填项。
2. 学生根据个人情况如实填写，相关内容可以酌情调整提交。

★姓名		★性别	□男 □女	出生年月		★职务	
						★职称	□教授 □副教授 □讲师 □助教

★学校		★院/系	
★教研室		★专业	
★办公电话		家庭电话		★移动电话	
★E-mail（请填写清晰）		★QQ号/微信号	
★联系地址		★邮编	

★现在主授课程情况	学生人数	教材所属出版社	教材满意度
课程一			□满意 □一般 □不满意
课程二			□满意 □一般 □不满意
课程三			□满意 □一般 □不满意
其 他			□满意 □一般 □不满意

教 材 出 版 信 息					
方向一		□准备写	□写作中	□已成稿	□已出版待修订 □有讲义
方向二		□准备写	□写作中	□已成稿	□已出版待修订 □有讲义
方向三		□准备写	□写作中	□已成稿	□已出版待修订 □有讲义

请教师认真填写表格下列内容，提供索取课件配套教材的相关信息，我社根据每位教师/学生填表信息的完整性、授课情况与索取课件的相关性，以及教材使用的情况赠送教材的配套课件及相关教学资源。

ISBN(书号)	书名	作者	索取课件简要说明	学生人数（如选作教材）
			□教学 □参考	
			□教学 □参考	

★您对与课件配套的纸质教材的意见和建议，希望提供哪些配套教学资源：